La Historia Más Maravillosa del Mundo

Arte de tapa

por Mary Nazworth

Este libro está dedicado de manera muy especial a mis nietos, pero en realidad está también dedicado a todos los niños del mundo.

La Historia Más Maravillosa del Mundo

Distribuida por Wanda Nazworth y

DM2 International Inc.

Disciple Makers Multiplied

PO Box 3570

Harlingen, TX 78551

Para más información:

Correo electrónico: wnazworth@gmail.com

www.DM2USA.org

Agradecimientos

Estos estudios están elaborados y dedicados de manera muy especial a mis nietos, pero sobre todo se los dedico a todos los niños del mundo. Desde el principio, mi deseo ha sido proveer a toda madre con un libro que presenta las historias bíblicas de manera profunda más que simplemente contar unos cuentos. Deseo que este libro crea en cada niño una comprensión global y profunda en el plan divino registrado en la Biblia. Gracias a Dios, aconteció que elaboré la mayor parte de estos materiales mientras que enseñaba en una escuela dominical, dando lugar a que estos estudios sean multipropósitos.

En primer lugar, quisiera agradecer a mis hijos por el sacrificio de aguantarme a través de seis años de trabajo permitiéndome invertir tanto tiempo. También quiero dar las gracias a Hildegard Fuchs y Rosa Garza quienes sacrificaron mucho tiempo en la traducción al español. Quiero expresar un agradecimiento muy especial a Nancy Hughes quien dedicó numerosas horas a la creación de actividades especiales para cada lección. Por último, gracias a mi esposo Bret porque si no fuera por el ánimo que me dio yo probablemente habría dejado este proyecto hace mucho tiempo.

Por encima de todo, toda la gloria y las gracias van a mi Dios, ¡ya que SU historia es increíble y extraordinaria!

Mi gozo será verdaderamente completo si, a través de este material, los niños del mundo entero vienen a la comprensión clara y precisa del mensaje principal de la Biblia, el Evangelio de Jesucristo.

Wanda Nazworth

Contenido

Introducción

Una sinopsis del currículo

La cosmovisión bíblica

Este currículo se basa en la creencia que la Biblia es la desplegada revelación de Dios de quien es Él y de Su deseo de relacionarse con la humanidad.

Estos estudios son diferentes a otros ya que no se centran en el buen comportamiento del niño. No están diseñados para enseñar a los niños a actuar o hablar como buenos cristianos. Creemos que las enseñanzas que enfocan en el carácter y la buena conducta a menudo resultan simplemente en un cambio superficial. Cuando esto ocurre, llevan ya sea al orgullo o la derrota, y por desgracia no transforman al niño. Pero, si por la verdad de la Palabra de Dios, el corazón del niño es cambiado, entonces fácilmente la conducta del niño cambiará también.

Una meta de cuatro facetas

- Primero, damos al niño una comprensión bíblica de quién es Dios.
- Segundo, presentamos con precisión el plan de salvación de Dios.
- Tercero, proporcionamos una visión global del plan eterno de Dios para la humanidad desde la perspectiva de la verdadera gracia de Dios, tal como es revelado en la Palabra de Dios.
- Cuarto, comunicamos de manera efectiva una cosmovisión bíblica con el fin de preparar al niño a permanecer firme en la verdad en medio de filosofías engañosas de la cultura.

La metodología

Para lograr esta meta de cuatro facetas, las lecciones comienzan en Génesis y se mueven a través de secciones principales bíblicas. Las lecciones están preparadas para enseñar sobre el carácter de Dios reiterando Su plan para la humanidad mientras continuamente revisan las siguientes verdades que engloban una cosmovisión bíblica.

Dios (el Padre, el Hijo y el Espíritu Santo)

- El Dios de la Biblia es el único verdadero y viviente Dios.
- Hay un solo Dios que existe en tres personas: Dios Padre, Dios Hijo y Dios Espíritu Santo.
- Dios siempre ha existido por Su propio poder. Dios no necesita nada para existir.
- Dios es un ser espiritual.
- Dios es el Creador del mundo y de todo lo que existe en el mundo, y por lo tanto, todas las cosas le pertenecen. Él es la máxima autoridad.
- Dios es todopoderoso, nada es demasiado difícil para Él.
- Dios, todo el tiempo, está en todas partes.
- Dios lo sabe todo.
- Dios es perfecto y entonces todo lo que hace es perfecto en todo sentido.
- Dios es un Dios de orden.

- Dios es el que da la vida.
- Dios no cambia, Él siempre es el mismo.
- Dios es fiel y siempre termina lo que comienza.
- Dios siempre dice la verdad, Él cumple Sus promesas.
- Dios siempre cumple Sus planes, nadie puede detener a Dios.
- Dios es un ser personal, Él se comunica con la humanidad.
- Dios nos habla a través de Su Palabra, la Biblia.
- Dios es un Dios de amor, misericordia y gracia.
- Dios no es parcial.
- Dios no puede pecar.

Jesús Cristo

- Jesucristo es Dios.
- Jesucristo es un ser humano.
- Ya que Jesucristo es Dios, Él tiene todos los atributos de Dios. Jesús es también todopoderoso, Jesús lo sabe todo, Jesús ama a todo el mundo, etc.
- Jesucristo es perfecto en todos los sentidos, Él nunca ha pecado.
- Jesucristo es el único Salvador.
- Eternamente Jesucristo será el único rey universal.

Ángeles

- Dios creó a los ángeles.
- El propósito de Dios en crear a los ángeles era para que fueran Sus ayudantes y mensajeros.
- Los ángeles son seres espirituales.
- Dios hizo a los ángeles fuertes e inteligentes, pero no son tan fuertes e inteligentes como Él.
- Cuando Dios hizo a los ángeles, eran perfectos en todos los sentidos.

Satanás

- Originalmente Satanás y sus ayudantes pertenecían a Dios y eran ángeles.
- Satanás y sus ayudantes son los demonios y son enemigos de Dios.
- Satanás es un mentiroso y asesino. Él trata de destruir a la gente.
- Dios es más fuerte que Satanás y sus demonios. No pueden ganar contra Dios.
- Algún día Dios echará a Satanás y sus demonios en el lago de fuego donde estarán siempre.

El dilema de los seres humanos

- Todas las personas descienden de Adán y nacen separados de Dios.
- Cada persona nace con el espíritu muerto para con Dios.
- Todas las personas nacen pecadores y también cometen pecado.
- Todas las personas nacen bajo el dominio de Satanás.

El mundo

- Dios creó la tierra especialmente para la humanidad.

El dilema de la humanidad

- Nadie en la familia de Adán es aceptable ante Dios.
- Es imposible para cualquier persona en la familia de Adán agradar a Dios o pagar por el pecado.
- La paga del pecado es separación de Dios para siempre en el infierno, un lugar de sufrimiento (por último en el Lago de Fuego).
- El momento que una persona muere, va inmediatamente al cielo o al infierno..

El plan de Dios

- Desde el principio de los tiempos, Dios planificó enviar al Salvador para salvar a la humanidad y para hacerle aceptable ante Dios.
- Sólo Dios es capaz de salvar a la gente de Satanás y de la muerte y hacerlas aceptables para con Dios.
- Dios salva solamente a los que en Él creen.

Usos generales

Estas lecciones pueden usarse en un salón de clase (por ejemplo en una escuela dominical) o en el hogar como una historia leída en voz alta. Las lecciones son lo suficientemente flexibles como para ser utilizados con una amplia gama de edades, desde niños preescolares hasta adolescentes.

Era mi deseo que este material sea comprensible por todos. Traté de mantener un lenguaje sencillo y claro. En la creación de estos estudios, la intención era hacerlos entendibles aún por los que tienen un conocimiento mínimo de la Biblia y adaptables a cualquier idioma y cultura.

Si se usan en la escuela dominical

Estos estudios son fáciles de utilizar como currículo en la escuela dominical siendo que el maestro necesita muy poco tiempo de preparación. Las lecciones están escritas de tal manera que el maestro las puede simplemente leer a la clase, si es necesario. Estos estudios fueron creados con simplicidad por dos razones: (1º) para asegurar que personas jóvenes fácilmente puedan comenzar a enseñarlos, y (2º) para asegurar que las verdades importantes de la cosmovisión bíblica no se pasen por alto.

Otro beneficio notable de estos estudios es que se pueden repetir varias veces durante los años con el mismo grupo de niños, debido a que los conceptos son fundamentales y pueden ser entendidas con mayor profundidad cada vez que se repiten. La primera vez que los niños estudian el material, entienden solamente lo básico, sin embargo, cada vez que repasan el material, retienen más. Finalmente se convierten tan familiarizados con las enseñanzas que pueden también enseñar a otros.

Un último aspecto beneficioso de este material es que aprovecha enseñar en una clase de niños a varias edades porque cada historia enseña verdades básicas y verdades profundas así que tanto los niños chiquitos como los grandes aprenden.

Por otra parte, las lecciones y las actividades están diseñadas de forma sencilla para ser utilizadas con grupos de diferentes tamaños en lugares remotos, como por ejemplo en los países en desarrollo, donde los suministros y materiales son limitados.

Por último, una palabra de instrucción sobre el uso de las lecciones. Cada lección es por lo general lo suficientemente conciso para ser presentado dentro de un tiempo de 15-20 minutos. La memorización de versículos, junto a las preguntas y actividades han sido diseñadas para reforzar los conceptos claves de la lección.

La Historia Más Maravillosa del Mundo

Antiguo Testamento

1
La carta más maravillosa del mundo
La Biblia

Versículo para memorizar

Toda la Escritura es inspirada por Dios... 2 Timoteo 3:16a

Lección

¿Alguna vez has recibido una carta o una tarjeta de cumpleaños en el correo? Es divertido recibir cartas, ¿no? Cuando recibes algo en el correo, lo abres con la emoción de ver lo que dice.

¿Sabes que hace muchos años alguien muy importante te escribió una carta especial? Puedes haber visto esta carta en un estante en tu casa, o en una tienda, o en la biblioteca. A pesar de que esta carta fue escrita hace mucho tiempo, hay muchas copias de la carta todavía en existencia hoy. Se puede comprar una copia en cualquier librería. Ya debes haber adivinado lo que es esta carta. Esta carta es la Biblia.

La Biblia es una larga carta escrita a todas las personas en el mundo. El autor de la Biblia es Dios. Dios te escribió una carta, porque Él quiere que le conozcas y también porque tiene un mensaje muy importante para ti.

A pesar de que la Biblia es la carta de Dios, Dios no la escribió. En cambio, Dios escogió a 40 hombres para que escribieran por él. Eran como sus secretarios. Estos escritores eran llamados "profetas". Un profeta era alguien que le hablaba a la gente en nombre de Dios. Dios daba un mensaje al profeta y el profeta se lo comunicaba a la gente.

Dios tenía varias maneras de comunicar a los profetas lo que Él quería que escribieran. A veces les hablaba a los profetas con una voz que podían oír. En otras ocasiones, les hablaba a través de sueños especiales. En otras ocasiones, Dios simplemente ponía sus palabras en sus pensamientos.

La Biblia nos dice que los profetas fueron siempre cuidadosos en escribir exactamente lo que Dios les dijo que escribieran. Los profetas nunca cambiaron nada de lo que Dios dijo. Nunca añadieron sus propias ideas o explicaciones, y nunca fallaron en nada.

plantas de papiro egipcio

📖 Entendiendo primero esto, que ninguna profecía de la Escritura es de interpretación privada, porque nunca la profecía fue traída por voluntad humana, sino que los santos hombres de Dios hablaron siendo inspirados por el Espíritu Santo. 2 Pedro 1:20-21

¡Imagínense! ¡Le tomó a Dios más de mil años para completar el escribir la Biblia! Eso es mucho tiempo. La razón por la que tomó tanto tiempo es porque la Biblia cuenta la historia real de lo que Dios hizo en este mundo a través de cientos de años. La Biblia es un libro de historia escrito por Dios.

Los primeros profetas escribieron el comienzo de la historia, pero esos profetas murieron antes de que la historia estuviera completa. Entonces, Dios usó a otro grupo de profetas para seguir escribiendo más de su historia. Finalmente fueron cuarenta profetas los que escribieron toda la historia de la Biblia.

¿Y sabes lo que es tan sorprendente acerca de la Biblia? Toda ella está de acuerdo.

¿Has oído hablar a dos o tres personas distintas sobre el mismo suceso? Cada persona parece tener su propia versión de lo que realmente sucedió. Pero la Biblia no es así. A pesar de que cuarenta hombres, que vivieron en diferentes épocas y en diferentes lugares, escribieron la Biblia en un período de más de mil años, toda la Biblia está de acuerdo.

¿Sabes por qué todas las partes de la Biblia están de acuerdo? Porque la Biblia tiene un solo autor, y ese autor es Dios. Y Dios no cambia; Él siempre dice la verdad. Es por eso que una parte de la Biblia nunca dice lo contrario de otra parte.

📖 … Dios, que no miente… Tito 1:2

Cuando la Biblia fue escrita por primera vez, no se pareció en nada a la Biblia de hoy en día. Por un lado, el papel utilizado por los profetas era diferente del papel que tenemos hoy. Los profetas escribieron en papiro o cuero.

El papiro es una planta que crece cerca del río Nilo en Egipto. Para hacer papel de papiro, la parte interior de la planta fue cortada en tiras finas. Estas tiras se colocaban una al lado de otra. Encima de esta primera capa, se colocaba en forma atravesada otra capa de tiras. A medida que estas capas de papiro se iban secando, se pegaron entre sí para formar láminas de "papel".

El papel de cuero se hacía de pieles de animales. Primero secaban las pieles, y después las rasparon para hacer un tipo de papel.

Para hacer un "libro", se unían piezas de cuero o papiro para formar una tira larga de "papel". Esta larga franja se enrollaba luego en rollos.

Pero con el paso del tiempo, el cuero y el papiro se volvieron quebradizos y se rompieron. Cuando esto sucedió, tenían que hacer nuevas copias. Como en aquellos días no había fotocopiadoras o computadoras, hombres especiales llamados "escribas" copiaban los rollos a mano.

Como los escribas respetaban a Dios, eran extremadamente cuidadosos al hacer las copias de la palabra de Dios. Si un escriba cometía solamente un pequeño error en la copia que estaba haciendo, la tiraba al papelero y comenzaba de nuevo. La copia tenía que ser exactamente igual al original.

Como te puedes imaginar, ocuparon muchos años para hacer una sola copia. Gracias a Dios, Dios protegió a muchos de estos documentos, de modo que todavía existen. Los expertos han encontrado que la Biblia que tenemos hoy en día dice lo mismo que los rollos copiados por los escribas hace miles de años.

Hoy en día, la Biblia ya no se copia a mano. Las computadoras nos permiten imprimir millones de Biblias en un corto período de tiempo.

La Biblia tiene dos partes: el Antiguo Testamento y el Nuevo Testamento. Hay 39 libros en el Antiguo Testamento y 27 en el Nuevo Testamento, o sea, un total de 66 libros.

Los profetas que escribieron los libros del Antiguo Testamento hablaban hebreo. Por lo tanto, el Antiguo Testamento fue escrito en el idioma hebreo. El Nuevo Testamento fue escrito en griego.

La Biblia ha sido traducida a numerosos idiomas, de modo que la gente de todo el mundo puede saber lo que Dios quiere decirles. La Biblia es para todas las personas. Dios quiere que todos lleguen a conocerlo. Él quiere que todos oigan las buenas noticias que Él tiene para nosotros.

Preguntas

1. ¿A quién Dios le escribió su carta, la Biblia? *La escribió a todas las personas en el mundo, incluyéndote a ti.*

2. ¿Cuál fue la razón de que Dios nos escribiera una carta? *Dios nos escribió una carta porque quiere que lleguemos a conocerlo. Dios también tiene muy buenas noticias para nosotros.*

3. ¿Cómo fueron llamados los hombres que escribieron las palabras de Dios en la Biblia? *Ellos fueron llamados profetas.*

4. ¿Cuántos profetas usó Dios para escribir su carta? *Dios usó a 40 profetas.*

5. ¿Escribieron los profetas exactamente lo que Dios quería que escribieran, o añadieron algunas de sus propias ideas? *Ellos escribieron exactamente lo que Dios quiso que escribieran.*

6. ¿Cuánto tiempo tomó escribir toda la Biblia? *Tomó más de mil años.*

7. ¿Cómo puede toda la Biblia estar de acuerdo si fue escrita por tantos hombres de diferentes lugares? *Todo está de acuerdo porque sólo hay un autor, ya que es Dios.*

8. ¿Todo lo que está escrito en la Biblia es la verdad? *Sí. La Biblia es la Palabra de Dios, y Dios siempre dice la verdad.*

9. La Biblia está dividida en dos partes. ¿Cuáles son estas dos partes? *Se les llama el Antiguo Testamento y el Nuevo Testamento.*

10. ¿La Biblia dice lo mismo hoy, que cuando fue escrita por los profetas hace mucho tiempo? *Sí, Dios ha protegido su mensaje; por eso sigue diciendo lo mismo que en el principio.*

Notar

Cómo encontrar un versículo en la Biblia

Los libros de la Biblia se dividen en capítulos y versículos. Años después de que los profetas escribieron las palabras de Dios en rollos, estudiosos de la Biblia la dividieron en capítulos y versículos, para ayudar a los lectores a encontrar pasajes específicos. Los capítulos y versículos son semejantes a direcciones de calles para ayudarle a encontrar el camino en la Biblia.

En este libro habrá citas de la Biblia como la de abajo.

En el principio creó Dios los cielos y la tierra. Génesis 1:11

Al final de cada cita, podrás ver lo que se llama una "referencia" que se parece a esto: Génesis 1:1. Al igual que la dirección que indica dónde vive una persona, la referencia indica dónde se puede encontrar la cita en la Biblia.

Una referencia consta de tres partes. La primera parte es el nombre del libro. La referencia anterior nos dice que la cita se encuentra en el libro del Génesis. El número después del nombre del libro es el número del capítulo, que en nuestro ejemplo sería capítulo 1. El segundo número es el número del versículo. En nuestro ejemplo, el número del versículo es también 1. Esto nos dice que la cita anterior se encuentra en el primer verso del primer capítulo del libro del Génesis.

Digamos que deseas encontrar esta cita en la Biblia. Lo primero que tienes que hacer es localizar el libro de Génesis. Una buena manera de hacer esto es buscar en el índice en la parte delantera de la Biblia. Una vez que hayas localizado el libro de Génesis, verás un gran número uno (1) justo en el comienzo del libro. Este número representa el capítulo uno. En la primera parte del capítulo uno verás otro número uno, un poco más pequeño que el primer 1. El número 1 más pequeño es el número del versículo. Hay muchos versos en el capítulo uno. Al final del capítulo uno, verás un gran 2 del capítulo 2. El Capítulo 2 también tiene muchos versículos.

Encontrarás que cada libro de la Biblia tiene los números de esta misma manera. Una vez que entiendas cómo funciona, será fácil encontrar cualquier verso que se cita en este libro.

Verdades bíblicas

- Dios es el autor de la Biblia
- Dios es un ser personal, se comunica con la gente
- Dios siempre dice la verdad
- Dios no cambia; toda la Biblia tiene el mismo mensaje
- Dios protegió a la Biblia de modo que aún dice lo mismo que en el principio

Actividad 1: Voluta o rollo

Suministros

- una hoja de papel grueso por alumno
- lápices, lápices de colores

Instrucciones

- Escribir este versículo en el papel:

  Toda la Escritura es inspirada por Dios… 2 Timoteo 3:16

- Decorar el fondo con los lápices de colores
- Rodar el papel para formar un rollo o voluta.

Actividad 2: Borla

Suministros

- Tres hebras de hilados de tejer de diferentes colores (cada hebra debe ser de 1 metro de largo)

Instrucciones

- Atar los tres cabos. Un niño sostiene un extremo y otro da unos pasos hacia atrás, sosteniendo el otro extremo.
- Girar los hilos hasta que no pueda girar más y luego atarlos. Ahora tienes una borla para atar alrededor de la voluta.

Referencias bíblicas

Génesis 2:4; Números 12:6-8, 23:19; Deuteronomio 18:18; 1 Samuel 15:29; Isaías 40:8; Jeremías 9:23-24; 36:2, 6; Lucas 4:17; Romanos 1:2; 2 Timoteo 3:16; Hebreos 1:1, 12; Hebreos 6:18

2
¿Quién es Dios?
Las características de Dios

Versículo para memorizar

Antes que naciesen los montes y formases la tierra y el mundo, desde el siglo y hasta el siglo, tú eres Dios. Salmo 90:2

Lección

¿Cómo es Dios? ¿Qué hace Dios? ¿Dónde vive Dios? Para conocer a Dios tienes que leer la carta que Él nos escribió. Las primeras palabras de la Biblia dicen:

En el principio creó Dios los cielos y la tierra. Génesis 1:1a

Dios estaba vivo en el principio. Antes que la tierra o el universo existiera, Dios estaba allí.

Antes que naciesen los montes y formases la tierra y el mundo, desde el siglo y hasta el siglo, tú eres Dios. Salmo 90:2

Dios existe "desde el siglo y hasta el siglo". En otras palabras, existe de la eternidad hasta la eternidad. Esto significa que nunca hubo un tiempo en el pasado cuando Dios no estaba vivo, y nunca habrá un momento en el futuro cuando Dios va a morir. Dios nunca nació; nunca tuvo un principio. Y Dios nunca tendrá un fin; nunca va a morir.

Yo soy el Alfa y la Omega, principio y fin, dice el Señor, el que es y que era y que ha de venir, el Todopoderoso. Apocalipsis 1:8.

Tú y yo no somos como Dios. Todo en el mundo tiene un principio, incluso tú y yo. Si tienes nueve años de edad quiere decir que naciste hace nueve años. No has existido siempre. Viniste al mundo como un bebé. Ahora estas creciendo. Algún día vas a envejecer, y entonces un día morirás. Tú tienes un principio y un fin.

Pero Dios no envejece. Dios nunca va a cambiar. Él siempre ha sido exactamente el mismo que es en este momento, y Él seguirá siendo el mismo siempre.

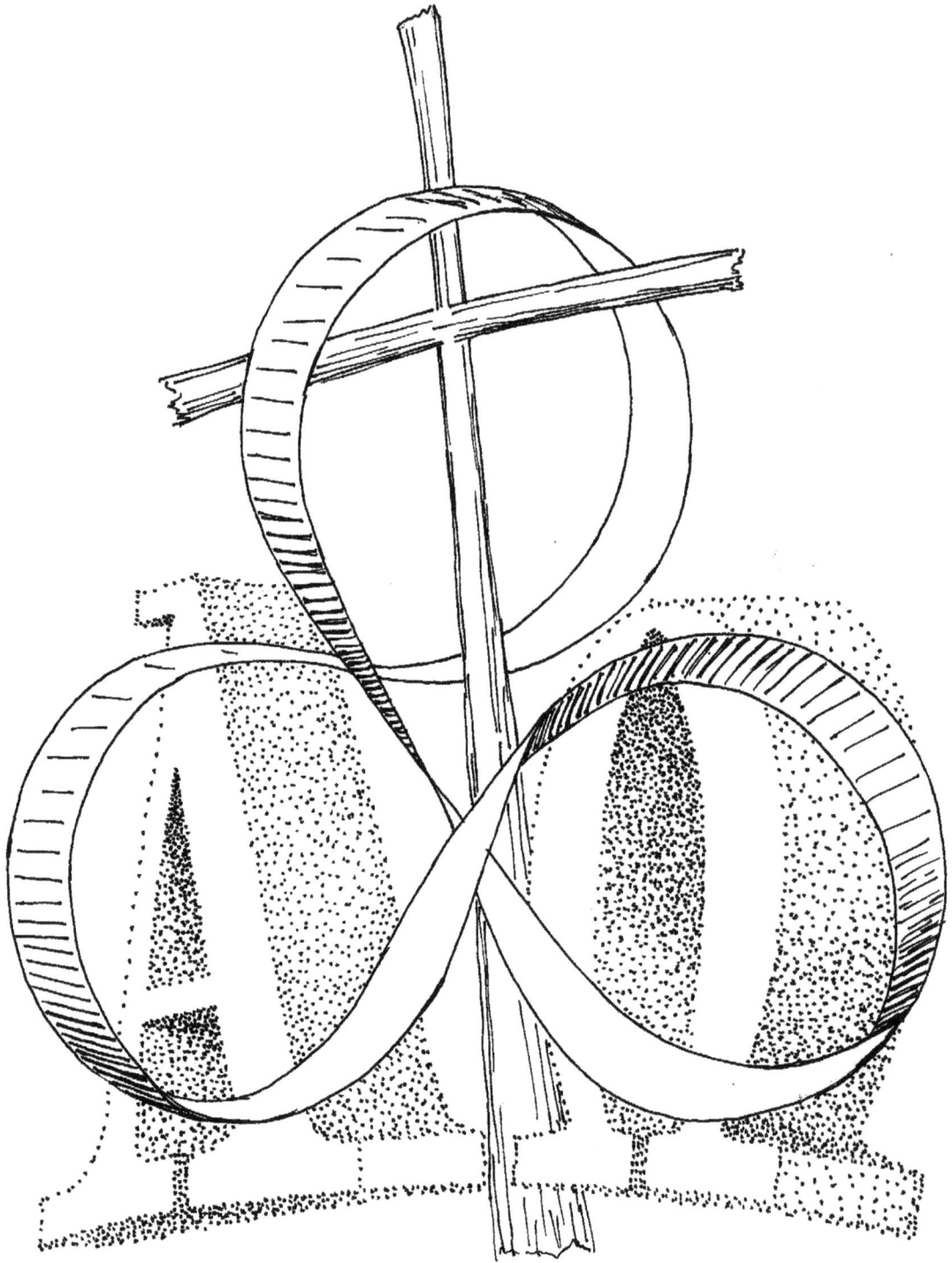

...pero tú eres el mismo, y tus años no acabarán. Hebreos 1:12b

Dios no necesita luz del sol, comida, agua, ni aire como tú y yo. Dios vivía perfectamente bien, antes que la tierra, el cielo, o las personas existieran. Tú y yo moriríamos sin comida, agua, y aire, pero Dios no. Dios se mantiene vivo por su propio poder.

La Biblia dice que Dios es "espíritu". Esto significa que Dios no tiene un cuerpo hecho de carne y hueso como los humanos.

Dios es Espíritu... Juan 4:24a

A pesar de que Dios no tiene cuerpo y no puede ser visto, Dios es una persona real. Dios no es simplemente una "fuerza" invisible. La Biblia dice que Dios es un ser personal.

Dios tiene una personalidad. Le gustan algunas cosas y no le gustan otras cosas. Dios toma las decisiones. Dios es inteligente. Él tiene sentimientos. Dios quiere tener una relación con la gente; Él quiere que llegues a conocerlo, igual como llegarías a conocer a un amigo.

Jehová está en medio de ti, poderoso, él salvará; se gozará sobre ti con alegría, callará de amor, se regocijará sobre ti con cánticos. Sofonías 3:17

La Biblia también dice que Dios está en todas partes al mismo tiempo.

A veces sería estupendo poder estar en dos sitios a la vez, ¿no? Digamos que tu familia va a un parque de diversiones y tu amigo tiene una fiesta de cumpleaños el mismo día. ¿No sería bueno poder hacer las dos cosas? Pero es imposible. Sólo se puede estar en un lugar a la vez.

Sólo Dios está en todas partes al mismo tiempo. Ahora mismo, Dios está en Su hogar en el cielo y también está en la habitación donde te encuentras. Dios está en la tierra lejana de África y en la casa de tu abuelo, ¡todo al mismo tiempo!

¿A dónde me iré de tu Espíritu? ¿Y a dónde huiré de tu presencia?

Si tomare las alas del alba y habitare en el extremo del mar, aun allí me guiará tu mano, y me asirá tu diestra. Salmo 139:7, 9-10

Dondequiera que vayas, Dios ya está allí. Es imposible esconderte de Dios.

¿Soy yo Dios de cerca solamente, dice Jehová, y no Dios desde muy lejos? ¿Se ocultará alguno, dice Jehová, en escondrijos que yo no lo vea? ¿No lleno yo, dice Jehová, el cielo y la tierra?
Jeremías 23:23, 24

A pesar de que Dios está en todas partes al mismo tiempo, Dios no está en todo, ni es todo Dios.

La Biblia dice que hay un solo Dios.

Yo soy Jehová, y ninguno más hay; no hay Dios fuera de mí.
Isaías 45:5a

Dios es el más alto gobernante. Él tiene poder sobre todos los gobiernos y sobre todas las personas en la tierra. Nadie puede decirle a Dios qué hacer. Dios hace lo que quiere hacer. Si Dios no permite que algo suceda, no puede suceder. ¡Nadie es más grande que Dios!

Y conozcan que tu nombre es Jehová; Tú solo Altísimo sobre toda la tierra. Salmo 83:18

Este Dios impresionante te escribió una carta maravillosa. A través de esta carta, desea que lo conozcas. Dios quiere ser tu amigo.

Preguntas

1. ¿Cuándo vino Dios a la existencia? *Dios no tiene un comienzo; Él nunca nació. Dios siempre ha vivido.*

2. Un día ¿Dios va a morir? *No, Dios nunca va a morir.*

3. ¿Cuáles son algunas cosas que tú necesitas para mantenerte vivo? *Necesitas sol, comida, agua, y aire.*

4. ¿Qué necesita Dios para mantenerse vivo? *Dios no necesita nada. Dios vivió mucho antes de que existiera cualquier alimento, el sol, el agua, o el aire. Dios se mantiene vivo por su propio poder.*

5. ¿Tiene Dios un cuerpo como tú y yo? *No, Dios no tiene un cuerpo como el nuestro, hecho de carne y hueso. Dios es "espíritu".*

6. ¿Es Dios una persona real, o es simplemente una fuerza invisible? *Dios es un ser inteligente personal que tiene sentimientos y toma decisiones. Se puede llegar a conocer a Dios tal como se llega a conocer a un amigo.*

7. ¿Por qué es imposible esconderse de Dios? *No puedes esconderte de Dios, porque Dios está en todas partes al mismo tiempo.*

8. ¿Cómo se puede conocer a Dios? *Se puede conocer a Dios por medio de la Biblia; por medio de la carta que nos escribió.*

9. ¿Cuántos "Dioses" hay? *Hay un solo Dios - del cual leemos en la Biblia.*

10. ¿Quién está a cargo de todo el mundo? *Dios a cargo de todo el mundo. Dios es mayor que todos los reyes y los gobiernos. Dios hace lo que quiere y nadie puede detenerlo.*

Verdades bíblicas

- Dios siempre ha existido. Él nunca nació y nunca morirá.
- Dios no cambia. Él es siempre lo mismo.
- Dios no necesita nada para mantenerse vivo; vive por su propio poder.
- Dios es espíritu.
- Dios es un ser personal; no es simplemente una "fuerza" invisible.
- Dios está en todas partes en todo momento.
- Hay un solo Dios.
- Nadie es más grande que Dios.

Actividad: Hacer un gráfico

Suministros

- Hoja de atributos (página siguiente)
- Hoja de papel blanco
- Pegamento y tijeras

Instrucciones

- Doblar la hoja de papel blanco por la mitad para crear una línea vertical por el centro. Abrir el papel de nuevo.
- En un lado, escribir tu nombre en la parte superior de la página
- Anotar en el otro lado "Dios"
- Recortar las cajas de los atributos.
- Pegar los atributos en las columnas correspondientes

Referencias bíblicas

Deuteronomio 30:19-20; 1 Crónicas 29:11-12; Nehemías 9:6; Job 12:10; Salmo 18:30, Salmo 24:1, 2; 33:11, 97:9, 100:3, 115: 3, 119:73, 135:5-6; 139:13-17, 145:3-7, Proverbios 6:16; Isaías 42:5, 44:24, 45:18; Jeremías 9:23-24; Sofonías 3:17; Mateo 23:37; Lucas 19:41; Juan 3:16, 4:23-24; Hechos 17:24, 25, 28; 1 Corintios 10:26; Filipenses 3:10; 1 Juan 4:7-10

siempre ha existido	nace y muere
tiene cuerpo con carene y huesos	es espíritu
no necesita nada ni nadie	es más grande e importante
debe honrar a dios	no cambia
esta solamente en un lugar a la vez	necesita aire, sol, comida, y agua
se pone viejo	está en todas partes todo el tiempo

3
En el principio
La creación: parte 1

Versículo para memorizar

> *Antes que naciesen los montes y formases la tierra y el mundo, desde el siglo y hasta el siglo, tú eres Dios. Salmo 90:2*

Lección

¿De dónde crees que vinieron todas las cosas que vemos alrededor de nosotros? ¿Cómo surgieron el sol y la luna en el cielo? ¿Cómo llegaron a existir las plantas, los árboles y los animales?

Hace muchos años, yo vivía en la selva amazónica de Sudamérica. Vivía entre una gente primitiva llamada "los yanomami". Los yanomami se alimentan cazando animales con arco y flecha en la selva. Muchas familias viven juntas en una enorme casa redonda. En el centro de la casa no hay techo; está abierta al cielo.

Los yanomami creen que los peces vinieron de astillas de madera. Dicen que hace mucho tiempo un hombre estaba talando un árbol cuando algunas de las astillas de madera cayeron en el agua y se convirtieron en peces. Los yanomami tienen muchas historias similares que explican como las cosas fueron creadas en el principio.

Otra gente cree que todo empezó con una explosión en el universo. Esta gente dice que la explosión causó que diminutos organismos unicelulares comenzaran a crecer y a cambiar. Después de miles de millones de años se formaron las aves, animales y personas.

¿Cómo podemos saber la verdad? ¿Existía alguien en el comienzo que sabe lo que realmente sucedió?

La Biblia dice que en el comienzo Dios estaba allí. En el comienzo de los tiempos, antes de que cualquier cosa o persona existiera, Dios estaba vivo. Puesto que Dios estaba allí, Él sabe cómo todo llegó a ser.

En su carta, la Biblia, Dios nos dice la verdadera historia sobre el principio del mundo.

En el principio creó Dios los cielos y la tierra. Génesis 1:1

La Biblia dice que el Creador del mundo es Dios.

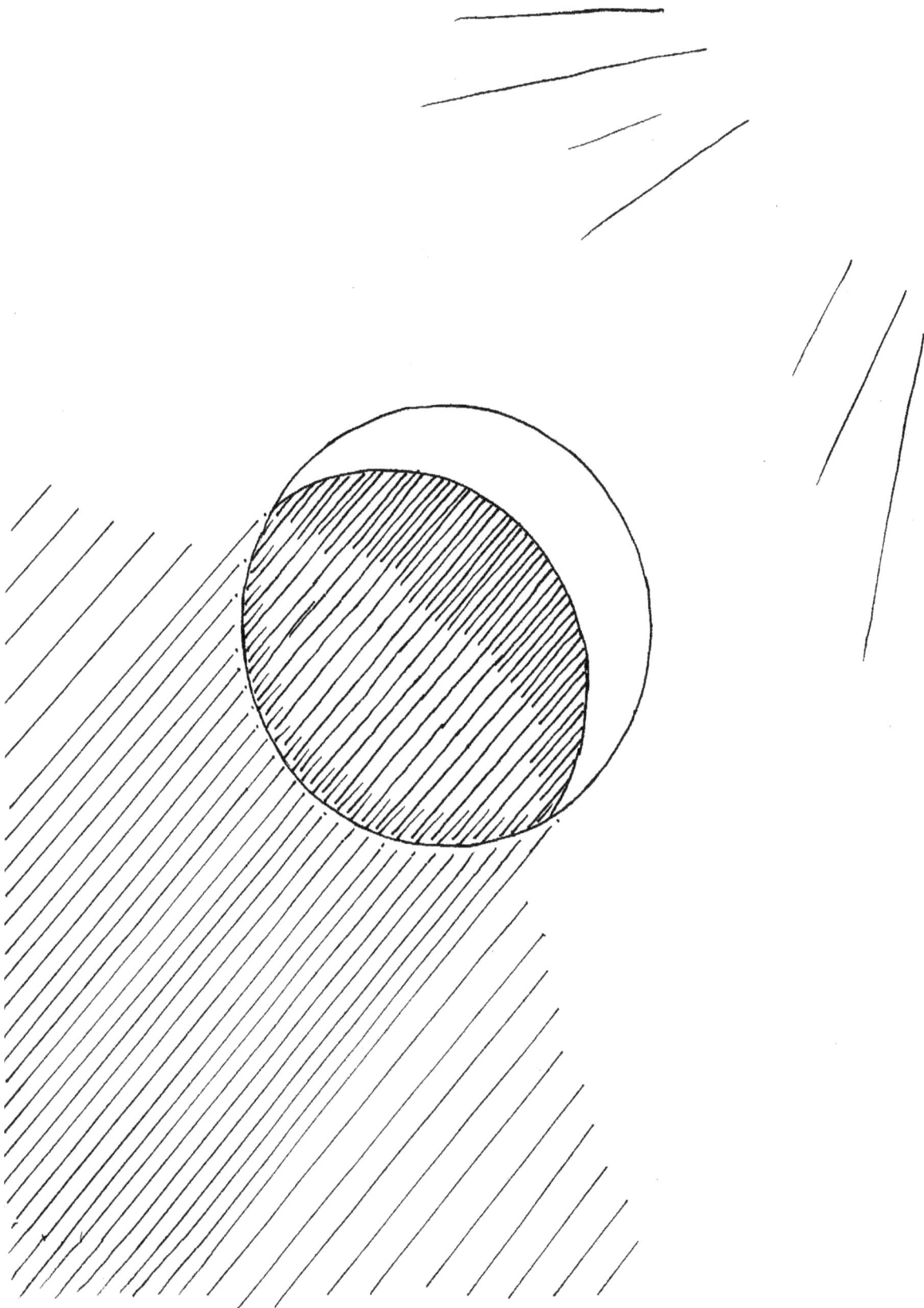

Y la tierra estaba desordenada y vacía, y las tinieblas estaban sobre la faz del abismo, y el Espíritu de Dios se movía sobre la faz de las aguas. Génesis 1:2

Antes de que Dios formara la tierra y la llenara de vida, sólo había un inmenso espacio oscuro lleno de agua. En la oscuridad, Dios el Espíritu Santo se movía sobre el agua, listo para desplegar su gran poder.

Y habló Dios.

> **El Espíritu de Dios**
>
> A pesar de que sólo hay un Dios, Él existe en tres personas: el Padre, el Hijo y el Espíritu de Dios (a veces llamado el Espíritu Santo). Dios el Padre es Dios, Dios el Hijo es Dios, y Dios el Espíritu es Dios. Los tres son uno y el mismo Dios.

Y dijo Dios: Sea la luz; y fue la luz. Y vio Dios que la luz era buena; y separó Dios la luz de las tinieblas. Y llamó Dios a la luz Día, y a las tinieblas llamó Noche. Y fue la tarde y la mañana un día. Génesis 1:3-5

¿Cómo podía Dios hacer que la luz apareciera simplemente por declarar: "Sea la luz"? Ni tú, ni yo, ni siquiera el científico más inteligente podría hacer eso. Sólo Dios es lo suficientemente potente como para crear la luz sólo por hablar. Nada es demasiado difícil para Dios. Con su poderosa voz hizo que la luz brillara en la oscuridad.

¿Quién le enseñó a Dios como hacer la luz? Después de todo, cada uno tiene que ser enseñado, ¿verdad? Cuando fuiste pequeño no sabías leer ni escribir. Alguien tenía que enseñarte. Alguien tenía que enseñarte cómo atarte los zapatos. Casi todo lo que sabes te fue enseñado. Por lo tanto, ¿quién le enseñó a Dios todo lo que sabe?

La Biblia dice que Dios no tenía un maestro.

¿Quién enseñó al Espíritu de Jehová, o le aconsejó enseñándole? ¿A quién pidió consejo para ser avisado? ¿Quién le enseñó el camino del juicio, o le enseñó ciencia, o le mostró la senda de la prudencia? ¿No has sabido, no has oído que el Dios eterno es Jehová, el cual creó los confines de la tierra? No desfallece, ni se fatiga con cansancio, y su entendimiento no hay quien lo alcance. Isaías 40:13-14,28

Dios no necesita que nadie le enseñe. Dios no necesita que nadie lo aconseje o asesore. Dios sabe y entiende todo. Siempre lo ha hecho.

La Biblia dice que la luz que creó Dios era buena. La luz de Dios no parpadeaba ni se apagaba como una linterna cuando las pilas ya se están echando a perder. La luz de Dios brillaba constantemente, porque todo lo que Dios hace es perfecto.

📖 Él es la Roca, cuya obra es perfecta, porque todos sus caminos son rectitud; Dios de verdad, y sin ninguna iniquidad en él; es justo y recto Deuteronomio 32:4

Después de que Dios hizo la luz, Él separó la luz de la oscuridad. Dios hizo que la noche fuera oscura y que la luz brillara durante el día. Cada noche cuando se oscurece puedes estar seguro de que en la mañana va a haber luz otra vez.

Al amanecer del segundo día, Dios continuó su obra de la creación del mundo.

📖 Luego dijo Dios: Haya expansión en medio de las aguas, y separe las aguas de las aguas. E hizo Dios la expansión, y separó las aguas que estaban debajo de la expansión, de las aguas que estaban sobre la expansión. Y fue así. Y llamó Dios a la expansión Cielos. Y fue la tarde y la mañana el día segundo. Génesis 1:6-8

En el principio sólo había agua por todas partes, pero el segundo día Dios hizo una expansión, para formar un espacio en medio del agua. Dios llamó a este espacio vacío "Cielo". Por encima y por debajo del cielo estaba el agua.

El tercer día, Dios hizo la tierra seca.

📖 Dijo también Dios: Júntense las aguas que están debajo de los cielos en un lugar, y descúbrase lo seco. Y fue así. Y llamó Dios a lo seco Tierra, y a la reunión de las aguas llamó Mares. Y vio Dios que era bueno. Génesis 1:9-10

Cuando Dios formó la tierra, reunió toda el agua que estaba por debajo del cielo en un solo lugar. Entonces hizo que el agua se juntara en mares, para que apareciera la tierra seca.

Con su gran poder, Dios estaba cambiando el espacio oscuro y vacío en un mundo maravilloso. Primeramente, hizo brillar la luz en la oscuridad, y luego hizo un espacio llamado, "Cielo". Por último, juntó las aguas debajo del cielo para formar el planeta Tierra. La Biblia dice que cuando Dios miró todo lo que había hecho, Él era feliz. Todo era exactamente como Él quería.

Preguntas

1. ¿Por qué es Dios el único que nos puede decir cómo todo fue creado en el principio? *Dios es el único que sabe, porque es el único que vivía en el principio.*

2. ¿Cómo era la tierra en el principio? *En el comienzo sólo había oscuridad y agua por todas partes. Todo era una profundidad sin fondo, oscura y vacía.*

3. En la oscuridad, ¿quién se movía sobre el agua, listo para desplegar su gran poder para empezar a crear el mundo? *Dios el Espíritu Santo se movía sobre el agua.*

4. ¿Cómo era posible para Dios hacer la luz sólo por hablar? *Dios tiene todo el poder para hacer lo que quiere; Él puede hacerlo todo.*

5. ¿Quién le enseñó a Dios como hacer la luz? *Nadie tenía que enseñarle a Dios, porque Dios lo sabe todo.*

6. ¿Qué hizo Dios en el segundo día? *En el segundo día de la creación, Dios separó las aguas para formar un gran espacio llamado "Cielo".*

7. En el tercer día, ¿qué hizo Dios? *Dios formó nuestro planeta. Después de juntar las aguas bajo el cielo, hizo que las aguas se juntaran en mares y que la tierra seca apareciera.*

8. Cuando Dios miró su obra, ¿estaba contento con todo lo que había hecho? *Dios estaba muy contento con todo lo que hizo porque todo era perfecto; todo era exactamente como Él lo quería.*

Verdades bíblicas

- Dios existía antes que nada existiera.
- Dios existe por su propio poder.
- Dios es el Creador.
- Dios puede hacer cualquier cosa; nada es demasiado difícil para Él.
- Dios lo sabe todo.
- Dios es perfecto.
- Dios es un Dios de orden.

Actividad 1: Móvil del versículo de memorización

Suministros

- Dos platos desechables - que sean duros (fuertes) - por estudiante
- Impresión de la página para colorear para cada estudiante
- Pegamento o cinta de doble cara
- Grapadora
- Tijeras
- Lápices de colores

- Perforadora
- Cuerda o hilo

Instrucciones

- Colorear y cortar el dibujo.
- Con pegamento o grapas unir los dos platos desechables con las espaldas entre sí para formar un espacio entre ellos
- Escribir el versículo de memoria en un lado del móvil

  Antes que naciesen los montes y formases la tierra y el mundo, desde el siglo y hasta el siglo, tú eres Dios. Salmo 90:2

- Pegar el dibujo que coloreaste al otro lado del móvil
- Hacer un agujero en la parte superior del móvil
- Cortar un trozo de hilo o lana y pasarla por el agujero del móvil para colgarlo.
- Otra Opción: Hacer una borla

Actividad 2: Borla

Suministros

• Tres hebras de hilados (lana) de tejer de diferentes colores (cada hebra debe ser de 1 metro de largo)

Instrucciones

- Atar los tres cabos. Un niño sostiene un extremo y otro da unos pasos hacia atrás, sosteniendo el otro extremo.
- Girar los hilos hasta que no pueda girar más y atarlos. Ahora tiene una borla para atar alrededor la voluta.

Referencias bíblicas

Job 38:1-21; Salmos 18:30, 19:1-4, 24:1-2, 33:6-9, 95:3-5, 104:30; Proverbios 3:19; Isaías 6:3, 45:7, 48:12-13; Jeremías 10:12-13, 32:17; Romanos 1:20, 11:33; Colosenses 1:16; Hebreos 1:10, 11:3; 2 Pedro 3:5

La Trinidad: Génesis 1:26, 3:22; Mateo 28:18-19; 2 Corintios 13:14; Efesios 1:17, 2:13, Efesios 2:18; Hebreos 9:14

4
Un mundo maravilloso
La creación: parte 2

Versículo para memorizar

Oh Señor Jehová, he aquí que tú hiciste el cielo y la tierra con tu gran poder, y con tu brazo extendido, ni hay nada que sea difícil para ti; Jeremías 32:17

Lección

Al tercer día, cuando Dios había hecho aparecer la tierra seca, volvió a dar otra orden. De repente, sucedió algo increíble. Al igual que los fuegos artificiales iluminan el cielo de la noche, la tierra se llenó de color.

Después dijo Dios: Produzca la tierra hierba verde, hierba que dé semilla; árbol de fruto que dé fruto según su género, que su semilla esté en él, sobre la tierra. Y fue así. Produjo, pues, la tierra hierba verde, hierba que da semilla según su naturaleza, y árbol que da fruto, cuya semilla está en él, según su género. Y vio Dios que era bueno. Y fue la tarde y la mañana el día tercero. Génesis 1:11-13

Al dar la orden, ¡las plantas surgieron en todas partes! Solo con Su palabra, Dios hizo las palmeras, los robles, los árboles frutales, la hierba y las flores. Dios hizo más clases de árboles y plantas de lo que puedes imaginar. Sólo Dios tiene el poder para hacer eso.

Dios hizo las plantas y las bellas flores para que podamos disfrutar de ellas. Dios hizo que las plantas nos den alimentos, medicinas y oxígeno.

Dios quería que siempre hubiera un montón de flores, plantas y árboles en la tierra; así que hizo cada planta con la capacidad de producir más de su propia especie. Dios puso dentro de cada planta semillas para dar comienzo a una nueva planta.

Dios es un Dios de orden. ¿Has notado que una semilla de frijol produce una planta de frijol y una semilla de manzana produce un manzano? Sería confuso si una semilla de manzana produjera una planta de banano. Pero como Dios es un Dios de orden, Él hizo que las semillas produjeran sólo según su propia especie.

Al final del tercer día, cuando Dios miró la tierra, se sintió complacido. La tierra estaba cubierta de plantas, flores, y árboles de muchos colores y formas. ¡Era un espectáculo maravilloso!

Ya que Dios había llenado la tierra con plantas, era tiempo para llenar también el vacío del universo.

Dijo luego Dios: Haya lumbreras en la expansión de los cielos para separar el día de la noche; y sirvan de señales para las estaciones, para días y años, y sean por lumbreras en la expansión de los cielos para alumbrar sobre la tierra. Y fue así. E hizo Dios las dos grandes lumbreras; la lumbrera mayor para que señorease en el día, y la lumbrera menor para que señorease en la noche; hizo también las estrellas. Y las puso Dios en la expansión de los cielos para alumbrar sobre la tierra, y para señorear en el día y en la noche, y para separar la luz de las tinieblas. Y vio Dios que era bueno. Y fue la tarde y la mañana el día cuarto. Génesis 1:14-19

Pero Dios no llenó el universo con plantas, ¡Lo llenó de luces!

A pesar de que Dios ya había hecho la luz, en el cuarto día Dios creó el sol, la luna y las estrellas. El sol, la luna y las estrellas nos ayudan a calcular el tiempo – los días, meses y años. Cada mañana sale el sol para hacernos saber que un nuevo día ha comenzado. Los cambios en la luna nos ayudan contar meses. De una luna llena a la siguiente luna nueva, siempre hay 28 días. Las estrellas también cambian de posición, dependiendo de la estación. Cada temporada se puede ver un conjunto diferente de las estrellas.

Sólo Dios podría haber creado un mundo tan complejo. Al final del cuarto día, cuando Dios miró el universo, estaba satisfecho con Su trabajo.

En el quinto día, Dios llenó el cielo y los océanos de seres vivientes.

Dijo Dios: Produzcan las aguas seres vivientes, y aves que vuelen sobre la tierra, en la abierta expansión de los cielos. Y creó Dios los grandes monstruos marinos, y todo ser viviente que se mueve, que las aguas produjeron según su género, y toda ave alada según su especie. Y vio Dios que era bueno. Y Dios los bendijo, diciendo: Fructificad y multiplicaos, y llenad las aguas en los mares, y multiplíquense las aves en la tierra. Y fue la tarde y la mañana el día quinto. Génesis 1:20-23

Dios creó a los millones de criaturas del mar. Hizo ballenas, tiburones y delfines. Hizo rayas, caballitos de mar y cangrejos. Si alguna vez has ido al océano, o visto una imagen de la vida marina en una enciclopedia, puedes imaginarte de la gran variedad de criaturas marinas que Dios hizo.

Dios creó también una infinidad de aves. Hizo pájaros de todos colores, formas y tamaños. Hizo águilas, búhos, gorriones, petirrojos, gaviotas y todo tipo de loros hermosos. En todas partes en la tierra, los pájaros llenan el cielo.

En el sexto día, Dios creó a los animales que viven en la tierra.

> Luego dijo Dios: Produzca la tierra seres vivientes según su género, bestias y serpientes y animales de la tierra según su especie. Y fue así. E hizo Dios animales de la tierra según su género, y ganado según su género, y todo animal que se arrastra sobre la tierra según su especie. Y vio Dios que era bueno. Génesis 1:24-25

Dios hizo camellos que pueden sobrevivir en el desierto con sólo un poco de agua. Hizo canguros que llevan a sus bebés en bolsas. Hizo los osos polares que viven en la nieve y duermen todo el invierno. Hizo todos los animales que se ven en el zoológico. Hizo cabras, vacas y cerdos. Dios también hizo perros, gatos y hámsteres.

Dios no quiso que los pescados, aves y animales desaparecieran de la tierra, por lo que hizo que todos pueden tener hijos. Cada día nacen más peces, aves y animales. Dios es tan impresionante, ¡pensó en todo!

¿Por qué hizo Dios una gran variedad de plantas y animales? ¿Por qué hizo Dios muchos sabores de frutas y verduras? ¿Por qué creó tantos colores de las flores? Dios lo hizo todo por nosotros, porque Dios es un Dios de amor.

Nadie es como Dios. Sólo Dios tiene el poder y el conocimiento para crear un mundo perfecto simplemente por Su Palabra.

> Grande es el Señor nuestro, y de mucho poder; y Su entendimiento es infinito. Salmos 147:5

Preguntas

1. ¿Cómo hizo Dios las plantas y los animales? *Con Su potente voz Dios ordenó que aparecieran, y aparecieron.*

2. ¿Cómo hizo Dios las plantas para que pudieran producir más plantas de la misma clase? *Dios le dio semillas a las plantas. Dentro de cada semilla está toda la información necesaria para hacer otra planta de la misma especie.*

3. ¿Cómo supo Dios cómo hacer el sol, la luna, las estrellas, y todas las plantas y animales? *Dios lo sabe todo; no hay nada que Dios no sabe hacer.*

4. ¿Por qué hizo Dios tantas clases de plantas y animales? ¿Por qué hizo tantos colores, olores y sabores? *Dios hizo una gran variedad de plantas y animales porque Él nos ama.*

5. ¿Qué hizo Dios en el cuarto día para ayudarnos a calcular los días, meses y años? *Dios hizo el sol, la luna y las estrellas.*

6. ¿Es posible para alguien pueda esconderse de Dios? *Nadie puede esconderse de Dios, porque Dios está en todas partes todo el tiempo.*

7. ¿Había algo malo en cualquier parte del mundo que Dios hizo? *No. Todo lo que Dios hizo fue perfecto, porque Dios es perfecto.*

Verdades bíblicas

- Dios es el Creador de todo.
- Dios puede hacer cualquier cosa, nada es demasiado difícil para él.
- Dios lo sabe todo.
- Dios está en todas partes en todo momento.
- Dios es perfecto.
- Dios es un Dios de orden.
- Dios es un Dios de amor.

Actividad: Los días de la creación

Suministros

- Plantilla "Días de la Creación"
- Marcadores, lápices de colores
- Fotos de revistas viejas o calcomanía
- Papel de construcción
- Pegamento, grapadora, cinta adhesiva

Instrucciones

- Usando las fotos, calcomanías y lápices ilustrar en las cajas de la plantilla qué sucedió en cada día de la creación.
- Opcional: Al terminar se puede cortar las cajas y hacer un libro de los días de la creación con la grapadora, cinta, o pegamento.

Referencias bíblicas

Deuteronomio 32:4; 2 Samuel 22:31; Salmos 29:3-9, 99:3-5, 104: 19-23, 119:68; Isaías 40:25-26; Jeremías 32:27; Romanos 1:20, 25

	Día 1
Día 2	Día 3
Día 4	Día 5
Día 6	Día 7

5
Misión cumplida
La creación del hombre

Versículo para memorizar

Oh Señor Jehová, he aquí que tú hiciste el cielo y la tierra con tu gran poder, y con tu brazo extendido, ni hay nada que sea difícil para ti. Jeremías 32:17

Lección

Dios hizo el mundo maravilloso especialmente para ser habitada por personas.

Porque así dijo Jehová, que creó los cielos; él es Dios, el que formó la tierra, el que la hizo y la compuso; no la creó en vano, para que fuese habitada la creó: Yo soy Jehová, y no hay otro. Isaías 45:18

Finalmente, cuando todo estuvo listo, Dios hizo al hombre.

Entonces Jehová Dios formó al hombre del polvo de la tierra, y sopló en su nariz aliento de vida, y fue el hombre un ser viviente. Génesis 2:7

Cuando Dios hizo el sol, la luna, las estrellas, las plantas y todos los animales, simplemente habló y aparecieron. Pero cuando Dios hizo el primer ser humano, tomó tierra y con mucho cuidado formó un cuerpo.

¿Alguna vez has formado un animal o una persona de plastilina o arcilla? Cuando terminaste, ¿comenzó la figura a caminar o hablar? ¡Por supuesto que no! No tenía vida.

Pero Dios puede hacer algo que nadie más puede hacer. La Biblia dice que Dios sopló en la nariz del hombre y "fue el hombre un ser viviente". Dios puede dar vida.

Cuando Dios sopló en el hombre, le dio al hombre un alma y un espíritu. El alma y espíritu convirtieron al hombre en un ser viviente.

Cada persona viva tiene un alma y un espíritu. A pesar de que tu alma y espíritu son invisibles, ellos son quien realmente eres. Tu cuerpo no es más que la casa donde tu alma y espíritu viven. Tu alma y espíritu dan vida a tu cuerpo. Si el alma y el espíritu salen de tu cuerpo, mueres.

Obviamente, Dios hizo al hombre diferente de los animales.

Entonces dijo Dios: Hagamos al hombre a nuestra imagen, conforme a nuestra semejanza; y señoree en los peces del mar, en las aves de los cielos, en las bestias, en toda la tierra, y en todo animal que se arrastra sobre la tierra. Génesis 1:26, 27

Cuando Dios dijo: - Hagamos al hombre - ¿Con quién estaba hablando? Recuerda que hay solamente un Dios, pero que EL existe en tres personas: Dios el Padre, Dios el Hijo y Dios el Espíritu Santo. Estas tres personas que son Dios decidieron hacer al hombre semejante a Dios.

La Biblia dice que Dios hizo a las personas a Su "imagen". Dios hizo la parte invisible de nosotros – nuestra alma y espíritu – semejante a Él. Así como Dios tiene una mente, tiene sentimientos y la capacidad de tomar decisiones, Él quería que tú y yo tuviéramos una mente, tuviéramos sentimientos y la capacidad de tomar decisiones.

Dios nos dio una mente para que pudiéramos pensar y aprender. Dios quería que fuéramos capaces de comunicarnos con El, de leer y entender Su carta, la Biblia, y de llegar a conocerlo. Por eso Dios nos dio una mente.

Más alábese en esto el que se hubiere de alabar: en entenderme y conocerme, que yo soy Jehová, que hago misericordia, juicio y justicia en la tierra; porque estas cosas quiero, dice Jehová. Jeremías 9:24

Por supuesto, ninguna persona es tan inteligente como Dios, pero Dios nos hizo más inteligentes que los animales.

Dios también nos dio sentimientos. ¿Sabes que Dios tiene sentimientos? Dios ama. Él se pone feliz y triste. Dios quería que nosotros también fuéramos capaces de expresar los sentimientos de la manera que Él lo hace. Él quería que nosotros fuéramos capaces de amar y adorarle.

Jehová se manifestó a mí hace ya mucho tiempo, diciendo: Con amor eterno te he amado; por tanto, te prolongué mi misericordia. Jeremías 31:3

Otra manera en que Dios nos hizo como Él, es que nos dio la capacidad de tomar decisiones. Dios tomó decisiones cuando Él creó el mundo. Él decidió los colores de las flores y el largo del cuello de la jirafa.

Dios podría habernos hecho como robots que hacen sólo aquello para lo cual fueron programados. Pero Él quería que le amáramos de todo corazón, porque queríamos. Él no quería que le adoráramos simplemente porque estábamos programados para hacerlo. Dios quería que las personas le amaran, porque realmente querían amarle.

Dios es Espíritu; y los que le adoran, en espíritu y en verdad es necesario que adoren. Juan 4:24

Por fin Dios terminó de crear el mundo. En seis días Dios había transformado el vacío oscuro y sin forma en un mundo hermoso, brillante y lleno de toda clase de plantas y animales. Sólo Dios puede crear un mundo tan increíble. Y lo increíble es que hizo todo eso para nosotros.

Y vio Dios todo lo que había hecho, y he aquí que era bueno en gran manera. Y fue la tarde y la mañana el día sexto. Génesis 1:31

Fueron, pues, acabados los cielos y la tierra, y todo el ejército de ellos. Génesis 2:1

Dios siempre termina lo que comienza. Tú y yo a veces empezamos algo y luego cambiamos de opinión. ¿Alguna vez has empezado un juego y luego te cansaste antes de terminar? O tal vez has comenzado a pintar un dibujo y luego lo dejaste de lado, porque no te gustaba como estaba saliendo. Dios no es así. Si Dios inicia un proyecto, siempre lo completa.

En seis días Dios creó el mundo y todo lo que hay en él. ¿Qué crees que hizo en el séptimo día? La Biblia dice que el séptimo día Dios descansó.

Y acabó Dios en el día séptimo la obra que hizo; y reposó el día séptimo de toda la obra que hizo. Y bendijo Dios al día séptimo, y lo santificó, porque en él reposó de toda la obra que había hecho en la creación. Génesis 2:2-3

> Santificar = apartar para un propósito especial.

¿Crees que Dios descansó el séptimo día porque estaba agotado? Después de todo, no puede haber sido fácil poner los planetas en el cielo, o de hacer tantos tipos diferentes de plantas, peces, aves y animales.

Pero Dios no estaba cansado, Dios nunca se cansa.

¿No has sabido, no has oído que el Dios eterno es Jehová, el cual creó los confines de la tierra? No desfallece, ni se fatiga con cansancio, y Su entendimiento no hay quien lo alcance. Isaías 40:28

Dios no estaba agotado. Él tomó un descanso porque había terminado Su obra; terminó con todo lo que había planeado hacer.

La Biblia dice que Dios "bendijo...al día séptimo, y lo santificó, porque en él reposó de toda la obra que había hecho en la creación". Cuando la Biblia dice que Dios santificó el día séptimo quiere decir que hizo una diferencia entre el séptimo día y todos los otros días de la semana. Dios quería que el séptimo día fuera un día especial para recordar que Él es el Creador del mundo.

El mundo entero pertenece a Dios, porque Él es el Creador. Puesto que Dios es el dueño del mundo, Él es el director. Él es la máxima autoridad, Dios está sobre todos los gobiernos del mundo.

Preguntas

1. ¿Para quién hizo Dios el mundo y todo lo que hay en él? *Dios hizo el mundo para la gente; lo hizo para nosotros.*

2. Menciona tres maneras en que Dios hizo a la gente semejante a Él. *Dios nos dio a nosotros una mente para que podamos llegar a conocerlo, nos dio sentimientos para poder amarlo, y nos dio la capacidad de tomar decisiones.*

3. ¿Quién es el único que puede dar vida? *Dios es el único que puede dar vida.*

4. Cuando Dios comienza a hacer algo, ¿Siempre lo termina? *Sí, Dios siempre termina Su trabajo. Cuando Dios empieza un proyecto, Él siempre lo termina.*

5. ¿Todo lo que hace Dios es perfecto, o hace Dios a veces errores? *No. Dios es perfecto. Todo lo que Él hace es bueno y perfecto en todo sentido.*

6. ¿Dios se sentía agotado después de crear el mundo y todo lo que hay en él? *No. Dios no se cansa ni se fatiga.*

7. ¿Por qué era especial el séptimo día de la semana? *Fue el día que Dios descansó después de haber terminado de crear el mundo. Dios estableció el séptimo día como día especial para recordar que Él es el Creador.*

8. ¿Por qué Dios es el jefe de todo el mundo? *Dios es el jefe del mundo porque Él creó el mundo. El mundo pertenece a Dios; Él es el dueño. Así que Dios tiene más autoridad que cualquier dictador, o rey o gobierno.*

Verdades bíblicas

- Dios es el Creador del mundo y de todas las personas.
- Puesto que Dios es el Creador, Él es el dueño y el director.
- Dios siempre termina lo que comienza.
- Dios es el que da vida a todas las personas.
- Dios hizo a la gente a Su semejanza; Él hizo a la gente más inteligente que los animales.

- Dios es un ser personal; Él quiere tener una relación con nosotros.
- Sólo hay un Dios que existe como Dios el Padre, Dios el Hijo y Dios el Espíritu Santo.
- Dios es un Dios de amor.
- Dios es perfecto.
- Dios puede hacer cualquier cosa, nada es demasiado difícil para Él.

Actividad 1: Formar una persona de arcilla y plastilina

Suministros

- Arcilla o plastilina

Instrucciones

- Formar a una persona de la arcilla o plastilina.
- La maestra pregunta a los niños si pueden dar vida a las figuras que acaban de formar. Discutir: ¿Quién es el Único que puede dar vida? ¿Por qué razón Dios hizo a los humanos a Su imagen? Etc.

Actividad 2: Dibujar una persona

Suministros

- Papel
- Lápices
- Lápices de colores

Instrucciones

- Dibujar una persona.
- Colorear el dibujo.
- Escribir el versículo Génesis 2:7 por encima o por debajo del dibujo.
- La maestra pregunta a los niños si son capaces de dar vida a la persona que acaban de dibujar. Discutir: ¿Quién es el único que puede dar vida? ¿Por qué razón por Dios hizo a los seres humanos a Su imagen? Etc.

Referencias bíblicas

Deuteronomio 30:19-20; 1 Crónicas 29:11-12; Nehemías 9:6; Job 12:10; Salmo 18:30, Salmo 24:1-2, 33:11, 97:9, 100:3, 115: 3, 119:73, 135:5-6, 139:13-17, 145:3-7; Proverbios 6:16; Isaías 42:5, 44:24, 45:18; Jeremías 9:23-24, Sofonías 3:17; Mateo 23:37; Lucas 19:41; Juan 3:16, 4:23-24; Hechos 17:24, 25, 28; 1 Corintios 10:26; Filipenses 3:10; 1 Juan 4:7-11

6
Ayudantes especiales
Creación de los ángeles

Versículo para memorizar

Porque en él fueron creadas todas las cosas, las que hay en los cielos y las que hay en la tierra, visibles e invisibles... todo fue creado por medio de él y para él. Colosenses 1:16

Lección

La Biblia dice que cuando Dios comenzó a hacer la tierra, los ángeles "alababan" y "se regocijaban".

¿Dónde estabas tú cuando yo fundaba la tierra? Házmelo saber, si tienes inteligencia. Cuando alababan todas las estrellas del alba, Y se regocijaban todos los hijos de Dios. Job 38:4, 7

En este versículo Dios llama a los ángeles "estrellas" e "hijos de Dios".

¿De dónde provienen estos ángeles? La Biblia dice que Dios creó a los ángeles antes de que Él hiciera la tierra.

Porque en él fueron creadas todas las cosas, las que hay en los cielos y las que hay en la tierra, visibles e invisibles... Colosenses 1:16a

Dios hizo a los ángeles para ser sus ayudantes; para que fuesen Sus trabajadores y mensajeros.

Bendecid a Jehová, vosotros sus ángeles, Poderosos en fortaleza, que ejecutáis Su palabra, obedeciendo a la voz de Su precepto. Salmo 103:20

¿Estaba mal que Dios les dijera a los ángeles lo que debían hacer? No, como Dios creó a los ángeles, Él tenía el derecho de mandar a los ángeles y decidir cuál sería su trabajo.

Es lo mismo que cuando coloreas un dibujo. Si tú lo coloreas, es tuyo ¿no? Puedes hacer lo que quieres con él. Puedes darlo a tu mamá, mantenerlo para ti mismo, o botarlo. Es tu decisión. Así es como era con Dios y los ángeles. Puesto que Dios hizo a los ángeles, Él podía usarlos de cualquier manera que Él decidiera.

Dios es el Creador de todo en el mundo. Él es el que da vida a todo ser viviente. Puesto que todo lo que existe es hecho por Dios, Dios es dueño de todo. Él es el más grande.

De Jehová es la tierra y Su plenitud; el mundo, y los que en él habitan. Porque él la fundó sobre los mares, Y la afirmó sobre los ríos. Salmo 24:1-2

Pero, a pesar de que Dios tenía el derecho de mandar a los ángeles, Él no los obligaba. Dios dejó que ellos decidieran si le obedecían o no.

¿Cómo te gustaría tener un amigo que siempre hace lo que tú quieres? Podrías pensar que realmente te estima y disfruta tu compañía. Pero si te enteras de que sólo estaba siendo amable porque sus padres lo obligaron, ¿Cómo te gustaría eso? Sería mejor tener un compañero que decidiera por su propia cuenta ser tu amigo, ¿verdad?

De la misma manera, Dios quería que cada ángel tomara su propia decisión en cuanto a seguir a Dios o no. Dios quería que los ángeles le obedecieran porque querían, no porque Él los obligara.

La Biblia dice que los ángeles son espíritus. Eso quiere decir que los ángeles son invisibles para la gente de la tierra. Al igual que no podemos ver a Dios, no podemos ver a los ángeles, porque no tienen cuerpos hechos de carne y hueso como nosotros.

Como los ángeles no tienen cuerpos, es fácil para ellos moverse. Los ángeles no tienen que pasar por una puerta para entrar en una habitación, sino que simplemente pasan a través de la pared. Ellos no tienen que caminar, montar en un coche, o volar en un avión para llegar a su destino. En un abrir y cerrar de ojos aparecen donde quieran ir.

¿No son todos espíritus ministradores...? Hebreos 1:14

Pero a pesar de que los ángeles son espíritus, no están en todas partes al mismo tiempo, como es con Dios. Los ángeles sólo pueden estar en un lugar a la vez.

¿Alguna vez has hecho un desastre o has tenido una mala calificación en un examen? ¿Por qué es que a veces te metes en líos? Eso es porque no eres perfecto. Pero Dios es perfecto y todo lo que Él hace es perfecto en todo sentido.

Él es la Roca, cuya obra es perfecta... Deuteronomio 32:4

Puesto que Dios es completamente bueno y perfecto en todo sentido, los ángeles que Dios creó eran perfectos, también. No había nada malo con ninguno de ellos; todos eran buenos.

Dios hizo a los ángeles fuertes e inteligentes. Los ángeles son más fuertes y más inteligentes que las personas, pero son más débiles y menos inteligentes que Dios.

Bendecid a Jehová, vosotros sus ángeles, poderosos en fortaleza... Salmo 103:20a

¿Qué es el hombre, para que tengas de él memoria...? Le has hecho poco menor que los ángeles... Salmo 8:4-5a

¿Sabes cuantos ángeles Dios creó? ¡El hizo más ángeles que los que tú puedes contar!

Sino que os habéis acercado al monte de Sion, a la ciudad del Dios vivo, Jerusalén la celestial, a la compañía de muchos millares de ángeles, Hebreos 12:22

Imagínate cuán poderoso es Dios para poder hacer tantos ángeles. Nada es demasiado difícil para Dios.

La Biblia dice que cuando Dios hizo a los ángeles, ellos vivían con él en el cielo.

...serán como los ángeles de Dios en el cielo. Mateo 22:30b

A pesar de que Dios está en todas partes todo el tiempo, el cielo es el hogar de Dios.

Mira desde tu morada santa, desde el cielo, y bendice a tu pueblo... Deuteronomio 26:15a

El cielo es un lugar maravilloso y hermoso. En el cielo no hay enfermedad, ni sufrimiento, ni tristeza. Sólo hay amor y bondad. Todo en el cielo es bueno.

Los ángeles eran los ayudantes especiales de Dios. Eran perfectos en todo sentido y vivían con Dios en Su lugar perfecto. ¡Era magnifico!

Preguntas

1. ¿Es Dios más grande que los ángeles? *Si, Dios es más grande que los ángeles, porque Él es el que los hizo y les dio vida.*

2. ¿Por qué hizo Dios a los ángeles; qué quería Él que hicieran los ángeles? *Él quería que fueran Sus ayudantes especiales.*

3. ¿Por qué podía Dios decirles a los ángeles lo que debían hacer? *Puesto que Dios creó a los ángeles, ellos le pertenecían. Como Dios era el dueño de los ángeles, Él tenía el derecho de decirles lo que debían hacer.*

4. ¿Dios forzó a los ángeles seguirlo? *No, Él les dio libertad para elegir.*

5. ¿Los ángeles tienen cuerpos como tú y yo? *No, los ángeles son espíritus.*

6. ¿Pueden los ángeles estar en todas partes al mismo tiempo? *No. Ellos sólo pueden estar en un lugar a la vez.*

7. ¿Son los ángeles fuertes e inteligentes? *Sí. Son muy fuertes y muy inteligentes; son más fuertes e inteligentes que las personas, pero no tan inteligentes y fuertes como Dios.*

8. Cuando Dios hizo a los ángeles, ¿había alguna parte de ellos que era mala? *No. Dios hizo a los ángeles perfectos en todo sentido.*

9. ¿Cómo podía Dios hacer tantos ángeles? *Dios puede hacer cualquier cosa; nada le es demasiado difícil.*

10. ¿Dónde vivían los ángeles al principio cuando Dios los hizo? *Ellos vivían con Dios en el cielo.*

Verdades bíblicas

- Dios hizo a los ángeles para ser Sus ayudantes especiales.
- Los ángeles son poderosos e inteligentes, pero no tan potentes e inteligentes como Dios.
- Los ángeles son espíritus.
- Cuando Dios creó a los ángeles, ellos eran perfectos en todo sentido.
- Dios puede hacer cualquier cosa, nada es demasiado difícil para El.
- Puesto que Dios es el Creador, Él es el dueño y jefe.
- Dios es perfecto.

Actividad: Hoja de ángel

Suministros

- Hoja de trabajo
- Un lápiz o marcador de color

Instrucciones

- Llenar los espacios para que diga: Dios hizo los ángeles para ser Sus ayudantes.
- Decorar la hoja.

Referencias bíblicas

Génesis 2:1; Deuteronomio 32:4; 2 Samuel 22:31; 1 Crónicas 29:11-12; Nehemías 9:6; Salmos 91:11, 103:20-22, 148:2; Isaías 45:12; Mateo 25:31; Marcos 13:27; Juan 1:3; Hechos 17:24; Colosenses 2:18; 2 Tesalonicenses 1:7; Hebreos 1: 6, 7, 14; 1 Pedro 3:22; 2 Pedro 2:10 -11; Apocalipsis 4:11, 10:6, 22:8-9

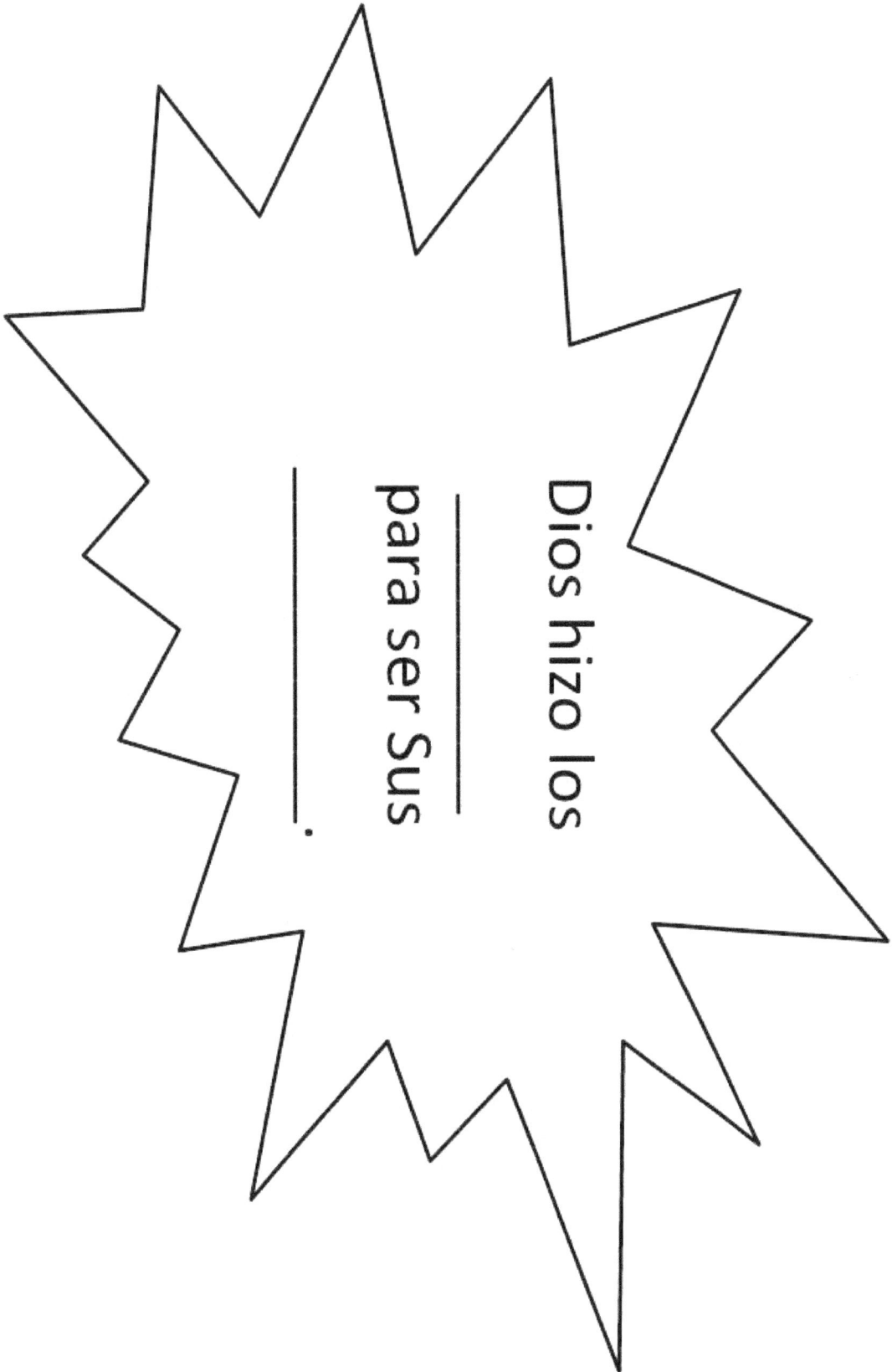

Dios hizo los

_____

para ser Sus

_____ .

7
El ángel rebelde
Rebelión de Lucifer

Versículo para memorizar

Altivez de ojos, y orgullo de corazón, y pensamiento de impíos, son pecado.
Proverbios 21:4

Lección

Todos los ángeles en el cielo eran maravillosos, pero había un ángel que era especialmente bello e inteligente. Su nombre era Lucifer. El nombre Lucifer significa brillante y resplandeciente estrella.

La Biblia dice que Lucifer era un querubín. Un querubín es un tipo de ángel. En la Biblia leemos que la tarea de los querubines era guardar y proteger.

Pero a pesar de que Dios hizo a Lucifer perfecto en todo sentido, ocurrió algo terrible.

Así ha dicho Jehová el Señor: Tú eras el sello de la perfección, lleno de sabiduría, y acabado de hermosura. En Edén, en el huerto de Dios estuviste; de toda piedra preciosa era tu vestidura... Tú, querubín grande, protector, yo te puse en el santo monte de Dios... Perfecto eras en todos tus caminos desde el día que fuiste creado, hasta que se halló en ti maldad.... Se enalteció tu corazón a causa de tu hermosura, corrompiste tu sabiduría a causa de tu esplendor... Ezequiel 28:12-17

Lucifer se enorgulleció de su gran belleza. En vez de adorar a Dios como su Creador y darle gracias por sus dones, Lucifer decidió que no necesitaba a Dios. Pensó que podía ser grande e importante aparte de Dios.

En la Biblia, Dios dice que ser orgulloso es pecado.

Altivez de ojos, y orgullo de corazón...son pecado. Proverbios 21:4

¿Recuerda cómo Dios permitió que los ángeles decidieran obedecerle o no? Cuando Lucifer se enorgulleció, él decidió no obedecer a Dios.

Tú que decías en tu corazón: Subiré al cielo; en lo alto, junto a las estrellas de Dios, levantaré mi trono, y en el monte del testimonio me sentaré, a los lados del norte; sobre las alturas de las nubes subiré, y seré semejante al Altísimo. Isaías 14:13-14

Lucifer se rebeló contra Dios. Él quería tomar el lugar de Dios; quería ser el encargado. En vez de hacer lo que Dios quería que hiciera, decidió hacer lo que él quería. Muchos ángeles siguieron a Lucifer en su rebelión.

Pero Dios no permitiría que Lucifer tomara Su lugar.

¿No eres tú Dios en los cielos, y tienes dominio sobre todos los reinos de las naciones? ¿No está en tu mano tal fuerza y poder, que no hay quien te resista? 2 Crónicas 20:6

A pesar de que muchos ángeles se unieron a Lucifer, no podían destronar a Dios. Dios es Aquel que creó a los ángeles, Él es mucho más poderoso que ellos. Incluso si todos los ángeles se unieran, ¡no serían más fuertes que Dios!

Abominación es a Jehová todo altivo de corazón; ciertamente no quedará impune. Proverbios 16:5

Dios expulsó a Lucifer y sus seguidores del cielo; no iba a permitir que estos ángeles orgullosos y rebeldes permanecieran allí.

¡Cómo caíste del cielo, oh Lucero, hijo de la mañana! Isaías 14:12a

Cuando Dios echó a Lucifer del cielo, el nombre de Lucifer cambió a Satanás. Los ángeles que siguieron a Lucifer llegaron a ser conocidos como demonios. Ahora, Satanás y sus demonios viven en el aire sobre la tierra, y siguen luchando contra Dios.

El nombre de Satanás significa "enemigo". Cuando Lucifer se rebeló contra Dios se convirtió en el enemigo de Dios. Es por eso que Dios le cambió el nombre.

La Biblia dice que Satanás es "el diablo". El nombre diablo significa "acusador". Una de las formas en que Satanás trata de lastimar a la gente es acusándola. Satanás encuentra fallas en las personas con el fin de entristecerlas y hacerles pensar que Dios no les ama.

Sed sobrios, y velad; porque vuestro adversario el diablo, como león rugiente, anda alrededor buscando a quien devorar; 1 Pedro 5:8

Satanás quiere destruir a las personas que Dios ha creado. Él anda por la tierra buscando dañar a la gente.

Pero Dios no permitirá que Satanás y sus demonios sigan haciendo su maligno trabajo para siempre. Cuando Dios echó a Satanás y a sus demonios del cielo, hizo un lugar especial para ellos.

📖 Apartaos de mí, malditos, al fuego eterno preparado para el diablo y sus ángeles. Mateo 25:41b

Algún día Dios lanzará a Satanás y a sus seguidores al fuego eterno que se llama el lago de fuego.

📖 Y el diablo que los engañaba fue lanzado en el lago de fuego y azufre...y serán atormentados día y noche por los siglos de los siglos. Apocalipsis 20:10

Satanás y sus demonios nunca escaparán de este terrible lugar de sufrimiento; estarán encarcelados allí para siempre. Jamás volverán a lastimar a la gente del mundo.

Preguntas

1. ¿Qué significa el nombre de Lucifer? *Significa brillante y resplandeciente estrella.*

2. ¿Quién hizo a Lucifer especial? *Dios lo hizo ser especial.*

3. ¿Tenía Lucifer algún defecto cuando Dios lo creó? *No, él era perfecto en todo sentido.*

4. ¿Qué hizo Lucifer y qué comenzó a pensar? *Él empezó a sentir orgullo por lo hermoso que era. Empezó a pensar que él era grande. Quería ser el encargado y tomar el lugar de Dios.*

5. ¿Podría Lucifer y todos sus seguidores destronar a Dios? *No, Dios es más poderoso que todos los ángeles juntos. Dios es el más poderoso de todos y el más alto gobernante.*

6. ¿Puede alguien que es malo vivir con Dios en el cielo? *No, Dios es perfecto. Él no permitirá a ningún pecador vivir con Él en Su perfecto hogar.*

7. ¿Qué significa el nombre Satanás? *Significa enemigo.*

8. ¿Qué significa el nombre diablo? *Significa acusador.*

9. ¿Qué están haciendo Satanás y sus demonios ahora? *Ellos andan por la Tierra buscando a alguien que puedan destruir. Satanás y sus demonios odian a Dios y a las personas que Dios hizo.*

10. ¿Qué sucederá con Satanás y sus demonios algún día? *Dios va a echarlos en el lago de fuego donde van a sufrir para siempre.*

Verdades bíblicas

- Puesto que Dios es el Creador, Él es el dueño y el encargado; nadie es más grande que Dios.
- Dios es más fuerte que Satanás y sus demonios juntos, Satanás nunca ganará a Dios.
- Dios puede hacer cualquier cosa, nada es demasiado difícil para El.
- Dios es perfecto, Él no permitirá nada pecaminoso en el cielo.
- Dios creó un lugar de sufrimiento eterno para Satanás y sus ángeles.

Actividad: Bingo bíblico

Suministros

- Tarjetas Bingo y fichas de juego – cualquier juego de tarjetas sirve. También se puede adquirir a bajo precio en algún negocio.

Instrucciones

- Dar a cada alumno una tarjeta bingo y algunas fichas.
- Hacer una de las preguntas de repaso y pedir a uno de los alumnos que conteste. Si el alumno contesta correctamente, puede llamar a llenar la casilla que quiera del bingo. Todo el que tenga esa casilla puede también llenarla.
- Continuar haciendo las preguntas. Dar a cada niño la oportunidad de contestar al menos una pregunta y escoger una casilla del bingo.
- El juego termina cuando el primer alumno grita BINGO por haber completado una línea con fichas, horizontal, vertical, o diagonalmente.
- Jugar el juego varias veces hasta que cada uno haya contestado una pregunta o hasta que todas las preguntas de repaso hayan sido hechas y contestadas.

Referencias bíblicas

Deuteronomio 32:17,39; 1 Crónicas 29:11-12; 2 Crónicas 20:6; Job 1:7; Salmo 24:3-5, 8; Salmo 33:11; 97:9; Proverbios 16:5; Jeremías 10:6; Ezequiel 28:11-19; Daniel 4:35, 37; Habacuc 1:13; Mateo 5:48, 25:41; Lucas 4:8, 13, 36; 8:12, 30; 9:1; 10:18; 22:31; Hechos 5:3; 13:10; 1 Corintios 4:7; 2 Corintios 4:4; Efesios 6:12; 2 Timoteo 2:26; Apocalipsis 12:4; 20:1-3, 7, 10

8
Los primeros padres

Adán y Eva: parte 1

Versículo para memorizar

De Jehová es la tierra y Su plenitud; el mundo, y los que en él habitan. Salmo 24:1

Lección

¿Recuerdas al hombre que Dios hizo en el último día de la creación? Dios llamó a este hombre Adán. Dios hizo un hogar especial para Adán; fue el Jardín del Edén. Este jardín era lo más estupendo que te puedas imaginar. Había flores de colores brillantes y toda clase de árboles frutales. Un río atravesaba el jardín y los animales caminaban y descansaban por todas partes. Todos eran mansos.

Y Jehová Dios plantó un huerto en Edén, al oriente; y puso allí al hombre que había formado. Y Jehová Dios hizo nacer de la tierra todo árbol delicioso a la vista, y bueno para comer...Y salía de Edén un río para regar el huerto...

Tomó, pues, Jehová Dios al hombre, y lo puso en el huerto de Edén, para que lo labrara y lo guardase. Génesis 2:8-10, 15

Dios no le preguntó a Adán donde quería vivir o qué tipo de trabajo quería hacer. Dios simplemente puso a Adán en el Jardín del Edén y le dio el trabajo de cuidarlo.

¿Tenía Dios el derecho de tomar estas decisiones para Adán? Sí, lo tenía. Al igual que Dios tenía el derecho de decidir qué harían los ángeles, era también perfectamente aceptable para Dios decidir dónde iba a vivir Adán y lo que él iba a hacer. Dios fue el que creó a Adán. Adán le pertenecía a Dios del mismo modo que le pertenecían los ángeles.

Pero aunque Dios podía hacer con Adán lo que quisiera, Dios lo amó y siempre hizo lo que era mejor para Adán. Puesto que Dios creó a Adán, Él sabía lo que Adán necesitaba.

Adán era feliz en el jardín y le gustaba cuidarlo; él estaba contento con todo lo que Dios hizo por él.

Pero Dios sabía que a Adán le faltaba algo.

📖 Y dijo Jehová Dios: No es bueno que el hombre esté solo; le haré ayuda idónea para él. Génesis 2:18

Dios sabía que Adán necesitaba una compañera, así que le dio un segundo trabajo que hacer.

📖 Jehová Dios formó, pues, de la tierra toda bestia del campo, y toda ave de los cielos, y las trajo a Adán para que viese cómo las había de llamar; y todo lo que Adán llamó a los animales vivientes, ese es su nombre. Y puso Adán nombre a toda bestia y ave de los cielos y a todo ganado del campo; más para Adán no se halló ayuda idónea para él. Génesis 2:19-20

El trabajo de Adán fue dar nombre a todos los pájaros y a todos los animales. Esta era una tarea enorme, pero cuando Dios hizo a Adán, le hizo increíblemente inteligente. Uno por uno, Adán puso nombre a las aves y a los animales.

Mientras Adán estaba ocupado en esto, se dio cuenta de algo: todos los animales tenían una pareja. Por cada animal macho, había una hembra de la misma clase. Esto hizo que Adán también quisiera tener una pareja.

Pero sólo Dios podía proveer una pareja para Adán, por lo que hizo que Adán cayera en un sueño profundo.

📖 Entonces Jehová Dios hizo caer sueño profundo sobre Adán, y mientras éste dormía, tomó una de sus costillas, y cerró la carne en su lugar. Y de la costilla que Jehová Dios tomó del hombre, hizo una mujer, y la trajo al hombre. Dijo entonces Adán: Esto es ahora hueso de mis huesos y carne de mi carne; ésta será llamada Varona, porque del varón fue tomada. Génesis 2:21-23

Mientras que dormía, Dios sacó una de las costillas de Adán. A partir de esta costilla, Dios le hizo una compañera. ¡Sólo Dios pudo hacer eso! Solo Dios puede crear a una persona y darle vida.

Dios no sólo decidió donde Adán iba a vivir y qué tipo de trabajo iba a hacer, también decidió quien sería su compañera. La compañera que Dios le dio a Adán era perfecta. Adán la nombró Eva.

📖 Y llamó Adán el nombre de su mujer, Eva... Génesis 3:20

Adán amaba a Eva, pues provino de su propio cuerpo y fue hecha a imagen de Dios igual que él. Eva tenía una mente inteligente, emociones y la capacidad de escoger. Ella fue la compañera que Adán ansiaba.

La Biblia dice que Adán y Eva estaban desnudos.

Y estaban ambos desnudos, Adán y su mujer, y no se avergonzaban. Génesis 2:25

Adán y Eva no les daba vergüenza estar desnudos, porque no sabían nada del mal; no tenían malos pensamientos.

Dios habló con Adán y Eva; les habló de sus planes para ellos.

Y los bendijo Dios, y les dijo: Fructificad y multiplicaos; llenad la tierra, y sojuzgadla, y señoread en los peces del mar, en las aves de los cielos, y en todas las bestias que se mueven sobre la tierra. Génesis 1:28

Dios quería que hubiera familias en la tierra; Él quería que un hombre se casara con una mujer y que tuvieran hijos. Dios les dijo a Adán y Eva que tuvieran *muchos* hijos; Él quería que la tierra se llenara de gente por todas partes.

Dios puso a Adán y a Eva y a sus hijos a cargo de la tierra. Dios es el Creador del mundo; todo le pertenece a Él. Él podía dar la tierra a la gente si quería.

De Jehová es la tierra y Su plenitud; el mundo, y los que en él habitan. Salmo 24:1

Adán y Eva vivieron un largo tiempo y tenían muchos niños, tal como Dios quería.

Y fueron los días de Adán después que engendró a Set, ochocientos años, y engendró hijos e hijas. Génesis 5:4

Adán y Eva fueron los primeros padres. De ellos vienen todas las personas en el mundo, incluidos tú y yo, venimos de Adán y Eva.

Y llamó Adán el nombre de su mujer, Eva, por cuanto ella era madre de todos los vivientes. Génesis 3:20

Recuerda:

Dios quería que Adán y Eva tuvieran muchos hijos. Dios ama a los niños.

Dios te ama a ti. Él sabía todo acerca de ti cuando todavía estabas dentro de tu mamá. Él te hizo de la manera que eres. Él es aquel que te dio la vida.

Tú me hiciste en el vientre de mi madre. Salmo 139:13b

Puesto que Dios te creó, Él te conoce mejor que nadie. Al igual que Dios sabía lo que Adán necesitaba, Dios sabe lo que tú necesitas. Dios sabe que más que nada, tienes que ser salvado de Satanás, del pecado y de la muerte. De la misma manera que Dios era el único que podía darle a Adán una compañera, Dios es el único que puede proporcionar un Libertador para ti.

Preguntas

1. ¿Dios tenía el derecho de poner a Adán en el jardín y darle un trabajo sin preguntarle lo que él quería hacer? *Sí, Dios podía hacer lo que quisiera con Adán, porque Adán le pertenecía. Dios fue el que lo hizo y le dio vida.*

2. ¿Sabía Dios lo que Adán necesitaba? *Sí, Dios formó a Adán y sabía todo sobre él. Dios sabía lo que Adán necesitaba, aun mejor que Adán.*

3. ¿Quién era el único que podía proporcionar una esposa para Adán? *Sólo Dios podía. Sólo Dios tenía el poder y el conocimiento para crear una pareja para Adán.*

4. ¿Había algo mal con las cosas que Dios proveyó para Adán? *No, todo lo que Dios dio a Adán era bueno y perfecto en todo sentido. El jardín era un lugar maravilloso para vivir, a Adán le gustaba su trabajo, y sobre todo amaba a su esposa.*

5. ¿Por qué Adán y Eva no se avergonzaron por estar desnudos? *Ellos no se sentían avergonzados, porque no tenían malos pensamientos.*

6. ¿Por qué hizo Dios a un hombre y una mujer? *Dios quería que hubieran familias en la tierra. Él quería que un hombre se casara con una mujer y que tuvieran hijos.*

7. ¿Cuál era el plan de Dios para Adán y Eva y sus hijos? *Él quería que ellos llenaran la tierra y la gobernaran.*

8. ¿Les dijo Dios a Adán y Eva lo que quería que hicieran, o les dejó adivinar Su voluntad para ellos? *Dios se comunicó con ellos; les informó sobre Sus planes para ellos.*

9. ¿De quién provienen todas las personas del mundo? *Todo el mundo viene de Adán y Eva.*

10. ¿Quién te formó y te dio la vida? *Dios lo hizo; Él te formó y te dio la vida.*

Verdades bíblicas

- Dios es el Creador de las personas.
- Dios tenía un plan para la gente.
- Dios hizo la tierra y todo lo que hay en ella para que la gente lo disfrutara.
- Dios es un Dios de amor, Él se preocupa por la gente.
- Las personas son impotentes y necesitan a Dios.
- Dios puede hacer cualquier cosa, nada es demasiado difícil para Él.
- Dios es perfecto.
- Dios es un ser personal y se comunica con la gente.
- Puesto que Dios es el Creador, Él es el jefe.

Actividad: El juego bíblico del ahorcado

Suministros

- Pizarrón
- Tiza

Instrucciones

- El objetivo del juego del ahorcado es adivinar la frase clave. Para comenzar el juego la maestra dibuja una horca simple. Debajo del dibujo la maestra hace unas rayas en lugar de cada letra de la frase clave (dejando los espacios que corresponden).
- Entonces la maestra repasa las preguntas que se encuentran al final de la lección. Los estudiantes, o grupos de estudiantes, en turno, dan las respuestas. Si el grupo que le toca da la respuesta correcta, ese grupo puede adivinar una letra que contiene la frase. Si aciertan, la maestra, o su ayudante, escribe todas las letras coincidentes. Si la letra no está, se escribe la letra arriba y se agrega una parte al cuerpo (cabeza, brazo, etc.) del colgado.
- Si un grupo piensa saber la frase clave, puede tratar de resolverla cuando llegue su turno. El juego termina cuando un grupo resuelva el secreto o cuando la maestra dibuja todas las partes del hombre de palitos.

  Frase clave: Dios quería que Adán y Eva llenaran la tierra y la gobernaran.

  __

  __

  __ __ __ __ __ __ __ __ __ __ __ __ __ .

  Para los niños más pequeños: Dios creó a Adán y Eva.

  __ __ __ __ __ __ __ __ __ __ __ __ __ __ __

  __ .

Referencias bíblicas

Génesis 2:24; 1 Crónicas 29:11-12; Nehemías 9:6; Salmos 8:6-8, 24:1-2, 95:6, 100:3, Salmos 119:73; Isaías 42:5; 45:9; 45: 9, 12; Jeremías 27:5, 32:27; Zacarías 12:1; Hechos 17:26; 1 Corintios 10:26; Mateo 6:8; Filipenses 4:19; Hebreos 2:5-7; Santiago 1:17

9
Separado
Adán y Eva: parte 2

Versículo para memorizar

De Jehová es la tierra y Su plenitud; el mundo, y los que en él habitan. Salmo 24:1

Lección

En el medio del jardín de Edén Dios puso dos árboles especiales. Uno de estos árboles era el árbol de la vida. El otro era el árbol de la ciencia del bien y del mal.

> Y Jehová Dios hizo nacer de la tierra todo árbol delicioso a la vista, y bueno para comer; también el árbol de vida en medio del huerto, y el árbol de la ciencia del bien y del mal.
>
> Y mandó Jehová Dios al hombre, diciendo: De todo árbol del huerto podrás comer; más del árbol de la ciencia del bien y del mal no comerás; porque el día que de él comieres, ciertamente morirás. Génesis 2:9, 16-17

Dios quería que Adán y Eva comieran del árbol de la vida; comer del árbol de la vida les daría vida eterna. Dios quería que Adán y Eva vivieran.

Pero Dios no quería que Adán y Eva comieran del árbol del conocimiento del bien y del mal. Dios dijo a Adán que si comían de ese árbol sin duda iban a morir.

Eso no significaba que Adán y Eva caerían muertos inmediatamente si comían del árbol del conocimiento del bien y del mal, pero sí que estarían inmediatamente separados de Dios. Ser separado de Dios es lo mismo que morir espiritualmente.

Si Adán y Eva se separaron de su Creador y de quién les había dado la vida, sus cuerpos poco a poco se envejecerían. Entonces, un día iban a morir. Cuando murieran, su alma y espíritu iría a un terrible lugar de sufrimiento donde estarían separados de Dios por los siglos de los siglos. Esto es lo que les sucedería a Adán y Eva si comían del árbol del conocimiento del bien y del mal.

Dios tenía una razón para colocar este árbol en el medio del jardín. Era el único árbol del cual les fue prohibido comer. Dios les estaba dando a Adán y Eva una alternativa, les estaba dando la oportunidad de escoger si le creerían o no. Si le creían a Dios, no comerían del árbol; pero si no le creían a Dios, comerían.

El enemigo de Dios, Satanás, vio esto como su oportunidad para destruir la amistad entre Dios y Adán y Eva; se le ocurrió un plan para convencer a Adán y Eva hacer lo que Dios les dijo que no hicieran.

Pero la serpiente era astuta, más que todos los animales del campo que Jehová Dios había hecho; la cual dijo a la mujer: ¿Conque Dios os ha dicho: No comáis de todo árbol del huerto? Génesis 3:1

Satanás decidió esconderse dentro de una serpiente, el animal más inteligente de todos. Dado que todos los animales eran mansos, Eva no se sorprendió cuando la serpiente comenzó a hablar con ella.

Satanás le sugirió que Dios era injusto por no dejar que comieran de *todos* los árboles en el jardín.

Y la mujer respondió a la serpiente: Del fruto de los árboles del huerto podemos comer; pero del fruto del árbol que está en medio del huerto dijo Dios: No comeréis de él, ni le tocaréis, para que no muráis. Génesis 3:2-3

Dios no dijo que morirían si tocaban la fruta, sino que morirían si comían la fruta.

Entonces la serpiente dijo a la mujer: No moriréis; sino que sabe Dios que el día que comáis de él, serán abiertos vuestros ojos, y seréis como Dios, sabiendo el bien y el mal. Génesis 3:4-5

Ahora Satanás acusó a Dios de mentir; Satanás dijo que **no** iban a morir si comían del árbol. Él dijo que si comían del fruto sus ojos se abrirían para que pudieran enterarse de cosas que sólo Dios entiende.

Eva empezó a pensar que Dios les ocultaba algo a ellos, tal vez Dios no les estaba diciendo todo. Si sus ojos fuesen abiertos, entenderían las cosas que Dios guardaba de ellos. Sería maravilloso ser sabios como Dios y conocer el mal tal como conocían el bien.

📖 Y vio la mujer que el árbol era bueno para comer, y que era agradable a los ojos, y árbol codiciable para alcanzar la sabiduría; y tomó de su fruto, y comió; y dio también a su marido, el cual comió así como ella. Génesis 3:6

Eva miró el árbol. El fruto parecía delicioso ¡y le encantaría ser tan inteligente como Dios! Cuanto más pensaba en ello, mejor le parecía. Por último, Eva tomó una fruta del árbol y la mordió. Le dio también a Adán.

Satanás no obligó a Adán y a Eva a rebelarse contra Dios. Ellos tenían una opción. Deberían haber creído a Dios, pero escogieron creerle a Satanás.

📖 Entonces fueron abiertos los ojos de ambos, y conocieron que estaban desnudos; entonces cosieron hojas de higuera, y se hicieron delantales. Y oyeron la voz de Jehová Dios que se paseaba en el huerto, al aire del día; y el hombre y su mujer se escondieron de la presencia de Jehová Dios entre los árboles del huerto. Génesis 3:7-8

Tan pronto como Adán y Eva comieron del fruto, sus ojos se abrieron y se dieron cuenta de que estaban desnudos. De repente sentían vergüenza. Pero en lugar de depender de Dios como hacían antes, trataron de resolver el problema por su cuenta y cosieron hojas para hacerse su ropa.

Por la tarde, cuando Dios vino a visitarlos, Adán y Eva se escondieron. ¿Qué pasó? ¿Por qué de pronto tenían miedo de Dios? Cuando Adán y Eva comieron del árbol del conocimiento del bien y del mal, murieron, tal como Dios había dicho. Adán y Eva se habían separado de Dios. Ya no eran amigos de Dios, porque su relación con Dios había terminado.

Adán y Eva deberían haber creído a Dios. Después de todo, Dios fue Él que les dio la vida y cada cosa buena que podrían desear. Dios era su amigo. ¿No los había puesto en un hermoso jardín lleno de animales domésticos y árboles frutales? ¡Su Creador amoroso no les diría una mentira!

Pero, lamentablemente, Adán y Eva le creyeron a Satanás en lugar de creer a Dios. Cuando hicieron esto, se pusieron al lado de Satanás. Ahora bien, Satanás comenzó a decirles qué hacer. Como Adán y Eva había muerto espiritualmente, obedecieron a Satanás; les era imposible agradar a Dios.

¡Qué historia tan triste! ¿Hay alguna esperanza que la relación de Adán y Eva con Dios sea reparada? ¿O es que Satanás ganó su batalla contra Dios cuando obtuvo el control sobre las personas que Dios había creado?

Recuerda

Satanás es un mentiroso y un asesino.

...el diablo...ha sido homicida desde el principio, y no ha permanecido en la verdad, porque no hay verdad en él. Cuando habla mentira, de suyo habla; porque es mentiroso, y padre de mentira. Juan 8:44

De la misma manera que Satanás engañó a Eva, trata de engañarte a ti. Aunque no utiliza un animal para hablarte, intenta engañarte de otras maneras.

Puede usar revistas, libros de texto, maestros en la escuela, programas de televisión o incluso amigos y familiares. Si no estás seguro acerca de lo que Dios dice en la Biblia, será fácil caer en las trampas de Satanás. Es por eso que necesitas saber lo que Dios dice.

Y recuerda, Dios te ama y

Él siempre dice la verdad. Dios quiere salvarte de la muerte, Él quiere que vivas con Él para siempre. Así pues, si escuchas o lees algo que no está de acuerdo con lo que Dios dice en la Biblia, puedes estar seguro de que viene de Satanás. Satanás quiere destruirte, quiere que permanezcas separado de Dios para siempre en el lugar de terrible sufrimiento.

Preguntas

1. ¿Qué dijo Dios que les pasaría a Adán y a Eva si comían del árbol del conocimiento del bien y del mal? *Dios dijo que morirían. Si comieran del fruto morirían espiritualmente, porque estarían separados de Dios.*

2. Si Adán y Eva se separaran de Dios, ¿qué pasaría con sus cuerpos? *Ellos envejecerían y por fin sus cuerpos morirían.*

3. ¿Qué pasaría con el alma y el espíritu de Adán y Eva cuando sus cuerpos murieran? *Su alma y su espíritu irían al terrible lugar de sufrimiento, donde estarían separados de Dios para siempre.*

4. ¿Dio Dios a Adán y Eva la opción de decidir si le creerían o no? *Si, Dios les dio a Adán y Eva la opción de decidir lo que iban hacer. Al poner un árbol en el jardín del cual no se les permitió comer, Dios les estaba dando una opción, ya que podrían optar por no creerle y comer de ese árbol, o podrían optar por creerle y no comer de ese árbol.*

5. ¿Qué dijo Satanás que sucedería a Adán y Eva si comían del árbol del conocimiento del bien y del mal? *Satanás le dijo a Eva que no iban a morir. Satanás le dijo que si comían del árbol del conocimiento del bien y el mal sus ojos serían abiertos y serían como Dios.*

6. ¿Quién decía la verdad, Dios o Satanás? *Dios les dijo la verdad. Dios advirtió a Adán y a Eva sobre lo que sucedería si comían del fruto, porque los amaba y no quería que murieran. Satanás les mintió, porque quería que comieran del fruto y murieran.*

7. ¿Murieron Adán y Eva cuando comieron del árbol del conocimiento del bien y del mal? *Sí, murieron espiritualmente; inmediatamente fueron separados de Dios.*

8. Cuando Adán y Eva creyeron a Satanás en vez de a Dios, ¿Con quién se unieron? *Al creer a Satanás se pusieron al lado de Satanás y Satanás se convirtió en su nuevo amo.*

9. Después de que Adán y Eva se separaron de Dios, ¿Podían agradar a Dios? *No. Cuando Adán y Eva se separaron de Dios ya no podían agradar a Dios.*

10. ¿Cómo se puede evitar ser engañado por Satanás? *Se puede evitar ser engañado por las mentiras de Satanás por el saber y el creer lo que Dios dice en la Biblia. Dios es el que te ama y te dice la verdad.*

Verdades bíblicas
- Satanás lucha en contra de Dios. Él es un mentiroso. Odia a la gente.
- Dios es un Dios de amor.
- Dios es un ser personal, se comunica con la gente.
- Dios dice la verdad.
- Dios dice que el pago, o el castigo, por el pecado es la muerte.
- Sí hay un lugar de sufrimiento eterno.

Actividad: Actuar el relato de Adán y Eva

Suministros
- Cuatro estudiantes voluntarios
- Opcional: un gran árbol en maceta y una serpiente falsa para los apoyos

Instrucciones
- Actuar la escena del jardín con Adán y Eva y la serpiente. Se puede utilizar el guion adjunto, o dejar que los estudiantes formen su propio guion. Las cuatro partes son: 1) el narrador, 2) Adán, 3) Eva, y 4) la voz de la serpiente.
- Discutir los puntos claves de la lección.

ADÁN Y EVA

Narrador 1: A pesar de todo lo que Dios había hecho por Adán y Eva, ellos no estaban satisfechos. Viajemos en el tiempo y veamos por nosotros mismos los tristes acontecimientos de ese día, hace mucho tiempo, en el Jardín del Edén.

Serpiente: Eva, oh Eva, mi querida amiga Eva. Ahí estas; te he estado buscando por todas partes. ¿Es verdad que Dios te dijo que no comieras de todos los arboles del huerto? Oh, mi pobre Eva. ¡Qué triste, qué triste! Eso es terrible, terrible.

Eva: Podemos comer del fruto de todos los árboles en el jardín, excepto el fruto de este árbol aquí. Dios dijo que si comemos de él moriremos.

Serpiente: ¡Oh Eva, mi querida Eva! Tienes que estar bromeando. ¡Interesante... muy interesante! ¿Realmente Dios te dijo que morirían? La verdad es que Dios no quiere que tus ojos se abran. Cuando comas la fruta Eva, entonces seréis como Dios.

(Eva ve la fruta, pensando en lo que dijo la serpiente)

Serpiente: Mira este árbol, Eva. ¡El fruto es sabroso! Es mejor que cualquier cosa que hayas probado o experimentado antes. Mira, mira qué sublime es. Y recuerda, una vez que lo comes serás tan sabia, no como lo...estúpida que eres ahora.

Eva: ¿Qué pasa si tiene razón? Basta pensar en todo lo que podría estar perdiendo. Tal vez Dios no tiene mi mejor interés en mente, después de todo. Tal vez me volveré más inteligente e incluso más sabia que Dios. Tal vez mi nuevo amigo aquí dice la verdad.

Eva: ¡Oh Adán, Adán, ven aquí! (Adán viene.) ¡Mira! (Ella muerde la fruta) Toma. (Le da a Adán) Come. (Adán come también)

Narrador: Así vemos que en un día en la historia, hace miles de años atrás, Adán y Eva optaron por confiar en Satanás en vez de en Dios y cuando lo hicieron, su elección arruinó todo. Ahora no podían ser amigos de Dios.

Referencias bíblicas

Números 22:28; Ezequiel 18:20; Salmos 19:7-11; 33:4; 119:142, 151, 160; Isaías 59:2; Zacarías 3:1; Marcos 4:15, 7:21-23; Hechos 5:3, 26:18; Romanos 6:23, 8:6-8; 2 Corintios 1:20, 2:11, 4:4, 11:13- 14; Efesios 2:1-2; 2 Tesalonicenses 1 :8-9, 2:9; Tito 1:2; 1 Juan 5:19, 3:8

<h1 style="text-align:center">10</h1>

Consecuencias

Adán y Eva: parte 3

Versículo para memorizar

Por tanto, como el pecado entró en el mundo por un hombre, y por el pecado la muerte, así la muerte pasó a todos los hombres, por cuanto todos pecaron.
Romanos 5:12

Lección

A pesar de que Adán y Eva se escondieron de Dios, Dios los vio. Él sabía dónde estaban Adán y Eva y lo que habían hecho.

Más Jehová Dios llamó al hombre, y le dijo: ¿Dónde estás tú?

Y él respondió: Oí tu voz en el huerto, y tuve miedo, porque estaba desnudo; y me escondí.

Y Dios le dijo: ¿Quién te enseñó que estabas desnudo? ¿Has comido del árbol de que yo te mandé no comieses?

Y el hombre respondió: La mujer que me diste por compañera me dio del árbol, y yo comí.

Entonces Jehová Dios dijo a la mujer: ¿Qué es lo que has hecho? Y dijo la mujer: La serpiente me engañó, y comí. Génesis 3:9-13

Como Adán le pertenecía a Dios, Dios tenía el derecho de interrogar a Adán acerca de lo que hizo. Pero en lugar de admitir que hizo mal, Adán culpó a Dios por haber creado a Eva. Siendo que ella fue la que le ofreció la fruta.

Eva tampoco admitió que había hecho mal. Ella culpó a la serpiente.

Y Jehová Dios dijo a la serpiente: Por cuanto esto hiciste, maldita serás entre todas las bestias y entre todos los animales del campo; sobre tu pecho andarás, y polvo comerás todos los días de tu vida. Génesis 3:14

Debido a que la serpiente permitió que Satanás la usara, Dios puso una maldición sobre todas las serpientes. ¿Recuerda cómo las serpientes eran los más inteligentes de todos los animales?

Ahora bien, Dios hizo que las serpientes fueran lo más bajo de todos los animales. Dios maldijo a todas las serpientes, de manera que de ahí en adelante tendrían que arrastrarse en el polvo sobre su vientre.

Como Adán y Eva se habían puesto al lado de Satanás, todos sus hijos iban a nacer en el lado de Satanás, también. Así es que Satanás ganó el control de toda la humanidad. Satanás se debe haber alegrado de su victoria. Por último, ahora él era el jefe.

Pero nadie puede vencer a Dios, ni siquiera Satanás. Dios le dijo a Satanás que un día el Hijo de una mujer destruiría el poder que tenía sobre la gente.

Simiente = hijo o hijos

Y pondré enemistad entre ti y la mujer, y entre tu simiente y la simiente suya; ésta te herirá en la cabeza, y tú le herirás en el calcañar. Génesis 3:15

A pesar de que Dios le dijo a Adán que no comiera del fruto del árbol del conocimiento del bien y del mal, Dios sabía que Adán y Eva lo harían. Dios lo sabe todo. Él sabía que Adán y Eva creerían la mentira de Satanás. Como Dios sabía lo que iba a pasar, él ya tuvo un plan para liberar a la humanidad de Satanás y de la muerte.

Dios le dijo a Satanás que iba a haber enemistad entre sus hijos y el Hijo de una mujer; iba a haber una lucha. En esta lucha, Satanás heriría el talón del Hijo, pero el Hijo heriría la cabeza de Satanás.

El plan de Dios era que algún día una mujer tendría un Hijo especial que liberaría a todas las personas del control de Satanás. A pesar de que Satanás trataría de herir a este Libertador, el Libertador iba a ganar, porque iba a herir a Satanás en la cabeza.

La misericordia es no recibir el castigo que mereces.
La Gracia es recibir un regalo cuando mereces castigo.
Si le pegas a tu hermano mayor y él no te hace nada, eso se llama misericordia. Pero si le pegas y él no te hace nada y aparte te da diez dólares, eso es la gracia.
La gracia es mejor que la misericordia.

Dios le había dicho claramente a Adán y a Eva que no comieran del árbol del conocimiento del bien y del mal. Les había advertido lo que pasaría si lo hicieran. Dios era su Creador. Él los amó y les dio todo lo bueno. Él nunca les mentiría. Adán y Eva deberían haberle creído a Dios. Cuando hicieron lo que Dios les habia prohibido, merecian ser separados de Él para siempre, pero Dios les mostró misericordia. En vez de inmediatamente mandarlos al lugar de sufrimiento, les mostró gracia y prometió mandar a un Libertador que les salvaría del control de Satanás.

Dios mostró misericordia a Adán y Eva, pero todavía tenían que enfrentar las consecuencias de ir en contra de lo que Dios dijo. El resultado final del pecado es siempre la muerte.

Porque la paga del pecado es muerte... Romanos 6:23

Dios le dijo a Eva que, debido a lo que ella hizo, ella, y todas las mujeres después de ella, sufrirían dolor cuando dieran a luz.

A la mujer dijo: Multiplicaré en gran manera los dolores en tus preñeces; con dolor darás a luz los hijos; y tu deseo será para tu marido, y él se enseñoreará de ti. Génesis 3:16

Debido a que Adán comió del árbol aunque Dios le había dicho claramente que no comiera, Dios maldijo la tierra que había hecho para Adán y sus hijos.

Y al hombre dijo: Por cuanto obedeciste a la voz de tu mujer, y comiste del árbol de que te mandé diciendo: No comerás de él; maldita será la tierra por tu causa; con dolor comerás de ella todos los días de tu vida. Espinos y cardos te producirá, y comerás plantas del campo. Con el sudor de tu rostro comerás el pan hasta que vuelvas a la tierra, porque de ella fuiste tomado; pues polvo eres, y al polvo volverás. Génesis 3:17-19.

Espinos y cardos comenzaron a crecer por todas partes. Muchas plantas e insectos se volvieron venenosos y numerosos animales se volvieron salvajes. En lugar de simplemente recoger fruta de un árbol, Adán tuvo que trabajar duro para proporcionar alimentos para su familia.

Por cuanto Adán fue en contra de Dios, el dolor y el sufrimiento entraron en el mundo. Dios quería que Adán y Eva a vivieran para siempre, pero ahora los cuerpos de Adán y Eva empezaron a envejecer. Algún día sus cuerpos iban a morir y convertirse en polvo otra vez.

¡Qué consecuencias terribles resultaron para Adán y Eva y sus descendientes porque ellos eligieron no creer a Dios! Todos los hijos de Adán y Eva sufrimos a causa de lo que hicieron ellos. Seguramente Adán y Eva desearon muchas veces que le hubiesen creído a Dios en vez de creerle a Satanás.

Recuerda

Adán y Eva hicieron lo que Dios les mando no hacer. La Biblia dice que ir en contra de Dios es pecado.

📖Todo aquel que comete pecado, infringe también la ley; pues el pecado es infracción de la ley. 1 Juan 3:4

Al igual que Dios sabía lo que Adán y Eva habían hecho, Dios sabe todo lo que has hecho tú. Nada se esconde de Dios, Él lo ve todo. Dios sabe todas las cosas que uno ha hecho que le desagradan a Él.

📖Y no hay cosa creada que no sea manifiesta en Su presencia; antes bien todas las cosas están desnudas y abiertas a los ojos de aquel a quien tenemos que dar cuenta. Hebreos 4:13

El pecado siempre resulta en la muerte. Todos los que pecan son separados de Dios, y al fin de su vida terminarán en el lugar de terrible sufrimiento. Allí estarán separados de Dios por los siglos de los siglos.

📖...el alma que pecare, esa morirá. Ezequiel 18:4b

Pero Dios es misericordioso y Su gracia es abundante. Desde el comienzo de los tiempos, planeó enviar a un Libertador para rescatar a todas las personas de la pena de muerte que merecemos por nuestro pecado.

Preguntas

1. ¿Podían Adán y Eva esconderse de Dios? *No, Adán y Eva no pudieron esconderse de Dios, porque Dios está en todas partes y lo sabe todo.*

2. ¿Por qué Dios tuvo el derecho de interrogar a Adán y Eva sobre lo que hicieron? *Dios tenía el derecho de interrogar a Adán y Eva porque Él los creó; Adán y Eva pertenecían a Dios.*

3. ¿Cuál era el plan de Dios para destruir el poder de Satanás sobre la gente? *El plan de Dios fue enviar a un Libertador para rescatar a la gente del control de Satanás.*

4. ¿Dios siempre lleva a cabo sus planes? *Sí, Dios siempre hace lo que planea hacer.*

5. ¿Cómo mostró Dios misericordia para con Adán y Eva? *Dios les mostró misericordia cuando no los envió de inmediato al lugar de terrible sufrimiento.*

6. ¿Cómo mostró Dios gracia a Adán y Eva? *Les mostró gracia cuando prometió enviar a un Libertador que les libraría de tener que ir al lugar de terrible sufrimiento.*

7. ¿Qué pasó con la tierra por lo que hizo Adán? *Dios maldijo la tierra y la tierra comenzó a producir cardos y espinas. Los insectos y las plantas se volvieron venenosos y los animales se volvieron salvajes. Adán y sus descendientes tendrían que trabajar duro para producir alimentos y las enfermedades y la muerte entraron en el mundo.*

8. ¿Qué es el pecado? *El pecado es ir en contra de lo que Dios manda.*

9. ¿Cuál es el castigo por el pecado? *El castigo por el pecado es la muerte.*

10. ¿Sabe Dios todo lo que has hecho? *Sí, Dios lo ve y lo sabe todo.*

Verdades bíblicas

*   Dios está en todas partes en todo momento.
*   Dios lo sabe todo. Él sabe lo que pasará en el futuro.
*   Puesto que Dios es el Creador, Él tiene el derecho de interrogar a la gente.
*   Dios dice que la pena o castigo por ir en contra de lo que Él dice, es la muerte, es estar separado de Él para siempre en el lugar de terrible sufrimiento.
*   Satanás lucha contra Dios, pero Dios siempre gana.
*   Dios es un Dios de amor, misericordia y gracia; desde el principio Él planeó liberarnos de Satanás.
*   Dios tiene un plan; planeó enviar a un Libertador.
*   Dios es un ser personal, se comunica con la gente.
*   Todos somos pecadores.
*   El pecado siempre resulta en la muerte.

Actividad: El juego bíblico del ahorcado

Suministro

*   Pizarrón
*   Tiza

Instrucciones

*   El objetivo del juego ahorcado es adivinar la frase clave. Para comenzar el juego la maestra dibuja una horca simple. Debajo del dibujo la maestra hace unas rayas en lugar de cada letra de la frase clave (dejando los espacios que corresponden).
*   Entonces la maestra repasa las preguntas que se encuentran al final de la lección. Los estudiantes, o grupos de estudiantes, en turno, dan las respuestas. Si el grupo que le toca da la respuesta correcta, ese grupo puede adivinar una letra que contiene la frase. Si aciertan, la maestra, o su ayudante, escribe todas las letras coincidentes. Si la letra no está, se escribe la letra arriba y se agrega una parte al cuerpo (cabeza, brazo, etc.) del colgado.
*   Si un grupo piensa saber la frase clave, puede tratar de resolverla cuando llegue su turno. El juego termina cuando un grupo resuelva el secreto o cuando la maestra dibuja todas las partes del hombre de palitos.
*   **Frase clave**: Dios es un Di os de amor; Él tuvo un plan de liberar al mundo del control de Satanás.

Actividad 2: Actuar lo que significa la misericordia y la gracia

Suministros

- Grupos de tres o más estudiantes
- Apoyos opcionales
- Unas hojas de papel de construcción
- Marcador

Instrucciones para cada grupo

- Imaginar una situación donde alguien hizo algo que merecía algún tipo de castigo
- Hacer dos letreros del papel, uno que dice MISERICORDIA, y otro que dice GRACIA
- Actuar la situación demostrando como el culpable recibe primeramente la misericordia y luego gracia, aunque merecía castigo
- Al momento de recibir la misericordia, mostrar el letrero que dice MISERICORDIA.
- Al momento de recibir gracia, mostrar el letrero que dice GRACIA.
- Después de que todos han hecho su obra de teatro, discutir con la clase los conceptos de misericordia y gracia.

Referencias bíblicas

Josué 23:14; 2 Samuel 14:14; 1 Crónicas 29:11-12; Salmo 5:4, 139:7-13, 145:8; Proverbios 15:3; Isaías 7:14; 43:11; Jeremías 23 :23-24; Ezequiel 18:20, 33:11, Lucas 1:26-35, 4:5-6; Juan 12:31; Romanos 8:20-22; Gálatas 3:10, 13, 16, 19; 1 Pedro 1:20; Hebreos 2:14-15, 4:13; 1 Juan 3:8, 5:19

11
Expulsados
Adán y Eva: parte 4

Versículo para memorizar

Por tanto, como el pecado entró en el mundo por un hombre, y por el pecado la muerte, así la muerte pasó a todos los hombres, por cuanto todos pecaron. Romanos 5:12

Lección

¿Recuerdas que cuando Adán y Eva comieron del fruto, se dieron cuenta de que estaban desnudos? ¿Qué hicieron? ¿Le pidieron vestidos a Dios? ¡No! Ellos cosieron hojas de higuera para hacer su propia ropa. En lugar de depender de Dios para cuidar de ellos - como siempre lo habían hecho antes - Adán y Eva trataron de arreglar a su manera el mal que habían hecho.

Dios no aceptó los vestidos que Adán y Eva se hicieron. Ahora que estaban separados de Él, era imposible que cualquier cosa que hicieran agradara a Dios.

Y Jehová Dios hizo al hombre y a su mujer túnicas de pieles, y los vistió. Génesis 3:21

En Su misericordia, Dios hizo ropa para Adán y Eva. Dios era el único que les podía hacer ropa aceptable, pero para hacerlo, tuvo que matar a un animal. Debido a que Adán y Eva hicieron lo que Dios les dijo que no lo hicieran, un animal inocente tenía que morir. Dios quería enseñar a Adán y Eva que el pecado siempre causa la muerte.

Porque la paga del pecado es muerte... Romanos 6:23

Cuando Adán y Eva comieron del árbol del conocimiento del bien y del mal, se convirtieron en pecadores. Dios ya no quería que Adán y Eva comieran del árbol de la vida; no quería que gente pecadora viviera para siempre en un estado pecaminoso.

Y dijo Jehová Dios: He aquí el hombre es como uno de nosotros, sabiendo el bien y el mal; ahora, pues, que no alargue su mano, y tome también del árbol de la vida, y coma, y viva para siempre. Y lo sacó Jehová del huerto del Edén, para que labrase la tierra de que fue tomado. Génesis 3:22-23

¿Recuerdas lo que sucedió a Lucifer y sus seguidores cuando se rebelaron contra Dios? Dios los echó del cielo. Dios es absolutamente perfecto. Los pecadores no pueden vivir con Dios.

Porque tú no eres un Dios que se complace en la maldad; el malo no habitará junto a ti. Salmo 5:4

Cuando Adán y Eva se rebelaron contra Dios, ellos también tuvieron que abandonar la presencia de Dios; no podían seguir viviendo en el Jardín.

Echó, pues, fuera al hombre, y puso al oriente del huerto de Edén querubines, y una espada encendida que se revolvía por todos lados, para guardar el camino del árbol de la vida. Génesis 3:24

> **Lucifer era un querubín. Querubines son ángeles buenos cuyos trabajo especial es guardar y proteger.**

No había manera para que Adán y Eva pasaran por los querubines y la espada de fuego. Era imposible llegar al árbol de la vida. Ahora, no había manera en que ellos pudieran alcanzar la vida eterna.

Después de que Adán y Eva fueran expulsados del jardín, Eva quedó embarazada.

...Eva, la cual concibió y dio a luz a Caín, y dijo: Por voluntad de Jehová he adquirido varón. Génesis 4:1

Eva reconoció que Dios era el Dador de la vida. Ella sabía que Dios era el que había dado vida a ella y Adán. Cuando Caín nació, Eva creyó que era Dios quien se lo dio.

...pues él es quien da a todos, vida y aliento y todas las cosas. Hechos 17:25b

Poco después Eva tuvo otro bebé.

Después dio a luz a su hermano Abel. Y Abel fue pastor de ovejas, y Caín fue labrador de la tierra. Génesis 4:2

Desde que Adán y Eva estuvieron en el lado de Satanás, sus hijos también nacieron en el lado de Satanás. Caín y Abel eran como sus padres, que eran pecadores, separados de Dios.

Recuerda

Debido a que todas las personas vienen de Adán, todas las personas son pecadoras. El castigo por el pecado es la muerte.

Por tanto, como el pecado entró en el mundo por un hombre, y por el pecado la muerte, así la muerte pasó a todos los hombres, por cuanto todos pecaron. Romanos 5:12

Cuando Adán y Eva comieron del árbol del conocimiento del bien y del mal se separaron de Dios y fueron expulsados del Jardín del Edén. Algún día estarían separados de Dios para siempre en el lugar terrible de sufrimiento.

Debido a que naciste en la familia de Adán, naciste un pecador. No hay nada que puedas hacer para salvarte de la eterna separación de Dios. Tal como Adán y Eva no podían hacer nada para volver al jardín a comer del árbol de la vida, tú tampoco puedes hacer nada para conseguir la vida eterna. Sólo Dios puede abrir un camino para que puedas ser salvado de la muerte y vivir para siempre.

Preguntas

1. Cuando Adán y Eva se dieron cuenta que estaban desnudos, ¿Le pidieron a Dios que les hiciera ropa? *¡No! Adán y Eva trataron de solucionar el problema por su cuenta; ellos mismos se cosieron ropa de las hojas de higuera.*

2. ¿Estaba Dios complacido con la ropa que Adán y Eva se hicieron? *No. La ropa que Adán y Eva hicieron con sus propios esfuerzos no era aceptable para Dios.*

3. ¿Quién fue el único que podía hacer ropa aceptable para Adán y Eva? *Sólo Dios podía hacer vestimentas para Adán y Eva que fueran aceptables para Dios.*

4. ¿Cómo hizo Dios ropa aceptable para Adán y Eva? *Hizo ropa aceptable para ellos al matar a un animal y hacer vestidos con la piel del animal.*

5. ¿Cuál es la pena o castigo por hacer lo que Dios dice que no se debe hacer? *El castigo por el pecado es la muerte.*

6. ¿Por qué no quería Dios que Adán y Eva comieran del árbol de la vida? *Dios no quería que la gente pecadora viviera para siempre en su condición pecaminosa.*

7. ¿Había alguna manera para Adán y Eva entrar al Jardín de Edén? *¡No! No había nada que Adán y Eva podían hacer para llegar al árbol de la vida.*

8. ¿Quién le dio vida a Caín y Abel? *Dios es el Dador de la Vida; Él fue el que les dio vida.*

9. ¿En cuál familia naciste tú? *Naciste en la familia de Adán.*

10. ¿Hay algo que tú puedes hacer para ser agradable a Dios? *No. Sólo Dios puede hacerte aceptable para Él.*

Verdades bíblicas

- El castigo por el pecado es la muerte.
- Todas las personas nacen en la familia de Adán, y por tanto, son pecadores, separadas de Dios.
- Nadie de la familia de Adán es capaz de agradar a Dios.
- Sólo Dios puede hacer que una persona sea aceptable para él.
- Nadie puede luchar contra Dios y ganar.
- Dios es el Dador de la Vida.

Actividad: El juego al gato (o cero y cruz)

Suministros

- Pizarrón o pizarra blanca o un pedazo grande de papel de tamaño póster
- tiza o marcadores

Instrucciones

- Se juega entre dos equipos. El objetivo es ser el primero en completar una línea de tres casilleros.
- Dibujar un rectángulo con 9 posiciones ordenadas y vacías como indica la figura:

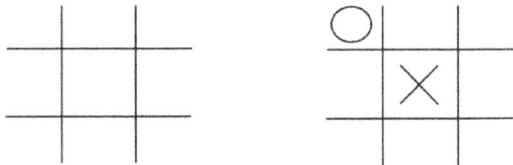

- Dividir los estudiantes en dos equipos
- Hacerles - por turno - las preguntas de la lección. Si el equipo de turno responde a la pregunta correctamente, selecciona una casilla vacía y la marca con un "X". Si no responde correctamente, pierde el turno.
- A continuación hacerle una pregunta al segundo equipo. Si responde bien selecciona una casilla vacía y la marca con un "O".
- Continuar así hasta que alguno de los dos equipos marca 3 casillas que estén en línea (puede ser en diagonal), si ninguno de los equipos logra este objetivo y no hay más casillas vacías, el juego se declara en empate.
- Jugar varias veces hasta que haya usado todas las preguntas.

Referencias bíblicas

Éxodo 34:6; 2 Samuel 14:14; Salmo 5:4-6, 86:15; Isaías 59:2; Romanos 3:10-18, 4:5; Efesios 2:1-3; Colosenses 1:21

12
Una ofrenda inaceptable
Caín y Abel

Versículo para memorizar

Hay camino que al hombre le parece derecho; pero su fin es camino de muerte.
Proverbios 14:12

Lección

Adán y Eva ciertamente les dijeron a Caín y Abel sobre el hermoso jardín donde vivían antes. Caín y Abel deben haber escuchado la triste historia de cómo sus padres tuvieron que salir del jardín y de cómo Dios mató un animal para hacer ropa aceptable para ellos. Caín y Abel sabían acerca de la promesa de un Salvador.

Debido a que Adán y Eva se unieron a lado de Satanás, Caín y Abel nacieron del lado de Satanás también. Caín y Abel eran pecadores separados de Dios. Pero a pesar de que Caín y Abel estaban bajo el dominio de Satanás, Dios seguía siendo su dueño legítimo porque él fue el que los hizo.

Dios amaba a Caín y Abel y les mostró cómo podían acercarse a él. De la misma manera en que Dios había matado un animal para hacer ropa aceptable para Adán y Eva, Dios quería que Caín y Abel mataran un animal y lo trajeran a él para poder ser aceptado por él.

Caín y Abel querían que Dios los aceptara, por lo que cada uno trajo una ofrenda a Dios. Abel mató un cordero y trajo las partes de él a Dios tal como Dios quería. Pero Caín decidió acercarse a Dios a su manera, él trajo a Dios algo de comida que había plantado.

La Biblia dice que Dios aceptó a Abel y su ofrenda, pero él no aceptó a Caín y la ofrenda suya.

Y Abel fue pastor de ovejas, y Caín fue labrador de la tierra. Y aconteció andando el tiempo, que Caín trajo del fruto de la tierra una ofrenda a Jehová.

Y Abel trajo también de los primogénitos de sus ovejas, de lo más gordo de ellas. Y miró Jehová con agrado a Abel y a su ofrenda; pero no miró con agrado a Caín y a la ofrenda suya. Y se ensañó Caín en gran manera, y decayó su semblante.

Entonces Jehová dijo a Caín: ¿Por qué te has ensañado, y por qué ha decaído tu semblante? Si bien hicieres, ¿no serás enaltecido? Génesis 4:2b-7a

Dios le dio a Caín una segunda oportunidad. Él le dijo a Caín que si hacía bien que él también sería aceptado. Caín sabía cómo Dios quería que viniera a él, pero Caín tenía sus propias ideas. Cuando Dios no aceptó su ofrenda, Caín se enojó.

La Biblia dice que Abel ofreció el sacrificio correcto porque él le creyó a Dios.

Por la fe Abel ofreció a Dios más excelente sacrificio que Caín, por lo cual alcanzó testimonio de que era justo, dando Dios testimonio de sus ofrendas; y muerto, aún habla por ella. Hebreos 11:4

| La fe = creer en Dios. |

Caín no le creyó a Dios. Por eso no ofreció el sacrificio correcto. Caín no creía que solamente Dios puede proveer la manera para acercarse a Él y ser aceptado. Caín confiaba en sí mismo y le trajo un regalo de frutas y verduras a Dios en lugar de matar un cordero.

Caín se enojó porque Dios aceptó el sacrificio de Abel y no el suyo. Él quería que Dios aceptara su ofrenda a pesar de que no era lo que Dios les había mostrado que le trajeran. Cuanto más pensaba en ello, más enojado se ponía.

Y dijo Caín a su hermano Abel: Salgamos al campo. Y aconteció que estando ellos en el campo, Caín se levantó contra su hermano Abel, y lo mató. Y Jehová dijo a Caín: ¿Dónde está Abel tu hermano? Y él respondió: No sé. ¿Soy yo acaso guarda de mi hermano? Génesis 4:8-9

Dios era el legítimo dueño de Caín, así que Dios tuvo el derecho de preguntar a Caín acerca de sus acciones. Pero en lugar de admitir que había hecho mal, Caín respondió: ¿Soy yo responsable de mi hermano?

Debido a que Caín mató a Abel, Dios hizo que no pudiera ser un agricultor más. Dios dijo que cuando Caín plantaba las semillas, no crecerían. Caín tendría que vagar por la tierra.

Y él le dijo: ¿Qué has hecho? La voz de la sangre de tu hermano clama a mí desde la tierra. Ahora, pues, maldito seas tú de la tierra, que abrió su boca para recibir de tu mano la sangre de tu hermano. Cuando labres la tierra, no te volverá a dar su fuerza; errante y extranjero serás en la tierra. Génesis 4:10-12

Caín no debería haber tomado la vida de su hermano. Dios es el que da vida a la gente, y sólo él tiene el derecho de decidir por cuanto tiempo una persona debe vivir.

Y dijo Caín a Jehová: Grande es mi castigo para ser soportado. He aquí me echas hoy de la tierra, y de tu presencia me esconderé, y seré errante y extranjero en la tierra; y sucederá que cualquiera que me hallare, me matará.

Y le respondió Jehová: Ciertamente cualquiera que matare a Caín, siete veces será castigado. Entonces Jehová puso señal en Caín, para que no lo matase cualquiera que le hallara. Génesis. 4:13-15

> El castigo es la pena que se aplica por quebrar una ley.
>
> Por ejemplo, la pena por el asesinato es ir a la cárcel.
>
> De la misma manera, el castigo o la pena por no hacer lo que Dios dice es la muerte.

Ahora que él había matado a Abel, Caín tenía miedo que alguien lo mataría a él. Pero Dios en Su gracia puso una señal de protección a Caín.

Salió, pues, Caín de delante de Jehová, y habitó en tierra de Nod, al oriente de Edén. Génesis 4:16

No importa lo amable que era Dios con Caín, Caín nunca cambió de opinión, ya que nunca llegó a creer en Dios. Al final, Caín abandonó a Dios por completo.

La historia de la Biblia nos dice que los hijos de Caín eran como Caín, que no se preocupaban por Dios tampoco. La única cosa que les importaba a los descendientes de Caín era tener una buena vida. Después que Caín mató a Abel, Dios le dio a Eva otro hijo en lugar de Abel.

...dio a luz un hijo, y llamó su nombre Set: Porque Dios (dijo ella) me ha sustituido otro hijo en lugar de Abel, a quien mató Caín. Génesis 4:25b

Set tuvo fe en Dios al igual que Abel tenía. La Biblia nos dice más tarde que el Salvador prometido nació en la línea familiar de Set.

Recordar

Al igual que Caín y Abel, tú naciste en la familia de Adán. Debido a que naciste en la familia de Adán, eres un pecador y estás separado de Dios. Por esa razón, tú no puedes agradarle a Dios. En la misma manera que Dios no aceptó la ropa que Adán y Eva hicieron ni el regalo que Caín le trajo, no hay nada que tú puedas hacer para que Dios te acepte. Solo Dios puede proveer la manera para que tú puedas acercarte a él y ser aceptado.

Pero Dios te ama. De la misma manera que les mostró a Caín y Abel cómo acercarse a él, él ha hecho un camino para que tú puedas acercarte a él también. En el Jardín del Edén, Dios prometió enviar un Salvador que haría un camino para rescatar a todo el mundo de Satanás y de la muerte.

Yo, yo Jehová, y fuera de mí no hay quien salve. Isaías 43:11

No seas como Caín quien trató de venir a Dios según sus propias ideas. ¡Créele a Dios como Abel lo hizo!

Preguntas

1. ¿Acaso Caín sabía cómo Dios quería que viniera a él? *Sí, Caín sabía. Dios le había mostrado. Dios siempre se comunica con la gente lo que quiere que hagan. Caín sabía qué hacer para que Dios lo aceptara.*

2. ¿Cómo quería Dios que Caín y Abel vinieran a él? *Él quería que ellos mataran un animal y se lo trajeran.*

3. ¿Qué ofreció Caín a Dios? *Caín ofreció a Dios un regalo de comida que había cosechado.*

4. ¿Por qué Caín no se acercó a Dios en la manera que Dios le había mostrado que viniera? *Caín pensó que podía ser aceptado por Dios de acuerdo con sus propias ideas. No creía lo que Dios dijo; no creía que Dios era el único que podía salvarlo.*

5. ¿Dio Dios a Caín la oportunidad de cambiar de opinión y acercarse a él en el camino correcto? *Sí, Dios le dijo a Caín que si él hacía bien sería aceptado.*

6. ¿Por qué es el asesinato malo? *Puesto que Dios es el que da vida a la gente, Él es el único que tiene el derecho a decidir cuándo alguien debe morir.*

7. ¿Qué le pasó a la familia de Caín? *Como Caín dejó de preocuparse por Dios, su familia no le importaba Dios tampoco. La familia de Caín vivió sólo para complacerse a sí mismos.*

8. ¿Cuál era el nombre del hijo que Dios le dio a Eva para reemplazar a Abel? *Su nombre era Set.*

9. ¿Quién es el único que puede salvarte de Satanás y de la muerte? *Sólo Dios puede hacer un camino para hacerte aceptable a Él para que puedas acercarte a Él y ser salvado de la muerte.*

Verdades bíblicas

- Dios es un ser personal; Él se comunica con la gente.
- Dios es el creador y propietario de la humanidad.
- Todas las personas nacen en la familia de Adán. Esto significa que todas las personas nacen pecadores separados de Dios y bajo el dominio de Satanás.

- Es imposible para gente pecadora hacer obras para complacer a Dios.
- Sólo Dios puede proporcionar una manera para que la gente se salve.
- La única manera de complacer a Dios es creer en Él y lo que Él dice.
- Dios es un Dios de amor, Él es misericordioso.
- Dios está en todas partes en todo momento.
- Dios lo sabe todo.
- Es erróneo el asesinato. Como Dios es el que da la vida, sólo Él tiene el derecho de decidir cuándo alguien debe morir.

Actividad: Actuar el relato de Caín y Abel

Suministros

- Cuatro estudiantes voluntarios
- Opcional: un cordero de peluche (para el sacrificio de Abel) y un plato de fruta/verduras (para el sacrificio de Caín)

Instrucciones

- Actuar la escena en que Caín y Abel están haciendo sus sacrificios a Dios.
- Se puede utilizar el guion adjunto, o dejar que los estudiantes hagan su propio guion. Las partes son: 1) dos narradores, 2) Caín, 3) y Abel.
- Discutir la diferencia entre Caín y Abel.
- Discutir la razón por la que Dios les pidió sacrificar a un animal.
- Discutir la razón por la que Dios acepto el sacrificio de Abel y no el de Caín.

Caín y Abel

Narrador #1: Vamos a viajar en el tiempo y ver si podemos adivinar cuál de los dos hijos de Adán y Eva confió en Dios y cual no.

(Caín y Abel entran en escena - con sus sacrificios - desde lados opuestos y se reúnen en el centro)

Caín (actuando muy orgulloso):

Este sacrificio es fresco y nuevo
Labré la tierra y sembré las semillas
Con mis propias manos cogí este sacrificio
Y con él, aquí estoy.
¿Qué puedo darle a Dios?
Por supuesto que le doy lo mejor que tengo.
A través de mi trabajo y esfuerzo
¡Estoy seguro de que voy a pasar Su prueba!

¿Qué puedo darle a Dios?
La verdadera pregunta es:
¿Qué me da a mí?
Puesto que Él ha visto todo mí trabajo
Estoy seguro de que me recompensará
¿Qué puedo darle a Dios?
Estoy seguro de que le ganaré a mi hermano.
¡Esos animales tan mugrientos!
Con mi fruta fina
Voy a ser el mejor hombre.

Abel (con humildad y sinceridad):

Señor, este sacrificio me recuerda
El lío que ha hecho mi pecado
Y una vez más me doy cuenta
Del precio que se debe pagar.
Sin la muerte no hay vida.
Yo estaría condenado a morir,
Pero la sangre de este cordero cubre mi pecado
Y por la fe estoy librado.
Señor, estoy confiando
Solo en tu trabajo en mi lugar
Algún día mandaras al Libertador
Quien librara a todos.
Sin la muerte no hay vida.
Yo estaría condenada a morir.
Pero la sangre de este cordero cubre mi pecado
Y por la fe estoy librado.

Narrador #2:

¡No ves! Caín y Abel nacieron fuera del huerto. Nacieron pecadores separados de Dios. Al igual que sus padres Adán y Eva, ninguna cantidad de buenas obras podría hacerles aceptables con Dios. Caín pensó que podía agradar a Dios según sus propias ideas, pero al negarse a hacer las cosas a la manera de Dios, demostró que no había entendido. La razón del sacrificio era para mostrar que la consecuencia del pecado es la muerte.

Fue por el pecado de Caín que un cordero inocente tenía que morir, pero Caín no reconoció que merecía la muerte por su pecado. Déjenme preguntarles esto: ¿Cuáles de los dos sacrificios mostró que la gente necesitaba un sustituto para morir en su lugar - el sacrificio de fruta o el sacrificio de los animales?

Narrador #1:

A primera vista, siempre parece mejor hacer las cosas a nuestra manera, pero los planes de Dios son siempre mejores. La Biblia nos dice que Caín fue miserable después de su sacrificio. Pero en vez de hacer "bien" como dijo Dios, Caín hizo las cosas aún peor. Él se enojó; se puso celoso porque las cosas habían salido mejor para Abel que para él. Finalmente se enojó tanto que golpeó a su hermano Abel y lo mató.

Narrador #2:

Era la primera vez que una persona mataba a otra y Dios estaba muy disgustado. Por lo que sabemos, Caín nunca llegó a confiar en Dios. ¡Qué triste deben haber sido para Adán y Eva perder a sus dos hijos de esta manera! El pecado siempre resulta en tristeza y muerte.

Referencias bíblicas

Génesis 4:16-24, 9:6, 34:19; Éxodo 34:19; Levítico 17:11; Salmo 51:3-5, 100:3, Salmo 139:7-13; Proverbios 15:3; Isaías 43:7,11; 59:2; 64:6; Ezequiel 18:4, 33:11; Daniel 4:37; Romanos 3:23; 4:5; 5:12; 6:23; 8:6-8; 10:11-13, 17; 13:4; 1 Timoteo 2:4; Santiago 1:15; Hebreos 4:13; 9:22; 11:1-6, 39, 40; 1 Juan 3:12

13
Noé

Noé: parte 1

Versículo para memorizar

Porque no quiero la muerte del que muere, dice Jehová el Señor; convertíos, pues, y viviréis. Ezequiel 18:32

Lección

Adán y Eva vivieron cientos de años y tuvieron muchos hijos y nietos.

Y fueron los días de Adán después que engendró a Set, ochocientos años, y engendró hijos e hijas. Y fueron todos los días que vivió Adán novecientos treinta años; y murió. Génesis 5:4-5

Después del diluvio, la tierra se volvió a poblar con mucha gente, pero lamentablemente, no se preocupaban por Dios. Por el contrario, siguieron los caminos de Satanás y sus propios malos deseos.

La Biblia describe como actuaba la gente:

Pues habiendo conocido a Dios, no le glorificaron como a Dios, ni le dieron gracias…

…ya que cambiaron la verdad de Dios por la mentira, honrando y dando culto a las criaturas antes que al Creador…

…estando atestados de toda injusticia…perversidad, avaricia, maldad; llenos de envidia, homicidios…aborrecedores de Dios…desobedientes a los padres, necios…sin misericordia; Romanos 1:21, 25, 29-31

Los descendientes de Adán y Eva se alejaron de Dios porque eran pecadores, separados de Dios. Pertenecían a Satanás y él los manejaba.

A pesar de que la gente sabía acerca de Dios, dejaron de honrarle como el todopoderoso y omnisciente Creador del mundo. Dejaron de agradecerle a Dios. Se volvieron tontos y comenzaron a creer mentiras acerca de Dios. Cometieron asesinatos, eran mentirosos y chismosos, odiaban a Dios, eran violentos, y los niños no obedecían a sus padres.

Dios vio la maldad de la gente.

📖 Y vio Jehová que la maldad de los hombres era mucha en la tierra, y que todo designio de los pensamientos del corazón de ellos era de continuo solamente el mal. Y se arrepintió Jehová de haber hecho hombre en la tierra, y le dolió en su corazón. Y dijo Jehová: Raeré de sobre la faz de la tierra a los hombres que he creado, desde el hombre hasta la bestia, y hasta el reptil y las aves del cielo; pues me arrepiento de haberlos hecho. Génesis 6:5-7

Dios vio lo que estaba sucediendo en la tierra. Él sabía lo que la gente estaba pensando. Él sabía que sus pensamientos eran "de continuo solamente" malos. Dios se puso triste, porque los seres humanos que Él había creado, se habían alejado de Él. Debido a su pecado, la gente tendría que morir.

Pero había un hombre que seguía creyendo en el Dios único y verdadero. Su nombre era Noé.

📖 ...Noé, varón justo, era perfecto en sus generaciones... Génesis 6:9

Noé nació en la familia de Adán y era también un pecador separado de Dios. Entonces, ¿por qué la Biblia le llama a Noé "justo" y "perfecto" cuando él era un pecador como todos los demás?

Justo o Perfecto = Justicia. **Ser Aceptable para con Dios**

La diferencia entre Noé y todos los que le rodeaban era que Noé creyó en Dios. Noé era como Abel. Noé sabía que merecía ser separado de Dios para siempre, pero él confiaba en Dios para salvarlo de la muerte que merecía.

📖 Noé...fue hecho heredero de la justicia que viene por la fe. Hebreos 11:7

La Biblia dice que a pesar de que Noé era un pecador, Dios le dio el regalo de la "justicia" porque tenía fe en Dios. Al igual que Abel, Dios aceptó a Noé, porque Noé creyó en El.

📖 Dijo, pues, Dios a Noé: ...Hazte un arca de madera de gofer; harás aposentos en el arca, y la calafatearás con brea por dentro y por fuera. Y de esta manera la harás: de trescientos codos (137m) la longitud del arca, de cincuenta codos (23m) su anchura, y de treinta codos (14m) su altura. Una ventana harás al arca, y la acabarás a un codo de elevación por la parte de arriba; y pondrás la puerta del arca a su lado; y le harás piso bajo, segundo y tercero.

> Y he aquí que yo traigo un diluvio de aguas sobre la tierra, para
> destruir toda carne en que haya espíritu de vida debajo del cielo; todo
> lo que hay en la tierra morirá. Más estableceré mi pacto contigo, y
> entrarás en el arca tú, tus hijos, tu mujer, y las mujeres de tus hijos
> contigo. Génesis 6:13-18

Dios iba a enviar un diluvio para destruir toda la vida en la tierra, a excepción de Noé y su familia. Debido a que Noé le creyó a Dios, Dios prometió protegerlo.

Dios le dio a Noé planos muy detallados acerca de cómo construir un barco que le protegería a él y a su familia. Dios le instruyó hacer el barco de tres pisos y muy largo - tan grande como un buque de carga moderno. Dios también le dijo a Noé que pusiera una sola puerta en el barco.

Noé nunca había visto una inundación, ya que nunca había visto lluvia.

> ...Jehová Dios aún no había hecho llover sobre la tierra...sino que
> subía de la tierra un vapor, el cual regaba toda la faz de la tierra.
> Génesis 2:5-6

Pero a pesar de que Noé nunca había visto lluvia, el confió que Dios haría lo que dijo. Noé creyó que Dios iba a enviar un diluvio para destruir toda la vida en la tierra.

Noé sabía que sólo Dios podía protegerle a él y a su familia del diluvio. Él creía que sólo Dios sabía cómo construir el tipo de barco que les mantuviera a él y su familia seca y a salvo. Es por eso que Noé siguió las instrucciones de Dios.

> Y lo hizo así Noé; hizo conforme a todo lo que Dios le mandó.
> Génesis 6:22

¿Recuerdas cómo Caín se acercó a Dios de acuerdo a sus propias ideas? Caín no le creyó a Dios. Es porque no le creyó a Dios que se acercó a Dios a su manera en vez de acercarse a la manera que Dios le mostró.

Pero Abel creyó a Dios y por eso se acercó a Dios en la manera en que Dios le había mostrado. Noé era como Abel. Noé le creyó a Dios y por esa razón hizo exactamente lo que Dios le ordenó hacer.

Recuerda

Al igual que las personas en los días de Noé merecían morir por su pecado, tú también mereces la muerte. A causa de tu pecado mereces ser separado de Dios para siempre en el lugar de terrible sufrimiento.

Pero Dios no desea que la gente muera; Él quiere que la gente viva con Él para siempre.

Porque no quiero la muerte del que muere, dice Jehová el Señor; convertíos, pues, y viviréis. Ezequiel 18:32

Dios quiere que confiemos en Él para ser salvos. Así como Dios hizo un camino para Noé y Abel, para que pudieran salvarse de la muerte, Dios ha hecho un camino para que tú también puedas ser salvado de la muerte, y ese camino es a través del Libertador prometido. Confía en Dios como hicieron Abel y Noé y vivirás.

Preguntas

1. ¿Por qué los hijos de Adán y Eva se alejaron de Dios? *Los hijos de Adán y Eva se alejaron de Dios porque eran pecadores.*

2. ¿Cómo eran las personas en los días de Noé? *La gente en los días de Noé no honraba a Dios como el todopoderoso y omnisciente Creador del mundo. No le dio gracias a Dios. Ellos creían mentiras sobre Dios, asesinaron, fueron chismosos, eran violentos y los hijos no obedecían a sus padres.*

3. ¿Fue Noé un pecador como los demás a su alrededor? *Sí. Noé nació en la familia de Adán como todos los demás. Él también era un pecador, separado de Dios.*

4. ¿Quién fue el único que podría salvar a Noé y su familia del diluvio? *Sólo Dios podía salvar a Noé y su familia del diluvio.*

5. ¿Por qué Dios rescató a Noé de la inundación? *Dios rescató a Noé, porque Noé creyó a Dios.*

6. ¿Por qué construyó Noé el barco exactamente como Dios le dijo en vez de construirlo de acuerdo a sus propias ideas? *Noé construyó el barco exactamente como Dios le dijo porque creía que Dios era el único que podía salvarlo de la muerte.*

7. ¿Dios quiere que la gente este separada de Él? *No. Dios no quiere que la gente este separada de Él; Él quiere que todas las personas vivan con Él para siempre.*

8. ¿Cuál es el castigo por el pecado? *La paga del pecado es muerte, es la separación de Dios para siempre en el lugar terrible de sufrimiento.*

9. ¿Puedes tu salvarte de esta pena de muerte? *No. No hay nada que puedas hacer para liberarte de la pena de muerte que mereces.*

10. ¿Quién es el único que puede salvarte de la muerte? *Sólo Dios puede hacer una vía de escape para rescatarte de la muerte eterna.*

11. ¿De qué manera quiere Dios que seas como Abel y Noé? *Dios quiere que confíes en Él, porque Él es el único que te puede salvar de la muerte eterna.*

Verdades bíblicas

- Dado que todas las personas nacen en la familia de Adán, todas las personas son pecadores, separados de Dios.
- Es imposible que los de la familia de Adán agraden a Dios.
- Dios está en todas partes en todo momento.
- Dios lo sabe todo.
- El castigo por el pecado es la muerte.
- Dios es el único que nos puede salvar de la muerte que merecemos.
- Dios es un ser personal, se comunica con la gente.
- Dios es un Dios de amor.
- Dios salva sólo los que le creen.

Actividad: Bingo bíblico

Suministros

- Tarjetas Bingo y fichas de juego – cualquier juego de tarjetas sirve. También se puede adquirir a bajo precio en algún negocio.

Instrucciones

- Dar a cada alumno una tarjeta bingo y algunas fichas.
- Hacer una de las preguntas de repaso y pedir a uno de los alumnos que conteste. Si el alumno contesta correctamente, puede llamar a llenar la casilla que quiera del bingo. Todo el que tenga esa casilla puede también llenarla.
- Continuar haciendo las preguntas. Dar a cada niño la oportunidad de contestar al menos una pregunta y escoger una casilla del bingo.
- El juego termina cuando el primer alumno grita BINGO por haber completado una línea con fichas, horizontal, vertical, o diagonalmente.
- Jugar el juego varias veces hasta que cada uno haya contestado una pregunta o hasta que todas las preguntas de repaso hayan sido hechas y contestadas.

Referencias bíblicas

Salmos 5:4-6; Isaías 43:11, 53:6; Ezequiel 18:4, 33:11; Mateo 24:37-39; Marcos 7:21-23; Lucas 17:26, 27; Romanos 1:18-32, 3:10-18, 4:1-7, 5:12, 8:6-8; Gálatas 5:19-21; Hebreos 4:13, 11:1-7; 2 Pedro 2:4-11

14
La terrible inundación
Noé: parte 2

Versículo para memorizar

Porque no quiero la muerte del que muere, dice Jehová el Señor; convertíos, pues, y viviréis. Ezequiel 18:32

Lección

Le tomó años a Noé y a sus hijos terminar el enorme barco. Durante todos esos años, Noé predicó a la gente, advirtiéndole lo que ocurriría si se negaba a creer las palabras de Dios. A pesar de que la gente no se preocupaba por Dios, Dios todavía se preocupaba por ella.

...Noé, pregonero de justicia... 2 Pedro 2:5

Noé advirtió a la gente que cambiara de opinión acerca de Dios y acerca de su pecado, pero ni una persona le prestó atención. Nadie creía que Dios enviaría un diluvio. La gente seguía festejando y haciendo maldad.

Pero Dios siempre hace lo que dice que va a hacer. Dios siempre dice la verdad. Dios dijo la verdad cuando les dijo a Adán y Eva que morirían si comían del árbol del conocimiento del bien y del mal, y Dios estaba diciendo la verdad cuando dijo que iba a destruir el mundo con un diluvio.

Por fin, cuando el barco estaba terminado, Noé y su familia, junto con los animales que Dios le mandó llevar, entraron en el barco a través de la única puerta que había. Entonces, Dios cerró la puerta.

De pronto, grandes fuentes de agua se rompieron de la tierra. Al mismo tiempo, la lluvia empezó a caer desde el cielo. ¡Qué sorpresa se llevó la gente que no le creyó a Noé!

El año seiscientos de la vida de Noé...fueron rotas todas las fuentes del grande abismo, y las cataratas de los cielos fueron abiertas, y hubo lluvia sobre la tierra cuarenta días y cuarenta noches.

En este mismo día entraron Noé, y Sem, Cam y Jafet hijos de Noé, la mujer de Noé, y las tres mujeres de sus hijos, con él en el arca; ellos, y todos los animales silvestres según sus especies, y todos los animales domesticados según sus especies, y todo reptil que se arrastra sobre la tierra según su especie, y toda ave según su especie, y todo pájaro de toda especie. Vinieron, pues, con Noé al arca, de dos en dos de toda carne en que había espíritu de vida. Y los que vinieron, macho y hembra de toda carne vinieron, como le había mandado Dios; y Jehová le cerró la puerta.

Y fue el diluvio cuarenta días sobre la tierra; y las aguas crecieron, y alzaron el arca, y se elevó sobre la tierra. Y subieron las aguas y crecieron en gran manera sobre la tierra; y flotaba el arca sobre la superficie de las aguas. Y las aguas subieron mucho sobre la tierra; y todos los montes altos que había debajo de todos los cielos, fueron cubiertos…Y murió toda carne que se mueve sobre la tierra, así de aves como de ganado y de bestias, y de todo reptil que se arrastra sobre la tierra, y todo hombre

Así fue destruido todo ser que vivía sobre la faz de la tierra, desde el hombre hasta la bestia, los reptiles, y las aves del cielo; y fueron raídos de la tierra, y quedó solamente Noé, y los que con él estaban en el arca. Y prevalecieron las aguas sobre la tierra ciento cincuenta días. Génesis 7:11-24

Durante cuarenta días y cuarenta noches el agua subió, hasta que incluso las montañas más altas quedaron cubiertas.

Sólo Dios podía provocar un torrente tan inmenso que acabara con toda vida en la tierra. ¡Sólo Dios tiene tanto poder!

Dios está a cargo del mundo. Él puede hacer lo que quiera. Él es el que creó el agua en el principio. Puesto que Dios creó el agua, él podría mandar al agua hacer lo que Él quería.

Tuyos son los cielos, tuya también la tierra; el mundo y su plenitud, tú lo fundaste. Salmo 89:11

Una vez que comenzó la lluvia, ya era demasiado tarde para que las personas cambiaran de opinión. No importa lo fuerte que gritaran y golpearan la puerta, Noé no podía dejarlos entrar. Dios había cerrado la puerta y era imposible abrirla.

Noé y su familia estaban a salvo dentro del barco, pero todos los que estaban fuera del barco murieron; todos los que no creyeron a Dios se ahogaron y fueron al lugar terrible de sufrimiento para quedar separados de Dios para siempre.

Recuerda

De la misma manera que Dios habló a través de Noé para advertir a la gente acerca de la venida de un diluvio, Él habla a las personas de hoy, a través de la Biblia, para advertirles que van a morir si no confían en Él. Dios quiere que todos sepan la verdad, para que puedan ser salvados de la muerte.

> El cual quiere que todos los hombres sean salvos y vengan al conocimiento de la verdad. 1 Timoteo 2:4

Dios no quiere que seas separado de Él para siempre. Él quiere que creas en Él como lo hizo Noé. Dios promete que todos los que creen en Él no perecerán, sino que irán a vivir con Él para siempre.

> ...para que todo aquel que en él cree, no se pierda, más tenga vida eterna. Juan 3:16

Preguntas

1. ¿Por qué decidió Dios destruir toda la vida en la tierra? *Dios destruyó toda la vida en la tierra a causa de la maldad de la gente. Todo el mundo, a excepción de Noé y su familia, se había alejado de Dios. La única cosa que la gente podía pensar era sólo el mal todo el tiempo.*

2. ¿A quién usó Dios para advertir a la gente acerca del diluvio que venía? *Dios usó a Noé. Durante el tiempo que Noé y sus hijos estaban construyendo la embarcación, Noé advertía a la gente.*

3. ¿Algunas de las personas llegaron a creer en Dios? *No. Nadie le creyó a Dios; no creían que Dios iba a enviar un diluvio como castigo por su pecado.*

4. ¿Dios siempre hace lo que dice que va a hacer? *Sí. No importa cuánto tiempo tome, Dios siempre hace lo que dice que hará.*

5. Después de que Dios cerró la puerta a la barca, ¿había alguna manera para que la gente que estaba afuera se salvase de la muerte? *No. Dios había cerrado la puerta y nadie podía abrirla. Una vez que Dios cerró la puerta, ya era demasiado tarde para que la gente cambiara de opinión.*

6. ¿Quién está a cargo del mundo? *Dios. Él es el Creador del mundo y de todo lo que hay en él.*

7. ¿Cómo se comunica Dios con nosotros hoy en día? *Se comunica con nosotros a través de la Biblia.*

8. ¿Qué promete Dios a aquellos que confían en él para salvarlos del pecado y la muerte? *Dios promete salvarlos; Él promete que aquellos que confían en Él no morirán sino que tendrán vida eterna.*

Verdades bíblicas

- El castigo por el pecado es la muerte.
- Dios es un ser personal, se comunica con la gente.
- Dios dice la verdad.
- Dios es un Dios de amor, que es paciente para con los pecadores, dándoles tiempo para cambiar de opinión.
- Todas las personas son pecadores.
- Puesto que Dios es el Creador, Él está a cargo del mundo.
- Dios puede hacer cualquier cosa, nada es demasiado difícil para él.
- Hay un lugar terrible de sufrimiento donde todos los que no creen en Dios, estarán separados de Él para siempre.
- Dios salva sólo los que en Él creen.

Actividad: Dibujo original con puerta

Suministros

- Lápiz, o lápices de colores
- Hojas de papel
- Algunas hojas de papel de construcción café para hacer la puerta
- Pegamento o cinta adhesiva de doble cara

Instrucciones

- Dibujar la escena del diluvio y el arca de Noé, dejando espacio para la puerta.
- Cortar una puerta para el barco del papel de construcción.
- Pegar la puerta al barco.
- Titular el dibujo: Una puerta, Un Camino.

Referencias bíblicas

Salmos 29:10, 89:11, 104:6-9, 107:23-30, 135: 5-7, 147:18, 148:4-5; Isaías 43:11; Ezequiel 18:20, 33:11; Amos 4:13; Juan 3:17-18, 14:6, 16:7-10; 1 Pedro 3:20; 2 Pedro 2:4-9, 3:3-10; Apocalipsis 20:15

15
Promesas de Dios
Noé: parte 3

Versículo para memorizar

Y conozcan que tu nombre es Jehová; tú solo Altísimo sobre toda la tierra. Salmo 83:18

Lección

La inundación se prolongó durante todo un año. Mes tras mes Noé y su familia flotaban sobre el agua. ¿Será que pensaron que Dios se había olvidado de ellos?

No. Dios no se olvidó de Noé.

Y se acordó Dios de Noé, y de todos los animales, y de todas las bestias que estaban con él en el arca; e hizo pasar Dios un viento sobre la tierra, y disminuyeron las aguas. Génesis 8:1

Dios había prometido mantener a Noé y a su familia a salvo, y lo hizo. Al tiempo apropiado, envió un viento sobre la tierra para que se secase.

De la misma manera que Dios había causado que el agua cubriera la tierra, Dios hizo que el viento soplara para que el agua comenzaría a bajar. Por cuanto Él es el Creador del mundo, Dios puede hacer que el viento y el agua hagan lo que Él decida.

Y en el mes segundo, a los veintisiete días del mes, se secó la tierra. Entonces habló Dios a Noé, diciendo: Sal del arca tú, y tu mujer, y tus hijos, y las mujeres de tus hijos contigo. Todos los animales que están contigo de toda carne, de aves y de bestias y de todo reptil que se arrastra sobre la tierra, sacarás contigo; y vayan por la tierra, y fructifiquen y multiplíquense sobre la tierra. Entonces salió Noé, y sus hijos, su mujer, y las mujeres de sus hijos con él. Todos los animales, y todo reptil y toda ave, todo lo que se mueve sobre la tierra según sus especies, salieron del arca. Génesis 8:14-19

Todo el tiempo que Noé y su familia estaban en la barca, Dios tiernamente se hizo cargo de ellos. Nadie murió de enfermedad o de hambre, todos sobrevivieron.

📖 Y edificó Noé un altar a Jehová, y tomó de todo animal limpio y de toda ave limpia, y ofreció holocausto en el altar. Y percibió Jehová olor grato; y dijo Jehová en su corazón: No volveré más a maldecir la tierra por causa del hombre; porque el intento del corazón del hombre es malo desde su juventud; ni volveré más a destruir todo ser viviente, como he hecho. *Génesis 8:20 -21*

> Dios apartó a ciertos animales como animales "limpios". No los llamo "limpios" porque habían sido lavados. Los animales que Dios llamo "limpios" eran los que eran aceptables como sacrificios. Por ejemplo, Dios aceptó ovejas, cabras y palomas en sacrificio, pero no aceptó los camellos, conejos o cerdos. Dios llamó a los camellos, conejos, cerdos y animales "no limpios".

Después del diluvio, Noé construyó un altar para ofrecer sacrificios a Dios.

Noé era como Abel; sabía que merecía morir por su pecado, pero confiaba en Dios. Noé confió que si él se acercaba a Dios de la manera en que Dios había indicado - por matar a un animal- Dios lo liberaría de la pena de muerte que merecía.

Dios estaba complacido con la ofrenda de Noé y prometió jamás enviar otra inundación que cubriera todo el mundo.

Y habló Dios a Noé y a sus hijos con él, diciendo:

📖 He aquí que yo establezco mi pacto con vosotros, y con vuestros descendientes después de vosotros...Estableceré mi pacto con vosotros, y no exterminaré ya más toda carne con aguas de diluvio, ni habrá más diluvio para destruir la tierra. Y dijo Dios: Esta es la señal del pacto que yo establezco entre mí y vosotros y todo ser viviente que está con vosotros, por siglos perpetuos: Mi arco he puesto en las nubes, el cual será por señal del pacto entre mí y la tierra. Y sucederá que cuando haga venir nubes sobre la tierra, se dejará ver entonces mi arco en las nubes. Y me acordaré del pacto mío, que hay entre mí y vosotros y todo ser viviente de toda carne; y no habrá más diluvio de aguas para destruir toda carne. *Génesis 9:8-15*

Cada vez que veas un arco iris, Dios quiere que recuerdes su promesa a Noé. El arco iris debe recordarnos que Dios cumple sus promesas.

En el principio, Dios ordenó a Adán y a Eva tener muchos hijos. Dios quería que hubiera gente en todas partes en la tierra, pero luego los hijos de Adán y Eva se alejaron de Dios y Dios tuvo que acabar con ellos.

Después del diluvio, Dios le mando a Noé y a sus hijos: "Fructificad y multiplicaos, y llenad la tierra". Esta fue la misma orden que Dios había dado a Adán y Eva. Dios quería que Noé y sus descendientes tuvieran muchos hijos para que la tierra se llenara de gente una vez más.

> Bendijo Dios a Noé y a sus hijos, y les dijo: Fructificad y multiplicaos, y llenad la tierra. El temor y el miedo de vosotros estarán sobre todo animal de la tierra, y sobre toda ave de los cielos, en todo lo que se mueva sobre la tierra, y en todos los peces del mar; en vuestra mano son entregados. Todo lo que se mueve y vive, os será para mantenimiento: así como las legumbres y plantas verdes, os lo he dado todo. Génesis 9:1-3

Dios hizo el mundo y todas las plantas y los animales para los hombres. Dios quiere que disfrutemos de todo lo que Él nos ha dado.

Recuerda

Se puede confiar en Dios porque Él siempre dice la verdad. Todo lo escrito en la Biblia es verdad.

> La suma de tu palabra es verdad... Salmos 119:160a

Dios siempre hace lo que Él dice que hará. En el Jardín del Edén, Dios dijo que enviaría al hijo de una mujer para romper el poder de Satanás sobre la humanidad. Dios planeó enviar a un Libertador para rescatarnos de Satanás y de la pena de muerte que merecemos por nuestro pecado. Dios nunca se olvidó de Su plan. En el tiempo adecuado Dios envió al Libertador, tal como dijo que lo haría.

Preguntas

1. ¿Dios se olvidó de Noé y su familia en el barco? *No, Dios se acordó de Noé y su familia. Los mantuvo a salvo al igual que Él prometió que haría.*

2. ¿Cómo tiene Dios el poder de controlar el agua y el viento? *Dios puede controlar el viento, el agua, y toda la naturaleza, porque Él es quien creó todas las cosas.*

3. ¿Por qué Dios estaba contento con el sacrificio de Noé? *El sacrificio de Noé mostró que Noé le creyó a Dios. Noé reconoció que era un pecador y que sólo Dios podía hacer un camino para hacerle aceptable delante de Él.*

4. ¿Para quién hizo Dios la tierra y todo lo que contiene? *Dios hizo todo para los seres humanos.*

5. ¿Dios destruirá el mundo de nuevo con un diluvio? *No. Dios prometió que nunca más destruirá toda la tierra con un diluvio.*

6. ¿Qué es lo que Dios nos quiere recordar cada vez que vemos un arco iris? *Él quiere que recordemos Su promesa de no volver a destruir toda la tierra con un diluvio. Él quiere que sepamos que Él siempre cumple sus promesas.*

7. Después de la inundación, ¿Qué le dijo Dios a Noé y sus hijos que hicieran? *Dios les mandó tener muchos hijos y llenar la tierra. Dios quería que hubiera gente en todos los lugares sobre toda la tierra.*

8. ¿Tenía Dios el derecho de darles a la gente la tierra? *Sí. Dios hizo la tierra y la gente. Él puede hacer con ellos lo que quiere.*

Verdades bíblicas

- Dios siempre hace lo que dice que va a hacer, Él cumple sus promesas, se puede depender de Dios.
- Dios es un Dios de amor; Él es misericordioso.
- Dios es un ser personal, se comunica con la gente.
- Todas las personas son pecadores.
- El castigo por el pecado es la muerte.
- Dios salva sólo los que en Él creen.
- Como el Creador de todo, Dios es la máxima autoridad. Tanto la gente como la naturaleza tiene que conformarse a Su voluntad.
- Dios hizo la tierra para que la gente la usara, disfrutara y cuidara.

Actividad: Arco iris de imágenes con verso de la biblia

Suministros

- Lápiz, lápices de colores o marcadores
- Papel blanco
- Algodón
- Pegamento

Instrucciones

- Dibujar y colorear un arco iris y el arca de Noé debajo del arco iris. (Los siete colores del arco iris son rojo, seguido por naranja, amarillo, verde, azul, índigo y violeta en la parte inferior.)
- Pegar pedazos de algodón en el cielo para formar nubes.
- Escribir el versículo de memoria o la frase "Dios cumple sus promesas" por encima, o por debajo, del arco iris.

Referencias bíblicas

Génesis 6:18; Levítico 1:10, 14; 11:1-23, 29, 30, 46, 47; 20:25; Josué 23:14;
1 Reyes 8:56; Salmos 8:6-8, 9: 10, 33:4, 104:6-9, 115:16; 147:18, 148: 4-5;
Isaías 45:18, 46:11; Romanos 3:10-17

16
Una gran torre
Torre de Babel

Versículo para memorizar

Y conozcan que tu nombre es Jehová; Tú solo Altísimo sobre toda la tierra. Salmo 83:18

Lección

Después del diluvio, los hijos de Noé tuvieron muchos hijos, nietos y bisnietos. Pronto hubo nuevamente un montón de gente en la tierra.

Dios había dicho a Noé y a sus hijos que llenaran la tierra. Dios quería que hubiera gente en todas partes.

Bendijo Dios a Noé y a sus hijos, y les dijo: Fructificad y multiplicaos, y llenad la tierra. Génesis 9:1

Pero los descendientes de Noé no querían estar separados el uno del otro. En lugar de llenar la tierra como Dios había dicho, se quedaron juntos.

Tenía entonces toda la tierra una sola lengua y unas mismas palabras. Y aconteció que cuando salieron de oriente, hallaron una llanura en la tierra de Sinar, y se establecieron allí. Y dijeron: Vamos, edifiquémonos una ciudad y una torre, cuya cúspide llegue al cielo; y hagámonos un nombre, por si fuéremos esparcidos sobre la faz de toda la tierra. Génesis 11:1-2,4

Los descendientes de Noé decidieron establecerse en la tierra de Sinar. Allí iban a construir una ciudad donde podían vivir juntos. También iban a construir una torre alta que alcanzara el cielo.

> **Sinar quedaba en Mesopotamia, que hoy es el país de Irak.**

¡Qué decisión absurda! Los hijos y nietos de Noé deberían haber sabido que es imposible ganar a Dios. Después de todo, sabían que Dios destruyó a toda la gente en los días de Noé con una terrible inundación cuando se rebelaron contra él.

Pero los descendientes de Noé nacieron en la familia de Adán; nacieron pecadores bajo el control de Satanás al igual que su padre Adán.

¿Recuerdas cuando Lucifer quería hacer las cosas a su manera en vez de hacer lo que Dios quería? Satanás estaba llevando también a estas personas a ir en contra de lo que Dios quería. Al igual que Caín, ellos querían seguir sus propias ideas.

Dios sabía lo que la gente estaba pensando y planeando. ¡Él lo sabe todo!

> Y descendió Jehová para ver la ciudad y la torre que edificaban los hijos de los hombres. Y dijo Jehová: He aquí el pueblo es uno, y todos estos tienen un solo lenguaje; y han comenzado la obra, y nada les hará desistir ahora de lo que han pensado hacer. Ahora, pues, descendamos, y confundamos allí su lengua, para que ninguno entienda el habla de su compañero. Así los esparció Jehová desde allí sobre la faz de toda la tierra, y dejaron de edificar la ciudad. Por esto fue llamado el nombre de ella Babel, porque allí confundió Jehová el lenguaje de toda la tierra, y desde allí los esparció sobre la faz de toda la tierra. Génesis 11:5-9

¿Por qué dijo Jehová Dios: "Ahora, pues, descendamos, y confundamos allí su lengua"? ¿Con quién estaba hablando cuando dijo, "descendamos y confundamos"?

¿Sabías que hay mucha gente como los yanomami? Hay muchos grupos de gentes que viven muy lejos, en las selvas y bosques tropicales del mundo. Estas personas nunca han visto un coche o estado en una tienda.

Pero a pesar de que no tienen Internet o saben leer, la mayoría de estas personas saben acerca de la inundación que cubrió la tierra hace mucho tiempo. Esto es debido a que la inundación realmente ocurrió como dice la Biblia.

Los hijos de Noé les dijeron a sus hijos acerca de la inundación. Ellos les dijeron a sus hijos, y así sucesivamente la historia fue transmitida.

Pero ya que no fue escrita, los detalles de la historia cambiaron con el tiempo. De todos modos, es sorprendente que gente que nunca ha leído la Biblia, sabe acerca de una inundación mundial.

Recuerda, el único Dios vivo y verdadero existe en tres personas. Estas tres personas de Dios- Dios Padre, Dios Hijo y Dios Espíritu Santo – decidieron confundir el lenguaje de la gente.

Debido a que todo el mundo hablaba el mismo idioma les era fácil trabajar juntos como un equipo. Pensaron que trabajando juntos podrían hacer cualquier cosa que imaginaran; pensaron que juntos podían luchar contra Dios y ganar. Sin embargo, Dios confundió el idioma de la gente para que no pudieran trabajar juntos.

Te puedes imaginar lo que sucedió cuando de repente todos empezaron a hablar diferentes idiomas. Los trabajadores no podían entender lo que sus jefes les dijeron que hicieran. Puesto que nadie se entendió entre sí, se hizo imposible hacer cualquier trabajo y se paró la construcción de la torre.

Debido a que Dios confundió la lengua de la gente el nombre de aquel lugar llegó a ser llamado "Babel".

No se puede ganar contra Dios. Cuando Satanás trató de tomar el lugar de Dios, Dios lo echó del cielo. Cuando Adán y Eva hicieron lo que Dios les había dicho que no hicieran, fueron separados de Dios; tuvieron que salir del jardín y alejarse del árbol de la vida. Cuando Caín hizo las cosas a su manera, Dios hizo que las verduras que sembró no crecieran para que tuviera que vagar en busca de alimentos. En los días de Noé, Dios destruyó a todos los que no le creían con una terrible inundación.

> Jehová hace nulo el consejo de las naciones, y frustra las maquinaciones de los pueblos. El consejo de Jehová permanecerá para siempre; los pensamientos de su corazón por todas las generaciones. Salmo 33:10-11

Datos de Interés:

En hebreo (la lengua en que fue escrito el Antiguo Testamento) la palabra "babel" significa confusión, y en la lengua babilónica significa "la puerta de los dioses".

La ciudad en Mesopotamia donde se construyó la Torre de Babel llegó a ser llamado Babilonia.

La gente de Babilonia construyó muchas torres como la que vemos en la Biblia. En la parte superior de estas torres se construyeron templos para adorar al sol, la luna y las estrellas. Sabemos de estas torres porque los arqueólogos las han desenterrado en el país de Irak. Ellos llaman a las torres "zigurats".

La Biblia indique que las falsas religiones comenzaron en Babilonia.

Recuerda

Muchas personas no creen que Dios es el Creador del mundo, y que Él tiene el derecho de decirles lo que deben hacer. Estas personas piensan que pueden hacer lo que quieran sin sufrir las consecuencias. Actúan igual que la gente en la torre de Babel.

Pero no importa lo que la gente piense, Dios es real y la Biblia dice la verdad. La Biblia dice que la paga del pecado es la muerte.

> ...el alma que pecare, esa morirá. Ezequiel 18:4b

Mereces ser separado de Dios para siempre a causa de las cosas que has hecho que desagradan a Dios. No hay nada que puedes hacer para salvarte de la muerte. No hay ninguna religión que te puede salvar. Todas las ideas del hombre acerca de cómo llegar al cielo sólo conducen a la muerte.

📖*Hay camino que parece derecho al hombre, pero su fin es camino de muerte. Proverbios 16:25*

Dios es el único que te puede salvar.

📖*Yo, yo Jehová, y fuera de mí no hay quien salve. Isaías 43:11*

Preguntas

1. ¿Qué les dijo Dios a Noé y a sus hijos que hicieran? *Dios les dijo a Noé y a sus hijos que tuvieran muchos hijos y que llenaran la tierra.*

2. ¿Los descendientes de Noé se dispersaron por toda la tierra como Dios les mandó hacer? *No. Decidieron vivir todos juntos en un mismo lugar.*

3. ¿Pensaron los descendientes de Noé que podían ganar contra Dios? *Sí. A pesar de que sabían que Dios había destruido a la gente en los días de Noé por su rebelión, todavía pensaron que podían ir en contra de lo que Él dijo.*

4. ¿Sabía Dios lo que la gente estaba haciendo? *Sí. Dios está en todas partes. Él ve y lo sabe todo.*

5. ¿Qué hizo Dios para detener la construcción de la ciudad y forzar a la gente dispersarse como Él había dicho? *Él les dio a todos diferentes idiomas, así que tenían que separarse.*

6. ¿Qué pasó con Lucifer cuando trató de tomar el lugar de Dios en el cielo? *Dios le echó del cielo, junto con todos los ángeles que lo siguieron.*

7. ¿Qué pasó con Adán y Eva cuando creyeron a Satanás en lugar de creerle a Dios? *Ellos se separaron de Dios. Tuvieron que abandonar el Jardín de Edén y el árbol de la vida.*

8. ¿Qué pasó con la gente en los días de Noé, cuando ignoraron a Dios? *Todos los que no creyeron la palabra de Dios fueron destruidos por una terrible inundación.*

9. ¿Quién está a cargo del mundo? *Dios es el Creador; Él está a cargo del mundo y de todo lo que hay en él. Él hace lo que quiere hacer.*

10. ¿Hay alguna religión que puede rescatarte de la separación de Dios para siempre en el lugar terrible de sufrimiento? *No. Dios es el único que puede salvarte de la muerte. En la Biblia Dios nos dice cómo ser salvo. Las religiones son las ideas del hombre y no pueden salvar a nadie.*

Verdades bíblicas

- Dios es el Creador, por lo tanto, Él es el encargado de todo el mundo.
- Dios es un ser personal, se comunica con la gente.
- Todas las personas son pecadores.
- Dios está en todas partes todo el tiempo.
- Dios lo sabe todo.

- Nadie puede ir en contra de lo que Dios dice y ganar. Dios siempre gana al final.
- Todo lo que Dios dice en la Biblia es verdad.
- La paga del pecado es muerte, es la separación de Dios para siempre en el lugar terrible de sufrimiento.
- Sólo hay un Dios vivo y verdadero que existe en tres personas.
- La religión no puede salvar a nadie de la separación de Dios para siempre en el lugar de terrible sufrimiento.

Actividad 1: Actuar el relato de la torre de Babel

Suministros

- Grupos de estudiantes voluntarios (6 estudiantes mínimo por grupo)

Instrucciones

- Actuar, por turno, la escena de la Torre de Babel. Al principio todos tienen el mismo idioma y hablan de como la construcción de la gran torre les va a hacer famosos. Después empiezan a hablar diferentes "idiomas" y demostrar la confusión de no poder trabajar juntos y por fin tener que dispersarse.
- Discutir como Dios es el Creador y dueño del mundo y de toda la gente. Discutir la inutilidad de oponerse contra Dios, porque Dios siempre gana.

Actividad 2: Carrera de vasos desechables

Suministros

- Vasos Desechables (aprox. 20 por grupo)

Instrucciones

- Dividir a los estudiantes en grupos de 3-5 personas. Cada grupo tiene la misma cantidad de vasos.
- Primera parte: Construir una torre con los vasos. Trabajar juntos como grupo pero mantener silencio completo. ¡No hablar! El grupo que termina primero gana. La maestra puede usar un cronómetro.
- Segunda parte: Hacer la misma actividad pero esta vez cada grupo puede hablar y discutir la manera mejor de hacer la construcción. El grupo que termina primero gana.
- Comparar los tiempos y la calidad del trabajo en parte uno y parte dos, notando que es más fácil trabajar juntos y lograr sus objetivos si se puede comunicar el uno con el otro.

Referencias bíblicas

1 Crónicas 29:11; Salmos 2:1-6, 28:5, 83:18; Proverbios 15:3, 16:5; Isaías 40:15, Isaías 43:11, 46:9-10, 53:6; Jeremías 10:6, 50; Daniel 4:35, 37; Efesios 2:1-3; Romanos 1:18-23, 3:10-18, 5:12, 8:6-8; Hebreos 4:13; Apocalipsis 18:21

17
Una gran nación
Dios escogió a Abram

Versículo para memorizar

Yo hablé, y lo haré venir; lo he pensado, y también lo haré. Isaías 46:11b

Lección

Después de que la gente junto a la Torre de Babel vieron el gran poder de Dios, ¿crees que empezaron a adorarlo? Lamentablemente, no lo hicieron. A pesar de que Dios confundió su lengua y los dispersó por toda la tierra, la gente no lo glorificó.

Pero había un hombre que creía en el Dios único y verdadero. Su nombre era Abram. Abram vivía en la ciudad de Ur en Mesopotamia, no muy lejos de la Torre de Babel. Ur era una ciudad rica e importante, pero la gente de allí, incluyendo la familia de Abram, adoraba dioses falsos.

...Vuestros padres habitaron antiguamente al otro lado del río, esto es, Taré, padre de Abraham y de Nacor; y servían a dioses extraños. Josué 24:2

Desde que Adán y Eva le creyeron a Satanás en lugar de creerle a Dios, la gente continuó alejándose de Dios. Caín y su familia, la gente del diluvio, la gente en la Torre de Babel, y la gente de la época de Abram, todos rechazaron a Dios.

Pero Dios es un Dios de amor. No importa lo mal que la gente actuaba, Dios todavía se preocupaba por ellos. Aunque la mayoría de la gente lo rechazó, Dios continuó Su plan de enviar el Libertador para liberar al pueblo de Satanás, del pecado y de la muerte. No se arrepintió, cumplió Su promesa.

Es por eso que Dios escogió a Abram, Abram sería una pieza importante en el plan de Dios.

Pero Jehová había dicho a Abram: Vete de tu tierra y de tu parentela, y de la casa de tu padre, a la tierra que te mostraré. Y haré de ti una nación grande, y te bendeciré, y engrandeceré tu nombre, y serás bendición. Bendeciré a los que te bendijeren, y a los que te maldijeren maldeciré; y serán benditas en ti todas las familias de la tierra. Génesis 12:1-3

Dios le dijo a Abram que hacer, le pidió que dejara a su familia y a su país, y que se trasladara a una tierra extraña.

¿Dios tenía el derecho de mandarle a Abram a alejarse de su familia? Sí lo tenía. Puesto que Dios creó a Abram, Abram le pertenecía a Dios. Por esa razón Dios tenía el derecho de hacer lo que quisiera con Abram

A pesar de que Abram y Sarai, su esposa, nunca habían podido tener hijos, Dios dijo que una gran nación provendría de Abram.

> ...el nombre de la mujer de Abram era Sarai...Sarai era estéril, y no tenía hijo. Génesis 11:29-30

Dios no sólo prometió que una gran nación vendría de Abram, también prometió bendecirlo. Dios prometió cuidarlo y protegerlo de sus enemigos.

Por último, Dios prometió a Abram: "y serán benditas en ti todas las familias de la tierra". A través de Abram Dios planeó bendecir a todas las familias de la tierra. Eso quiso decir que el Libertador, quien ayudaría a todo el mundo, vendría de la familia de Abram.

Abram confió en Dios. A pesar de que él no sabía a dónde iba, él empacó sus pertenencias para ir a donde Dios lo llevara.

> Por la fe Abraham, siendo llamado, obedeció para salir al lugar que había de recibir como herencia; y salió sin saber a dónde iba. Hebreos 11:8

Abraham tenía un sobrino llamado Lot. El padre de Lot había muerto, por lo cual Abram llevó a Lot consigo en su viaje.

> Y se fue Abram, como Jehová le dijo; y Lot fue con él. Y era Abram de edad de setenta y cinco años cuando salió de Harán. Tomó, pues, Abram a Sarai su mujer, y a Lot hijo de su hermano, y todos sus bienes que habían ganado y las personas que habían adquirido en Harán, y salieron para ir a tierra de Canaán; y a tierra de Canaán llegaron.
>
> Y apareció Jehová a Abram, y le dijo: A tu descendencia daré esta tierra. Y edificó allí un altar a Jehová, quien le había aparecido. Génesis 12:4-5,7

Abram y Lot eran ricos. Tenían muchos animales y sirvientes. Fue difícil para ellos moverse. No había camiones de mudanza o remolques para transportar sus animales y todas sus pertenencias. Todos tuvieron que caminar. ¿Imagínate eso? Todas las vacas, ovejas, burros y camellos, y todos los ayudantes. Debió haber sido muy difícil hacer el largo y polvoriento viaje a pie.

Finalmente, llegaron a su destino: la tierra de Canaán. Cuando Dios le dijo a Abram que Él iba a dar esta tierra a él ya a sus descendientes, Abraham construyó un altar a Dios, al igual que hizo Noé cuando bajó del arca. Abram se acercó a Dios ofreciendo sacrificios de animales, porque creyó a Dios.

Los habitantes de Canaán eran espantosos. Adoraban a dioses falsos y practicaban costumbres horribles. Eran personas gigantes que vivían en grandes ciudades, amuralladas.

> Más el pueblo que habita aquella tierra es fuerte, y las ciudades muy grandes y fortificadas...y todo el pueblo que vimos en medio de ella son hombres de grande estatura. También vimos allí gigantes... Números 13:28, 32-33

> ...porque tú arrojarás al cananeo, aunque tenga carros herrados, y aunque sea fuerte. Josué 17:18

> ...según todas sus abominaciones que ellos han hecho para sus dioses... Deuteronomio 20:18

Al igual que las personas en los días de Noé, los habitantes de Canaán habían llegado a ser tan malos que Dios los iba a destruir.

> ...la tierra fue contaminada; y yo visité su maldad sobre ella, y la tierra vomitó sus moradores. Levítico 18:25

Puesto que Dios es el Creador del mundo, Él puede hacer con él lo que él quiere. Él tenía la autoridad para dar la tierra a quien quisiera.

> Yo hice la tierra, el hombre y las bestias que están sobre la faz de la tierra, con mi gran poder y con mi brazo extendido, y la di a quien yo quise. Jeremías 27:5

Recuerda

Mucho antes de que nacieras, Dios planeó enviar al Libertador para liberar a la humanidad de Satanás y la muerte eterna.

Ya destinado desde antes de la fundación del mundo...
1 Pedro 1:20a

Dios siempre cumple sus planes. Él escogió a Abram para ser un parte importante de su plan. Un día una gran nación iba a venir de Abram. De esta nación vendría el Libertador quien ayudaría a todas las familias de la tierra.

Preguntas

1. Después de que Dios mostró Su gran poder a los descendientes de Noé, cambiando su lenguaje y esparciéndolos por toda la tierra, ¿la gente comenzó a adorar a Dios? *No, en vez de adorar al Dios vivo y verdadero, adoraban a dioses falsos.*

2. Como la gente se alejaba continuamente de Dios, ¿decidió Dios no enviar el Libertador para salvarlo de Satanás y la muerte? *No, Dios todavía amaba a la gente y a pesar de que se alejaba continuamente de Dios, todavía planeaba enviar al Libertador.*

3. ¿Qué le dijo Dios a Abram que hiciera? *Él le dijo a Abram que dejara a su familia y su patria, y fuera a una tierra desconocida.*

4. ¿Por qué tenía Dios el derecho de mandar a Abram? *Dios podría mandar a Abram, porque Abram le pertenecía; Dios lo hizo.*

5. ¿Cuál fue la promesa más importante que Dios hizo a Abram? *Fue la promesa de que uno de los descendientes de Abram seria el Libertador.*

6. ¿Cuáles fueron algunas de las otras promesas que Dios hizo a Abram? *Dios prometió hacer una gran nación de Abram, cuidarlo y protegerlo de sus enemigos.*

7. ¿Confió Abram en Dios? *Sí. Abram le creyó y salió de su casa para ir a donde Dios lo llevó.*

8. ¿Se puede confiar que Dios siempre cumplirá sus promesas? *Sí. Dios siempre hace lo que dice que hará. Él siempre cumple sus promesas, se puede depender de Dios.*

9. ¿Cómo eran los cananeos? *Fueron muy perversos y malvados.*

10. ¿Dios tenía el derecho de dar la tierra de los cananeos a Abram y a sus descendientes? *Sí, lo tenía. Dios creó la tierra y todo lo que hay en ella. Todo le pertenece a Él, así que Él pueda hacer con la tierra lo que le place.*

Verdades bíblicas

- El Dios de la Biblia es el único Dios vivo y verdadero.
- El gran plan de Dios era enviar al Libertador para liberar a la gente de Satanás y reunirla con Dios.
- Dios siempre cumple sus planes.
- Dios es un ser personal, se comunica con la gente.
- Todas las personas son pecadoras.
- La paga por el pecado es la muerte.
- Dios es un Dios de amor.
- Puesto que Dios creó el mundo, Él es el dueño. Él puede hacer lo que le plazca.
- Usted puede confiar en Dios, Él cumple y mantiene su palabra.
- La única forma de agradar a Dios es creer lo que Él dice y confiar en Él.

Actividad: El juego al gato/cero y cruz   (vea la página 83)

Suministros

- Pizarrón o pizarra blanca o un pedazo grande de papel de tamaño póster
- Tiza o marcadores

Instrucciones

- Se juega entre dos equipos. El objetivo es ser el primero en completar una línea de tres casilleros.
- Dibujar un rectángulo con 9 posiciones ordenadas y vacías como indica la figura:
- Dividir los estudiantes en dos equipos
- Hacerles - por turno - las preguntas de la lección. Si el equipo que le toca responde a la pregunta correctamente, selecciona una casilla vacía y la marca con un "X". Si no responde correctamente, pierde el turno.
- A continuación hacerle una pregunta al segundo equipo. Si responde bien selecciona una casilla vacía y la marca con un "O".
- Continuar así hasta que alguno de los dos equipos marca 3 casillas que estén en línea (puede ser en diagonal), si ninguno de los equipos logra este objetivo y no hay más casillas vacías, el juego se declara en empate.
- Jugar varias veces hasta que haya usado todas las preguntas.

Referencias bíblicas

Génesis 11:10-32, 12:1-5, 13:2; Levítico 18:28-30; Deuteronomio 9:4; Salmo 9:10, Salmo 83:18, 89:11; Isaías 46:8-11; Hechos 2:23, 7:2-3; Romanos 1:1-2, 23-25; Gálatas 3:8, 5:19-21; Efesios 1:4, 2:1-5; Hebreos 11:8-10; 2 Pedro 3:9

18
Fuego del cielo
Lot

Versículo para memorizar

Yo hablé, y lo haré venir; lo he pensado, y también lo haré. Isaías 46:11b

Lección

Cuando Abram se trasladó a Canaán, tomó a su sobrino Lot con él. Lot era rico como Abram.

También Lot, que andaba con Abram, tenía ovejas, vacas y tiendas. Génesis 13:5

Lot creyó en Dios de la misma manera que Abel y Noé creyeron en Dios. Lot sabía que era pecador y que por causa de su pecado merecía ser separado de Dios para siempre en el lugar de terrible sufrimiento. Pero Lot confió en Dios para rescatarlo de la muerte; Él creyó que Dios era el único que podía salvarlo de la pena de muerte que merecía.

Debido a que Lot confió en Dios, Dios le dio el regalo de la justicia. Aunque Lot todavía era pecador, este regalo convirtió a Lot en un hombre justo y aceptable en los ojos de Dios.

y libró al justo Lot... 2 Pedro 2:7

En la tierra de Canaán, Lot vivía con su tío Abram, pero poseían tantos animales que pronto se hizo imposible para los dos vivir juntos en el mismo lugar.

Y la tierra no era suficiente para que habitasen juntos, pues sus posesiones eran muchas, y no podían morar en un mismo lugar. Y hubo contienda entre los pastores del ganado de Abram y los pastores del ganado de Lot; Génesis 13:6-7a

Los que cuidaban los animales comenzaron a reñir. Debido a que había tantos animales en un lugar no había suficiente comida y agua para todos ellos.

Entonces Abram dijo a Lot: No haya ahora altercado entre nosotros dos, entre mis pastores y los tuyos, porque somos hermanos.

¿No está toda la tierra delante de ti? Yo te ruego que te apartes de mí. Si fueres a la mano izquierda, yo iré a la derecha; y si tú a la derecha, yo iré a la izquierda. Génesis 13:8-9

Abram no quería que hubiera problemas entre él y su sobrino. Decidió que sería mejor para uno de ellos trasladarse a otro lugar. Después de todo, había demasiada tierra por elegir, así que, le dio a Lot la primera opción sobre dónde quería vivir.

Y alzó Lot sus ojos, y vio toda la llanura del Jordán, que toda ella era de riego, como el huerto de Jehová... Entonces Lot escogió para sí toda la llanura del Jordán; y se fue Lot hacia el oriente, y se apartaron el uno del otro. Abram acampó en la tierra de Canaán, en tanto que Lot habitó en las ciudades de la llanura, y fue poniendo sus tiendas hasta Sodoma. Más los hombres de Sodoma eran malos y pecadores contra Jehová en gran manera. Génesis 13:10-13

Lot miró a su alrededor. A lo lejos, vio el río Jordán. La tierra a lo largo del río era encantadora, hermosa como el Jardín de Edén. Sin preguntar a Dios lo que debía hacer, Lot decidió mudarse a este lugar.

La Biblia dice que los habitantes de esta encantadora región eran "muy malos". A la gente de las ciudades de allí llamadas Sodoma y Gomorra, no le importaba Dios.

Al pasar el tiempo, después de que Lot se apartó, Dios envió ángeles para hablar con Abram. A pesar de que los ángeles son invisibles, pueden tomar la forma humana a fin de entregar un mensaje a alguien en la tierra. Los ángeles que se aparecieron a Abram se parecían a los hombres, pero Abram sabía que fueron enviados por Dios. Los ángeles le dijeron a Abram lo que Dios planeaba hacer.

Entonces Jehová le dijo: Por cuanto el clamor contra Sodoma y Gomorra se aumenta más y más, y el pecado de ellos se ha agravado en extremo, descenderé ahora, y veré si han consumado su obra según el clamor que ha venido hasta mí; y si no, lo sabré. Y se apartaron de allí los varones, y fueron hacia Sodoma; pero Abraham estaba aún delante de Jehová. Génesis 18:20-22

Dios sabía cuán mala era la gente de Sodoma y Gomorra. Él sabía que eran orgullosos y egoístas. A estas personas no les importaba Dios ni las demás personas. Sólo pensaban en sí mismos.

Después de hablar con Abraham, los ángeles fueron a Sodoma.

Llegaron, pues, los dos ángeles a Sodoma a la caída de la tarde; y Lot estaba sentado a la puerta de Sodoma. Y viéndolos Lot, se levantó a recibirlos, y se inclinó hacia el suelo, y dijo: Ahora, mis señores, os ruego que vengáis a casa de vuestro siervo y os hospedéis…y por la mañana os levantaréis, y seguiréis vuestro camino.

Y ellos respondieron: No, que en la calle nos quedaremos esta noche.

Más él porfió con ellos mucho, y fueron con él, y entraron en su casa; y les hizo banquete, y coció panes sin levadura, y comieron. Y dijeron los varones a Lot: ¿Tienes aquí alguno más? Yernos, y tus hijos y tus hijas, y todo lo que tienes en la ciudad, sácalo de este lugar; porque vamos a destruir este lugar, por cuanto el clamor contra ellos ha subido de punto delante de Jehová; por tanto, Jehová nos ha enviado para destruirlo.

Entonces salió Lot y habló a sus yernos…y les dijo: Levantaos, salid de este lugar; porque Jehová va a destruir esta ciudad. Más pareció a sus yernos como que se burlaba.

Y al rayar el alba, los ángeles daban prisa a Lot, diciendo: Levántate, toma tu mujer, y tus dos hijas que se hallan aquí, para que no perezcas en el castigo de la ciudad.

Y deteniéndose él, los varones asieron de su mano, y de la mano de su mujer y de las manos de sus dos hijas, según la misericordia de Jehová para con él; y lo sacaron y lo pusieron fuera de la ciudad. Y cuando los hubieron llevado fuera, dijeron: Escapa por tu vida; no mires tras ti, ni pares en toda esta llanura; escapa al monte, no sea que perezcas. Entonces Jehová hizo llover sobre Sodoma y sobre Gomorra azufre y fuego de parte de Jehová desde los cielos; y destruyó las ciudades, y toda aquella llanura, con todos los moradores de aquellas ciudades, y el fruto de la tierra.

*Entonces la mujer de Lot miró atrás, a espaldas de él, y se volvió
estatua de sal. Génesis 19:1-3, 12-17, 24-26*

Dios es el Creador del mundo, Él es la máxima autoridad y el juez del mundo. Puesto que Dios es perfecto, puro y bueno, Él odia toda maldad. De hecho, Dios ha declarado que la pena por el pecado es la muerte.

*Engrandécete, oh Juez de la tierra; da el pago a los soberbios.
Salmo 94:2*

¿Recuerdas lo que sucedió en los días de Noé? La gente hacía todo lo que quería. Nadie, a excepción de Noé, creía en Dios. Dios no les importaba nada en absoluto. Debido a su comportamiento impío, Dios envió un diluvio para destruir a todo el mundo.

Nadie en Sodoma y Gomorra se preocupaba por Dios, tampoco. Como la gente no creía en el Dios vivo y verdadero, llegó a ser muy mala. Finalmente, Dios tuvo que destruirla, al igual que destruyó a la gente en tiempos de Noé.

Pero, al igual que Noé, Lot creyó en Dios y Dios lo rescató de la muerte.

Lamentablemente, la mujer de Lot no obedeció a Dios, ella miró hacia atrás, a pesar de que Dios les había dicho que no miraran hacia atrás. Debido a que no le creyó a Dios, Dios la convirtió en una estatua de sal.

Tan pronto como Lot estuvo lo suficientemente lejos de Sodoma y Gomorra, Dios hizo llover fuego y azufre sobre las ciudades. Azufre es como la roca derretida que fluye de un volcán. Fue aterrador. Ambas ciudades fueron completamente destruidas, incluso la tierra alrededor de ellos se quemó. Nadie sobrevivió.

Dios es el Creador de todo. El mundo entero y todas las personas pertenecen a Dios, Él hace lo que quiere y nadie lo detiene.

Recuerda

Dios es la autoridad suprema; Él es el Juez del mundo.

*Engrandécete, oh Juez de la tierra; da el pago a los soberbios.
Salmo 94:2*

Como el Juez del mundo, Dios ha condenado a todos los pecadores a la pena de muerte.

Porque la paga del pecado es muerte... Romanos 6:23a

El único que te puede salvar de esta muerte eterna que mereces es Dios. De la misma manera que libró a Noé y Lot de la muerte, porque creían en Él, Dios te librará de la muerte también, si crees en Él.

📖 *El que en él cree, no es condenado; pero el que no cree, ya ha sido condenado… Juan 3:18a*

Dios promete que todos los que confían en Él para salvarlos de la muerte que merecen por su pecado, no recibirán la pena de muerte; no serán separados de Dios para siempre en el lugar terrible de sufrimiento.

Preguntas

1. ¿Por qué dice la Biblia que Lot era un hombre justo? *Lot era justo porque Dios le dio el regalo de Su justicia cuando Lot creyó en Él.*

2. ¿Por qué Lot decidió mudarse cerca del río Jordán? *Lot escogió la tierra al lado del río Jordán porque era hermosa como el jardín de Edén.*

3. ¿Cómo era la gente que vivía cerca del río Jordán? *La gente era muy mala; no creía en Dios.*

4. ¿Cuál es el castigo por el pecado? *Dios dice que la paga del pecado es muerte, es la separación de Dios para siempre en el lugar terrible de sufrimiento.*

5. ¿Quién le dijo a Abram lo que Dios estaba planeando hacer? *Dios envió ángeles para comunicarle a Abram que Él iba a destruir Sodoma y Gomorra.*

6. ¿Por qué Dios rescató a Lot? *Dios envió ángeles para rescatar a Lot, porque Lot había confiado en Dios para salvarlo de la pena de muerte que merecía por su pecado.*

7. ¿Por qué Dios convirtió a la mujer de Lot en estatua de sal? *Dios la convirtió en estatua de sal porque ella no le creyó a Dios; aunque Dios había dicho que no miraran atrás, ella miró atrás.*

8. ¿Qué hizo Dios a las ciudades de Sodoma y Gomorra? *Hizo llover fuego y azufre sobre ellas de modo que fueron totalmente destruidas.*

9. ¿Había alguna manera para la gente de Sodoma y Gomorra de escapar del castigo de Dios? *No. Nadie fue capaz de escapar, todos murieron.*

10. ¿Quién fue el único que podía salvar a Lot de la muerte? *Sólo Dios podía salvarle de la muerte.*

11. ¿Quién es el único que puede librarte a ti de la pena de muerte que mereces? *Sólo Dios puede librarte de la pena de muerte que mereces por tu pecado.*

Verdades bíblicas

- Todas las personas son pecadores.
- El castigo por el pecado es la muerte.
- No podemos salvarnos a nosotros mismos; sólo Dios nos puede salvar.
- Dios salva sólo a los que creen en Él.
- Dios es un ser personal, se comunica con la gente.
- Dios está en todas partes, Él lo sabe todo.
- Puesto que Dios es el Creador, Él es la más alta autoridad.
- Aquellos que no creen en Dios serán separados de Él para siempre en el lugar terrible de sufrimiento, del que no habrá escape.

Actividad: El juego bíblico del ahorcado

Suministros

- Pizarrón
- Tiza

Instrucciones

- El objetivo del juego del ahorcado es adivinar la frase clave. Para comenzar el juego la maestra dibuja una horca simple. Debajo del dibujo la maestra hace unas rayas en lugar de cada letra de la frase clave (dejando los espacios que corresponden).
- Entonces la maestra repasa las preguntas que se encuentran al final de la lección. Los estudiantes, o grupos de estudiantes, en turno, dan las respuestas. Si el grupo de turno da la respuesta correcta, ese grupo puede adivinar una letra que contiene la frase. Si aciertan, la maestra, o su ayudante, escribe todas las letras coincidentes. Si la letra no está, se escribe la letra arriba y se agrega una parte al cuerpo (cabeza, brazo, etc.) del colgado.
- Si un grupo piensa saber la frase clave, puede tratar de resolverla cuando llegue su turno. El juego termina cuando un grupo resuelva el secreto o cuando la maestra dibuja todas las partes del hombre de palitos.

  Frase clave: A pesar de que Lot era un pecador, Dios lo rescató porque creyó en Dios.

  Frase clave para los niños más pequeños: Dios lo ve todo.

Referencias bíblicas

Salmos 11:6, 83:18; Proverbios 3:5-6, 14:12; Isaías 46:9-10; Ezequiel 16:49, 50; 18:20; Ezequiel 38:22; Lucas 17:28-33; Romanos 3:10-18, 5:12; Filipenses 2:3; 2 Pedro 2:6-9; 1 Juan 2:15-17; Apocalipsis 20: 14-15

19
Más que las estrellas
Las promesas de Dios a Abram

Versículo para memorizar

Y creyó a Jehová, y le fue contado por justicia. Génesis 15:6

Lección

Después de que Lot se apartó, Dios le recordó a Abram de Su promesa de darle más hijos de los que se podía contar. También le dijo a Abram que un día toda la tierra que él podía ver en todas las direcciones, pertenecería a su familia.

Y Jehová dijo a Abram, después que Lot se apartó de él: Alza ahora tus ojos, y mira desde el lugar donde estás hacia el norte y el sur, y al oriente y al occidente. Porque toda la tierra que ves, la daré a ti y a tu descendencia para siempre. Y haré tu descendencia como el polvo de la tierra; que si alguno puede contar el polvo de la tierra, también tu descendencia será contada. Levántate, ve por la tierra a lo largo de ella y a su ancho; porque a ti la daré. Génesis 13:14-17

Año tras año, Abram y Sarai esperaron a que Dios mantuviera Su promesa, pero no pasó nada. Abram comenzó a preguntarse por qué Dios no les estaba dando un niño y le habló al respecto.

Dijo también Abram: Mira que no me has dado prole, y he aquí que será mi heredero un esclavo nacido en mi casa. Génesis 15:3

Dios le aseguró a Abram que no se había olvidado de Su promesa.

Luego vino a él palabra de Jehová, diciendo: No te heredará éste, sino un hijo tuyo será el que te heredará. Y lo llevó fuera, y le dijo: Mira ahora los cielos, y cuenta las estrellas, si las puedes contar. Y le dijo: Así será tu descendencia. Y creyó a Jehová, y le fue contado por justicia. Génesis 15:4-6

Abram iba a tener un hijo a pesar de que tuviera casi cien años. Dios prometió que a través de este hijo le nacerían miles de nietos y bisnietos. De hecho, Dios dijo que al igual que es imposible contar todas las estrellas en el cielo, sería imposible contar todos los descendientes nacidos en la familia de Abram.

Dios es el Dador de la Vida. Él es el que dio vida a Adán. Él es el que dio vida a Eva. Nada es imposible para Dios. A pesar de que Abram y Sarai eran ya viejos y nunca habían podido tener hijos, Dios les iba a dar a un niño.

Abram le creyó a Dios. Él creyó que Dios le daría un hijo de quien vendrían muchos descendientes. Abram creyó que uno de estos descendientes iba a ser el Libertador.

La Biblia dice que Abram "creyó a Jehová". Jehová es uno de los nombres de Dios.

Abram sabía que era un pecador. Sabía que a causa de su pecado merecía ser separado de Dios para siempre, pero Abram creyó que Dios enviaría al Libertador para salvarlo de la muerte.

La Biblia dice que la fe de Abram "le fue contado por justicia". Dios le dio el regalo de justicia a Abram, porque Abram le creyó. Este regalo de justicia hizo a Abram aceptable para con Dios. Aunque todavía era pecador, ya no estaba separado de Dios.

Entonces Dios le comunicó a Abram lo que les iba a suceder a sus descendientes después de su muerte.

Entonces Jehová dijo a Abram: Ten por cierto que tu descendencia morará en tierra ajena, y será esclava allí, y será oprimida cuatrocientos años. Mas también a la nación a la cual servirán, juzgaré yo; y después de esto saldrán con gran riqueza. Y tú vendrás a tus padres en paz, y serás sepultado en buena vejez. Y en la cuarta generación volverán acá; porque aún no ha llegado a su colmo la maldad del amorreo hasta aquí. Génesis 15:13-16

Dios sabe lo que pasará en el futuro; le dijo a Abram que sus descendientes iban a ser esclavos en otro país por cuatrocientos años. Después de los cuatrocientos años, Dios los libraría de su miseria con grandes riquezas. Entonces, Dios prometió llevarlos otra vez a la tierra de Canaán.

Dios siempre hace lo que dice que hará. Él iba a dar la tierra de Canaán a los descendientes de Abram tal como lo había prometido, pero todavía no había llegado su tiempo. No había "llegado a su colmo la maldad" de los habitantes de Canaán (los amorreos). Aunque los cananeos eran crueles e horrorosos, todavía no había llegado el momento de destruirlos.

¿Recuerdas cómo Dios le dio a la gente en los días de Noé tiempo para cambiar de opinión? Durante todo el tiempo en que Noé construía el barco, advertía a la gente que Dios les iba a destruir si continuaban con su mal comportamiento. Pero al final, cuando nadie se volvió a Dios, Dios envió el diluvio.

De la misma manera, Dios tuvo paciencia con los cananeos, los amaba y quería que cambiaran de opinión acerca de Él y de su mal comportamiento. Pero a la vez, Dios sabía lo que sucedería finalmente. Dios sabía que después de cuatrocientos años, no habría nadie que creyera en Él. Los cananeos serían tan malos que Dios tendría que destruirlos.

Debido a que Dios planeó hacer de Abram una gran nación, le dio nuevos nombres a Abram y Sarai.

Dijo también Dios a Abraham: A Sarai tu mujer no la llamarás Sarai, más Sara será su nombre. Y la bendeciré, y también te daré de ella hijo; sí, la bendeciré, y vendrá a ser madre de naciones; reyes de pueblos vendrán de ella. Génesis 17:5,15-16

El nuevo nombre "Abraham" significaba: padre de un gran número de personas. El nombre Sarai significaba: princesa real. Muchos hijos y una gran nación vendrían de Abraham y Sara.

Dios hizo famoso a Abraham, tal como dijo que haría. ¿Sabías que la gente que vive en Israel viene de Abraham? Oímos acerca de ellos en las noticias hoy en día, aunque Abraham ha estado muerto por cuatro mil años.

Desde el comienzo del tiempo, Dios planeó enviar un Libertador para rescatar a las personas de la muerte y hacerlas aceptables para él. Él escogió a Abram para ser el padre de una gran nación y le dio a esta nación la tierra de Canaán. De esta nación especial vendría el Libertador prometido.

Recuerda

Dios es perfecto y puro. Los que pecan no son aceptables para Él y no pueden vivir con Él en el cielo.

Porque tú no eres un Dios que se complace en la maldad; el malo no habitará junto a ti. Salmo 5:4

¿Pero recuerda lo que Dios hizo para Abraham? Cuando Abraham creyó en Él, Dios le dio el regalo de la justicia. Por ese regalo Abraham fue hecho aceptable a Dios. ¿Sabes que Dios promete dar el regalo de la justicia a todo pecador que tiene fe en Él?

...más al que no obra, sino cree en aquel que justifica al impío, su fe le es contada por justicia. Romanos 4:5

Cuando la Biblia dice que Dios es "aquel que justifica al impío" quiere decir que Dios es el que da el regalo de la justicia a los pecadores. Los que creen en Dios - como hicieron Abel, Noé y Abraham - reciben el regalo de la justicia. Al recibir el regalo de la justicia Dios te acepta.

Preguntas

1. Después de que Lot se apartó de Abram, ¿Qué le prometió Dios a Abram? *Dios repitió Su promesa de darle muchos descendientes, y le prometió dar la tierra de Canaán.*

2. ¿Quién es Él que da vida a cada persona? *Dios es el que da vida a todas las personas.*

3. ¿Qué persona especial iba a ser uno de los descendientes de Abram? *El Libertador iba a ser uno de los descendientes de Abraham.*

4. ¿Era Abraham un pecador como todos los demás? *Sí Abram era un pecador como todos los demás.*

5. ¿Por qué Dios le dio a Abram el regalo de justicia? *Dios le dio el regalo de justicia porque Abram confió en Dios para salvarle de la pena de muerte que merecía por su pecado.*

6. ¿Qué le dijo Dios a Abram que iba a pasar a sus descendientes después de su muerte? *Dios le dijo a Abram que sus descendientes serían esclavos en otro país por cuatrocientos años. Después de ese tiempo, Dios dijo que los iba a liberar con grandes riquezas y llevarlos por fin a la tierra prometida.*

7. ¿Por qué Dios espero cuatrocientos años para darle la tierra de Canaán a los descendientes de Abraham? *Dios es amoroso y paciente. Quería darle a los cananeos tiempo para cambiar de opinión acerca de Él y sobre su conducta pecaminosa.*

8. ¿Quién es la autoridad más grande y el Juez del mundo? *Dios es la autoridad más grande y el Juez del mundo.*

9. ¿Quién es el único que puede darle a la gente el regalo de justicia? *Sólo Dios puede dar justicia.*

10. ¿A quién le da Dios justicia? *Dios da justicia a todos los que confían en Él para salvarlos de la pena de muerte que merecen por su pecado.*

Verdades bíblicas

- Dios cumple sus promesas. Se puede confiar en que Dios hará lo que Él dijo que haría.
- Dios es el que da la vida.
- Dios puede hacer cualquier cosa, nada es demasiado difícil para Él.
- Todas las personas son pecadores.
- Dios quien es la autoridad suprema y el Juez del mundo, ha condenado a todos los pecadores a la pena de muerte.
- Sólo Dios puede dar justicia a la gente.
- Dios salva sólo a aquellos que creen en él.

- Dios lo sabe todo, sabe el futuro.
- Dios es un Dios de amor, Él es misericordioso y paciente.
- Dios tenía un plan para salvar a la gente a través del Libertador.

Actividad: Dibujo de Abram y las estrellas

Suministros
- Papel, lápiz, crayones o lápices de colores
- Calcomanía de estrellas

Instrucciones
- Dibujar y colorear una escena de Abraham parado afuera de noche bajo un cielo de estrellas.
- Llenar el cielo con la calcomanía de estrellas.
- Escribir en el dibujo el siguiente versículo:

  Y creyó a Jehová, y le fue contado por justicia. Génesis 15:6

Referencias bíblicas

Génesis 18:25; Éxodo 32:13; Levítico 18:24-25; Números 23:19; Deuteronomio 18:12; Isaías 46:8-10; Juan 3:18, 8:56-59; Hechos 10:34; Romanos 2:11, 4:1-25; Gálatas 3:6-9; 1 Timoteo 2:4; Santiago 4:12; Hebreos 11:6, 8-16, 39, 40; 1 Pedro 4:5; 2 Pedro 3:9

20
Una prueba difícil

Abraham e Isaac

Versículo para memorizar

Yo, yo Jehová, y fuera de mí no hay quien salve. Isaías 43:11

Lección

Dios cumplió Su promesa a Abraham. Por fin, cuando Abraham tenía 100 años y Sara 90 años, ¡Dios les dio un bebé!

Abraham y Sara nombraron a su bebé, Isaac.

Visitó Jehová a Sara, como había dicho, e hizo Jehová con Sara como había hablado. Y Sara concibió y dio a Abraham un hijo en su vejez, en el tiempo que Dios le había dicho. Y llamó Abraham el nombre de su hijo que le nació, que le dio a luz Sara, Isaac. Génesis 21:1-3

Abraham y Sara esperaron muchos años para tener su bebé. Ellos amaban a Isaac. Abraham creyó que a través de Isaac Dios les iba a dar innumerables descendientes.

Pero entonces Dios le pidió a Abraham que hiciera algo impensable.

Aconteció después de estas cosas, que probó Dios a Abraham, y le dijo: Abraham.

Y él respondió: Heme aquí.

Y dijo: Toma ahora tu hijo, tu único, Isaac, a quien amas, y vete a tierra de Moría, y ofrécelo allí en holocausto sobre uno de los montes que yo te diré. Génesis 22:1-2

Dios quiso probar a Abraham a ver si haría lo que le pidió.

> Dios odia el asesinato. No quiere que se sacrifique a niños, ni adultos, a los dioses falsos. Esta es la única vez que Dios pidió que alguien sacrificara a otra persona, pero lo hizo porque tuvo un propósito importante. Más tarde verás el increíble sacrificio que hizo Dios por ti.

Abraham debe haber pensado por qué Dios le pediría que sacrificara su único hijo. ¿Cómo cumpliría Dios Su promesa de darle muchos descendientes si sacrificaba a Isaac? Pero Abraham confió en Dios.

Abraham sabía que Isaac le pertenecía a Dios; Dios le había dado la vida a Isaac. Si Dios quería tomarle la vida, tenía el derecho de hacerlo. Y así, a la mañana siguiente, Abraham tomó a Isaac y lo llevó al lugar que Dios le había dicho.

Y Abraham se levantó muy de mañana, y enalbardó su asno, y tomó consigo dos siervos suyos, y a Isaac su hijo; y cortó leña para el holocausto, y se levantó, y fue al lugar que Dios le dijo. Al tercer día alzó Abraham sus ojos, y vio el lugar de lejos. Entonces dijo Abraham a sus siervos: Esperad aquí con el asno, y yo y el muchacho iremos hasta allí y adoraremos, y volveremos a vosotros. Y tomó Abraham la leña del holocausto, y la puso sobre Isaac su hijo, y él tomó en su mano el fuego y el cuchillo; y fueron ambos juntos. Génesis 22:3-6

Cuando llegaron cerca del lugar donde Dios le había dicho a Abraham que sacrificara a Isaac, Abraham e Isaac siguieron solos. Pero escucha lo que Abraham les dijo a sus siervos que habían venido con ellos, "volveremos". La Biblia dice que Abraham creyó que si mataba a su único hijo, Isaac, Dios era capaz de darle la vida otra vez.

Por la fe Abraham, cuando fue probado, ofreció a Isaac; y el que había recibido las promesas ofrecía su unigénito, habiéndosele dicho: En Isaac te será llamada descendencia; pensando que Dios es poderoso para levantar aun de entre los muertos, de donde, en sentido figurado, también le volvió a recibir. Hebreos 11:17-19

Cuando Abraham e Isaac llegaron a la montaña que Dios le había mostrado, Abraham construyó un altar. Luego ató a Isaac y lo puso encima de la leña en el altar.

Y cuando llegaron al lugar que Dios le había dicho, edificó allí Abraham un altar, y compuso la leña, y ató a Isaac su hijo, y lo puso en el altar sobre la leña. Y extendió Abraham su mano y tomó el cuchillo para degollar a su hijo. Génesis 22:9-10

A causa de las cuerdas que lo ataban, Isaac no podía bajar del altar. No había nada que pudiera hacer para salvarse de una muerte segura.

Abraham levantó el cuchillo.

Entonces el ángel de Jehová le dio voces desde el cielo, y dijo: Abraham, Abraham.

Y él respondió: Heme aquí.

Y dijo: No extiendas tu mano sobre el muchacho, ni le hagas nada; porque ya conozco que temes a Dios, por cuanto no me rehusaste tu hijo, tu único.

Entonces alzó Abraham sus ojos y miró, y he aquí a sus espaldas un carnero trabado en un zarzal por sus cuernos; y fue Abraham y tomó el carnero, y lo ofreció en holocausto en lugar de su hijo. Y llamó Abraham el nombre de aquel lugar, Jehová proveerá. Por tanto se dice hoy: En el monte de Jehová será provisto. Génesis 22:11-14

Sólo Dios podía rescatar a Isaac; sólo Dios podía proporcionar una manera para que Isaac fuera liberado. Así que, en Su amor, Dios proveyó un carnero (un carnero, o cordero) para el sacrificio en lugar de Isaac.

El carnero estaba enredado por los cuernos para que no se dañara. El único tipo de sacrificio que Dios aceptaría en lugar de Isaac era un sacrificio perfecto. Si el carnero hubiera tenido cortes o rasguños, Dios no lo habría aceptado como un sustituto en lugar de Isaac.

Abraham llamó el lugar donde Dios proveyó el carnero: "Jehová proveerá".

Y volvió Abraham a sus siervos, y se levantaron y se fueron juntos a Beerseba; y habitó Abraham en Beerseba. Génesis 22:19

Abraham no era como Adán y Eva que le creyeron a Satanás en lugar de creer a Dios. No era como Caín, o la gente de la Torre de Babel, que pensaba que su idea era mejor que el plan de Dios.

Abraham confió en Dios y Dios proporcionó una vía de escape para Isaac, así que Isaac no tenía que morir. A través de Isaac Dios iba a dar muchos hijos a Abraham, tal como le había prometido. Uno de los hijos que vendría de Isaac sería el Libertador.

Recuerda

¿Sabías que te pareces mucho a Isaac sobre el altar? Isaac iba a morir; no pudo deshacer las cuerdas que lo ataban. No podía bajar del altar.

Tú también estas destinado a morir, sin manera de escapar. De la misma manera que Isaac no pudo bajarse del lugar de muerte por las cuerdas que le ataron, tú no puedes escapar de la muerte por tu pecado. Tu pecado es como las cuerdas alrededor de Isaac; te mantiene en el lugar de muerte. Es por tu pecado que estas separado de Dios y destinado al terrible lugar de sufrimiento para siempre.

📖 Porque la paga del pecado es muerte… Romanos 6:23a

No hay nada que puedas hacer para deshacerte del pecado. Al igual que Dios era el único que podía hacer un camino para que Isaac se salvara de la muerte, Dios es el único que puede rescatar te a ti de la muerte eterna. En la montaña, Dios proveyó un carnero perfecto para morir en lugar de Isaac. Dios ha provisto para ti también. Él ha proporcionado el Libertador para rescatarte del pecado y la muerte.

📖 Yo, yo Jehová, y fuera de mí no hay quien salve. Isaías 43:11

Preguntas

1. ¿Dios siempre cumple las promesas que hace? *Sí. Dios siempre hace lo que dice que hará.*

2. ¿Hay algo demasiado difícil para Dios? *No. No hay nada que Dios no pueda hacer.*

3. ¿Cuántos años tenían Abraham y Sara cuando nació Isaac? *Abraham tenía 100 años y Sara tenía 90 años.*

4. ¿Cómo es que Dios tenía el derecho de mandarle a Abraham que sacrificara a Isaac? *Dios tenía el derecho de mandarle a sacrificar a Isaac porque Dios le dio vida a Isaac; Isaac le pertenecía a Dios.*

5. Cuando Dios pidió a Abraham que sacrificara a su único hijo, ¿pensó Abraham que Dios había cambiado de opinión acerca de darle muchos descendientes? *No. Abraham confió en Dios. Él sabía que Dios siempre hace lo que dice que hará. Abraham creyó que si mataba a Isaac, Dios podría resucitarlo.*

6. ¿De qué manera te pareces tú a Isaac sobre el altar? *Al igual que Isaac no podía escapar de la muerte a causa de las cuerdas que lo sujetaban al altar, tú no puedes escapar de la muerte a causa de tu pecado. La Biblia dice que la persona que peca tiene que morir.*

7. ¿Quién era el Único que podía abrir un camino para que Isaac escapara de la muerte? *Dios era el único que podía salvar a Isaac.*

8. ¿Qué proveyó Dios para salvar a Isaac? *Dios proveyó un cordero perfecto para morir en lugar de Isaac.*

9. ¿Quién es el único que puede proporcionar una manera para salvarte a ti de la muerte? *Sólo Dios puede hacer un camino para salvarte de la muerte eterna. Él prometió mandar al Libertador para liberarnos del pecado y la muerte.*

10. ¿Quién, dice Dios, que vendría de Abraham para ayudar a todas las familias de la tierra? *Dios prometió a Abraham, el Libertador, que vendría de su familia. Él ayudaría a todas las personas en el mundo.*

Verdades bíblicas

- Dios cumple sus promesas.
- Nada es demasiado difícil para Dios.
- Puesto que Dios da vida a las personas, todas las personas le pertenecen y Dios tiene el derecho de hacer con ellas lo que quiere.
- Dios es un ser personal, se comunica con la gente.
- La única forma de agradar a Dios es creer en El.
- El castigo por el pecado es la muerte.
- Todas las personas son pecadores.
- No podemos salvarnos a nosotros mismos. Sólo Dios nos puede salvar.
- Puesto que Dios es perfecto, sólo aceptó un sacrificio perfecto como sustituto de Isaac.
- Dios tenía un plan para enviar al Libertador para rescatar a las personas del pecado y de la muerte.

Actividad: Figura del cordero

Suministros

- Plastilina
- Base de madera o de cartón
- Pegamento
- Algodón

Instrucciones

- Formar cuatro patas y una cabeza
- Pegar las patas a la base. El cordero va a estar parado.
- Pegar el algodón a las patas para formar el cuerpo del cordero.
- Pegar la cabeza al cuerpo.
- Escribir parte del versículo de memoria en la base: Fuera de mí no hay quien salve.

Referencias bíblicas

Levítico 22:24; Salmo 9:10, 24:1, 115:3; Isaías 42:5; Jeremías 32:17; Lucas 1:37; Hechos 17:25; 2 Corintios 5:21; Hebreos 11:17-19

21
Gemelos
Esaú y Jacob

Versículo para memorizar

Yo, yo Jehová, y fuera de mí no hay quien salve. Isaías 43:11

Lección

Cuando Isaac tenía cuarenta años, Abraham decidió que debía casarse. En aquellos días, los padres generalmente decidían cuando y con quien sus hijos se casarían. Abraham no quería que Isaac se casara con una mujer cananea, por lo que envió a su siervo a su tierra natal, Mesopotamia, para encontrar una esposa para Isaac.

> Y dijo Abraham a un criado suyo, el más viejo de su casa, que era el que gobernaba en todo lo que tenía: ...que no tomarás para mi hijo mujer de las hijas de los cananeos, entre los cuales yo habito; sino que irás a mi tierra y a mi parentela, y tomarás mujer para mi hijo Isaac. Génesis 24:2-4

En Mesopotamia, Dios guio al siervo de Abraham a una mujer llamada Rebeca. El siervo llevó a Rebeca a Isaac en Canaán. Isaac y Rebeca se casaron, pero Rebeca no pudo tener hijos. La Biblia dice "que era estéril".

Por último, Isaac oró por Rebeca y ella quedó embarazada de gemelos.

> Y oró Isaac a Jehová por su mujer, que era estéril; y lo aceptó Jehová, y concibió Rebeca su mujer.
>
> Y los hijos luchaban dentro de ella; y dijo: Si es así, ¿para qué vivo yo? Y fue a consultar a Jehová;
>
> y le respondió Jehová: Dos naciones hay en tu seno, Y dos pueblos serán divididos desde tus entrañas; el un pueblo será más fuerte que el otro pueblo, Y el mayor servirá al menor. Génesis 25:21-23

Cuando Rebeca le preguntó a Dios por qué los gemelos dentro de ella luchaban, Dios le dijo que algún día grandes naciones vendrían de ambos niños. La nación del hijo menor sería más poderosa que la nación del hijo mayor y dominaría sobre ella.

Llegó el día cuando nacieron los bebés.

Cuando se cumplieron sus días para dar a luz, he aquí había gemelos en su vientre. Y salió el primero… Esaú.

Después salió su hermano… Jacob.

Y crecieron los niños, y Esaú fue diestro en la caza, hombre del campo; pero Jacob era varón quieto, que habitaba en tiendas.

Y amó Isaac a Esaú, porque comía de su caza; más Rebeca amaba a Jacob. Génesis 25:24-28

A pesar de que Jacob y Esaú eran gemelos, Esaú era mayor porque nació primero. En tiempos de Abraham y de Isaac, era un honor especial ser el mayor hijo de la familia. Cuando el padre muriese, el hijo mayor recibiría el doble de las posesiones de su padre que los otros hijos. Por ejemplo, el hijo mayor conseguiría diez ovejas, mientras cada uno de sus hermanos se obtendría sólo cinco ovejas. Esto fue llamado su primogenitura.

El hijo mayor también recibió una bendición importante de su padre. Esta bendición era una promesa especial de buenas cosas en el futuro.

¿Recuerde todas las promesas que Dios le hizo a Abraham? Dios prometió a Abraham innumerables descendientes. Dios prometió darles la tierra de Canaán a los descendientes de Abraham, y le prometió a Abraham que el Salvador vendría de su familia. Esta última promesa fue la más importante.

Cuando Abraham murió, pasó estas promesas a Isaac como parte de la bendición y la primogenitura de Isaac. Isaac tenía previsto transmitirlos a su hijo mayor Esaú, pero a Esaú no le importaba sobre Dios y sus promesas.

Un día, cuando ya eran grandes, Esaú llegó de la caza cansado y hambriento.

Y guisó Jacob un potaje; y volviendo Esaú del campo, cansado, dijo a Jacob: Te ruego que me des a comer de ese guiso rojo, pues estoy muy cansado. Por tanto fue llamado su nombre Edom.

Y Jacob respondió: Véndeme en este día tu primogenitura.

Entonces dijo Esaú: He aquí yo me voy a morir; ¿para qué, pues, me servirá la primogenitura?

Y dijo Jacob: Júramelo en este día. Y él le juró, y vendió a Jacob su primogenitura.

Entonces Jacob dio a Esaú pan y del guisado de las lentejas; y él comió y bebió, y se levantó y se fue. Así menospreció Esaú la primogenitura. Génesis 25:29-34

La única cosa en la que Esaú podía pensar era en lo hambriento que estaba. ¡Con gusto vendió a Jacob su primogenitura a cambio de un plato de estofado! A Esaú no le importaba su primogenitura, pero a Jacob si le importaba.

Más tarde, cuando Isaac estaba a punto de morir, Jacob tomó a escondidas la bendición de Esaú también.

Aconteció que cuando Isaac envejeció, y sus ojos se oscurecieron quedando sin vista, llamó a Esaú su hijo mayor, y le dijo: Hijo mío. Y él respondió: Heme aquí.

Y él dijo: He aquí ya soy viejo, no sé el día de mi muerte.

Toma, pues, ahora tus armas, tu aljaba y tu arco, y sal al campo y tráeme caza; y hazme un guisado como a mí me gusta, y tráemelo, y comeré, para que yo te bendiga antes que muera.

Y Rebeca estaba oyendo, cuando hablaba Isaac a Esaú su hijo; y se fue Esaú al campo para buscar la caza que había de traer.

Entonces Rebeca habló a Jacob su hijo, diciendo: He aquí yo he oído a tu padre que hablaba con Esaú tu hermano, diciendo: Tráeme caza y hazme un guisado, para que coma, y te bendiga en presencia de Jehová antes que yo muera. Ahora, pues, hijo mío, obedece a mi voz en lo que te mando. Ve ahora al ganado, y tráeme de allí dos buenos cabritos de las cabras, y haré de ellos viandas para tu padre, como a él le gusta; y tú las llevarás a tu padre, y comerá, para que él te bendiga antes de su muerte. Génesis 27:1-10

Y tomó Rebeca los vestidos de Esaú su hijo mayor, los preciosos, que ella tenía en casa, y vistió a Jacob su hijo menor; y cubrió sus manos y la parte de su cuello donde no tenía vello, con las pieles de los cabritos; y entregó los guisados y el pan que había preparado, en manos de Jacob su hijo.

Entonces éste fue a su padre y dijo: Padre mío. E Isaac respondió: Heme aquí; ¿quién eres, hijo mío?

Y Jacob dijo a su padre: Yo soy Esaú tu primogénito; he hecho como me dijiste: levántate ahora, y siéntate, y come de mi caza, para que me bendigas. Génesis 27:15-19

E Isaac dijo a Jacob: Acércate ahora, y te palparé, hijo mío, por si eres mi hijo Esaú o no.

Y se acercó Jacob a su padre Isaac, quien le palpó, y dijo: La voz es la voz de Jacob, pero las manos, las manos de Esaú. Y no le conoció, porque sus manos eran vellosas como las manos de Esaú; y le bendijo. Génesis 27:21-23

Y aconteció, luego que Isaac acabó de bendecir a Jacob, y apenas había salido Jacob de delante de Isaac su padre, que Esaú su hermano volvió de cazar. E hizo él también guisados, y trajo a su padre, y le dijo: Levántese mi padre, y coma de la caza de su hijo, para que me bendiga.

Entonces Isaac su padre le dijo: ¿Quién eres tú? Y él le dijo: Yo soy tu hijo, tu primogénito, Esaú.

Y se estremeció Isaac grandemente, y dijo: ¿Quién es el que vino aquí, que trajo caza, y me dio, y comí de todo antes que tú vinieses? Yo le bendije, y será bendito.

Cuando Esaú oyó las palabras de su padre, clamó con una muy grande y muy amarga exclamación, y le dijo: Bendíceme también a mí, padre mío. Génesis 27:30-34

A pesar de que Esaú vendió su primogenitura a Jacob, se enojó cuando Jacob tomó su bendición también. Pero la Biblia dice que Esaú era depravado y realmente no se preocupa por Dios y sus promesas.

...no sea que haya algún fornicario, o profano, como Esaú, que por una sola comida vendió su primogenitura. Porque ya sabéis que aun después, deseando heredar la bendición, fue desechado, y no hubo oportunidad para el arrepentimiento, aunque la procuró con lágrimas. Hebreos 12:16-17

Al igual que Caín, Esaú se enojó tanto con su hermano que quería matarlo.

Y aborreció Esaú a Jacob por la bendición con que su padre le había bendecido, y dijo en su corazón: Llegarán los días del luto de mi padre, y yo mataré a mi hermano Jacob. Génesis 27:41

Rebeca envió a Jacob a su hogar en Mesopotamia para alejarlo de Esaú. Fue un largo viaje que tardó muchos días. Una noche, mientras dormía Jacob, Dios le habló en un sueño.

Salió, pues, Jacob de Beerseba, y fue a Harán. Y llegó a un cierto lugar, y durmió allí, porque ya el sol se había puesto; y tomó de las piedras de aquel paraje y puso a su cabecera, y se acostó en aquel lugar.

Y soñó: y he aquí una escalera que estaba apoyada en tierra, y su extremo tocaba en el cielo; y he aquí ángeles de Dios que subían y descendían por ella.

Y he aquí, Jehová estaba en lo alto de ella, el cual dijo: Yo soy Jehová, el Dios de Abraham tu padre, y el Dios de Isaac; la tierra en que estás acostado te la daré a ti y a tu descendencia. Será tu descendencia como el polvo de la tierra, y te extenderás al occidente, al oriente, al norte y al sur; y todas las familias de la tierra serán benditas en ti y en tu simiente.

He aquí, yo estoy contigo, y te guardaré por dondequiera que fueres, y volveré a traerte a esta tierra; porque no te dejaré hasta que haya hecho lo que te he dicho. Génesis 28:10-15

Hoy Dios no se comunica con nosotros a través de los sueños. Todo lo que Dios quiere decirnos a nosotros ya ha sido registrado en la Biblia. Pero la Biblia no fue escrita cuando Jacob vivió en la tierra. Es por eso que Dios le habló en un sueño.

Dios prometió proteger a Jacob y un día llevarlo de vuelta a Canaán. Dios le prometió a Jacob que recibiría todas las promesas hechas a Abraham, su abuelo. Los descendientes de Jacob iban a ser más que se podía contar, Dios iba a darles la tierra de Canaán, y uno de sus descendientes iba a traer la bondad y la ayuda de Dios a todas las familias de la tierra.

Algún día los descendientes de Jacob se convertirían en una gran nación. A partir de esta nación vendría el Salvador prometido. Muy semejante a la escalera del sueño de Jacob, el Salvador venidero iba a proveer una manera para llegar al cielo. A través del Salvador prometido, Dios iba a mostrar Su bondad a todas las familias de la tierra. El Salvador iba a salvar a la gente de Satanás y la muerte y hacer la manera para que pudiera vivir con Dios en el cielo para siempre.

Dios le había dicho a Rebeca que su hijo menor sería mayor que su hermano mayor. Incluso antes de que nacieran Jacob y Esaú, era el plan de Dios para Jacob, no Esaú, recibir las promesas hechas a Abraham. En lugar de tomar el asunto en sus propias manos, Jacob debería haber confiado en Dios. No debería haber tratado de engañar a Esaú.

Recordar

A Esaú no le importaba lo que pasaría cuando él muriera. Él sólo se preocupaba por el ahora. Quería hacer lo que le hacía feliz, aunque fuera mal.

Muchas personas son como Esaú. Sólo se preocupan de ser feliz y divertirse en estos momentos. Ellos no piensan en lo que sucederá cuando su vida en la tierra haiga terminado.

Pero la Biblia dice que la paga del pecado es la separación de Dios para siempre en el terrible lugar de sufrimiento. Si no confías en el Salvador, mientras todavía estás vivo en la tierra, tendrás que estar separado de Dios para siempre.

Tienes que confiar en el Salvador para rescatarte de la muerte. Sólo el Salvador prometido puede hacer una manera para hacerte agradable con Dios de manera que puedas vivir con Él para siempre cuando mueras.

...para que todo aquel que en él cree, no se pierda, más tenga vida eterna. Juan 3:16b

Dios promete que todo aquel que en él cree, no se puede separar de Él en el lugar de sufrimiento, sino que tenga vida eterna con él.

Preguntas

1. ¿Por qué los gemelos lucharon dentro de Rebeca? *Dios dijo que ellos estaban luchando porque un día se convertirán en dos grandes naciones, y la nación del hijo menor sería más poderoso que la nación del hijo mayor.*

2. ¿Qué promesas hizo Dios a Abraham? *Dios prometió a Abraham descendientes sin número, Dios prometió dar a los descendientes de Abraham la tierra de Canaán, y lo más importante, Dios prometió que el Salvador vendría de la familia de Abraham.*

3. ¿Dios iba a mantener estas promesas, a pesar de que no se hicieron realidad durante la vida de Abraham? *Sí, no importa el tiempo que haga falta, Dios siempre cumple sus promesas. Dios hace todo lo que planea hacer.*

4. ¿A quién pasó las promesas, Abraham? *Abraham pasó las promesas a su hijo, Isaac.*

5. ¿Acaso Esaú se preocupaba por Dios? *No, la Biblia dice que Esaú era depravado. No le importaba acerca de Dios o de sus promesas.*

6. ¿Qué vio Jacob en su sueño? *Jacob vio una escalera que llegaba desde la tierra al cielo. Él vio a Dios en lo alto de la escalera.*

7. ¿De qué manera nos recuerda esta escalera del Salvador prometido? *El Salvador iba a hacer un camino para que la gente en la tierra pudiera ira al cielo y estar con Dios.*

8. ¿Qué le prometió Dios a Jacob en su sueño? *Dios prometió estar con Jacob y llevarlo de vuelta a salvo a Canaán. Dios también prometió a Jacob que recibiría todas las promesas hechas a Abraham, su abuelo.*

9. ¿Por qué es importante que piensas acerca de lo que te va a pasar después de tu muerte? *Es importante porque la Biblia dice que cuando las personas mueren van al cielo o al terrible lugar de sufrimiento. Si confías en Dios para salvarte, irás al cielo cuando mueras, pero si no confías en Dios mientras estás vivo en la tierra, estarás separado para siempre de Dios en el lugar de sufrimiento.*

Verdades bíblicas

- Dios es el que da la vida.
- Dios lo sabe todo, Él sabe lo que pasará en el futuro.
- Dios es un ser personal; Él se comunica con la gente.
- Dios nos habla a través de la Biblia.
- Dios siempre hace lo que planea hacer, Dios cumple sus promesas.
- Todas las personas son pecadoras.
- Dios salva solamente los que le creen.
- Dios planeó enviar el Salvador, Dios siempre completa sus planes.

Actividad: Actuar el relato de Jacob y Esaú

Suministros

- Cuatro alumnos voluntarios
- Aunque no es necesario, puedes usar una cacerola grande y un trozo de piel de animal si es que tienes una.

Instrucciones

- Que los alumnos voluntarios actúen las escenas de esta lección. Los cuatro personajes son: 1) Isaac, 2) Rebeca, 3) Esaú, y 4) Jacob
- Discutir la actuación, enfatizando los puntos claves de la lección.
- Si tienes más de cuatro alumnos que quieren actuar, divídelos en dos o más grupos y deja actuar a cada grupo mientras los demás observan.

Referencias bíblicas

Éxodo 32:13; 2 Crónicas 21:8; Salmo 33:11; Isaías 46:10; Juan 1:51, 14:6; Romanos 9:10-14; 1 Timoteo 2:5; 1 Pedro 1:10-12, 20-21; Hebreos 11:9-10, Hebreos 11:13-21, 39-40; 12:16

22
Hermanos enojados
José: parte 1

Versículo para memorizar

Muchos pensamientos hay en el corazón del hombre; más el consejo de Jehová permanecerá. Proverbios 19:21

Lección

Jacob vivió muchos años en Mesopotamia. Dios tuvo cuidado de Jacob tal como Él había prometido. Dios le dio muchos hijos y muchas riquezas.

... Y se enriqueció el varón (Jacob) muchísimo, y tuvo muchas ovejas, y siervas y siervos, y camellos y asnos. Génesis 30:43

Finalmente, un día, Dios dijo a Jacob que volviera a Canaán.

... También Jehová dijo a Jacob: Vuélvete a la tierra de tus padres, y a tu parentela, y yo estaré contigo. Entonces se levantó Jacob...para volverse a Isaac su padre en la tierra de Canaán. Génesis 31:3, 17, 18

Dios dio a Jacob doce hijos. Entre todos ellos, José era su favorito.

Esta es la historia de la familia de Jacob: José, siendo de edad de diecisiete años, apacentaba las ovejas con sus hermanos;... e informaba José a su padre la mala fama de ellos. Y amaba Israel (Jacob) a José más que a todos sus hijos, porque lo había tenido en su vejez; y le hizo una túnica de diversos colores. Y viendo sus hermanos que su padre lo amaba más que a todos sus hermanos, le aborrecían, y no podían hablarle pacíficamente. Génesis 37:2-4

Jacob y sus hijos habían nacido pecadores. Estaba mal que Jacob amara más a José que a sus otros hijos. También estaba mal que los hermanos de José lo odiaran.

Una noche José tuvo un sueño. José contó el sueño a sus hermanos.

Y soñó José un sueño, y lo contó a sus hermanos; y ellos llegaron a aborrecerle más todavía. Y él les dijo: Oíd ahora este sueño que he soñado: He aquí que atábamos manojos en medio del campo, y he aquí que mi manojo se levantaba y estaba derecho, y que vuestros manojos estaban alrededor y se inclinaban al mío.

Le respondieron sus hermanos: ¿Reinarás tú sobre nosotros, o señorearás sobre nosotros? Y le aborrecieron aún más a causa de sus sueños y sus palabras.

Soñó aun otro sueño, y lo contó a sus hermanos, diciendo: He aquí que he soñado otro sueño, y he aquí que el sol y la luna y once estrellas se inclinaban a mí.

Y lo contó a su padre y a sus hermanos; y su padre le reprendió, y le dijo: ¿Qué sueño es este que soñaste? ¿Acaso vendremos yo y tu madre y tus hermanos a postrarnos en tierra ante ti? Y sus hermanos le tenían envidia, más su padre meditaba en esto. Génesis 37:5-11

Dios dio estos sueños a José. Dios quería que José supiera que algún día él reinaría sobre su familia. Por cierto, cuando José contó sus sueños a sus hermanos, ellos se pusieron celosos y lo odiaron más que nunca.

Un día, cuando los hermanos de José estaban en el campo cuidando las ovejas de su padre, Jacob envió a José para saber cómo estaban.

E Israel le dijo: "Ve ahora, mira cómo están tus hermanos y cómo están las ovejas..."

Cuando ellos lo vieron de lejos, antes que llegara cerca de ellos, conspiraron contra él para matarle. Y dijeron el uno al otro: He aquí viene el soñador. Ahora pues, venid, y matémosle y echémosle en una cisterna, y diremos: Alguna mala bestia lo devoró; y veremos qué será de sus sueños.

Cuando Rubén oyó esto, lo libró de sus manos, y dijo: No lo matemos. Y les dijo Rubén: No derraméis sangre; echadlo en esta cisterna que está en el desierto, y no pongáis mano en él; por librarlo así de sus manos, para hacerlo volver a su padre.

Sucedió, pues, que cuando llegó José a sus hermanos, ellos quitaron a José su túnica, la túnica de colores que tenía sobre sí; y le tomaron y le echaron en la cisterna; pero la cisterna estaba vacía, no había en ella agua. Y se sentaron a comer pan; y alzando los ojos miraron, y he aquí una compañía de ismaelitas que venía de Galaad, y sus camellos traían aromas, bálsamo y mirra, e iban a llevarlo a Egipto. Entonces Judá dijo a sus hermanos: ¿Qué provecho hay en que matemos a nuestro hermano y encubramos su muerte? Venid, y vendámosle a los ismaelitas, y no sea nuestra mano sobre él; porque él es nuestro hermano, nuestra propia carne. Y sus hermanos convinieron con él.

Y cuando pasaban los madianitas mercaderes, sacaron ellos a José de la cisterna, y le trajeron arriba, y le vendieron a los ismaelitas por veinte piezas de plata. Y llevaron a José a Egipto.

Después Rubén volvió a la cisterna, y no halló a José dentro, y rasgó sus vestidos. Y volvió a sus hermanos, y dijo: El joven no parece; y yo, ¿adónde iré yo?

Entonces tomaron ellos la túnica de José, y degollaron un cabrito de las cabras, y tiñeron la túnica con la sangre; y enviaron la túnica de colores y la trajeron a su padre, y dijeron: Esto hemos hallado; reconoce ahora si es la túnica de tu hijo, o no.

Y él la reconoció, y dijo: La túnica de mi hijo es; alguna mala bestia lo devoró; José ha sido despedazado. Entonces Jacob rasgó sus vestidos, y puso cilicio sobre sus lomos, y guardó luto por su hijo muchos días. Génesis 37:14, 18-34

Los hermanos de José lo vendieron como esclavo a unos mercaderes que iban a Egipto. En Egipto, uno de los oficiales de Faraón compró a José.

...Llevado, pues, José a Egipto, Potifar oficial de Faraón, capitán de la guardia, varón egipcio, lo compró de los ismaelitas que lo habían llevado allá.

Más Jehová estaba con José, y fue varón próspero; y estaba en la casa de su amo el egipcio. Y vio su amo que Jehová estaba con él, y que todo lo que él hacía, Jehová lo hacía prosperar en su mano. Así halló

José gracia en sus ojos, y le servía; y él le hizo mayordomo de su casa y entregó en su poder todo lo que tenía. Génesis 39:1-4

Aunque José estaba lejos de su casa, Dios estaba con él. Dios ayudó a José a hacer un trabajo tan bueno, que Potifar lo puso a cargo de todos sus bienes.

Pero entonces la mujer de Potifar mintió acerca de José. Ella dijo a Potifar que José se había enamorado de ella.

Y sucedió que cuando oyó el amo de José las palabras que su mujer le hablaba, diciendo: Así me ha tratado tu siervo, se encendió su furor. Y tomó su amo a José, y lo puso en la cárcel, donde estaban los presos del rey, y estuvo allí en la cárcel. Pero Jehová estaba con José y le extendió su misericordia, y le dio gracia en los ojos del jefe de la cárcel. Y el jefe de la cárcel entregó en mano de José el cuidado de todos los presos que había en aquella prisión; todo lo que se hacía allí, él lo hacía. No necesitaba atender el jefe de la cárcel cosa alguna de las que estaban al cuidado de José, porque Jehová estaba con José, y lo que él hacía, Jehová lo prosperaba. Génesis 39:19-23

Aunque estaba en prisión, Dios velaba sobre José y el jefe de la cárcel puso a José a cargo de todos los prisioneros.

Entonces, un día, dos de los oficiales de Faraón fueron echados en la prisión junto con José.

Aconteció después de estas cosas, que el copero del rey de Egipto y el panadero delinquieron contra su señor el rey de Egipto.

Y se enojó Faraón contra sus dos oficiales, contra el jefe de los coperos y contra el jefe de los panaderos, y los puso en prisión en la casa del capitán de la guardia, en la cárcel donde José estaba preso.

Y el capitán de la guardia encargó de ellos a José, y él les servía; y estuvieron días en la prisión. Y ambos, el copero y el panadero del rey de Egipto, que estaban arrestados en la prisión, tuvieron un sueño, cada uno su propio sueño en una misma noche, cada uno con su propio significado. Vino a ellos José por la mañana, y los miró, y he aquí que estaban tristes. Y él preguntó a aquellos oficiales de Faraón, que estaban con él en la prisión de la casa de su señor, diciendo: ¿Por qué parecen hoy mal vuestros semblantes?

Ellos le dijeron: Hemos tenido un sueño, y no hay quien lo interprete. Entonces les dijo José: ¿No son de Dios las interpretaciones? Contádmelo ahora.

Entonces el jefe de los coperos contó su sueño a José, y le dijo: Yo soñaba que veía una vid delante de mí, y en la vid tres sarmientos; y ella como que brotaba, y arrojaba su flor, viniendo a madurar sus racimos de uvas. Y que la copa de Faraón estaba en mi mano, y tomaba yo las uvas y las exprimía en la copa de Faraón, y daba yo la copa en mano de Faraón.

Y le dijo José: Esta es su interpretación: los tres sarmientos son tres días. Al cabo de tres días levantará Faraón tu cabeza, y te restituirá a tu puesto, y darás la copa a Faraón en su mano, como solías hacerlo cuando eras su copero. Acuérdate, pues, de mí cuando tengas ese bien, y te ruego que uses conmigo de misericordia, y hagas mención de mí a Faraón, y me saques de esta casa. Porque fui hurtado de la tierra de los hebreos; y tampoco he hecho aquí por qué me pusiesen en la cárcel.

Viendo el jefe de los panaderos que había interpretado para bien, dijo a José: También yo soñé que veía tres canastillos blancos sobre mi cabeza. En el canastillo más alto había de toda clase de manjares de pastelería para Faraón; y las aves las comían del canastillo de sobre mi cabeza.

Entonces respondió José, y dijo: Esta es su interpretación: Los tres canastillos tres días son. Al cabo de tres días quitará Faraón tu cabeza de sobre ti, y te hará colgar en la horca, y las aves comerán tu carne de sobre ti.

Al tercer día, que era el día del cumpleaños de Faraón, el rey hizo banquete a todos sus sirvientes; y alzó la cabeza del jefe de los coperos, y la cabeza del jefe de los panaderos, entre sus servidores.

E hizo volver a su oficio al jefe de los coperos, y dio éste la copa en mano de Faraón. Mas hizo ahorcar al jefe de los panaderos, como lo había interpretado José.

Y el jefe de los coperos no se acordó de José, sino que le olvidó. Génesis 40:1-23

Cuando el copero y el panadero contaron a José su sueño, José confió que Dios le daría la interpretación de los sueños. Como Dios lo sabe todo Él reveló a José el significado de los sueños. Por cierto, todo sucedió tal como José había dicho. El Faraón libertó al copero, pero hizo matar al panadero.

Cuando el copero volvió al palacio de Faraón, se olvidó de José. Pero Dios se acordaba de José. Al tiempo indicado, Dios hizo por José exactamente lo que había dicho que haría. Dios siempre realiza Sus planes.

Recuerda

Dios te ama. Él te hizo y se preocupa por ti tal como se preocupó por José.

Tus manos me hicieron y me formaron... Salmo 119:73

Dios quiere que confíes en Él. Aunque sus hermanos lo odiaban y la mujer de Potifar mintió acerca de él, José seguía confiando en Dios. Él sabía que Dios lo estaba cuidando. Él creía que Dios haría por él todo lo que Él había prometido.

La Biblia dice que lo que creen en Dios no serán condenados; los que confían en Dios para salvarles de la muerte eterna no serán separados de Él eternamente en el lugar de terrible sufrimiento.

...No serán condenados cuantos en él confían. Salmo 34:22

Cree en la palabra de Dios. Confía tú en Él. Él cumplirá Sus promesas; Él salvará a los que en el confían.

Preguntas

1. ¿Qué hizo Dios por Jacob en Mesopotamia? *Él le dio muchos hijos y le dio riquezas. Él lo cuidó, tal como Él lo había prometido.*

2. ¿Cuántos hijos tuvo Jacob? *Jacob tuvo doce hijos.*

3. ¿Quién era el hijo favorito de Jacob? *José era el hijo favorito de Jacob.*

4. ¿Por qué estaban enojados con José sus hermanos? *Estaban enojados con José porque su padre amaba más a José de lo que los amaba a ellos y porque José había soñado de que algún día gobernaría sobre ellos.*

5. ¿Qué soñó José? *José soñó que las gavillas de sus hermanos se inclinaban ante la gavilla de él. También soñó que el sol, la luna y once estrellas se inclinaban ante él.*

6. ¿Quién dio estos sueños a José? *Dios dio estos sueños a José.*

7. ¿Qué le hicieron a José sus hermanos? *Ellos vendieron a José a unos mercaderes que iban a Egipto.*

8. ¿Qué pensó Jacob que había sucedido a José? *Él pensó que un animal salvaje lo había matado.*

9. ¿Qué le sucedió a José mientras trabajaba para Potifar? *Potifar echo a José en la cárcel porque la mujer de Potifar mintió acerca de él.*

10. ¿José dejó de confiar en Dios después de todas las cosas terribles que le sucedieron? No. *aunque todo parecía ir mal, José seguía confiando en Dios.*

Verdades bíblicas

- Dios cumple Sus promesas.
- Todos los hombres son pecadores.
- Dios es un ser personal; Él se comunica con la gente.
- Dios hace todo según Su plan.
- Dios lo sabe todo.
- Dios es un Dios de amor.
- Dios salva solo a los que creen en Él.

Actividad: Memorizar versículo con pelota

Elementos:

- Una o más pelotas de tamaño mediano
- Copia de un versículo a memorizar: Salmo 9:10

    En ti confiarán los que conocen tu nombre, por cuanto tú, oh Jehová, no desamparaste a los que te buscaron. Salmo 9:10

Instrucciones

- Dividir a los alumnos en equipos o formar un círculo, dependiendo del número de alumnos en su grupo. Practicar el versículo a memorizar lanzando la pelota unos a otros y cogiéndola.
- **Por ejemplo**: El profesor dice la primera parte del versículo a memorizar. Una vez que el profesor lo dice correctamente, él lanza la pelota a uno de los alumnos, el que también debe tratar de decirlo correctamente y luego lanzar la pelota a otro alumno. Una vez que todos han cogido la pelota y han dicho la primera parte del versículo, hacer lo mismo con la segunda parte del versículo. Finalmente se puede decir todo el versículo agregando también la referencia.
- Si los alumnos han estado trabajando en grupos pequeños, puedes juntarlos en un círculo y hacer que lo digan frente a la clase con o sin las pelotas.

Referencias bíblicas

1 Crónicas 29: 12; Isaías 42:9, 46:10; Hechos 10:34; Romanos 2:11, 3:9-12

23
El sueño del rey

José: parte 2

Versículo para memorizar

Muchos pensamientos hay en el corazón del hombre; más el consejo de Jehová permanecerá. Proverbios 19:21

Lección

Una noche, tiempo después de que el copero volviera al palacio, el rey de Egipto tuvo un sueño.

Aconteció que pasados dos años tuvo Faraón un sueño. Le parecía que estaba junto al río; y que del río subían siete vacas, hermosas a la vista, y muy gordas...y tras ellas subían del río otras siete vacas de feo aspecto y enjutas de carne... y las vacas de feo aspecto y enjutas de carne devoraban a las siete vacas hermosas y muy gordas...Faraón...soñó la segunda vez: Que siete espigas llenas y hermosas crecían de una sola caña, y que después de ellas salían otras siete espigas menudas y abatidas del viento solano; y las siete espigas menudas devoraban a las siete espigas gruesas y llenas. Y despertó Faraón, y he aquí que era sueño. Sucedió que por la mañana estaba agitado su espíritu, y envió e hizo llamar a todos los magos de Egipto, y a todos sus sabios; y les contó Faraón sus sueños, más no había quien los pudiese interpretar a Faraón. Génesis 41:1-8

Ninguno de los magos o sabios en todo Egipto pudo decir al rey el significado de su sueño. Entonces el copero se acordó de José.

Entonces el jefe de los coperos habló a Faraón, diciendo: Me acuerdo... Cuando Faraón se enojó contra sus siervos, nos echó a la prisión de la casa del capitán de la guardia a mí y al jefe de los panaderos. Y él y yo tuvimos un sueño en la misma noche... Estaba allí con nosotros un joven hebreo, siervo del capitán de la guardia; y se lo contamos, y él nos interpretó nuestros sueños, y declaró a cada uno conforme a su sueño. Y aconteció que como él nos los interpretó, así fue: yo fui restablecido en mi puesto, y el otro fue colgado. Entonces Faraón envió y llamó a José. Y lo sacaron apresuradamente de la

cárcel, y se afeitó, y mudó sus vestidos, y vino a Faraón. Y dijo Faraón
a José: Yo he tenido un sueño, y no hay quien lo interprete; mas he
oído decir de ti, que oyes sueños para interpretarlos. Respondió José a
Faraón, diciendo: No está en mí; Dios será el que dé respuesta propicia
a Faraón. Génesis 41:9-16

José no confiaba en sí mismo o en su propia sabiduría, él confiaba en Dios. José sabía que
solamente Dios podía hacer saber el significado del sueño de Faraón.

Entonces respondió José a Faraón: El sueño de Faraón es uno
mismo; Dios ha mostrado a Faraón lo que va a hacer. Las siete vacas
hermosas siete años son; y las espigas hermosas son siete años: el
sueño es uno mismo. También las siete vacas flacas y feas que subían
tras ellas, son siete años; y las siete espigas menudas y marchitas del
viento solano, siete años serán de hambre... He aquí vienen siete años
de gran abundancia en toda la tierra de Egipto. Y tras ellos seguirán
siete años de hambre; y toda la abundancia será olvidada...a causa del
hambre siguiente la cual será gravísima. Y el suceder el sueño a Faraón
dos veces, significa que la cosa es firme de parte de Dios, y que Dios
se apresura a hacerla. Génesis 41:25-32

Aunque los egipcios adoraban a dioses falsos, Dios cuidaba de ellos. Él dio a faraón estos sueños
para ayudar a los egipcios a prepararse para el tiempo de hambre que vendría.

Por tanto, proveáse ahora Faraón de un varón prudente y sabio, y
póngalo sobre la tierra de Egipto. Haga esto Faraón, y ponga
gobernadores sobre el país, y quinte la tierra de Egipto en los siete
años de la abundancia. Y junten toda la provisión de estos buenos años
que vienen... y guárdenlo. Y esté aquella provisión en depósito para el
país, para los siete años de hambre que habrá en la tierra de Egipto; y
el país no perecerá de hambre. Génesis 41:33-36

Dios dio a José sabiduría para decir a Faraón lo que debía hacer.

El asunto pareció bien a Faraón y a sus siervos, y dijo Faraón a sus
siervos: ¿Acaso hallaremos a otro hombre como éste, en quien esté el
espíritu de Dios? Y dijo Faraón a José: Pues que Dios te ha hecho
saber todo esto, no hay entendido ni sabio como tú. Tú estarás sobre
mi casa, y por tu palabra se gobernará todo mi pueblo; solamente en el

trono seré yo mayor que tú. Dijo además Faraón a José: He aquí yo te
he puesto sobre toda la tierra de Egipto. Entonces Faraón quitó su
anillo de su mano, y lo puso en la mano de José, y lo hizo vestir de
ropas de lino finísimo, y puso un collar de oro en su cuello; y lo hizo
subir en su segundo carro, y pregonaron delante de él ¡Doblad la
rodilla!; y lo puso sobre toda la tierra de Egipto. Génesis 41:37-43

Esto constituyó un gran cambio en la vida de José. De la prisión a llegar a ser la segunda
autoridad más alta en la tierra de Egipto.

¿Quién causó todo esto? Dios lo hizo. Dios está a cargo de todo lo que sucede en el mundo.
Dios estaba haciendo todo según Sus planes.

Era José de edad de treinta años cuando fue presentado delante de
Faraón rey de Egipto; y salió José de delante de Faraón, y recorrió toda la
tierra de Egipto. En aquellos siete años de abundancia la tierra produjo a
montones. Y él reunió todo el alimento de los siete años de abundancia que
hubo en la tierra de Egipto, y guardó alimento en las ciudades... Recogió José
trigo como arena del mar, mucho en extremo, hasta no poderse contar,
porque no tenía número...Así se cumplieron los siete años de abundancia que
hubo en la tierra de Egipto. Y comenzaron a venir los siete años del hambre,
como José había dicho...y dijo Faraón a todos los egipcios: Id a José, y haced
lo que él os dijere. Y el hambre estaba por toda la extensión del país.
Entonces abrió José todo granero donde había, y vendía a los egipcios; porque
había crecido el hambre en la tierra de Egipto. Y de toda la tierra venían a
Egipto para comprar de José, porque por toda la tierra había crecido el
hambre. Génesis 41:46-57

Durante siete años la gente cosechó grandes cantidades de trigo, vegetales y fruta. Había
abundancia de alimentos. Durante esos años José recolectó la mayor cantidad posible de trigo.

En el octavo año comenzó la escasez. En ninguna parte crecían alimentos. Cuando los egipcios
tuvieron hambre, Faraón los envió donde José, quien les vendió el trigo que había almacenado
durante los siete años de abundancia.

Pero la crisis alimenticia llegó más allá de la tierra de Egipto. En Canaán, donde vivía la familia
de José, también había escasez de alimentos. Cuando Jacob, el padre de José supo que en
Egipto había trigo, él envió a sus hijos a comprar alimentos.

Viendo Jacob que en Egipto había alimentos, dijo a sus hijos... He aquí, yo he oído que hay víveres en Egipto; descended allá, y comprad de allí para nosotros, para que podamos vivir, y no muramos. Y descendieron los diez hermanos de José a comprar trigo en Egipto. Mas Jacob no envió a Benjamín, hermano de José, con sus hermanos; porque dijo: No sea que le acontezca algún desastre. Vinieron los hijos de Israel a comprar entre los que venían; porque había hambre en la tierra de Canaán. Y José era el señor de la tierra, quien le vendía a todo el pueblo de la tierra; y llegaron los hermanos de José, y se inclinaron a él rostro a tierra.

Y José, cuando vio a sus hermanos, los conoció; más hizo como que no los conocía, y les habló ásperamente, y les dijo: ¿De dónde habéis venido?

Ellos respondieron: De la tierra de Canaán, para comprar alimentos. José, pues, conoció a sus hermanos; pero ellos no le conocieron. Entonces se acordó José de los sueños que había tenido acerca de ellos... Génesis 42:1-9a

Cuando los hermanos de José llegaron a Egipto para comprar alimentos, ellos no reconocieron a José. No tenían idea de que el gobernador de Egipto era su hermano. No se dieron cuenta de que se estaban inclinando ante José.

Pero Dios ya sabía que algún día José sería un gobernante importante. Dios sabía de antemano que un día los hermanos de José se inclinarían ante él.

Recuerda

Dios lo sabe todo. Dios sabía lo que significaban los sueños de Faraón. De hecho, Él fue quien dio esos sueños a Faraón. Dios sabía que venía una crisis de alimentos. Dios sabía lo que Faraón debía hacer para prepararse para la hambruna. Dios sabía que algún día José sería un gobernador importante en Egipto y Él sabía que los hermanos de José irían a Egipto para comprar alimentos. Nadie sabe tanto como Dios.

Preguntas

1. ¿Qué soñó el rey de Egipto? *El rey de Egipto soñó que siete vacas flacas comían siete vacas gordas, y que siete granos de trigo menudas devoraban siete granos de trigo rebosantes.*

2. ¿Qué significaban los sueños de Faraón? *Los sueños de Faraón significaban que habría siete años de abundancia de alimentos, pero que luego habría siete años de hambre.*

3.   ¿Quién mostró a José el significado de los sueños de Faraón? *Dios lo hizo.*

4.   ¿Por qué dio Dios estos sueños a Faraón? *Dios mostró a Faraón lo que iba a suceder para que Faraón se preparara para los años de hambre.*

5.   ¿Quién protegió a José para que sus hermanos no lo mataran? *Dios lo protegió.*

6.   ¿Quién protegió a José cuando estaba en prisión? *Dios lo protegió.*

7.   ¿Quién hizo que Faraón sacara a José de la prisión y lo hiciera gobernador de Egipto? *Dios lo hizo.*

8.   ¿Recuerdas los sueños que Dios dio a José sobre las gavillas de sus hermanos que se inclinaban ante su gavilla? ¿Se cumplieron estos sueños? *Sí. Cuando los hermanos de José llegaron a Egipto, ellos se inclinaron ante José.*

9.   ¿Dios hace siempre lo que Él dice que va a hacer? *Sí. Dios siempre hace lo que Él dice que va a hacer.*

10. ¿Cuánto sabe Dios? *Dios lo sabe todo.*

Verdades bíblicas

* Dios es un ser personal; Él se comunica con la gente.
* Dios es un Dios de amor; Él ama a todos.
* Dios lo sabe todo; Él sabe lo que sucederá en el futuro.
* Dios es más grande que los magos y los dioses falsos.
* La única manera de agradar a Dios es creyendo en Él.
* Dios hace todo según Sus planes.
* Dios es quien está a cargo del mundo; nadie es más grande que Dios.

Actividad: Actuar el relato del sueño de faraón

Suministros

* Cinco o más alumnos voluntarios

Instrucciones

* Que los estudiantes voluntarios actúen la escena de esta lección. Las cuatro personajes son: 1) Faraón 2) el copero de Faraón 3) el mensajero de Faraón (va a la prisión a buscar a José) 4) el guardia de la prisión (liberta a José) y 5) miembros de la corte de Faraón.
* Definir la actuación enfatizando los puntos importantes de la lección.
* Si tiene más de cinco alumnos que quieren actuar, dividir en más grupos y hacer que cada grupo actúe mientras los demás observan.

Referencias bíblicas

1 Crónicas 29:11-12; Salmos 105:16-23, 115:3, 145:9; Isaías 42:9, 46:10; Lamentaciones 3:22-23; Daniel 4:17, 2:27-28, 10:34; Romanos 2:11; Hebreos 11:1, 2, 6, 13-16, 22

24
Sufrimiento en Egipto

José: parte 3

Versículo para memorizar

Porque Jehová el Altísimo es temible; Rey grande sobre toda la tierra. Salmo 47:2

Lección

Los hermanos de José llevaron los alimentos que habían comprado en Egipto a Canaán. Pero en poco tiempo los alimentos se acabaron.

El hambre era grande en la tierra; y aconteció que cuando acabaron de comer el trigo que trajeron de Egipto, les dijo su padre: "Volved, y comprad para nosotros un poco de alimento". Génesis 43:1-2

Jacob envió nuevamente a sus hijos a Egipto a comprar más alimentos. Esta vez, cuando José vio a sus hermanos, él les dijo quién era.

Entonces dijo José a sus hermanos... Yo soy José vuestro hermano, el que vendisteis para Egipto. Ahora, pues, no os entristezcáis, ni os pese de haberme vendido acá; porque para preservación de vida me envió Dios delante de vosotros. Así, pues, no me enviasteis acá vosotros, sino Dios, que me ha puesto por padre de Faraón y por señor de toda su casa, y por gobernador en toda la tierra de Egipto. "Daos prisa, id a mi padre y decidle: Así dice tu hijo José: Dios me ha puesto por señor de todo Egipto; ven a mí, no te detengas. Habitarás en la tierra de Gosén, y estarás cerca de mí, tú y tus hijos, y los hijos de tus hijos, tus ganados y tus vacas, y todo lo que tienes. Y allí te alimentaré, pues aún quedan cinco años de hambre, para que no perezcas de pobreza tú y tu casa, y todo lo que tienes. Génesis 45:4-11

José llegó a ser un hombre poderoso; solo el rey de Egipto era más poderoso que él. Habría sido fácil para José poner a sus hermanos en prisión, o incluso matarlos. Pero José no hizo tal cosa.

En vez de estar enojado con sus hermanos por lo que le hicieron, José confió en Dios. José sabía que Dios estaba en control de todo lo que le sucedía a él. Él sabía que Dios lo había enviado a Egipto, para que pudiera proveer alimentos para su familia durante el tiempo de hambre.

Jacob y sus hijos eran descendientes de Abraham. Dios había prometido cuidar a los descendientes de Abraham y hacer de ellos una gran nación. Un día el Libertador vendría de esta nación.

Cuando los hijos de Jacob dijeron a su padre que José estaba vivo, él casi no lo podía creer.

Y... llegaron a la tierra de Canaán a Jacob su padre. Y le dieron las nuevas, diciendo: José vive aún; y él es señor en toda la tierra de Egipto". Y el corazón de Jacob se afligió, porque no los creía. Y ellos le contaron todas las palabras de José, que él les había hablado; y viendo Jacob los carros que José enviaba para llevarlo... Entonces dijo Israel: Basta; José mi hijo vive todavía; iré, y le veré antes que yo muera".
Génesis 45:25-28

Dios había cambiado el nombre de Jacob por Israel. Toda la familia de Israel se trasladó a Egipto. En Egipto muchos hijos y nietos le nacieron a Israel. Por fin Israel y sus hijos murieron. Luego murió el buen faraón también.

Y murió José, y todos sus hermanos, y toda aquella generación. Y los hijos de Israel fructificaron y se multiplicaron, y fueron aumentados y fortalecidos en extremo, y se llenó de ellos la tierra. Entretanto, se levantó sobre Egipto un nuevo rey que no conocía a José; y dijo a su pueblo: "He aquí, el pueblo de los hijos de Israel es mayor y más fuerte que nosotros. Ahora, pues, seamos sabios para con él, para que no se multiplique, y acontezca que viniendo guerra, él también se una a nuestros enemigos y pelee contra nosotros, y se vaya de la tierra". Entonces pusieron sobre ellos comisarios de tributos que los molestasen con sus cargas... Pero cuanto más los oprimían, tanto más se multiplicaban y crecían...

Los egipcios hicieron servir a los hijos de Israel con dureza, amargaron su vida con dura servidumbre, en hacer barro y ladrillo, y en toda labor del campo y en todo su servicio... Éxodo 1:6-14a

El nuevo faraón no conocía a José. Tenía temor de los hijos de Israel porque eran muchos. Temía que la nación de Israel llegase a ser más poderosa que la nación de Egipto. Para impedir que los israelitas llegasen a ser demasiado poderosos, el faraón los obligó a trabajar arduamente sin pago. Pero mientras más peor los egipcios trataban a los israelitas, ellos más se multiplicaban.

Finalmente, el rey ordenó que echaran al río a todos los niños varones que nacieran a los israelitas. ¡Qué plan tan cruel y lleno de odio!

📖 Entonces Faraón mandó a todo su pueblo, diciendo: "Echad al río a todo hijo que nazca, y a toda hija preservad la vida". Éxodo 1:22

¿Quién estaba causando que el faraón fuese tan infame con los israelitas? Satanás estaba detrás de estas maquinaciones. Satanás sabía que el plan de Dios era que el Libertador viniera de la nación de Israel. Satanás no quería que el Libertador rescatara a la gente de su control, de modo que quería impedir los planes de Dios.

Pero Dios no estaba sorprendido con lo que estaba sucediendo a los israelitas. Hace mucho tiempo Él había dicho a Abraham que sus descendientes serían esclavos en otro país.

📖 Entonces Jehová dijo a Abram: "Ten por cierto que tu descendencia morará en tierra ajena, y será esclava allí, y será oprimida cuatrocientos años...Y en la cuarta generación volverán acá..." Génesis 15:13, 16a

Dios prometió a Abraham que después de cuatrocientos años de esclavitud, Él libraría a sus descendientes y los traería de regreso a Canaán. Dios iba a cumplir todas las promesas que había hecho a Abraham. Él iba a proteger a los israelitas y los haría una gran nación. Un día el Libertador nacería en esta nación tal como Dios había dicho. Ni Satanás ni el faraón de Egipto arruinarían el plan de Dios.

Recuerda

Satanás odia a Dios y odia al ser humano. Él trata de impedir los planes de Dios. Él quiere que la gente permanezca eternamente separada de Dios en el lugar de terrible sufrimiento.

Pero nadie puede impedir que Dios lleve a cabo Sus planes-ni siquiera Satanás o el rey de Egipto. A su debido tiempo, Dios siempre hace todo lo que ha planificado hacer.

📖 El consejo de Jehová permanecerá para siempre; los pensamientos de Su corazón por todas las generaciones. Salmo 33:11

Preguntas

1. ¿Por qué José no estaba enojado con sus hermanos? *José no estaba enojado porque sabía que, aunque sus hermanos querían herirlo, fue Dios quien lo envió a Egipto para ayudar a mantener viva a su familia. José sabía que Dios estaba a cargo de todo lo que le sucedía.*

2. ¿Por qué Dios tenía un cuidado especial por la familia de Jacob? *Dios protegió a la familia de Jacob porque eran los descendientes de Abraham. Dios había prometido bendecir a los descendientes de Abraham y de hacer de ellos una gran nación. De esta nación iba a venir el Libertador.*

3. ¿Qué nombre nuevo dio Dios a Jacob? *Dios cambió el nombre de Jacob a Israel.*

4. ¿Por qué temía el nuevo rey de Egipto a los israelitas? *Él los temía porque estaban llegando a ser una nación más grande que Egipto.*

5. ¿Qué hizo el rey para impedir que el número de los israelitas aumentara? *Los hizo trabajar duramente y los trató con crueldad. Trató de matar a todos los niños israelitas varones que nacían.*

6. ¿Quién estaba guiando al rey de Egipto? *Satanás estaba guiando al faraón.*

7. ¿Por qué quería Satanás destruir a la nación de Israel? *En el Jardín del Edén Dios había dicho a Satanás que el Libertador le heriría en la cabeza. Satanás sabía que el Libertador vendría de esta nación. Por esa razón Satanás quería impedir que el Libertador naciera. No quería que el Libertador rescatara a la gente que estaba bajo su poder.*

8. ¿Permitirá Dios que Satanás o faraón arruinen Su plan de enviar al Libertador? *No. Nadie puede impedir que Dios haga lo que Él se ha propuesto hacer. Dios había prometido enviar al Libertador. Él prometió que el Libertador vendría de la familia de Abraham. Todo sucederá tal como Dios lo ha planificado.*

Verdades bíblicas
- La única manera de agradar a Dios es creer en Él.
- Dios siempre hace lo que ha dicho que hará; Él siempre hace todo de acuerdo a Sus planes.
- Aunque Satanás lucha contra Dios, él no puede ganar. Dios es más fuerte que Satanás.
- Todos los hombres son pecadores.

Actividad: El juego bíblico del ahorcado

Suministros

- Pizarra o pizarra blanca
- Tiza o marcador

Instrucciones

- El maestro dibuja una gran horca en el pizarrón
- Dibujar líneas debajo de la horca con los siguientes espacios:
- **Clave**: Nadie, ni Faraón ni Satanás, pueden impedir los planes de Dios.
- Para niños más pequeños: Nadie puede estorbar los planes de Dios.
- Repasar las preguntas una a una. Llamar a un alumno o equipo para responder la pregunta. Si la respuesta es correcta, pueden escoger una letra (por ej. la letra B).
- Si la letra escogida está en la clave, el maestro la escribirá en todos los espacios en que se repite.
- Si la letra escogida no se encuentra en la clave, el maestro dibuja una parte del colgado (por ej. la cabeza o el cuerpo, etc.)
- Cuando un alumno o equipo piensa que sabe la frase clave y es su turno, pueden tratar de resolver el puzle. El juego termina cuando un alumno o equipo soluciona el puzle o el maestro dibuja todas las partes del colgado, lo que sea primero.

Referencias bíblicas

Deuteronomio 10:14; Salmo 135:6; Isaías 14:27; Zacarías 3:2; Mateo 4:10; Lucas 10:18

25
Rescatado por una princesa
Moisés: parte 1

Versículo para memorizar

Porque Jehová el Altísimo es temible; Rey grande sobre toda la tierra. Salmo 47:2

Lección

Un día un niño nació a una familia israelita. La madre del niño trató de ocultarlo durante tres meses; pero cuando ya no pudo seguir ocultándolo, ella hizo un pequeño bote para él y lo puso en el río.

Esto es lo que dice la Biblia:

La que concibió, y dio a luz un hijo; y viéndole que era hermoso, le tuvo escondido tres meses. Pero no pudiendo ocultarle más tiempo, tomó una arquilla de juncos y la calafateó con asfalto y brea, y colocó en ella al niño y lo puso en un carrizal a la orilla del río. Y una hermana suya se puso a lo lejos, para ver lo que le acontecería.

Y la hija de Faraón descendió a lavarse al río, y paseándose sus doncellas por la ribera del río, vio ella la arquilla en el carrizal, y envió una criada suya a que la tomase. Y cuando la abrió, vio al niño; y he aquí que el niño lloraba. Y teniendo compasión de él, dijo: De los niños de los hebreos es éste. Entonces su hermana dijo a la hija de Faraón: ¿Iré a llamarte una nodriza de las hebreas, para que te críe este niño?

Y la hija de Faraón respondió: Ve. Entonces fue la doncella, y llamó a la madre del niño, a la cual dijo la hija de Faraón: Lleva a este niño y críamelo, y yo te lo pagaré. Y la mujer tomó al niño y lo crio. Y cuando el niño creció, ella lo trajo a la hija de Faraón, la cual lo prohijó, y le puso por nombre Moisés, diciendo: Porque de las aguas lo saqué. Éxodo 2:2-10

Dios fue quien hizo que la hija de Faraón viera el bebé y sintiera lástima por él. Era el plan de Dios que la princesa adoptara al bebé Moisés. Pero en Su maravilloso amor y bondad, Dios hizo que la madre de Moisés pudiera tener a su hijo por un poco tiempo más. Dios incluso hizo que ella fuese recompensada por cuidar a su propio hijo.

Dios tenía Sus motivos para que Moisés fuera criado en la casa del rey. En primer lugar, Dios sabía que Moisés estaría seguro en el palacio del rey. Segundo, como nieto del rey, Moisés tendría la mejor educación del país. Moisés necesitaba una buena educación para llevar a cabo los planes que Dios tenía para él.

Pero aunque Moisés fue criado como nieto del rey de Egipto, él sabía que no era egipcio. Moisés sabía que era israelita y él amaba a su pueblo. Le desagradaba la manera en que los egipcios trataban a los israelitas.

Un día, Moisés vio como un egipcio golpeaba a un israelita. Moisés se enojó y mató al egipcio. Cuando Faraón supo esto, él trató de matar a Moisés.

En aquellos días sucedió que crecido ya Moisés, salió a sus hermanos, y los vio en sus duras tareas, y observó a un egipcio que golpeaba a uno de los hebreos, sus hermanos. Entonces miró a todas partes, y viendo que no parecía nadie, mató al egipcio y lo escondió en la arena. Oyendo Faraón acerca de este hecho, procuró matar a Moisés; pero Moisés huyó de delante de Faraón, y habitó en la tierra de Madián. Éxodo 2:11, 12, 15

Moisés huyó a la tierra de Madián. Allí conoció a un hombre llamado Jetro que permitió que Moisés viviera con él. Moisés cuidaba las ovejas de Jetro y se casó con su hija.

Un día, Moisés llevó a las ovejas a un monte muy lejos. Mientras Moisés estaba cuidando las ovejas, vio algo extraño en el monte.

Apacentando Moisés las ovejas de Jetro su suegro, sacerdote de Madián, llevó las ovejas a través del desierto, y llegó hasta Horeb, monte de Dios. Y se le apareció el Ángel de Jehová en una llama de fuego en medio de una zarza; y él miró, y vio que la zarza ardía en fuego, y la zarza no se consumía. Entonces Moisés dijo: Iré yo ahora y veré esta grande visión, por qué causa la zarza no se quema. Éxodo 3:1-3

La zarza ardiente se parecía a los israelitas que estaban sufriendo en Egipto. Aunque la zarza ardía, no era consumida. De igual manera, los israelitas estaban sufriendo por mucho tiempo, pero no estaban destruidos.

El hecho de que la zarza ardiera pero no se consumiera, llamó la atención de Moisés.

Viendo Jehová que él iba a ver, lo llamó Dios de en medio de la zarza, y dijo: ¡Moisés, Moisés!

Y él respondió: Heme aquí.

Y dijo: No te acerques; quita tu calzado de tus pies, porque el lugar en que tú estás, tierra santa es. Y dijo: Yo soy el Dios de tu padre, Dios de Abraham, Dios de Isaac, y Dios de Jacob. Entonces Moisés cubrió su rostro, porque tuvo miedo de mirar a Dios. Éxodo 3:4-6

Dios dijo a Moisés que no se acercara y que se quitara las sandalias. En la tierra en que vivía Moisés, la gente mostraba respeto frente a alguien importante quitándose los zapatos en su presencia.

Por cuanto Dios es el único Dios verdadero y el Creador del universo, Él es la persona más grande e importante de todos los tiempos. Por eso Dios dijo a Moisés que se quitara los zapatos y que no se acercara.

Desde la zarza Dios dijo a Moisés lo que se proponía hacer.

Dijo luego Jehová: Bien he visto la aflicción de mi pueblo que está en Egipto, y he oído su clamor a causa de sus exactores; pues he conocido sus angustias, y he descendido para librarlos de mano de los egipcios, y sacarlos de aquella tierra a una tierra buena y ancha, a tierra que fluye leche y miel, a los lugares del cananeo…. El clamor, pues, de los hijos de Israel ha venido delante de mí, y también he visto la opresión con que los egipcios los oprimen. Ven, por tanto, ahora, y te enviaré a Faraón, para que saques de Egipto a mi pueblo, los hijos de Israel. Éxodo 3:7-10

Dios había prometido a Abraham que después de cuatrocientos años de sufrimiento, Él libraría a sus descendientes de la esclavitud y que los llevaría de vuelta a Canaán. Habían pasado cuatrocientos años, y ahora era el momento en que Dios cumpliría Su promesa a Abraham.

Dios vio los sufrimientos de los israelites. Por cuanto los amaba y por causa de Su promesa a Abraham, Dios escogió a Moisés para que llevara a los hijos de Israel a la libertad.

Como el Creador de Moisés, Dios tenía el derecho de usar a Moisés de la manera que quisiera. Pero, ¿haría Moisés lo que Dios quería o estaría demasiado asustado de volver a Egipto? ¿Podrá librar Dios a Israel de la mano del poderoso de Faraón? Luego lo veremos.

Recuerda

Dios es un Dios de amor. Él sabe y se preocupa por lo que te sucede. Él quiere ser tu amigo. Él quiere que tú estés tan cerca de Él como lo estaban Adán y Eva al principio.

Dios no solo te ama, sino también cumple Sus promesas. Dios prometió enviar a un Libertador que ayudara a toda la gente en la tierra. El plan de Dios era que el Libertador abriera un camino para que todos los pecadores, como tú y yo, puedan ser aceptos a Él y puedan ser sus amigos.

Porque esto es bueno y agradable delante de Dios nuestro Salvador, el cual quiere que todos los hombres sean salvos y vengan al conocimiento de la verdad. 1 Timoteo 2:3-4

Preguntas

1. ¿Por qué protegió Dios al bebé Moisés? *Dios protegió al bebé Moisés, porque tenía un plan especial para él.*

2. Un día, mientras Moisés estaba en un monte alejado cuidando las ovejas, él vio algo increíble. ¿Qué vio? *Moisés vio una zarza que ardía pero que no se consumía.*

3. ¿Qué nos recuerda esta zarza? *Nos recuerda a los israelitas que hace tiempo estaban sufriendo, pero que no estaban destruidos.*

4. ¿Por qué dijo Dios a Moisés que no se acercara y que se quitara sus sandalias? *En el lugar donde vivía Moisés, quitarse los zapatos era la manera de mostrar respeto a alguien importante y poderoso. Por cuanto Dios es el único Dios verdadero y el Creador del universo, Moisés debía respeto a Dios al permanecer lejos y quitándose los zapatos.*

5. ¿Por qué iba a librar Dios a los israelitas de la esclavitud? *Dios amaba a los israelitas y se preocupaba por sus sufrimientos. También Él había prometido a Abraham que después de cuatrocientos años de esclavitud, Él libraría a sus descendientes y los llevaría de vuelta a la tierra de Canaán. Había llegado el tiempo para que Dios cumpliera esa promesa.*

6. ¿Comunicó Dios a Moisés lo que Él quería que hiciera? *Sí, Dios dijo a Moisés que Él quería que fuera donde Faraón y le dijera que dejara ir a los israelitas.*

7. ¿Pueden los pecadores vivir con Dios en el cielo? *No, solo gente perfecta puede vivir con Dios en el cielo.*

8. ¿Quién es el único que te puede hacer aceptable a Dios para que puedas acercarte a Él y ser Su amigo? *Sólo el Libertador puede abrir un camino para que tú puedas ser aceptable a Dios.*

9. ¿Sabe y se preocupa Dios de lo que te sucede? *Sí. Dios sabe todo lo que te pasa y se preocupa.*

Verdades bíblicas

- Dios hace todo según Sus planes.
- Dios es perfecto. Los hombres son pecadores.
- Los pecadores no pueden acercarse a Dios.
- Dios es un Dios de amor.
- Dios es un ser personal; Él se comunica con la gente.

Actividad: Construcción de un bosquejo con papel

Suministros

- Papel blanco
- Papel de construcción: azul y café
- Crayones o lápices de colores
- Tijeras
- Pegamento

Instrucciones

- Cortar un bote del papel café
- Cortar el rio del papel azul
- Pegar el rio al papel blanco
- Pegar el bote en el rio
- Dibujar al bebe Moisés, su hermana, la princesa, el cielo y la orilla del rio
- Opcional: Escribir - Dios cuidó a Moisés porque tenía un plan especial para su vida.

Referencias bíblicas

Josué 5:15; Job 42:1-2; Salmo 5:4, 47:2, 71:19, 72:11, 76:4-9, 99:3, 135:6; Proverbios 19:21; Isaías 6:2-4; Juan 3:16, 15:13; Hechos 7:17-35; Romanos 5:6,8; 2 Corintios 5:18; Colosenses 1:21; Hebreos 11:24-27; Apocalipsis 4:8

26
Yo Soy
Moisés: parte 2

Versículo para memorizar

Como los repartimientos de las aguas, así está el corazón del rey en la mano de Jehová, a todo lo que quiere lo inclina. Proverbios 21:1

Lección

¿Recuerdas lo que le sucedió a Moisés hace mucho tiempo cuando mató al egipcio que estaba golpeando a un israelita? Cuando el faraón se enteró de lo que hizo Moisés, trató de matar a Moisés. Moisés tuvo que huir para salvar su vida.

Bueno, cuando Dios le pidió a Moisés que fuera a Egipto para hablar con el faraón, Moisés no quiso ir. Ya había intentado ayudar a su pueblo una vez, él no estaba dispuesto a intentarlo de nuevo. ¿Tal vez el faraón trataría de matarlo otra vez? ¿Tal vez los israelitas no le creerían?

Entonces Moisés respondió a Dios: ¿Quién soy yo para que vaya a Faraón, y saque de Egipto a los hijos de Israel? Y él respondió: Ve, porque yo estaré contigo; y esto te será por señal de que yo te he enviado: cuando hayas sacado de Egipto al pueblo, serviréis a Dios sobre este monte. Éxodo 3:11-12

Dios prometió ir con Moisés. También le prometió a Moisés que, después de haber libertado a los Israelitas de la esclavitud, Él los llevaría al mismo monte donde ahora estaba Moisés frente a la zarza ardiente.

Dijo Moisés a Dios: He aquí que llego yo a los hijos de Israel, y les digo: El Dios de vuestros padres me ha enviado a vosotros. Si ellos me preguntaren: ¿Cuál es Su nombre?, ¿qué les responderé?

Y respondió Dios a Moisés: YO SOY EL QUE SOY. Y dijo: Así dirás a los hijos de Israel: YO SOY me envió a vosotros. Éxodo 3:13-14

Después de cuatrocientos años en Egipto, los israelitas sabían más sobre los dioses de Egipto de lo que sabían del Dios de Abraham, Isaac y Jacob. Ellos sabían que todos los dioses de Egipto tenían nombres. Los israelitas seguramente querrían saber el nombre del Dios que enviaba a Moisés.

Dios dijo a Moisés que dijera a los israelitas que "**YO SOY**" lo enviaba.

La Biblia usa muchos nombres para Dios; cada nombre nos dice algo sobre Dios. El nombre "YO SOY" es la manera que Dios tiene para decir "Yo existo por Mi propio poder". Dios es el único que no necesita nada ni a nadie que lo mantenga con vida. Dios es más grande que todo. Él siempre ha existido en el pasado y seguirá existiendo siempre en el futuro. Dios nunca va a cambiar.

Dios instruyó a Moisés que dijera a los israelitas que el Dios de Abraham, Isaac y Jacob sabía de su terrible sufrimiento y que los iba a libertar y llevar a Canaán. Dios prometió a Moisés que los líderes de Israel lo escucharían.

Además dijo Dios a Moisés: Así dirás a los hijos de Israel: Jehová, el Dios de vuestros padres, el Dios de Abraham, Dios de Isaac y Dios de Jacob, me ha enviado a vosotros. Este es mi nombre para siempre; con él se me recordará por todos los siglos.
Ve, y reúne a los ancianos de Israel, y diles: Jehová, el Dios de vuestros padres, el Dios de Abraham, de Isaac y de Jacob, me apareció diciendo: En verdad os he visitado, y he visto lo que se os hace en Egipto; y he dicho: Yo os sacaré de la aflicción de Egipto a la tierra del cananeo...a una tierra que fluye leche y miel. Y oirán tu voz; e irás tú, y los ancianos de Israel, al rey de Egipto, y le diréis: Jehová el Dios de los hebreos nos ha encontrado; por tanto, nosotros iremos ahora camino de tres días por el desierto, para que ofrezcamos sacrificios a Jehová nuestro Dios. Más yo sé que el rey de Egipto no os dejará ir sino por mano fuerte. Pero yo extenderé mi mano, y heriré a Egipto con todas mis maravillas que haré en él, y entonces os dejará ir.

Y yo daré a este pueblo gracia en los ojos de los egipcios, para que cuando salgáis, no vayáis con las manos vacías; sino que pedirá cada mujer a su vecina y a su huésped alhajas de plata, alhajas de oro, y vestidos, los cuales pondréis sobre vuestros hijos y vuestras hijas; y despojaréis a Egipto. Éxodo 3:15-22

Dios sabía que Faraón sería obstinado; Él sabía que tendría que traer terrible sufrimiento a Egipto antes de que Faraón estuviera dispuesto a dejar ir a los israelitas. Por cierto, Dios es más poderoso que cualquiera. Dios sabía que Faraón finalmente dejaría ir a los israelitas, y que ellos saldrían de Egipto con grandes riquezas.

Pero incluso después de Dios, el gran YO SOY, le prometió a Moisés que Él iría con él, y prometió que los israelitas ciertamente serían liberados y regresarían a la montaña donde Moisés mismo estaba parado, Moisés no estaba dispuesto a hablar con Faraón.

Entonces Moisés respondió diciendo: He aquí que ellos no me creerán, ni oirán mi voz; porque dirán: No te ha aparecido Jehová.

Y Jehová dijo: ¿Qué es eso que tienes en tu mano?

Y él respondió: Una vara.

Él le dijo: échala en tierra. Y él la echó en tierra, y se hizo una culebra; y Moisés huía de ella. Entonces dijo Jehová a Moisés: Extiende tu mano, y tómala por la cola. Y él extendió su mano, y la tomó, y se volvió vara en su mano. Por esto creerán que se te ha aparecido Jehová, el Dios de tus padres, el Dios de Abraham, Dios de Isaac y Dios de Jacob. Le dijo además Jehová: Mete ahora tu mano en tu seno. Y él metió la mano en su seno; y cuando la sacó, he aquí que su mano estaba leprosa como la nieve. Y dijo: Vuelve a meter tu mano en tu seno. Y él volvió a meter su mano en su seno; y al sacarla de nuevo del seno, he aquí que se había vuelto como la otra carne. Si aconteciere que no te creyeren ni obedecieren a la voz de la primera señal, creerán a la voz de la postrera. Y si aún no creyeren a estas dos señales, ni oyeren tu voz, tomarás de las aguas del río y las derramarás en tierra; y se cambiarán aquellas aguas que tomarás del río y se harán sangre en la tierra.

Entonces dijo Moisés a Jehová: ¡Ay, Señor! nunca he sido hombre de fácil palabra, ni antes, ni desde que tú hablas a tu siervo; porque soy tardo en el habla y torpe de lengua. Y Jehová le respondió: ¿Quién dio la boca al hombre? ¿O quién hizo al mudo y al sordo, al que ve y al ciego? ¿No soy yo Jehová? Ahora pues, ve, y yo estaré con tu boca, y te enseñaré lo que hayas de hablar.

Y él dijo: ¡Ay, Señor! envía, te ruego, por medio del que debes enviar.

Entonces Jehová se enojó contra Moisés, y dijo: ¿No conozco yo a tu hermano Aarón, levita, y que él habla bien? Dijo también Jehová a Moisés en Madián: Ve y vuélvete a Egipto, porque han muerto todos los que procuraban tu muerte. Éxodo 4:1-16a, 19

Dios tenía paciencia con Moisés. Él mostró a Moisés Su gran poder. Pero Moisés continuaba en su incredulidad.

Estaba mal que Moisés dudara de Dios. Dios siempre dice la verdad. Dios siempre hace todo lo que Él dice que hará. Nada lo puede detener. En vez de estar temeroso, Moisés debería haber estado fascinado de que Dios estaba a punto de libertar a los israelitas de la esclavitud para darles la tierra que había prometido a Abraham.

Dios estaba enojado con Moisés por su incredulidad, pero Dios no peca como tú o yo. Dios no se enoja porque no se puede salir con la suya. Dios estaba disgustado con Moisés, porque Moisés no confiaba en el único Dios vivo, verdadero y poderoso.

Pero Dios seguía amando a Moisés y envió al hermano de Moisés, Aarón, para que le ayudara. Con Aarón a su lado, Moisés estuvo finalmente dispuesto a hablar a Faraón y al pueblo de Israel.

> Y fueron Moisés y Aarón, y reunieron a todos los ancianos de los hijos de Israel. Y habló Aarón acerca de todas las cosas que Jehová había dicho a Moisés, e hizo las señales delante de los ojos del pueblo. Y el pueblo creyó; y oyendo que Jehová había visitado a los hijos de Israel, y que había visto su aflicción, se inclinaron y adoraron.
> Éxodo 4:29-31

Tal como Dios había dicho, los líderes de Israel creyeron a Moisés y a Aarón. Ellos creyeron que el Dios de Abraham había enviado a Moisés. Ellos creyeron que Dios los libraría del cruel faraón y que los llevaría a la tierra de Canaán. Estaban agradecidos que Dios cuidara de ellos.

Recuerda

¿Sabías que la única manera de agradar a Dios es creyendo en Él? Eso es lo que dice la Biblia. Dios siempre dice la verdad. Si Dios promete algo, puedes estar seguro que Él lo cumplirá. Él tiene el poder de hacer todo lo que Él dice que hará.

No seas como Moisés en esta historia. ¡Cree en Dios!

> Pero sin fe es imposible agradar a Dios… Hebreos 11:6

Preguntas

1. ¿A cuál monte dijo Dios a Moisés que Él llevaría a los israelitas después de librarlos de la esclavitud en Egipto? *Dios prometió a Moisés que Él los llevaría al monte donde Él apareció a Moisés en la zarza ardiente.*

2. ¿Qué nos dice el nombre "YO SOY" sobre cómo es Dios? *El nombre "YO SOY" es la manera que tiene Dios de decir "Yo existo por Mi propio poder". Dios es el único que no necesita nada ni a nadie para mantenerlo con vida. Dios es más grande que todo. Él siempre ha existido en el pasado y seguirá existiendo siempre en el futuro. Dios nunca va a cambiar.*

3. ¿Sabía Dios que Faraón no dejaría ir a los israelitas? *Sí, Dios lo sabe todo. Él sabía que Faraón sería obstinado. Dios sabía que tendría que traer mucho sufrimiento sobre los egipcios antes de que Faraón cediera y dejara ir al pueblo.*

4. ¿Qué señales dio Dios a Moisés para mostrar a Moisés que Él tenía suficiente poder como para librar a los israelitas de Egipto? *Dios transformó la vara de Moisés en una serpiente y luego nuevamente en una vara. Él hizo que la mano de Moisés se volviera leprosa y luego la sanó; y finalmente Dios volvió el agua en sangre.*

5. Después de estas tres señales, ¿creyó Moisés finalmente a Dios? *No, el apareció con otra excusa para no hacer lo que Dios le dijo. Moisés dijo que él no quería hablar con el faraón, porque no era elocuente- no era un buen orador.*

6. ¿Por qué se enojó Dios con Moisés? *Dios se enojó con Moisés, porque Moisés no le creía. Incluso después de que Dios había dicho que Él iría con Moisés y de que le mostró Su gran poder, Moisés no le creía.*

7. ¿Cómo mostró Dios misericordia a Moisés? *Dios envió a Aarón para que hablara por Moisés.*

8. ¿Cuál es la única manera en que puedes agradar a Dios? *La única manera en que puedes agradar a Dios es creyendo en Él.*

9. ¿Dios siempre dice la verdad? *Sí. Dios siempre dice la verdad. Dios nunca miente.*

10. ¿Tiene Dios poder suficiente para hacer todo lo que Él dice que hará? *Sí. Dios tiene todo el poder. Él hace todo lo que Él dice que hará. Nadie puede detenerle.*

Verdades bíblicas
- Dios es un ser personal; Él se comunica con la gente.
- Dios puede hacer cualquier cosa; Él es el más poderoso de todos.
- Dios existe por Su propio poder; Él no necesita a nadie ni nada fuera de Él Mismo.
- Dios no cambia; Él siempre es el mismo.
- Dios lo sabe todo.

- Dios siempre hace lo que Él dice que hará; Dios dice la verdad.
- Todos los seres humanos son pecadores.
- La única manera de agradar a Dios es creyendo en Él.
- Dios se enoja; pero Él nunca es egoísta.

Actividad: Obra de arte "cree en Dios"

Suministros

- Papel o cartulina
- Lápices y lápices de colores
- Perforador
- Hilo o cuerda

Instrucciones

- Escribir "Cree en Dios" o "YO SOY" en el papel.
- Decorar el papel en la manera que desea.
- Hacer un agujero en la parte de arriba.
- Meter el hilo en el agujero y atarlo para colgar el dibujo.

Referencias bíblicas

Salmos 20:1, 22:22, 27:1, 33:4, 34:8, 105:8, 119:160, 145:8-9; Proverbios 18:10, 29:25; Jeremías 10:1-16, 17:5-8; Miqueas 4:5; John 5:26; 17:6, 26; Filipenses 2:3-8, 4:13; Tito 1:2; Hebreos 11:6

27
Deja ir a Mi pueblo
Plagas

Versículo para memorizar

Como los repartimientos de las aguas, así está el corazón del rey en la mano de Jehová; a todo lo que quiere lo inclina. Proverbios 21:1

Lección

Después de que Moisés y Aarón comunicaron a los israelitas la maravillosa noticia de que Dios los iba a librar de su miseria y que les daría su tierra, Moisés y Aarón fueron a encontrar a Faraón.

Después Moisés y Aarón entraron a la presencia de Faraón y le dijeron: Jehová el Dios de Israel dice así: Deja ir a mi pueblo...

Y Faraón respondió: ¿Quién es Jehová, para que yo oiga Su voz y deje ir a Israel? Yo no conozco a Jehová, ni tampoco dejaré ir a Israel. Éxodo 5:1,2

Cuando Faraón dijo que no conocía al Dios de Israel, él dijo la verdad. Los egipcios adoraban a muchos dioses falsos. Por ejemplo, adoraban al sol y el Río Nilo. Tenían un dios con cabeza de becerro y otro con cabeza de rana. También adoraban al faraón como un dios.

Ya que el Dios de los israelitas obviamente no había salvado a los israelitas del poder de Faraón, el Faraón pensó que debía de ser un dios muy débil. Faraón dijo a Moisés que no obedecería al Dios de Israel, pero Faraón no tardó en descubrir que el Dios de Israel era el único Dios verdadero, vivo y poderoso que existe.

La petición de Moisés enojó a Faraón. En vez de dejar ir a los israelitas, él los hizo trabajar más duramente. En lugar de darles paja, como antes, él les hizo buscar su propia paja. Y les exigía que siguieran haciendo la misma cantidad de ladrillos.

Y mandó Faraón aquel mismo día a los cuadrilleros del pueblo que lo tenían a su cargo, y a sus capataces, diciendo: "De aquí en adelante no daréis paja al pueblo para hacer ladrillo, como hasta ahora; vayan ellos y recojan por sí mismos la paja...porque están ociosos..." Éxodo 5:6-8

Satanás estaba incitando a Faraón para que fuese mezquino con el pueblo de Israel. Satanás quería destruir a la nación de Israel para que el Libertador no naciera en este mundo. Pero Satanás nunca podrá vencer a Dios.

Jehová respondió a Moisés:"Ahora verás lo que yo haré a Faraón..." Habló todavía Dios a Moisés, y le dijo: "...dirás a los hijos de Israel: ...os libraré... y os redimiré con brazo extendido, y con juicios grandes... y vosotros sabréis que yo soy Jehová vuestro Dios, que os sacó de debajo de las tareas pesadas de Egipto". Éxodo 6:1-7

Los israelitas sabían del Dios de Abraham, Isaac y Jacob, pero habían sido esclavos en Egipto durante tanto tiempo, que ya no sabían mucho acerca de Él. Eso iba a cambiar. Pronto Dios mostraría, tanto a los israelitas como a los egipcios, cuán grande y poderoso era Él.

Y sabrán los egipcios que yo soy Jehová, cuando extienda mi mano sobre Egipto, y saque a los hijos de Israel de en medio de ellos. Éxodo 7:5

Dios iba a usar el corazón endurecido de Faraón para demostrar al mundo que Él es el único Dios vivo y verdadero.

Y Jehová dijo a Moisés: Di a Aarón: Toma tu vara, y extiende tu mano sobre las aguas de Egipto, sobre sus ríos, sobre sus arroyos y sobre sus estanques, y sobre todos sus depósitos de aguas, para que se conviertan en sangre... Y Moisés y Aarón hicieron como Jehová lo mandó...todas las aguas que había en el río se convirtieron en sangre. Asimismo los peces que había en el río murieron; y el río se corrompió, tanto que los egipcios no podían beber de él. Y hubo sangre por toda la tierra de Egipto.

Y los hechiceros de Egipto hicieron lo mismo con sus encantamientos; y el corazón de Faraón se endureció, y no los escuchó; como Jehová lo había dicho. Y Faraón se volvió y fue a su casa, y no dio atención tampoco a esto. Éxodo 7:19-23

Los hechiceros de Faraón eran dirigidos por Satanás. Cuando ellos también pudieron convertir agua en sangre, el Faraón no escuchó a Dios.

Entonces Jehová dijo a Moisés: Entra a la presencia de Faraón y dile: Jehová ha dicho así: Deja ir a mi pueblo, para que me sirva. Y si no lo quisieres dejar ir, he aquí yo castigaré con ranas todos tus territorios. Y el río criará ranas, las cuales subirán y entrarán en tu casa, en la cámara donde duermes, y sobre tu cama, y en las casas de tus siervos, en tu pueblo, en tus hornos y en tus artesas…

Entonces Aarón extendió su mano sobre las aguas de Egipto, y subieron ranas que cubrieron la tierra de Egipto. Y los hechiceros hicieron lo mismo con sus encantamientos, e hicieron venir ranas sobre la tierra de Egipto. Entonces Faraón llamó a Moisés y a Aarón, y les dijo: Orad a Jehová para que quite las ranas de mí y de mi pueblo, y dejaré ir a tu pueblo…" Éxodo 8:1-8

Esta vez, aunque los hechiceros hicieron lo mismo que Moisés, Faraón se alarmó. Él prometió dejar ir al pueblo.

Entonces salieron Moisés y Aarón de la presencia de Faraón. Y clamó Moisés a Jehová… E hizo Jehová conforme a la palabra de Moisés, y murieron las ranas de las casas, de los cortijos y de los campos. Y las juntaron en montones, y apestaba la tierra. Pero viendo Faraón que le habían dado reposo, endureció su corazón y no los escuchó, como Jehová lo había dicho. Éxodo 8:12-15

Cuando las ranas desaparecieron, Faraón decidió, después de todo, no dejar ir al pueblo. Esto no sorprendió a Dios. Dios ya sabía lo que haría Faraón. Dios sabía que Faraón cambiaría nuevamente de parecer. De modo que Dios envió otra plaga.

Entonces Jehová dijo a Moisés: Di a Aarón: Extiende tu vara y golpea el polvo de la tierra, para que se vuelva piojos por todo el país de Egipto. Y ellos lo hicieron así.. y…todo el polvo de la tierra se volvió piojos en todo el país de Egipto. Éxodo 8:16-17

Esta vez los magos de Faraón no pudieron imitar lo que hizo Dios. Aunque Satanás tiene poder, no es ni lejos tan poderoso como Dios.

Sin embargo, Faraón insistía en no dejar ir al pueblo, de modo que Dios envió otra plaga sobre Egipto. Esto es lo que Dios instruyó a Moisés que dijera a Faraón.

"Porque si no dejas ir a mi pueblo, he aquí yo enviaré sobre ti, sobre tus siervos, sobre tu pueblo y sobre tus casas toda clase de moscas...y aquel día yo apartaré la tierra de Gosén, en la cual habita mi pueblo, para que ninguna clase de moscas haya en ella, a fin de que sepas que yo soy Jehová... y hare diferencia entre mi pueblo y el tuyo". Éxodo 8:21-23a

Dios protegió al pueblo de Israel de esta plaga para mostrar a los egipcios que el Dios de Israel es el único Dios verdadero y poderoso.

Cuando Dios envió las moscas, Faraón prometió dejar ir a los israelitas. Pero cuando Dios quitó las moscas, él cambió nuevamente de opinión.

Luego, Dios destruyó todo el ganado de Egipto.

...murió todo el ganado de Egipto; mas del ganado de los hijos de Israel no murió uno. Éxodo 9:6

Cuando Faraón siguió negándose a dejar ir a los israelitas, Dios enfermó a los egipcios con úlceras.

Y tomaron ceniza del horno, y se pusieron delante de Faraón, y la esparció Moisés hacia el cielo; y hubo sarpullido que produjo úlceras tanto en los hombres como en las bestias. Y los hechiceros no podían estar delante de Moisés a causa del sarpullido, porque hubo sarpullido en los hechiceros y en todos los egipcios. Éxodo 9:10,11

Incluso los hechiceros estaban cubiertos de úlceras malignas, pero Faraón se negó una vez más a dejar ir a los israelitas. De modo que Dios envió una séptima plaga.

Jehová hizo llover granizo sobre la tierra de Egipto. Hubo, pues, granizo, y fuego mezclado con el granizo, tan grande, cual nunca hubo en toda la tierra de Egipto desde que fue habitada. Y aquel granizo hirió en toda la tierra de Egipto todo lo que estaba en el campo, así hombres como bestias; asimismo destrozó el granizo toda la hierba del campo, y desgajó todos los árboles del país. Solamente en la tierra de Gosén, donde estaban los hijos de Israel, no hubo granizo.

Entonces Faraón envió a llamar a Moisés y a Aarón, y les dijo: He pecado esta vez; Jehová es justo, y yo y mi pueblo impíos. Orad a

Jehová para que cesen los truenos de Dios y el granizo, y yo os dejaré ir, y no os detendréis más. Éxodo 9:23b-28

Entoces Dios detuvo el granizo, pero...

...viendo Faraón que la lluvia había cesado, y el granizo y los truenos, se obstinó en pecar...y el corazón de Faraón se endureció, y no dejó ir a los hijos de Israel, como Jehová lo había dicho por medio de Moisés. Éxodo 9:34-35

Esta vez, cuando Faraón cambió de parecer, Dios envió langostas para que comieran toda la cosecha y los alimentos que no habían sido destruidos por el granizo.

Y subió la langosta...y se asentó en todo el país... y cubrió la faz de todo el país, y oscureció la tierra; y consumió toda la hierba de la tierra, y todo el fruto de los árboles que había dejado el granizo; no quedó cosa verde en árboles ni en hierba del campo, en toda la tierra de Egipto. Éxodo 10:14-15

Todos los alimentos habían sido destruidos de modo que lo egipcios no tenían nada para comer. Faraón pidió a Moisés que orara a Dios para que quitara las langostas. Pero cuando Dios lo hizo, Faraón continuó negándose a hacer lo que Dios decía. Entonces Dios envió tinieblas y oscuridad sobre la tierra de Egipto.

...hubo densas tinieblas sobre toda la tierra de Egipto, por tres días. Ninguno vio a su prójimo, ni nadie se levantó de su lugar en tres días; mas todos los hijos de Israel tenían luz en sus habitaciones. Éxodo 10:22b-23

Durante tres días no salió el sol sobre Egipto. Tanto dentro como fuera de las habitaciones había densa oscuridad. Nadie podía ver nada. Nadie se movía. Pero Faraón no cedía. Él no quería dejar ir al pueblo, así que Dios envió una última plaga a Egipto.

Recuerda

Nadie puede vencer a Dios. Dios es más poderoso que Satanás y sus demonios. Dios es más poderoso que todos los reyes y gobernantes del mundo juntos. Dios siempre hace lo que se ha propuesto hacer. Nadie puede detenerle.

Porque Jehová el Altísimo es temible; Rey grande sobre toda la tierra. Salmo 47:2

Preguntas

1. ¿Adoraban Faraón y los egipcios al único Dios verdadero? *No. Ellos adoraban dioses falsos. Incluso adoraban a Faraón como un dios.*

2. ¿Faraón y Satanás podían impedir que Dios librara a los israelitas? *No, Faraón y Satanás no podían evitar que Dios llevara a cabo Sus planes.*

3. ¿Sabía Dios que Faraón sería terco y que no dejaría ir a los israelitas? *Sí. Dios sabía cómo respondería Faraón. Dios lo sabe todo.*

4. ¿Qué hizo Dios cada vez que Faraón cambiaba de parecer? *Cada vez que Faraón no dejaba ir al pueblo, Dios enviaba otra terrible plaga. Estas terribles plagas mostraban a todos cuán temible y poderoso es Dios. Estas terribles plagas demostraban a todos que el Dios de Israel es el único Dios vivo y verdadero.*

5. ¿Puedes nombrar algunas de las plagas que Dios envió sobre Egipto? *Dios convirtió el agua en sangre, envió cantidades de ranas, convirtió el polvo en piojos, envió multitudes de moscas, envió úlceras sobre la gente y los animales, mató el ganado de los egipcios, envió terribles granizos, envió langostas para destruir todos los cultivos de alimentos y finalmente, envió unas terribles tinieblas sobre toda la tierra.*

6. ¿Puede alguien impedir los planes de Dios? *No. Dios es el Creador del universo y de toda la gente. Él es la más alta autoridad; Él es quien está a cargo. Dios hace todo lo que quiere y nadie lo puede detener.*

Verdades bíblicas

- Dios es un ser personal; Él se comunica con la gente.
- El Dios de la Biblia es el único Dios verdadero; todos los demás dioses son falsos.
- Satanás trata de estorbar los planes de Dios; no quiere que la gente sea librada de su poder.
- Los hechiceros son guiados por Satanás; ellos no son tan poderosos como Dios.
- Dios lo sabe todo.
- Dios tiene todo el poder para hacer todo lo que quiere.
- Dios es el Creador del mundo; Él es la más alta autoridad.
- Dios tiene un plan para el mundo; nadie podrá impedir que Él lleve a cabo Su plan.

Actividad: Actuar el relato de faraón y las plagas

Suministros

- Alumnos voluntarios
- Una silla para faraón y una vara para Aarón

Instrucciones

- Un alumno voluntario que haga de faraón en todas las escenas
- Dividir el resto de los alumnos en 9 grupos. Debe haber al menos dos alumnos por grupo. Si no tiene suficientes alumnos, dejar que cada grupo actúe dos escenas en lugar de una.
- Asignar a cada grupo de alumnos investigar y actuar una plaga. Indicar el pasaje de la Biblia para que lean sobre la plaga y la actúen para el grupo.
- En cada escena el Faraón debe asegurar que dejará ir a los israelitas si Moisés y Aarón le prometen quitar la plaga. Cada escena debe terminar con el Faraón endureciendo su corazón y decidiendo que NO dejará ir al pueblo hebreo.
- Recordar a los alumnos que Dios es más poderoso que cualquier rey o gobernante y que Dios siempre lleva a cabo Sus planes. Recordar que la próxima semana veremos la última plaga que Dios envió sobre Egipto.
- Estas son las primeras nueve plagas y sus referencias bíblicas:

  1) Sangre - Éxodo 7: 19-23

  2) Ranas - Éxodo 8: 1-8

  3) Piojos - Éxodo 8: 12-17

  4) Moscas - Éxodo 8: 21-33a

  5) Ganado - Éxodo 9:6

  6) Úlceras - Éxodo 9:10-11

  7) Granizo - Éxodo 9: 23b-28

  8) Langostas - Éxodo 10: 14-15

  9) Tinieblas - Éxodo 10: 22b-23

Referencias bíblicas

Números 33:4b; Deuteronomio 4:32-40, 7:6-10; Salmos 2:1-4; 47:2; Salmos 78:43-50; 86:8-10; Salmos 96:4; 114:7; 115:3; 135:5-6, 15-18; Salmos 145:3-7; Jeremías 10:10; 2 Tesalonicenses 2:9-10

28
Cuando vea la sangre
La Pascua

Versículo para memorizar

Y la sangre os será por señal en las casas donde vosotros estéis; y veré la sangre y pasaré de vosotros... Éxodo 12:13a

Lección

Dios dijo que enviaría una terrible plaga más. Él prometió que después de eso, Faraón dejaría ir a los israelitas.

Jehová dijo a Moisés: "Una plaga traeré aún sobre Faraón y sobre Egipto, después de la cual él os dejará ir de aquí... Éxodo 11:1a

Esto es lo que Dios dijo a Moisés:

A la medianoche... morirá todo primogénito en tierra de Egipto...

Y habrá gran clamor por toda la tierra de Egipto, cual nunca hubo, ni jamás habrá. Éxodo 11:4-6

Todo hijo primogénito de los egipcios moriría. Incluso Faraón, a quien los egipcios adoraban como dios, no sería capaz de salvar a su hijo primogénito. Pero Dios abrió un camino para que los hijos primogénitos de Israel fuesen rescatados. Esto es lo que Él dijo que hicieran por ellos:

En el diez de este mes tómese cada uno un cordero...El animal será sin defecto, macho de un año. Éxodo 12:3b, 5a

En el día diez del mes, cada padre israelita debía tomar un cordero macho perfecto. El cordero no debía tener heridas ni cicatrices en su cuerpo. La familia debía guardar el cordero en su casa durante cuatro días.

Y lo guardaréis hasta el día catorce de este mes, y lo inmolará toda la congregación del pueblo de Israel entre las dos tardes. Éxodo 12:6

En la tarde del día catorce, los israelitas debían matar el cordero y poner la sangre en el dintel y en los postes de la puerta de sus casas. Todos debían permanecer en el interior de la casa hasta la mañana siguiente.

Y tomad un manojo de hisopo, y mojadlo en la sangre que estará en un lebrillo, y untad el dintel y los dos postes con la sangre que estará en el lebrillo; y ninguno de vosotros salga de las puertas de su casa hasta la mañana. Éxodo 12:22

> Hisopo = una planta que crecía en Israel en ese lugar desierto.

Las instrucciones de Dios eran fáciles de entender; los israelitas sabían exactamente lo que tenían que hacer para salvar la vida de sus hijos primogénitos.

¿Recuerdas lo que Dios hizo por Adán y Eva cuando pecaron? Él les hizo vestiduras aceptables matando un animal, ¿verdad? Después, Dios dijo que para que Abel y Caín fueran aceptados, ellos tenían que matar un cordero y ofrecerlo en sacrificio a Dios. Adán y Eva y Caín y Abel eran pecadores. La única manera en que ellos podían ser aceptables a Dios era mediante la muerte de un animal.

Años más tarde, Dios proveyó un cordero perfecto para que tomara el lugar de Isaac sobre el altar. Solamente un carnero perfecto podía morir en el lugar de Isaac.

Y ahora Dios promete salvar la vida de los hijos primogénitos de Israel si mataban un cordero macho perfecto y rociaban su sangre sobre los dinteles de las puertas de sus casas.

La última instrucción de Dios a los israelitas era que no quebrasen ninguno de los huesos del cordero.

...ni quebraréis hueso suyo. Éxodo 12:46

Por cuanto el cordero Pascual era una figura del Libertador que vendría, era muy importante que los israelitas siguieran las instrucciones de Dios.

Dios dijo que en la tarde del día catorce, Él pasaría por el país de Egipto para matar a los hijos primogénitos. Pero Dios prometió no entrar en ninguna casa donde viera la sangre en la puerta. Todos lo que estuvieran en el interior de la casa donde hubiera sangre rociada en la puerta, estarían a salvo.

Los egipcios verían nuevamente que el Dios de Israel era el único Dios vivo, verdadero y poderoso.

...Pues yo pasaré aquella noche por la tierra de Egipto, y heriré a todo primogénito en la tierra de Egipto...y ejecutaré mis juicios en todos los dioses de Egipto. Yo Jehová. Y la sangre os será por señal en las casas donde vosotros estéis; y veré la sangre y pasaré de vosotros, y no habrá en vosotros plaga de mortandad cuando hiera la tierra de Egipto. Éxodo 12:12-13

Los dioses de los egipcios eran impotentes frente al Dios de Israel; no pudieron salvar a sus hijos primogénitos de la muerte.

Pero los israelitas creyeron a Dios. Ellos sabían que Dios era el único que podía salvar a sus hijos primogénitos. Ellos siguieron las instrucciones, igual como hizo Noé, porque creyeron que Él era el único que podía mostrarles cómo ser salvos de la muerte.

Y los hijos de Israel fueron e hicieron puntualmente así, como Jehová había mandado a Moisés y a Aarón. Éxodo 12:28

Tal como Él había prometido, Dios pasó de largo cada casa en la que Él vio la sangre en el dintel de la puerta. Ninguno de los israelitas murió, pero entre los egipcios hubo gran llanto.

Y aconteció que a la medianoche Jehová hirió a todo primogénito en la tierra de Egipto, desde el primogénito de Faraón que se sentaba sobre su trono hasta el primogénito del cautivo que estaba en la cárcel... Y se levantó aquella noche Faraón, él y todos sus siervos, y todos los egipcios; y hubo un gran clamor en Egipto, porque no había casa donde no hubiese un muerto. Éxodo 12:29-30

Finalmente Faraón se dio cuenta de que no podía luchar contra Dios y ganar. Finalmente estuvo dispuesto a hacer lo que Dios le decía. Faraón mandó llamar a Moisés y a Aarón.

E hizo llamar a Moisés y a Aarón de noche, y les dijo: Salid de en medio de mi pueblo... Y los egipcios apremiaban al pueblo, dándose prisa a echarlos de la tierra; porque decían: Todos somos muertos. E hicieron los hijos de Israel conforme al mandamiento de Moisés, pidiendo de los egipcios alhajas de plata, y de oro, y vestidos... los egipcios...les dieron cuanto pedían; así despojaron a los egipcios. Éxodo 12:31-36

Hace mucho tiempo, Dios había dicho a Abraham que sus descendientes serían esclavos en tierra ajena durante cuatrocientos años, y que luego se irían con grandes riquezas. Todo sucedió tal como Dios había dicho.

Entonces Jehová dijo a Abram: Ten por cierto que tu descendencia morará en tierra ajena, y será esclava allí, y será oprimida cuatrocientos años. Mas también a la nación a la cual servirán, juzgaré yo; después de esto saldrán con gran riqueza. Génesis 15:13-14

Después de cuatrocientos años de esclavitud, Dios libertó a los israelitas. Al salir de Egipto, ellos pidieron a los egipcios oro, plata y vestidos. En ese momento, los egipcios estaban tan asustados del Dios de Israel, que gustosos dieron a los israelitas todo lo que pidieron.

Dios quería que los israelitas recordaran para siempre este día; Él quería que siempre recordaran que sus hijos primogénitos fueron salvados de la muerte por la sangre del cordero.

...este día os será en memoria, y lo celebraréis como fiesta solemne para Jehová durante vuestras generaciones. Éxodo 12:14a

Dios quería que el pueblo de Israel celebrara cada año la Fiesta de la Pascua para recordar la noche en que Él pasó por sobre las casas donde la sangre de los corderos había sido rociada en los dinteles de las puertas.

Recuerda

Dios aceptó a Abel, Noé, Abraham, Sara, Isaac, Jacob, y José porque ellos creyeron en Él. Estas personas sabían que eran pecadores separados de Dios. Pero ellos esperaban el día en que Dios enviaría al Libertador que los salvaría de la muerte y que los haría aceptos a Dios. Ellos sabían que mediante el Libertador, Dios abriría un camino para que ellos fueran al cielo cuando murieran. Todos ellos confiaban en Dios porque sabían que Él era el único que podía salvarlos.

Por la fe Abel ofreció a Dios más excelente sacrificio que Caín, por lo cual alcanzó testimonio de que era justo... Noé...Abraham... Sara... Isaac... Jacob... José...Moisés...todos ellos...alcanzaron buen testimonio mediante la fe... Hebreos 11:4-39

Preguntas

1. ¿Cuál fue la última plaga que Dios envió a Egipto? *La última plaga fue la muerte de sus hijos primogénitos.*

2. ¿Qué instrucciones dio Dios a los israelitas para salvar de la muerte a sus hijos? *Él les dijo que mataran un cordero y que rociaran la sangre en los dinteles de sus casas.*

3. ¿Cómo debía ser el cordero para que Dios lo aceptara? *Dios dijo que el cordero debía ser un cordero macho perfecto. No debía tener cicatrices ni heridas.*

4. ¿Cómo tenía que ser el cordero que Dios aceptara en lugar de Isaac sobre el altar? *El único cordero que Dios aceptó para que muriera en lugar Isaac, tenía que ser un codero perfecto.*

5. ¿Por qué los israelitas no debían quebrar ninguno de los huesos del cordero? *Los israelitas no debían quebrar ninguno de los huesos del cordero porque el cordero Pascual era una figura del Libertador que vendría.*

6. Después de rociar con sangre los dinteles de las puertas, ¿dónde debían quedarse los israelitas? *Ellos debían permanecer dentro de sus casas hasta la mañana.*

7. ¿Entraría Dios a alguna casa cuyo dintel estuviera rociado con la sangre del cordero? *No. Dios prometió pasar de largo cada casa donde viera la sangre en el dintel. Nadie que estuviera dentro de esa casa moriría.*

8. ¿Por qué los israelitas siguieron cuidadosamente las instrucciones de Dios? *Los israelitas hicieron exactamente lo que Dios les dijo porque ellos creían que Dios era el único que podía mostrarles cómo sus hijos primogénitos podían ser salvados de la muerte.*

9. ¿Qué es lo que Dios quería que recordaran los israelitas? *Dios quería que los Israelitas recordaran siempre que sus hijos primogénitos fueron salvos por la sangre del cordero. Él quería que recordaran cómo Él pasó de largo sobre cada casa donde veía la sangre del cordero rociada en el dintel de la puerta.*

Verdades bíblicas

- Dios se comunica con la gente; Él dio claras instrucciones de cómo los hijos primogénitos podrían salvarse de la muerte.
- Dios salva solamente a los que creen en Él.
- Dios es perfecto; Él aceptaba solamente la muerte de un cordero perfecto en lugar de la persona.
- Solo Dios puede proveer un camino para ser salvo de la muerte.
- El Dios de la Biblia es el único Dios vivo y verdadero; todos los otros dioses son falsos e impotentes.
- Dios conoce el futuro; Él hace todas las cosas según Su plan.

Actividad 1: Dibujo de la pascua hecho con paletas de helados

Suministros

- Cartulina blanca
- Crayones o lápices de colores
- Crayón rojo o marcador o témpera
- Pegamento
- Dos (2) paletas de helado enteras y una mitad de paleta de helado para cada alumno

Instrucciones

- Dibujar el bosquejo de una antigua casa israelita. Que sea lo suficientemente grande como para poner una puerta hecha con las paletas de helados.
- Colorear la casa y el trasfondo.
- Pegar con el pegamento las dos paletas de helado enteras para hacer los lados de la puerta.
- Pegar también la media paleta de helado en la parte de arriba para completar la puerta.
- Usar un marcador rojo, crayón o témpera para pintar los postes de la puerta para simbolizar la sangre en los dinteles.
- Escribir Éxodo 12:13*a* en la parte de arriba de su cuadro.

  Y la sangre os será por señal en las casas donde estéis, y veré la sangre y pasaré de vosotros... Éxodo 12:13a

Actividad 2: Actuar la escena pascual

Suministros

- Cuatro o más alumnos voluntarios. Las partes son: 1) Narrador #1 , 2) Narrador #2, 3) Madre, 4) niños (3 o más)

Instrucciones

- Los alumnos comentan y actúan la siguiente representación.

Narrador #1:

Veremos un ejemplo muy especial en el Antiguo Testamento por medio del cual Dios proveyó un camino para que los hijos de los israelitas no tuvieran que morir y que al mismo tiempo señalara hacia el Libertador que vendría. Esto sucedió alrededor del año 1450 A.C. y el pueblo escogido de Dios, los Israelitas, eran prisioneros mantenidos en cautividad en la tierra de Egipto. Aunque los Israelitas fueron esclavizados por un Faraón poderoso y malvado, Dios iba a mostrar a los Israelitas que ellos debían depender de Él y que Él los libertaría.

Narrador #2:

¿Eso fue cuando Dios envió todas esas horribles plagas sobre los egipcios, pero protegió de ellas a los Israelitas? Yo recuerdo la historia. Cada vez Faraón prometió dejar ir a los israelitas, y cada vez, luego que la plaga fuera quitada, Faraón no cumplió su promesa.

Narrador #1:

Sí, eso es. Viajemos atrás en el tiempo y veamos por nosotros mismos.

ESCENA PASCUAL

Niño #1: Mamá, mamá, ¿qué está sucediendo? Todos están ocupados en adquirir alimentos para una fiesta y papá se está preparando para matar esta noche nuestro mejor cordero.

Niño #2: Mamá, papá dice que te acuerdes de lavar la palangana para la sangre del cordero esta noche. ¿Qué está sucediendo, mamá?

Madre: Júntense niños, y yo les explicaré. Vean, Dios está por mostrarnos otro de Sus milagros. ¿Recuerdan todas las plagas que ÉL envió sobre Egipto en las últimas semanas?

Niño #2 o 3: Oh sí, las ranas, las moscas y el agua convertida en sangre.

Madre: Eso es. Pero Faraón no está oyendo a Dios, de modo que ahora Dios enviará una plaga realmente terrible a Egipto. Todo hijo primogénito en Egipto morirá esta noche, a menos que confíen en Dios.

Niño #1: ¿Cómo podemos confiar en Dios, mamá? Yo soy el hijo primogénito en esta casa y yo no quiero morir esta noche.

Madre: No temas, hijo mío. Dios cuidará de ti y de todos nosotros. Él nos ha abierto un camino para que seamos libertados. Tenemos que escoger un cordero sin defecto. Debemos matar el cordero y juntar su sangre en esta palangana. Entonces, esta noche, debemos poner la sangre en ambos postes de la puerta de nuestra casa y también arriba de la puerta.

Niño #3: ¿Qué sucederá entonces, mamá?

Madre: Dios dijo que si los postes de la puerta son rociados con la sangre del cordero, Él pasará sobre nuestra casa y no dañará a ninguno de nuestros hijos. ÉL sabrá donde vivimos y sabrá que confiamos en Él por la sangre del cordero en nuestra puerta.

Hijo #1: ¿De modo, mamá, que Dios pasará por sobre nuestra casa esta noche y nos librará de la muerte?

Madre: Sí, hijo. Creo que lo hará. ¿Ves nuestra puerta? No temas. Estamos cubiertos por la sangre del cordero.

Narrador #1:

Así que vemos, que la celebración de la Pascua era un cuadro bello de lo que el libertador haría algún día por todos nosotros.

Referencias bíblicas

Génesis 15:13-16; Éxodo 18:8-11; Levítico 17:11; Números 8:17, 33:3-4;
Deuteronomio 7:6-10, 15:19-21; Job 19:23-26; Salmos 33:10-11; 78:51; 135:5-9, 15-18;
Hebreos 11:28

29
Atrapados
El cruce del mar Rojo

Versículo para memorizar

La sangre os será por señal en las casas donde estéis; y veré la sangre y pasaré de vosotros... Éxodo 12:13a

Lección

Hace mucho tiempo, cuando Jacob fue a Egipto por causa de la escasez de alimentos, setenta personas componían esta familia. Cuatrocientos años después, cuando los descendientes de Jacob, los israelitas, dejaron Egipto, ellos eran más de dos millones. La familia de Jacob llegó a ser realmente una gran nación en Egipto.

Con setenta personas descendieron tus padres a Egipto, y ahora Jehová te ha hecho como las estrellas del cielo en multitud.
Deuteronomio 10:22

Dios había dicho a Abraham que Él le daría innumerables descendientes. Y eso es justamente lo que hizo. Ahora, Dios estaba llevando a los descendientes de Abraham a la tierra que Él había prometido darles: la tierra de Canaán.

Mas hizo Dios que el pueblo rodease por el camino del desierto del Mar Rojo. Y subieron los hijos de Israel de Egipto armados. Y Jehová iba delante de ellos de día en una columna de nube para guiarlos por el camino, y de noche en una columna de fuego para alumbrarles...
Éxodo 13:18, 21a

En su camino a Canaán, Dios guio a los israelitas por el desierto. El desierto, solitario y vacío se extendía sin fin. No había camino ni señales que mostraran a los israelitas por dónde ir. No tenían mapa ni GPS. Sin la guía de Dios se habrían perdido. Pero en Su bondad y amor, Dios iba delante de los israelitas en una columna de nube para mostrar el camino.

Sin embargo, no pasó mucho tiempo antes de que Faraón se arrepintiera de haber dejado libres a sus esclavos.

...Y fue dado aviso al rey de Egipto, que el pueblo huía; y el corazón de Faraón y de sus siervos se volvió contra el pueblo, y dijeron: ¿Cómo hemos hecho esto de haber dejado ir a Israel, para que no nos sirva? Y unció su carro, y tomó consigo su pueblo; y tomó todos los carros de Egipto, y los capitanes sobre ellos. Éxodo 14:5-7

Incluso después de que Dios destruyera completamente la tierra de Egipto y matara a los hijos primogénitos, Faraón insistía en luchar contra Dios. Su ejército alcanzó pronto a los israelitas que acampaban a orillas del Mar Rojo.

Y cuando Faraón se hubo acercado, los hijos de Israel alzaron sus ojos, y he aquí que los egipcios venían tras ellos; por lo que los hijos de Israel temieron en gran manera, y clamaron a Jehová. Y dijeron a Moisés: ¿No había sepulcros en Egipto, que nos has sacado para que muramos en el desierto?... Porque mejor nos fuera servir a los egipcios, que morir nosotros en el desierto. Éxodo 14:10-12

En lugar de estar asustados, los israelitas deberían haber confiado en Dios. Después de todo, ¿no acababa Dios de librarlos de Egipto con grandes milagros? ¿Y no había prometido este Dios todopoderoso llevarlos a Canaán? Ellos debían haber creído que, de una manera u otra, Dios cumpliría Su promesa de llevarlos sanos y salvos a la tierra de Canaán.

Moisés dijo a los israelitas que no tuvieran miedo.

Y Moisés dijo al pueblo: "No temáis; estad firmes, y ved la salvación que Jehová hará hoy con vosotros; porque los egipcios que hoy habéis visto, nunca más para siempre los veréis. Jehová peleará por vosotros, y vosotros estaréis tranquilos". Éxodo 14:13, 14

Dos millones de israelitas estaban atrapados entre el Mar Rojo y el ejército de Faraón. Ellos no disponían de un gran barco ni tampoco de botes para cruzar el mar. Por cierto que tampoco podían todos cruzarlo a nado. Y tampoco tenían un ejército que luchara por ellos. Solo Dios podía rescatar a los israelitas de esta situación desesperada.

Dios dijo a Moisés:

...Y tú alza tu vara, y extiende tu mano sobre el mar, y divídelo, y entren los hijos de Israel por en medio del mar, en seco.

Y he aquí, yo endureceré el corazón de los egipcios para que los sigan; y yo me glorificaré en Faraón y en todo su ejército, en sus carros y en su caballería; y sabrán los egipcios que yo soy Jehová, cuando me glorifique en Faraón, en sus carros y en su gente de a caballo.
Éxodo 14:16-18

Tanto los egipcios como los israelitas, verían el gran poder de Dios; ellos iban a ver otra vez que el Dios de Israel era el único Dios verdadero.

Dios hizo que la columna de nube se pusiera entre los israelitas y los egipcios. La nube daba luz a los israelitas; pero era tinieblas para los egipcios.

Y el ángel de Dios que iba delante del campamento de Israel, se apartó e iba en pos de ellos; y asimismo la columna de nube que iba delante de ellos se apartó y se puso a sus espaldas, e iba entre el campamento de los egipcios y el campamento de Israel; y era nube y tinieblas para aquéllos, y alumbraba a Israel de noche, y en toda aquella noche nunca se acercaron los unos a los otros. Éxodo 14:19-20

Entonces Moisés hizo como Dios le dijo y extendió su vara sobre el mar.

Y extendió Moisés su mano sobre el mar, e hizo Jehová que el mar se retirase por recio viento oriental toda aquella noche; y volvió el mar en seco, y las aguas quedaron divididas. Entonces los hijos de Israel entraron por en medio del mar, en seco, teniendo las aguas como muro a su derecha y a su izquierda. Y siguiéndolos los egipcios, entraron tras ellos hasta la mitad del mar, toda la caballería de Faraón, sus carros y su gente de a caballo. Aconteció...que Jehová... trastornó el campamento de los egipcios, y quitó las ruedas de sus carros, y los trastornó gravemente. Entonces los egipcios dijeron: "Huyamos de delante de Israel, porque Jehová pelea por ellos contra los egipcios". Y Jehová dijo a Moisés: Extiende tu mano sobre el mar, para que las aguas vuelvan sobre los egipcios, sobre sus carros, y sobre su caballería.

Entonces Moisés extendió su mano sobre el mar.... Y volvieron las aguas, y cubrieron los carros y la caballería, y todo el ejército de Faraón que había entrado tras ellos en el mar; no quedó de ellos ni uno.

Así salvó Jehová aquel día a Israel de mano de los egipcios; e Israel vio a los egipcios muertos a la orilla del mar. Y vio Israel aquel grande hecho que Jehová ejecutó contra los egipcios; y el pueblo temió a Jehová, Éxodo 14:21-31a

¡Cuán grande es Dios! Él es quien en el principio creó el agua y el viento. Él es quien separó las aguas de arriba en el cielo de las aguas bajo el cielo. Él es quien hizo juntar las aguas de la tierra en océanos, para que apareciera la tierra seca. Y Él es quien envió el diluvio para destruir la tierra en los días de Noé. Toda la naturaleza está bajo el control de Dios.

Todo lo que Jehová quiere, lo hace.

Porque yo sé que Jehová es grande, Y el Señor nuestro, mayor que todos los dioses. Todo lo que Jehová quiere, lo hace, En los cielos y en la tierra, en los mares y en todos los abismos. Hace subir las nubes de los extremos de la tierra; Hace los relámpagos para la lluvia; Saca de sus depósitos los vientos. Él es quien hizo morir a los primogénitos de Egipto, Desde el hombre hasta la bestia. Envió señales y prodigios en medio de ti, oh Egipto, Contra Faraón, y contra todos sus siervos. Salmo 135:5-9

Aunque los israelitas se encontraban en una situación desesperada, Dios tenía poder para salvarles. Nada es demasiado difícil para Él.

Recuerda

Tal como los israelitas eran incapaces para salvarse a sí mismos de la muerte, así tú tampoco te puedes salvar a ti mismo de la muerte eterna. No hay ninguna religión o iglesia que te puede salvar. No hay ninguna persona que te puede salvar. Tú no puedes salvarte a ti mismo haciendo buenas obras.

Sólo Dios puede rescatarte de la muerte, de estar separado de Él para siempre en el lugar de terrible sufrimiento.

Y en ningún otro hay salvación; porque no hay otro nombre dado bajo el cielo, dado a los hombres, en que podamos ser salvos. Hechos 4:12

Preguntas

1. ¿Dio Dios a Abraham innumerables descendientes tal como prometió? *Sí. Cuando los israelitas abandonaron Egipto ellos eran como dos millones. Desde entonces, han nacido muchísimos más israelitas.*

2. ¿Cómo guio Dios a los israelitas por el desierto? *Durante el día los guiaba con una columna de nube y en la noche Él los guiaba con una columna de fuego.*

3. Cuando los israelitas abandonaron Egipto, ¿hacia dónde los llevaba Dios? *Dios estaba llevando a los israelitas a la tierra que Él había prometido a Abraham – la tierra de Canaán.*

4. Cuando los israelitas vieron al ejército egipcio que venía tras ellos, ¿confiaron en que Dios los protegería y que los llevaría sanos y salvos a Canaán, tal como Él había prometido? *No. Ellos tuvieron miedo. Ellos no confiaron en que el Dios todopoderoso los protegería. Ellos no creyeron que Dios cumpliría Su promesa de llevarlos sanos y salvos a la tierra de Canaán.*

5. ¿Podían los israelitas de alguna manera salvarse a sí mismos de los egipcios? *No. Ellos estaban atrapados entre el poderoso ejército egipcio y el Mar Rojo. Ellos no disponían de un ejército ni tenían manera alguna de cruzar el mar. No había ninguna manera en que ellos pudieran salvarse a sí mismos de los egipcios.*

6. ¿Quién era el único que podía salvar a los israelitas? *Solo Dios podía abrir un camino para que ellos se salvaran.*

7. ¿Qué hizo Dios para salvar a los israelitas? *Él hizo que la columna de nube se pusiera entre el ejército egipcio y los israelitas. La nube daba luz a los israelitas, pero en el lado de los egipcios era tinieblas. Entonces Dios hizo secar un camino por el mar para que los israelitas cruzaran. Cuando el ejército egipcio los siguió, Dios hizo que las aguas volvieran a su lugar y ahogaran a los egipcios.*

8. ¿Cómo pudo Dios secar un camino en medio del mar? *Nada es demasiado difícil para Dios. Él es quién en el principio hizo el viento y el agua. Él tiene el poder para hacer que hagan todo lo que Él quiere.*

9. ¿Quién es más poderoso que Dios? *Nadie es más poderoso que Dios.*

10. ¿Quién es el único que puede salvarte de la separación de Dios para siempre en el lugar de terrible sufrimiento? *Dios es el único que te puede salvar de la muerte eterna.*

Verdades bíblicas

- Dios siempre hace lo que dice que hará; Él cumple Su palabra.
- Dios puede hacer cualquier cosa; nada es demasiado difícil para Él.
- Dios es el todopoderoso Creador del universo.

- Todos los hombres son pecadores.
- Somos incapaces de salvarnos de la muerte eterna.
- Dios es un Dios de amor.
- Solo Dios puede salvarnos.
- Dios salva a los que confían en Él.

Actividad: Juego desaparición de versículo para memorizar

Suministros

- Pizarrón o pizarra blanca
- Tiza o marcador para pizarra blanca

Instrucciones

- Escribir el versículo a memorizar y la referencia bíblica con letras grandes en la pizarra.
- Que los alumnos repitan al unísono dos veces versículo a memorizar y la referencia.
- Pedir a un alumno voluntario que escoja dos palabras que quiera borrar. Borre esas dos palabras o pídale al alumno que las borre.
- Que los alumnos repitan al unísono el versículo a memorizar incluidas las dos palabras que fueron borradas.
- Pida a otro alumno voluntario que escoja dos palabras más para ser borradas. Borre las palabras como la vez anterior.
- Que los alumnos repitan al unísono el versículo.
- Repetir el proceso hasta que todas las palabras hayan sido borradas.
- Ver si el grupo puede recitar el versículo al unísono sin las palabras en la pizarra.
- Si usted quiere, puede preguntar si algún un alumno puede recitar el versículo de memoria.

  La sangre os será por señal en las casas donde estéis; y veré la sangre y pasaré de vosotros... Éxodo 12:13a

Referencias bíblicas

Éxodo 13:17-22; Deuteronomio 26:5-8; Salmos 24:1-2, 33:8-9, 95:5, 104:5-9, 106:7-9; Isaías 41:8-10; Jeremías 32:17; Hebreos 11:29

30
Murmuraciones
Cruzando el desierto a Canaán

Versículo para memorizar

> *Porque la paga del pecado es muerte... Romanos 6:23*

Lección

Al otro lado del Mar Rojo, los israelitas continuaron su camino a Canaán. Día tras día caminaban bajo el sol ardiente; madres y padres, niños y niñas. Cargaban a sus bebés y sus pertenencias y los animales les acompañaban.

> Y salidos de Horeb, anduvimos todo aquel grande y terrible desierto...Deuteronomio 1:19a

Después de tres días en el seco y caluroso desierto, los israelitas realmente tenían sed.

> ...y anduvieron tres días por el desierto sin hallar agua. Y llegaron a Mara, y no pudieron beber las aguas de Mara, porque eran amargas... Entonces el pueblo murmuró contra Moisés, y dijo: ¿Qué hemos de beber? Y Moisés clamó a Jehová, y Jehová le mostró un árbol; y lo echó en las aguas, y las aguas se endulzaron...
>
> Y llegaron a Elim, donde había doce fuentes de aguas, y setenta palmeras; y acamparon allí junto a las aguas. Éxodo 15:22-25a, 27

Los israelitas nacieron en la familia de Adán, eran pecadores. Es por eso que se quejaban. Se olvidaron de cómo Dios los había liberado de la esclavitud y del ejército de Faraón en el Mar Rojo. Se olvidaron de la promesa de Dios para llevarlos a salvo a Canaán. El Dios todopoderoso siempre cumple Sus promesas, ¡los israelitas deberían haber confiado en Él!

Pero aunque los israelitas murmuraban, Dios los amaba igual. En Su misericordia, Él no se enojaba con ellos. En vez de eso, Él mostraba a Moisés cómo purificar el agua para que los israelitas pudieran beber. Luego los llevó a un lugar de reposo.

Después de un tiempo, los israelitas continuaron su camino y llegaron al "Desierto de Sin".

Partió luego... toda la congregación de los hijos de Israel, vino al desierto de Sin... Y toda la congregación de los hijos de Israel murmuró contra Moisés y Aarón en el desierto; y les decían los hijos de Israel: Ojalá hubiéramos muerto por mano de Jehová en la tierra de Egipto, cuando nos sentábamos a las ollas de carne, cuando comíamos pan hasta saciarnos; pues nos habéis sacado a este desierto para matar de hambre a toda esta multitud. Éxodo 16:1-3

Nuevamente los israelitas comenzaron a murmurar en vez de confiar en Dios. Pero Dios no se enojó con ellos. En Su bondad, una vez más, Él cuidó de ellos.

Y Jehová habló a Moisés, diciendo: "Yo he oído las murmuraciones de los hijos de Israel; háblales, diciendo: Al caer la tarde comeréis carne, y por la mañana os saciaréis de pan, y sabréis que yo soy Jehová vuestro Dios". Éxodo 16:11-12

No había jardines ni campos de trigo en el desierto. No había tiendas de abarrotes. No había manera en que los israelitas pudieran obtener alimentos. Solo Dios podía proveer alimentos para ellos.

Y venida la tarde, subieron codornices que cubrieron el campamento; y por la mañana descendió rocío en derredor del campamento. Y cuando el rocío cesó de descender, he aquí sobre la faz del desierto una cosa menuda, redonda, menuda como una escarcha sobre la tierra. Y viéndolo los hijos de Israel, se dijeron unos a otros: ¿Qué es esto? porque no sabían qué era. Entonces Moisés les dijo: Es el pan que Jehová os da para comer. Éxodo 16:13-15

¡Qué milagro tan grande hizo Dios para los israelitas! Él envió codornices a su campamento para que pudiesen comer carne. En la mañana, Él cubrió la tierra con copos de pan dulce, llamado maná. Durante cuarenta años Dios proveyó maná para los israelitas.

Así comieron los hijos de Israel maná cuarenta años... hasta que llegaron a los límites de la tierra de Canaán. Éxodo 16:35

Después de dejar el desierto de Sin, los israelitas llegaron a un lugar llamado Refidim.

Toda la congregación de los hijos de Israel partió del desierto de Sin por sus jornadas... y acamparon en Refidim... Así que el pueblo tuvo allí sed, y murmuró contra Moisés, y dijo: ¿Por qué nos hiciste subir de Egipto para matarnos de sed a nosotros, a nuestros hijos y a nuestros ganados? Entonces clamó Moisés a Jehová, diciendo: ¿Qué haré con este pueblo? De aquí a un poco me apedrearán. Éxodo 17:1-4

Aunque Dios seguía proveyendo ampliamente para los israelitas, ellos continuaron quejándose cada vez que enfrentaban otro problema. Dios podría haberse impacientado con los israelitas porque no confiaban en Él. Él podría haberles dicho que encontraran agua ellos mismos, pero una vez más Dios suplió milagrosamente su necesidad.

Dios dijo a Moisés lo que debía hacer para que los israelitas y sus animales pudieran beber.

Y Jehová dijo a Moisés: Pasa delante del pueblo, y toma contigo de los ancianos de Israel; y toma también en tu mano tu vara con que golpeaste el río, y ve. He aquí que yo estaré delante de ti allí sobre la peña en Horeb; y golpearás la peña, y saldrán de ella aguas, y beberá el pueblo. Y Moisés lo hizo así en presencia de los ancianos de Israel. Éxodo 17:5-6

Moisés creyó a Dios e hizo lo que Dios le dijo. Entonces Dios:

...abrió la peña, y fluyeron aguas; corrieron por los sequedales como un río. Salmo 105:41

Solo Dios podía proveer agua suficiente para dos millones de personas en medio de un desierto árido y arenoso. Dios es el Creador. Él hizo el mundo y todo lo que hay en el. Él fácilmente podía hacer fluir agua de una roca. Nada es demasiado difícil para Él.

Todo lo que Jehová quiere, lo hace,

En los cielos y en la tierra, en los mares y en todos los abismos.

Hace subir las nubes de los extremos de la tierra;

Hace los relámpagos para la lluvia;

Saca de sus depósitos los vientos. Salmos 135:6-7

Dios protegió y cuidó a los israelitas porque los amaba y por la promesa que había hecho a Abraham, Isaac, y Jacob. Dios le había dicho a Abraham que bendeciría a sus descendientes y que les daría la tierra de Canaán y eso es lo que estaba haciendo.

Recuerda

Dios fue misericordioso y bondadoso con los israelitas. Él sabía que Él era el único que podía proveer para ellos, de modo que les dio gratuitamente lo que necesitaban. Ellos no tuvieron que trabajar o pagar por los alimentos y el agua que Dios les dio. Él ni siquiera les hizo prometer que nunca más se quejarían.

Dios no ha cambiado. Él sigue siendo misericordioso y bondadoso. Dios sabe que no puedes salvarte a ti mismo de Satanás y de la muerte. Él sabe que Él es el único que puede salvarte. Aunque tú no eres merecedor de Su bondad, Dios ha abierto un camino para que seas rescatado de la muerte eterna por medio del Libertador prometido.

Dios no pide que hagas algo para que Él te salve. Él no pide que des dinero o que prometas ser bueno. Todo lo que Dios quiere que hagas es creer en Él. Dios promete dar el regalo de Su justicia a cada persona que simplemente cree en El.

Más al que no obra, sino cree en aquel que justifica al impío, su fe le es contada por justicia. Romanos 4:5

Preguntas

1. Cuando los israelitas estaban hambrientos y sedientos en el desierto, ¿confiaron en que Dios proveería para ellos? *No, ellos no confiaron en Dios. Ellos se quejaron.*

2. ¿Qué había hecho Dios por los israelitas para librarlos de la esclavitud en Egipto? *Él envió varias plagas terribles sobre Egipto y finalmente mató a todos los hijos primogénitos de los egipcios.*

3. ¿Qué hizo Dios por los israelitas junto al Mar Rojo cuando estaban atrapados entre el ejército de Faraón y el mar? *Con Su gran poder, Dios partió milagrosamente el mar para que los israelitas lo pudieran cruzar en seco. Luego Él ahogó a todo el ejército egipcio.*

4. Por cuanto Dios había prometido dar la tierra de Canaán a los israelitas, y como Dios ya había mostrado a los israelitas Su amor y Su gran poder, ¿deberían haberse angustiado y quejado los israelitas? *No. Ellos deberían haber confiado en que Dios cumpliría Su promesa de llevarlos sanos y salvos a Canaán.*

5. ¿Quién era el único que podía proveer alimento y agua para dos millones de personas en el vasto y seco desierto? *Solo el todopoderoso Dios podía proveer suficientes alimentos y agua para los israelitas en el árido desierto.*

6. ¿Se enojó Dios con los israelitas porque no confiaban en Él? *No, Dios era misericordioso con ellos.*

7. ¿Qué hizo Dios por los israelitas cuando se quejaban porque no tenían alimentos ni agua? *Él bondadosamente los proveyó de agua y alimentos.*

8. ¿Hizo Dios prometer a los israelitas de que nunca más se quejarían antes de darles agua y alimentos? *No. Él se los dio gratuitamente.*

9. ¿Quién es el único que te puede rescatar de la muerte eterna y hacerte aceptable ante Dios? *Sólo Dios te puede salvar de la muerte y hacerte aceptable con Él.*

10. ¿Qué dice Dios que debes hacer para ser salvo de la muerte eterna? *Dios no exige que hagas nada; no te pide que pagues o que hagas buenas obras o que prometas que serás bueno para que Él te salve. Dios quiere que simplemente le creas, porque Él es el único que puede salvarte de la muerte y hacerte acepto con Él.*

Verdades bíblicas

- Todos los hombres son pecadores.
- Dios es misericordioso, bondadoso y amante.
- Dios puede hacer cualquier cosa; Él es todopoderoso.
- Nosotros somos incapaces; no podemos salvarnos a nosotros mismos.
- Solo Dios nos puede salvar.
- Las buenas obras o el dinero o la promesa de ser bueno no pueden salvarte.
- Dios siempre cumple Sus promesas.
- Dios es el Creador; Él controla la naturaleza.

Actividad: El juego al gato/cero y cruz (vea la página 83)

Suministros

- Pizarrón o pizarra blanca o un hoja de papel de tamaño grande
- Tiza o marcadores

Instrucciones

- Dibujar las líneas paralelas para el juego en la pizarra.
- Dividir los alumnos en dos equipos.
- Hacer las preguntas de repaso y que por turno cada equipo responda una pregunta. Si el equipo responde correctamente, pueden poner una X o una O en la pizarra. El equipo que primero logre tres en línea, horizontal o vertical o diagonal, gana.
- Repetir el juego varias veces hasta haber usado todas las preguntas de repaso.

Referencias bíblicas

Génesis 12:1-3; Salmos 78:12-55, 95:8, 105:40-45, 106:6-15; Juan 6:31

31
Un nuevo acuerdo
En el Monte Sinaí

Versículo para memorizar

Porque la paga del pecado es muerte... Romanos 6:23

Lección

Tres meses después de salir de Egipto, los israelitas llegaron al Monte Sinaí.

En el mes tercero de la salida de los hijos de Israel de la tierra de Egipto, en el mismo día llegaron al desierto de Sinaí. Habían salido de Refidim, y llegaron al desierto de Sinaí, y acamparon en el desierto; y acampó allí Israel delante del monte. Éxodo 19:1-2

Este era el monte donde Moisés había visto la zarza ardiente cuando Dios lo envió a decir a Faraón que libertara a los israelitas. ¿Recuerdas la promesa que Dios le hizo a Moisés esa vez?

...yo estaré contigo; y esto te será por señal de que yo te he enviado: cuando hayas sacado de Egipto al pueblo, serviréis a Dios sobre este monte. Éxodo 3:12

Dios prometió a Moisés que traería a los israelitas a este monte. Aunque los israelitas enfrentaron muchas dificultades, Dios cumplió Su promesa. Con Su gran poder Él los libró de Faraón, los llevó a través del Mar Rojo y les proveyó de alimentos y de agua en el desierto. Finalmente, llegaron al Monte Sinaí, tal como Dios había dicho.

Dios habló a Moisés desde el monte.

Y Moisés subió a Dios; y Jehová lo llamó desde el monte, diciendo: Así dirás a la casa de Jacob, y anunciarás a los hijos de Israel: Vosotros visteis lo que hice a los egipcios, y cómo os tomé sobre alas de águilas, y os he traído a mí. Ahora, pues, si diereis oído a mi voz, y guardareis mi pacto, vosotros seréis mi especial tesoro sobre todos los pueblos; porque mía es toda la tierra. Éxodo 19:3-5

No importaba cómo se portaban, Dios siempre cuidaba a Su pueblo escogido, los israelitas. Aunque ellos se quejaban y no creían a Dios, Él seguía proveyendo agua y alimentos para ellos cuando lo necesitaban.

Pero ahora Dios propuso hacer un nuevo acuerdo con los israelitas. En vez de cuidarlos gratuitamente, no importa cómo se comportaran, Él los trataría bien solo si lo merecían. Dios les daría mandamientos que debían obedecer. Si no seguían a Dios y si no obedecían Sus ordenanzas, ellos no recibirían Su favor y Su bendición.

> **El Pacto**
>
> **Si los Israelitas guardaban los mandamientos de Dios, Dios los continuaría protegiendo y cuidando.**
>
> **Pero, si los Israelitas no guardaban los mandamientos de Dios, ÉL dejaría de mostrarles Su favor especial.**

Moisés comunicó a los líderes de Israel lo que Dios dijo. Los israelitas aceptaron este nuevo acuerdo. Ellos pensaban que podían guardar los mandamientos de Dios; ellos pensaban que eran lo suficientemente buenos como para merecer las bendiciones de Dios.

Entonces vino Moisés, y llamó a los ancianos del pueblo, y expuso en presencia de ellos todas estas palabras que Jehová le había mandado. Y todo el pueblo respondió a una, y dijeron: Todo lo que Jehová ha dicho, haremos. Y Moisés refirió a Jehová las palabras del pueblo. Éxodo 19:7-8

Los israelitas deben haber olvidado todas sus quejas en el desierto. No se daban cuenta de que eran pecadores y que nunca podrían agradar a Dios.

Cuando los israelitas aceptaron guardar los mandamientos de Dios, Dios dijo a Moisés que se prepararan para encontrarse con Él.

Y Jehová dijo a Moisés: Ve al pueblo, y santifícalos hoy y mañana; y laven sus vestidos, y estén preparados para el día tercero, porque al tercer día Jehová descenderá a ojos de todo el pueblo sobre el monte de Sinaí. Y señalarás término al pueblo en derredor, diciendo: Guardaos, no subáis al monte, ni toquéis sus límites; cualquiera que tocare el monte, de seguro morirá. Éxodo 19:10-12

Moisés dijo a los israelitas que se prepararan para la venida de Dios lavando sus vestidos. Esta fue la manera de Dios de ayudar a los hijos de Israel entender que Él acepta sólo aquellos que han sido limpiados de su pecado.

Dios también dijo a Moisés que pusiera límites alrededor del monte para que nadie lo tocara. Si alguien tocaba el monte donde estaba Dios, esa persona moriría.

Finalmente, al tercer día, Dios descendió al monte.

Aconteció que al tercer día, cuando vino la mañana, vinieron truenos y relámpagos, y espesa nube sobre el monte, y sonido de bocina muy fuerte; y se estremeció todo el pueblo que estaba en el campamento. Y Moisés sacó del campamento al pueblo para recibir a Dios; y se detuvieron al pie del monte. Todo el monte Sinaí humeaba, porque Jehová había descendido sobre él en fuego; y el humo subía como el humo de un horno, y todo el monte se estremecía en gran manera. Éxodo 19:16-18

El fuego, el humo, el monte que temblaba y el tronar del sonido eran estremecedores. Incluso Moisés estaba atemorizado.

Y tan terrible era lo que se veía, que Moisés dijo: Estoy espantado y temblando; Hebreos 12:21

Dios es aquel que envió el terrible diluvio en los días de Noé, cuando desde el cielo fueron derramadas las fuertes lluvias y las aguas surgieron desde la tierra durante interminables días. Dios es quien hizo llover fuego y azufre sobre las malvadas ciudades de Sodoma y Gomorra. Dios es quien envió las terribles plagas sobre Egipto y mató a todos sus hijos primogénitos. Dios es aquel que partió el Mar Rojo para que los israelitas pudieran cruzar en seco. Nadie es más grande y poderoso que Dios.

Dios quería que los israelitas vieran Su gran majestad para que cuando Él les diera los mandamientos del nuevo acuerdo, ellos tuvieran cuidado de guardarlos.

Y Moisés respondió al pueblo: No temáis; porque para probaros vino Dios, y para que su temor esté delante de vosotros, para que no pequéis. Éxodo 20:20

Recuerda

Dios es perfecto y puro. Las personas que están sucias por el pecado no son aceptables a Dios.

📖 Porque tú no eres un Dios que se complace en la maldad; el malo no habitará junto a ti. Los insensatos no estarán delante de tus ojos; aborreces a todos los que hacen iniquidad. Destruirás a los que hablan mentira; al hombre sanguinario y engañador abominará Jehová.
Salmo 5:4-6

Los pecadores tienen que estar separados de Dios. Sólo aquellos que han sido limpiados de sus pecados pueden vivir con Dios en el cielo.

Preguntas

1. ¿Cumplió Dios Su promesa de librar a los israelitas de la esclavitud y llevarlos al monte donde Moisés vio la zarza ardiente? *Sí. Como tres meses después de que los israelitas dejaran Egipto, ellos llegaron al Monte Sinaí.*

2. ¿Cuál era el acuerdo que Dios hizo con los israelitas? *El acuerdo que Dios hizo con los israelitas era que Él los cuidaría y protegería solo si ellos obedecían Sus mandamientos.*

3. ¿Pensaban los israelitas que ellos podían obedecer los mandamientos de Dios? *Sí, ellos pensaban eso. Los israelitas pensaban que ellos eran lo suficientemente buenos como para que Dios los aceptara.*

4. ¿Por qué Dios dijo a los israelitas que lavaran sus vestidos? *Esta era la manera que Dios tenía para mostrar que gente pecadora (sucia) no era aceptable ante Él. Para vivir con Dios una persona tiene que ser limpiada de su pecado.*

5. ¿Qué sucedería a alguien que tocara el monte donde estaba Dios? *Cualquiera que tocara el monte donde estaba Dios, moriría.*

6. ¿Por qué temblaron Moisés y el pueblo cuando Dios descendió? *Ellos temblaron porque estaban atemorizados. Sobre la montaña cayó fuego y la cubrió una densa nube negra. Había truenos y relámpagos y todo el monte se estremecía. También había un continuo sonido fuerte como de trompeta.*

7. ¿Hay alguien que sea más majestuoso y poderoso que Dios? *No. Dios es el más poderoso de todos. Él es más imponente y majestuoso que cualquiera. Él es el más grande. Él es la autoridad suprema.*

8. ¿Por qué tenemos que estar separados de Dios? *Tenemos que estar separados de Dios porque Dios es perfecto y puro y nosotros somos pecadores.*

* Horeb es "un nombre (genérico) para los montes Sinaí". Concordancia Strong.

Verdades bíblicas

- Dios siempre hace lo que dice; Él cumple Sus promesas.
- Dios es un Dios de amor.
- Dios es un ser personal; Él se comunica con la gente.
- Todas las personas son pecadoras, y no pueden agradar a Dios.
- Dios es más poderoso y grande que todos los demás.
- Dios es perfecto y sin pecado; hombres pecadores nos son aceptos a Dios.
- La pena por el pecado es la muerte.

Actividad: Bingo bíblico

Suministros

- Tarjetas Bingo y fichas de juego – cualquier juego de tarjetas sirve. También se puede adquirir a bajo precio en algún negocio.

Instrucciones

- Dar a cada alumno una tarjeta bingo y algunas fichas.
- Hacer una de las preguntas de repaso y pedir a uno de los alumnos que conteste. Si el alumno contesta correctamente, puede llamar a llenar la casilla que quiera del bingo. Todo el que tenga esa casilla puede también llenarla.
- Continuar haciendo las preguntas. Dar a cada niño la oportunidad de contestar al menos una pregunta y escoger una casilla del bingo.
- El juego termina cuando el primer alumno grita BINGO por haber completado una línea con fichas, horizontal, vertical, o diagonalmente.
- Jugar el juego varias veces hasta que cada uno haya contestado una pregunta o hasta que todas las preguntas de repaso hayan sido hechas y contestadas.

Referencias bíblicas

Levítico 26:3-9, 14- 34; Deuteronomio 7:6; 28:1, 2, 15, 45; Salmos 5:4, 92:15, 97:4-6; Jeremías 17:9; 1 Timoteo 6:16; Hebreos 12:18-21; Apocalipsis 1:17

32
Diez reglas
Los Diez Mandamientos

Versículo para memorizar

Porque cualquiera que guardare toda la ley, pero ofendiere en un punto, se hace culpable de todos. Santiago 2:10

Lección

Los israelitas habían hecho un pacto con Dios; estuvieron de acuerdo en que ellos obedecerían Sus mandamientos para recibir Su favor y Sus bendiciones. Si ellos no obedecían los mandamientos de Dios, Él ya no los trataría como Su "especial tesoro".

Después de hacer el pacto, Dios descendió al Monte Sinaí para dar a los israelitas Sus mandamientos. Aunque Dios dio muchos mandamientos a los israelitas, los principales son llamados los "Diez Mandamientos". Los Diez Mandamientos son para todos. Dios quiere que tú también guardes estas ordenanzas.

La primera regla que Dios dio fue que no adoraran otros dioses.

No tendrás dioses ajenos delante de mí. Éxodo 20:3

Dios es el único Dios vivo y verdadero. Él es el Creador del mundo. Él es el más grande y el más poderoso. Él es el único que merece ser adorado. Todos los demás dioses son falsos y no tienen poder.

Cuando Dios dijo que no tuvieran otros dioses delante de Él, Él no se estaba refiriendo solo a los dioses falsos de Egipto. Si cualquier cosa —ropa o deportes o amistades o dinero o películas o videojuegos o lo que sea—es más importante para ti que Dios, entonces has quebrantado este mandamiento.

Debes amar a Dios más de lo que amas cualquier otra cosa en el mundo. Solo debes adorar al Dios de la Biblia, nada ni nadie más.

El segundo mandamiento es no hacer ni adorar ídolos.

No te harás imagen, ni ninguna semejanza de lo que esté arriba en el cielo, ni abajo en la tierra, ni en las aguas debajo de la tierra. No te inclinarás a ellas, ni las honrarás; Éxodo 20:4-5a

Está mal adorar una imagen hecha por hombres, un ídolo. Inclinarse ante un ídolo está mal. Rezar a un ídolo es malo. Los ídolos no pueden ver, ni oír, ni hablar, ni pensar. Ellos no tienen vida y no tienen poder. Puesto que Dios es el único Dios vivo y verdadero, Él es el único a quien debes orar.

Este es el tercer mandamiento que Dios dio a los israelitas:

No tomarás el nombre de Jehová tu Dios en vano. Éxodo 20:7a

Es pecado usar el nombre de Dios como blasfemia o imprecación.

El cuarto mandamiento era sobre el descanso en el séptimo día de la semana.

Acuérdate del día de reposo para santificarlo. Seis días trabajarás, y harás toda tu obra; mas el séptimo día es reposo para Jehová tu Dios; no hagas en él obra alguna...Porque en seis días hizo Jehová los cielos y la tierra, el mar, y todas las cosas que en ellos hay, y reposó en el séptimo día; por tanto, Jehová bendijo el día de reposo y lo santificó. Éxodo 20:8-11

Por cuanto Dios creó el mundo en seis días y reposó el séptimo día, Él apartó el séptimo día como día festivo, para recordar que Él es el Creador del mundo. El séptimo día de la semana es el sábado. Dios dijo a los Israelitas que no debían trabajar el día sábado.

De todos los Diez Mandamientos, este es el único que era solo para los israelitas. Hoy en día, Dios no dice que descansemos el día sábado, pero quiere que recordemos siempre que Él es el Creador.

El quinto mandamiento que Dios dio era honrar a tus padres.

Honra a tu padre y a tu madre... Éxodo 20:12

Todos los niños deben honrar a sus padres y a sus madres. Esto significa que debes respetar tanto a tu madre como a tu padre. Cada vez que desobedeces, murmuras, reclamas, contestas, o ignoras a uno de tus padres, has quebrantado este mandamiento.

Dios quiere que obedezcas de inmediato y de buena gana. Si faltas el respeto o desobedeces tan solo una vez, eres culpable, y mereces estar separado de Dios para siempre por causa de tu pecado. Si obedeces por fuera pero con una mala actitud en el interior, eres culpable de quebrantar este mandamiento.

Dios quiere que respetes a tus padres incluso cuando seas adulto y te hayas ido de tu hogar.

La regla número seis es no matar.

No matarás. Éxodo 20:13

Matar a otra persona por enojo está mal. Dios es quien da la vida a una persona. Él es el único que tiene el derecho para decir cuando alguien debe morir.

El séptimo mandamiento que dio Dios era no cometer adulterio.

No cometerás adulterio. Éxodo 20:14

Dios quiere que el marido viva solo con su mujer y que la mujer solo viva con su esposo. Está mal vivir con alguien como si estuvieran casados, cuando no lo están.

El octavo mandamiento era no robar.

No robarás. Éxodo 20:15

Dios es quien da a la gente lo que tiene.

...pues él es quien da a todos, vida y aliento y todas las cosas. Hechos 17:25b

Está mal quitar algo a alguien, por cuanto es Dios quien se lo dio. Cuando copias las respuestas de alguien en la prueba, tú estás robando. Aunque pidas disculpas o devuelvas lo que tomaste, eres culpable de quebrantar este mandamiento.

El noveno mandamiento que Dios dio es no mentir.

No hablarás contra tu prójimo falso testimonio. Éxodo 20:16

Dios no quiere que digas mentiras o que cuentes historias sobre la gente. Es malo levantar rumores y chismes.

Algunas personas piensan que está bien mentir si eso ayuda a otra persona o si ayuda a un buen fin. Pero nunca es bueno decir una mentira. Satanás es un mentiroso. Cuando mientes, actúas como él.

El último mandamiento que Dios dio es no codiciar.

No codiciarás... cosa alguna de tu prójimo. Éxodo 20:17

Codiciar es estar desconforme con lo que uno tiene; es tener envidia por lo que tiene otra persona. Dios quiere que estés contento con los juguetes, el hogar, los amigos y la familia que Él te ha dado. Él quiere que estés agradecido por lo que tienes.

La envidia hace que la gente sea miserable y rencorosa.

Quebrantar los mandamientos de Dios se llama pecado.

Todo aquel que comete pecado, infringe también la ley; pues el pecado es infracción de la ley. 1 Juan 3:4

La pena por el pecado es la separación de Dios para siempre en un lugar de terrible sufrimiento.

El alma que pecare, esa morirá. Ezequiel 18:4b

Aunque dejes de cumplir solo un mandamiento de Dios, eres culpable de quebrantarlos todos.

Porque cualquiera que guardare toda la ley, pero ofendiere en un punto, se hace culpable de todos. Santiago 2:10

Por ejemplo, digamos que has caído dentro de un pozo profundo. Para sacarte, se han anudado diez cuerdas. ¿Pero qué pasará si al sacarte, uno de esos nudos se rompe, solo uno?

Si solo se rompe un nudo, eso sería tan grave como si se rompieran todos los nudos ¿verdad? Si solo se rompe un nudo, te precipitarías a tu muerte.

Así es con los mandamientos de Dios. Dios dice que si quebrantas un mandamiento, es lo mismo que quebrantar todos los mandamientos.

Aunque solo quebrantes un mandamiento en tu corazón, eres culpable. Si estás enojado con alguien en tu corazón, aunque no cometas asesinato, has quebrantado el mandato de Dios. Para Dios es tan importante lo que tú piensas como lo que tú haces.

...Jehová no mira lo que mira el hombre; pues el hombre mira lo que está delante de sus ojos, pero Jehová mira el corazón. 1 Samuel 16:7b

Dios sabe todo lo que hemos hecho. Él conoce todos nuestros pensamientos. Él es el Juez Supremo y Él nos declara culpables a todos.

Y no hay cosa creada que no sea manifiesta en Su presencia; antes bien todas las cosas están desnudas y abiertas a los ojos de aquel a quien tenemos que dar cuenta. Hebreos 4:13

¿Crees que los israelitas guardaron siempre todos los mandamientos de Dios? ¿Podían ser lo suficientemente buenos como para merecer la bondad de Dios? ¿O desobedecerían a Dios y dejarían de recibir Su trato especial? Luego lo veremos.

Recuerda

Los mandamientos de Dios (Su ley) son como un espejo. Sin un espejo tú nunca sabrías que tu semblante está sucio. Pero cuando te miras en el espejo, lo ves. De la misma manera, si no conocieras los Diez Mandamientos, no sabrías que has hecho algo malo. Pero tal como el espejo te muestra que tu rostro está sucio, la ley de Dios te muestra que eres un pecador.

...porque por medio de la ley es el conocimiento del pecado... Romanos 3:20b

La Biblia dice que "no hay quien haga lo bueno".

No hay quien haga lo bueno, no hay ni siquiera uno. Romanos 3:12b

Solo Dios puede hacerte aceptable con Dios para que puedas vivir con Él. Por eso mandó al Libertador.

Preguntas

1. ¿Qué tenían que hacer los israelitas para que Dios los tratara de una manera especial? *Ellos tenían que guardar los mandamientos de Dios.*

2. ¿Por qué es malo adorar otros dioses? *Es malo, porque el Dios de la Biblia es el único Dios vivo y verdadero. Él es el Creador del mundo. Él es el más grande y más poderoso. Todos lo demás dioses son falsos y no tienen poder alguno.*

3. ¿Los Diez mandamientos también son para ti? *Sí, Dios quiere que tú también obedezcas Sus mandatos.*

4. ¿Está bien usar el nombre de Dios como imprecación? *No. No está bien.*

5. ¿Qué quiso decir Dios cuando dijo que honraras a tu padre y a tu madre? *Eso quiere decir que nunca debes desobedecer a tus padres, ni murmurar, ni protestar, ni responder, ni ignorar. Dios quiere que obedezcas inmediatamente y de corazón. Está mal faltar de alguna manera el respeto a los padres.*

6. ¿Está mal enojarse con alguien? *Sí, está mal. Aunque no hayas matado, si estás enojado con alguien eres culpable ante Dios. Dios se preocupa tanto por lo que piensas como por lo que haces.*

7. ¿Cuál fue el último mandamiento que Dios dio? *No codiciarás. Debes estar agradecido y contento con lo que tienes y no desear lo que pertenece a otra persona.*

8. ¿Cuál es la pena por quebrantar los mandamientos de Dios? *La muerte; la separación de Dios para siempre en el lugar de terrible sufrimiento.*

9. ¿Qué pasa si quebrantas solo uno de los mandamientos? *La pena por quebrar un solo mandamiento es la misma que por quebrantar todos los mandamientos. Aunque quebrantes un solo mandamiento, eres un pecador y mereces la muerte.*

10. ¿En qué sentido son como un espejo los mandamientos de Dios? *Los mandamientos de Dios muestran que eres un transgresor. Tal como el espejo te muestra la suciedad de tu rostro, los mandamientos de Dios te muestran el pecado de tu corazón.*

Verdades bíblicas
- Dios es un ser personal: Él se comunica con la gente.
- El Dios de la Biblia es el único Dios vivo y verdadero; todos los demás dioses son falsos.
- Dios es el Creador del mundo. Nadie es más grande que Él.
- Dios es el Dador-de-vida.
- Dios es perfecto y sin pecado.
- Todas las personas son pecadoras y no son aceptas para Dios.
- Dios lo sabe todo; ÉL conoce nuestros pensamientos.
- Dios es juez y es la máxima autoridad; Él hace las reglas y decide el castigo.
- La pena por cualquier pecado y por todo pecado es la muerte; es la separación eterna de Dios en el lugar de terrible sufrimiento.

Actividad 1: Dibujar la tabla de los Diez Mandamientos

Suministros
- Papel
- Lápiz, lápiz negro, marcador o bolígrafo
- Plantilla de mandamientos (página siguiente)
- Tijeras
- Pegamento

Instrucciones

- Dibujar dos tablas (para los mandamientos)
- Cortar los mandamientos de la plantilla
- Pegar los mandamientos en las tablas
- Discutir el versículo de memoria:

  Porque cualquiera que guardare toda la ley, pero ofendiere en un punto, se hace culpable de todos. Santiago 2:10

Actividad 2: Memorizar versículo con pelota

Suministros

- Uno o más pelotas de tamaño mediano
- Copia del verso de memoria

  Porque cualquiera que guardare toda la ley, pero ofendiere en un punto, se hace culpable de todos. Santiago 2:10

Instrucciones

- Formar un gran círculo con todos los estudiantes, o dividir en grupos para formar varios círculos.
- La maestra dice la primera parte del versículo y tira la pelota a un estudiante
- El estudiante repite lo que dijo la maestra.
- Cuando puede decirlo sin errores, tira la pelota a otro estudiante en el círculo.
- Seguir así alrededor del círculo hasta que todos han repetido esa parte del verso sin errores
- Ahora, la maestra añade otra parte del verso.
- Seguir otra vez alrededor del círculo, cada estudiante tomando su turno
- Cuando todos sepan todo el versículo, incluyendo la cita, pueden reunirse en un círculo grande para darle a cada uno la oportunidad de decir todo el versículo
- Los estudiantes más chicos pueden hacer lo mismo con solo una parte del versículo

Referencias bíblicas

Job 33:4; Salmos 5:4, 53:1-3; Proverbios 27:4; Eclesiastés 7:20; Isaías 42:8, 59:2; Habacuc 1:13; Mateo 5:21-48, 12:36; Marcos 7:21-23; John 8:44; Romanos 3:9-20, Romanos 14:5; 1 Corintios 4:5; Gálatas 3:10, 23-24; Efesios 6:1-4; Hebreos 4:12-13; Santiago 1:22-25; 1 Juan 3:15; Apocalipsis 21:8

No tener otros dioses	No adorar ídolos
No tomar el nombre de Dios en vano	Guardar el dia sabado
Honrar a tus padres	No matar
No adulterar	No robar
No mentir	No codiciar

33
El becerro de oro
Israel pecó

Versículo para memorizar

> *Porque cualquiera que guardare toda la ley, pero ofendiere en un punto, se hace culpable de todos. Santiago 2:10*

Lección

Después que Dios dio Sus mandamientos a Israel, Él dijo a Moisés que subiera al monte.

Entonces Jehová dijo a Moisés: Sube a Mí al monte…y te daré tablas de piedra, y la ley y los mandamientos que he escrito para enseñarles…

Entonces Moisés subió al monte, y una nube cubrió el monte… y estuvo Moisés en el monte cuarenta días y cuarenta noches.
Éxodo 24:12,15,18b

Dios escribió Sus mandamientos en tablas de piedra para que no se desgastaran. Él quería que los israelitas tuvieran para siempre una copia escrita de cómo Él quería que ellos actuaran. Dios dijo a Moisés que enseñara estas reglas al pueblo.

Pero mientras Moisés estaba en el monte con Dios, algo terrible sucedió en el campamento israelita.

Viendo el pueblo que Moisés tardaba en descender del monte, se acercaron entonces a Aarón, y le dijeron: Levántate, haznos dioses que vayan delante de nosotros; porque a este Moisés, el varón que nos sacó de la tierra de Egipto, no sabemos qué le haya acontecido. Y Aarón les dijo: Apartad los zarcillos de oro que están en las orejas de vuestras mujeres, de vuestros hijos y de vuestras hijas, y traédmelos. Entonces todo el pueblo apartó los zarcillos de oro que tenían en sus orejas, y los trajeron a Aarón; y él los tomó de las manos de ellos, y le dio forma con buril, e hizo de ello un becerro de fundición. Entonces dijeron: Israel, estos son tus dioses, que te sacaron de la tierra de Egipto.
Éxodo 32:1-4

¿Recuerdas el primer mandamiento que Dios dio a los israelitas? Dios había dicho a los israelitas que no adoraran otros dioses.

No tendrás dioses ajenos delante de mí. Éxodo 20:3

Dios es el único Dios vivo y verdadero. Él es el Creador. Nadie es más grande y más poderoso que Dios.

Porque Jehová es Dios grande, y Rey grande sobre todos los dioses. Salmos 95:3

¿Y cuál fue el segundo reglamento? Dios dijo a los Israelitas que no se hicieran ídolos.

No te harás imagen, ni ninguna semejanza... No te inclinarás a ellas, ni las honrarás. Éxodo 20:4-5a

Ellos no debían adorar ídolos ni rezar a ellos.

Los ídolos...son plata y oro, obra de manos de hombres. Tienen boca, y no hablan; tienen ojos, y no ven; tienen orejas, y no oyen; tampoco hay aliento en sus bocas. Salmos 135:15-17

Aunque los israelitas habían prometido guardar los mandamientos de Dios, muy pronto se olvidaron. Mientras Moisés estaba en el monte, ellos quebrantaron estos dos primeros mandamientos.

Los israelitas no tenían excusa por lo que hicieron. Una y otra vez Dios les había mostrado Su gran poder y amor. Él los libró de la esclavitud en Egipto enviando terribles plagas sobre el país y matando los hijos primogénitos de los egipcios. Faraón y sus falsos dioses eran impotentes contra el Dios de Israel.

Cuando los israelitas finalmente salieron de Egipto, Dios abrió el Mar Rojo para que pasaran en seco y ahogó todo el ejército egipcio. En el desierto, Él los alimentó con maná cada día e hizo brotar agua de la roca para que pudiesen beber ellos y sus animales.

Entonces, cuando Él estaba por darles Sus mandamientos, Dios les mostró Su gran majestad descendiendo sobre el monte con fuego y humo, relámpagos y truenos.

Los Israelitas deberían haber sabido que Dios es el único Dios vivo y verdadero y que todos los demás dioses son inútiles. Cuando los israelitas se volvieron tan pronto en contra de Dios para adorar dioses falsos, ellos mostraron que eran pecadores. Los israelitas nacieron en la familia de Adán. Eran controlados por Satanás y sus propios malos deseos; era imposible que ellos pudieran guardar los mandamientos de Dios.

Dios sabía lo que estaban haciendo los israelitas. Él lo sabe todo. Nada está oculto a Sus ojos.

Esto es lo que Dios dijo a Moisés:

> Entonces Jehová dijo a Moisés: Anda, desciende, porque tu pueblo que sacaste de la tierra de Egipto se ha corrompido. Pronto se han apartado del camino que yo les mandé; se han hecho un becerro de fundición, y lo han adorado, y le han ofrecido sacrificios, y han dicho: Israel, estos son tus dioses, que te sacaron de la tierra de Egipto. Y volvió Moisés y descendió del monte, trayendo en su mano las dos tablas del testimonio. Éxodo 32:7-8, 15a

Moisés descendió para ver lo que estaban haciendo los israelitas. Él llevó consigo "las dos tablas del testimonio".

> Y aconteció que cuando él llegó al campamento, y vio el becerro y las danzas, ardió la ira de Moisés, y arrojó las tablas de sus manos, y las quebró al pie del monte. Y tomó el becerro que habían hecho, y lo quemó en el fuego, y lo molió hasta reducirlo a polvo, que esparció sobre las aguas, y lo dio a beber a los hijos de Israel. Y dijo Moisés a Aarón: ¿Qué te ha hecho este pueblo, que has traído sobre él tan gran pecado? se puso Moisés a la puerta del campamento, y dijo: Poned cada uno su espada sobre su muslo; pasad... por el campamento... y cayeron del pueblo en aquel día como tres mil hombres... Y Jehová hirió al pueblo, porque habían hecho el becerro que formó Aarón. Éxodo 32:19-21, 26-28, 35

La pena por quebrantar las leyes de Dios es la muerte. Por cuanto los israelitas quebrantaron la ley de Dios, tres mil hombres murieron a mano de sus compatriotas.

Pero Dios tuvo misericordia de los israelitas. Él dijo a Moisés que preparara otras dos tablas de piedra. Luego Él escribió Sus reglas en estas nuevas tablas para que los israelitas tuvieran nuevamente una copia permanente de la ley de Dios. En vez de destruir a toda la nación de Israel por su pecado, Dios les dio otra oportunidad para guardar Sus leyes y Él continuó tratándolos como Su pueblo especial.

Y Jehová dijo a Moisés: Alísate dos tablas de piedra como las primeras, y escribiré sobre esas tablas las palabras que estaban en las tablas primeras que quebraste. Éxodo 34:1

Recuerda

Los israelitas no demoraron mucho en quebrantar su acuerdo con Dios. Después de todo, ellos no podían guardar los reglamentos de Dios.

Tú y yo, tampoco podemos guardar los mandamientos de Dios. Tal como los israelitas, nosotros también hemos nacido en la familia de Adán. Hemos nacido pecadores, separados de Dios. La Biblia dice que nadie es bueno. Nadie cumple los mandamientos de Dios.

No hay justo, ni aun uno. No hay quien haga lo bueno, no hay ni siquiera uno. Romanos 3:10, 12b

Por causa de tu pecado, tú mereces ser separado de Dios para siempre en el lugar de terrible sufrimiento. Solo Dios te puede rescatar. Por eso Él envió al Libertador. El plan de Dios era que el Libertador te librara de la muerte eternal que tú mereces.

Preguntas

1. ¿Cuál era el primer mandamiento que Dios dio a los israelitas? *Él dijo que no tuvieran otros dioses.*

2. ¿Cuál era el segundo mandamiento? *Que no se hicieran ídolos y los adoraran.*

3. ¿Por qué Dios escribió los mandamientos en tablas de piedra? *Él los escribió en tablas de piedra para que no se gastaran. Dios quería que los israelitas se acordaran siempre de cómo Él quería que se comportaran.*

4. Mientras Moisés estaba en el monte recibiendo las tablas de piedra, ¿qué pidieron los israelitas a Aarón que hiciera? *Ellos pidieron a Aarón que les hiciera dioses.*

5. ¿Tienen algún poder los dioses hechos por los hombres? *¡No! Están muertos y no sirven para nada. No pueden ver, ni oír, ni caminar, ni pensar.*

6. ¿Hizo Aarón lo que la gente le pidió? *Sí. Él les hizo un becerro de oro con sus joyas.*

7. ¿Qué dijo la gente del becerro? *Ellos dijeron: "Israel, estos son tus dioses, que te sacaron de la tierra de Egipto".*

8. ¿Sabía Dios lo que la gente estaba haciendo? *Sí. Dios ve y sabe todo.*

9. ¿Qué sucedió a los israelitas a causa de este pecado? *Tres mil hombres murieron.*

10. ¿En qué te pareces a los israelitas? *Has nacido en la familia de Adán, tal como los israelitas. Eres un pecador y no importa cuánto te esfuerces, no puedes guardar los mandamientos de Dios.*

Verdades bíblicas

- Dios es un ser personal; Él se comunica con la gente.
- El Dios de la Biblia es el único Dios verdadero.
- Dios es el Creador del mundo.
- Dios puede hacer cualquier cosa; nadie es más fuerte que Dios.
- Los dioses falsos y los ídolos no tienen poder.
- Dios es quien está a cargo del mundo; Él ha establecido reglas que debemos cumplir.
- Todos los hombres son pecadores.
- Dios es perfecto. Él dice que todo aquel que peca debe morir.
- Dios es un Dios de amor.
- Dios está en todo lugar en todo momento.
- Dios lo sabe todo.

Actividad: Memorizar versículo con pelota

Suministros

- Varias pelotas de tamaño mediano
- Copia del versículo a memorizar: Santiago 2:10

    Porque cualquiera que guardare toda la ley, pero ofendiere en un punto, se hace culpable de todos. Santiago 2:10

Instrucciones

- Dividir a los alumnos en equipos o formar un círculo amplio, depende del número de alumnos. Practicar el versículo a memorizar al lanzar la pelota unos a otros y agarrarla.
- Por ejemplo: El profesor dice la primera parte del versículo a memorizar. Una vez que el profesor lo dice correctamente, lanza la pelota a uno de los alumnos. El alumno agarra la pelota y repite correctamente y lanza la pelota a otro alumno. Hacer la ronda hasta que cada alumno haya tenido la oportunidad de agarrar la pelota y decir la primera parte del versículo. Agregar la segunda parte del versículo y hacer lo mismo. Finalmente decir todo el versículo con la referencia bíblica.
- Si los alumnos han estado trabajando en grupos pequeños, puede juntarlos a todos en un círculo grande y recitar el versículo frente a toda la clase sin las pelotas.

Referencias bíblicas

Salmos 95:3; 96:4-5; 97:7; 135:15-18; 147:8-9, 15-18; Jeremías 10:1-16, 14: 22; Hechos 7:37-41

34
Una hermosa tienda
La construcción del tabernáculo

Versículo para memorizar

Jehová en Sion es grande, y exaltado sobre todos los pueblos. Alaben tu nombre grande y temible; Él es santo. Salmo 99:2, 3

Lección

Dios no se sorprendió cuando los israelitas quebrantaron Sus mandamientos. Él sabía que ellos nunca podrían ser lo suficientemente buenos como para merecer Su trato especial.

Los israelitas merecían morir por quebrar los mandamientos de Dios.

Porque la paga del pecado es muerte… Romanos 6:23a

Pero, en Su misericordia Dios proporcionó un modo de perdonar a los israelitas para que no tuvieran que morir.

Jehová habló a Moisés, diciendo: Di a los hijos de Israel que tomen para mí ofrenda…oro, plata, cobre, azul, púrpura, carmesí, lino fino, pelo de cabras, pieles de carneros teñidas de rojo, pieles de tejones, madera de acacia, aceite para el alumbrado, especias para el aceite de la unción y para el incienso aromático, piedras de ónice, y piedras de engaste para el efod y para el pectoral. Y harán un santuario para mí, y habitaré en medio de ellos. Éxodo 25:1-8

Dios dijo a Moisés que dijera a los israelitas que construyeran una hermosa casa donde Él pudiera vivir. Esta casa fue llamada el "tabernáculo".

Dios iba a ir a vivir con los israelitas en su campamento. De ese modo, cuando una persona quebrantara uno de Sus mandamientos, esa persona podría acercarse a Él para obtener perdón.

Como los israelitas estaban siempre trasladándose de un lugar a otro, esta casa especial de Dios tenía que ser transportable. Por eso Dios les dijo que la hicieran con pieles de animales y con telas. Tenía que ser como una tienda que podía armarse y desarmarse.

Tal como Dios le dijo a Noé exactamente como construir el arca, Dios dijo a Moisés cómo Él quería que los israelitas hicieran el tabernáculo.

Dios dijo que pusieran una barrera alrededor del tabernáculo. La cerca debía tener una sola entrada que estaría frente a la entrada al tabernáculo.

> Asimismo harás el atrio del tabernáculo...Y para la puerta del atrio habrá una cortina... Éxodo 27:9a, 16a

Dios dijo que dentro de la cerca ante la entrada al tabernáculo colocaran un gran altar y una fuente.

El altar debía ser de madera de acacia. Y debía tener un cuerno en cada esquina.

> Harás también un altar de madera... Y le harás cuernos en sus cuatro esquinas; los cuernos serán parte del mismo; y lo cubrirás de bronce. Éxodo 27:1-2

La fuente de lavamiento también debía ser hecha de bronce; debía colocarse entre el altar y la puerta del tabernáculo.

> Harás también una fuente de bronce...para lavar; y la colocarás entre el tabernáculo de reunión y el altar, y pondrás en ella agua. Éxodo 30:18

Dios dijo que el interior del tabernáculo debía estar dividido en dos partes: el lugar santo y el lugar santísimo. La entrada al tabernáculo debía estar en el lugar santo.

Dios dijo que en el lugar santo debían ponerse tres piezas de mobiliario; una mesa con doce panes, un candelabro y un altar del incienso. Dios dio a Moisés indicaciones precisas de cómo hacer cada una de estas piezas del mobiliario.

Le dijo que hiciera una cortina para separar el lugar santísimo del lugar santo. Santo significa "apartado". El lugar santo y el lugar santísimo fueron apartados para el uso exclusivo de Dios.

En la Biblia la palabra "santo" significa apartado para un propósito especial.

> También harás un velo de azul, púrpura, carmesí y lino torcido; será hecho de obra primorosa, con querubines... y aquel velo os hará separación entre el lugar santo y el santísimo. Éxodo 26:31, 33b

Detrás de la hermosa cortina, en el lugar santísimo, Dios dijo a Moisés que pusiera una caja especial llamada "el arca del testimonio". La caja estaba cubierta de oro puro.

Dios dijo que hiciera una cubierta para el arca del testimonio. La cubierta se llamó el "propiciatorio".

Y harás un propiciatorio de oro fino...Harás también dos querubines de oro... un querubín en un extremo, y un querubín en el otro extremo; de una pieza con el propiciatorio harás los querubines en sus dos extremos. Y los querubines extenderán por encima las alas, cubriendo con sus alas el propiciatorio; sus rostros el uno enfrente del otro, mirando al propiciatorio los rostros de los querubines. Y pondrás el propiciatorio encima del arca, y en el arca pondrás el testimonio que yo te daré. Y de allí me declararé a ti, y hablaré contigo de sobre el propiciatorio de entre los dos querubines que están sobre el arca del testimonio... Éxodo 25:17-22a

El propiciatorio era el lugar donde Dios iba a vivir.

Dios dijo que hicieran dos querubines (ángeles), uno en cada extremo del propiciatorio. Los querubines debían estar cara a cara y con sus alas tocándose.

Dentro de la caja de oro, debajo del propiciatorio, Moisés debía poner las dos tablas de piedra con los Diez Mandamientos escritos en ellas.

Los israelitas siguieron cuidadosamente todas las instrucciones de Dios. Por cuanto ellos creían a Dios, ellos hicieron cada parte del tabernáculo exactamente como Él les había dicho.

Así fue acabada toda la obra del tabernáculo...hicieron los hijos de Israel como Jehová lo había mandado a Moisés; así lo hicieron. Éxodo 39:32

Cuando todas las partes del tabernáculo estuvieron listas, Dios dijo a Moisés que lo armara.

Moisés hizo levantar el tabernáculo...como Jehová había mandado a Moisés. Y tomó el testimonio y lo puso dentro del arca... Luego metió el arca en el tabernáculo, y puso el velo extendido, y ocultó el arca del testimonio, como Jehová había mandado a Moisés.

Puso la mesa en el tabernáculo de reunión, al lado norte de la cortina, fuera del velo, y sobre ella puso por orden los panes delante de Jehová, como Jehová había mandado a Moisés. Puso el candelero en el tabernáculo de reunión, enfrente de la mesa, al lado sur de la cortina, y encendió las lámparas delante de Jehová, como Jehová había mandado a Moisés. Puso también el altar de oro en el tabernáculo de reunión, delante del velo, y quemó sobre él incienso aromático, como Jehová había mandado a Moisés. Puso asimismo la cortina a la entrada del tabernáculo. Y colocó el altar del holocausto a la entrada del tabernáculo...y sacrificó sobre el holocausto y ofrenda, como Jehová había mandado a Moisés.

Y puso la fuente entre el tabernáculo de reunión y el altar, y puso en ella agua para lavar... Finalmente erigió el atrio alrededor del tabernáculo y del altar, y puso la cortina a la entrada del atrio. Así acabó Moisés la obra. Entonces una nube cubrió el tabernáculo de reunión, y la gloria de Jehová llenó el tabernáculo. Éxodo 40:18-34

Porque los Israelitas creyeron a Dios y siguieron cuidadosamente Sus instrucciones, Dios vino a vivir en el tabernáculo. Ahora, cuando alguno de ellos quebrantaba uno de los mandamientos de Dios, ellos podían ir al tabernáculo para ser perdonados.

Recuerda

Dios se comunica con los seres humanos. Él siempre dice a la gente lo que Él quiere que hagan. De la misma manera en que Él dio a Noé planos exactos para construir el arca, Dios dio a Moisés detalladas instrucciones para hacer el tabernáculo. Por cuanto Noé y los israelitas creían en Dios, ellos siguieron cuidadosamente Sus instrucciones.

¿Recuerdas a Caín? Caín no creyó a Dios. Dios había mostrado a Caín y a Abel cómo acercarse a Él, pero Caín pensó que podía venir a Dios según sus propias ideas. Dios no le aceptó a él ni a su ofrenda.

Lo mismo es válido para ti y para mí. Dios quiere que tú creas en Él. Dios es el único que puede dar una manera de que escapes de la pena de muerte. Solo los que creen en Dios y se acercan a Él de la manera en que Él lo ha mostrado en la Biblia, serán salvos. Los que no creen que Dios es el único que los puede salvar, estarán separados de Dios para siempre.

Preguntas

1. ¿Podían ser lo suficientemente buenos los Israelitas como para que Dios los tratara como Su pueblo especial? *No. Ellos ya habían quebrantado los dos primeros mandamientos de Dios cuando hicieron el becerro de oro y lo adoraron.*

2. ¿Qué dijo Dios a los israelitas que construyeran, para que Él pudiera vivir en su campamento? *Una tienda hermosa y transportable llamada "el tabernáculo".*

3. ¿Dio Dios las instrucciones a los israelitas sobre cómo construir el tabernáculo? *Sí. Él les dio instrucciones precisas.*

4. ¿Cuáles eran las dos habitaciones que había en el interior del tabernáculo? *Las dos habitaciones que había en el interior del tabernáculo eran el lugar santo y el lugar santísimo.*

5. ¿Dónde debía poner Moisés el arca del testimonio? *Dios dijo a Moisés que colocara el arca del testimonio detrás de la cortina en el lugar santísimo.*

6. ¿Cómo se llamaba la cubierta del arca? *Se llamaba el propiciatorio.*

7. ¿Por qué fueron cuidadosos los israelitas para hacer todo exactamente como Dios había dicho? *La razón por la cual los israelitas siguieron exactamente las instrucciones de Dios era porque ellos creían en Dios; ellos creían que Dios era el único que podía proveerles una manera de acercarse a Él.*

8. ¿Qué habría sucedido si los israelitas hubieran decidido hacer algunas partes del tabernáculo un modo diferente de lo que Dios había dicho? *Si los Israelitas no hubiesen hecho todo exactamente como Dios dijo, Dios no habría venido para morar entre ellos.*

9. ¿Qué sucederá a la gente que no cree que Dios es el único que puede salvarles de la pena de muerte que merecen por su pecado? *Los que no creen que Dios es el único que les puede salvar, serán separados de Él para siempre en el lugar de terrible sufrimiento.*

Verdades bíblicas

- Dios es un Dios personal; Él se comunica con la gente.
- Dios es perfecto.
- Todas las personas son pecadoras.
- La pena por el pecado es la muerte.
- Dios es un Dios de misericordia, gracia y amor.
- Sólo Dios puede abrir un camino para que la gente pueda ser perdonada.
- La única manera de agradar a Dios es creyendo en Él.

Actividad: Diagrama del tabernáculo

Suministros

- Lápiz y crayones
- Papel blanco

Instrucciones

- La maestra hace un dibujo simple del tabernáculo y cada pieza en la pizarra o en una hoja de papel
- Anime a los alumnos a seguir las instrucciones y a dibujar cada cosa en su lugar para que tengan una idea exacta de cómo era el tabernáculo.
- Que los alumnos escriban el nombre de los objetos dibujados.
- Que los alumnos escriban en la parte superior de la hoja, sobre el tabernáculo:

  "...la gloria de Jehová llenó el tabernáculo". Éxodo 40:34

Referencias bíblicas

Éxodo 35-40; Lamentaciones 3:22-23

35
Perdón
Los sacrificios del tabernáculo

Versículo para memorizar

Jehová en Sion es grande, y exaltado sobre todos los pueblos. Alaben tu nombre grande y temible. ÉL es santo. Salmo 99:2-3

Lección

Aunque Dios vivía ahora en el campamento israelita, los israelitas no podían acercarse a Él cuando quisieran. Los israelitas solo podían venir a la presencia de Dios de la manera que Dios les instruyó.

¿Recuerdas que Dios dijo a Caín y Abel cómo debían acercarse a Él? La única manera en que Caín y Abel podían ser aceptos con Dios era que mataran un animal y lo trajeran como ofrenda a Dios. Durante muchos años, los que creían a Dios venían a Él de esta manera. Abel, Noé, Abraham, Isaac y Jacob, todos vinieron a Dios matando un animal y ofreciéndolo a Él. Así es como Dios quería que los israelitas se acercaran también a Él.

Si un israelita quebrantaba uno de los mandamientos de Dios, debía traer un sacrificio al tabernáculo, donde moraba Dios. Dios dio a Moisés instrucciones específicas sobre cómo debían hacerse los sacrificios.

> Si alguna persona del pueblo pecare por yerro, haciendo algo contra alguno de los mandamientos de Jehová...traerá por su ofrenda una cabra, una cabra sin defecto, por su pecado que cometió. Y pondrá su mano sobre la cabeza de la ofrenda de la expiación, y la degollará en el lugar del holocausto.
>
> Luego con su dedo el sacerdote tomará de la sangre, y la pondrá sobre los cuernos del altar del holocausto, y derramará el resto de la sangre al pie del altar. Y le quitará toda su grosura...y el sacerdote la hará arder sobre el altar en olor grato a Jehová; así hará el sacerdote expiación por él, y será perdonado. Levítico 4:27-31

La persona que había pecado debía traer una cabra o un cordero al gran altar de bronce fuera del tabernáculo. La cabra o cordero tenía que ser perfecta; no debía tener ningún defecto. Luego el pecador tenía que poner su mano sobre la cabeza del animal mientras apuñalaba su garganta. Al poner su mano sobre la cabeza de la cabra o cordero mientras la mataba, la persona se identificaba con el animal, mostrando que el animal moría en su lugar por su pecado.

Cada vez que una persona rompió una de las reglas de Dios, y vino a Dios de esta manera, Dios perdonó el pecado de esa persona. Dios aceptó la muerte del animal en lugar de la muerte de la persona que había quebrantado Su mandamiento.

La Biblia dice que Dios aceptó el sacrificio de animales como "expiación" por el pecador. Expiación es una gran palabra que simplemente significaba que el pecado de la persona estaba cubierto. Cuando el animal moría en lugar de la persona que había pecado, eso era como si el pecado hubiera sido ocultado a los ojos de Dios. Cuando el pecado había sido cubierto de esta manera, Dios podía perdonar a esa persona.

> **Expiación = una cubierta que escondía el pecado de la persona a la vista de Dios.**

Dios escogió al hermano de Moisés, Aarón, junto con los hijos de Aarón para que fueran sacerdotes y ayudaran a los israelitas con sus sacrificios.

> Harás llegar delante de ti a Aarón tu hermano, y a sus hijos consigo, de entre los hijos de Israel, para que sean mis sacerdotes... Éxodo 28:1a

La tarea de los sacerdotes era trabajar en el tabernáculo. Los sacerdotes ayudaban a la gente cuando traían sus sacrificios a Dios.

Pero los sacerdotes no podían entrar en el tabernáculo donde moraba Dios sin lavarse primero en la fuente que estaba entre el altar de bronce y el tabernáculo. Aunque el lavarse no hacía limpios en su interior a los sacerdotes, esta era la manera en que Dios mostraba que solamente los que han sido limpiados de pecado pueden entrar en Su presencia.

> Y puso la fuente entre el tabernáculo de reunión y el altar, y puso en ella agua para lavar. Y Moisés y Aarón y sus hijos lavaban en ella sus manos y sus pies. Cuando entraban en el tabernáculo de reunión, y cuando se acercaban al altar, se lavaban, como Jehová había mandado a Moisés. Éxodo 40:30-32

Después de que el israelita matara la cabra o cordero, era tarea de uno de los sacerdotes quemarla en el altar de bronce.

A veces los israelitas fallaban en sacrificar un animal cuando quebrantaban uno de los mandamientos de Dios. A veces la gente no se daba cuenta de que habían pecado. En Su misericordia, Dios proveyó un camino para que aún estos pecados pudiesen ser perdonados.

Dios dijo que una vez al año el sumo sacerdote debía entrar en el santísimo con la sangre de un sacrificio especial. Este sacrificio era para los pecados que los israelitas habían cometido sin saber (en ignorancia); esta era una medida de seguridad para estar seguros de que todos los pecados de Israel estaban cubiertos.

pero en la segunda parte, sólo el sumo sacerdote una vez al año, no sin sangre, la cual ofrece por sí mismo y por los pecados de ignorancia del pueblo. Hebreos 9:7

El sumo sacerdote debía rociar la sangre de este sacrificio especial en el propiciatorio donde moraba Dios.

Después degollará el macho cabrío en expiación por el pecado del pueblo, y llevará la sangre detrás del velo adentro, y hará de la sangre como hizo con la sangre del becerro, y la esparcirá sobre el propiciatorio y delante del propiciatorio. Levítico 16:15

El sumo sacerdote tenía que rociar cada año la sangre de este sacrificio especial sobre el propiciatorio dentro del lugar santísimo. Si el sacerdote hacía esto, Dios prometía perdonar a los israelitas todos los mandamientos que habían quebrantado durante el año pasado.

Porque en este día se hará expiación por vosotros, y seréis limpios de todos vuestros pecados delante de Jehová. Levítico 16:30

Pero si el sacerdote no rociaba la sangre de este sacrificio en el propiciatorio, los pecados de los israelitas de ese año no serían perdonados.

Los sacerdotes ofrecían sacrificios en el altar todos los días. Como el tabernáculo estaba ubicado en el centro del campamento israelita, todos los israelitas podían ver como el humo de estos sacrificios subía al cielo. Ellos podían ver el fuego y oler la carne asada. Así ellos tenían presente cada día que la pena del pecado es muerte. Se les recordaba que la única manera en que gente pecadora era acepta ante Dios era por medio de la muerte.

Recuerda
Dios es absolutamente perfecto y puro, Él odia el pecado.

Aborreces a todos los que hacen iniquidad. Salmo 5:5b

A causa de tu pecado eres enemigo de Dios.

Y a vosotros también, que erais en otro tiempo extraños y enemigos en vuestra mente, haciendo malas obras... Colosenses 1:21a

La Biblia dice que los pecadores serán separados de Dios para siempre en el terrible lugar de sufrimiento.

Y vi a los muertos, grandes y pequeños, de pie ante Dios...y fueron juzgados cada uno según sus obras...Y el que no se halló inscrito en el libro de la vida fue lanzado al lago de fuego. Apocalipsis 20:12-15

Pero Dios es un Dios de amor. Al igual que hizo un camino para que los hijos de Israel fuesen perdonados, Él ha hecho un camino para que tú seas salvo de Su ira, también.

Por él seremos salvos de la ira. Romanos 5:9b

A través del Libertador prometido Dios ha hecho un camino para que no tengas que ser separado de Él. Veras que debido a lo que el Libertador hizo por ti, puedes ser amigo de Dios en lugar de Su enemigo.

Preguntas

1. ¿Por qué Dios quería que los sacerdotes se lavaran en la fuente antes de servirle en el tabernáculo? *Esta era la manera en que Dios les mostró que solamente los que han sido limpiados de pecado pueden entrar en Su presencia.*

2. ¿Dónde moraba Dios en la forma de una luz brillante? *Él moraba en el propiciatorio, en el lugar santísimo.*

3. Cuando algún israelita quebrantaba uno de los mandamientos de Dios, ¿qué debía hacer? *Cuando un israelita pecaba, él tenía que traer una cabra o cordero perfecto al altar que estaba frente el tabernáculo donde moraba Dios. Él debía poner su mano sobre el animal y matarlo en frente de la presencia de Dios.*

4. Si un israelita se acercaba a Dios de esta manera, ¿qué prometía hacer Dios? *Si un israelita se acercaba a Dios de esta manera, Dios prometía perdonar su pecado. Dios aceptaba la muerte del animal en lugar de la muerte del pecador.*

5. ¿A qué se refería Dios cuando decía que la ofrenda hacía expiación por la persona? *Eso significaba que el sacrificio cubrió el pecado de la persona de modo que Dios podía perdonarle y aceptarle.*

6. ¿Por qué el sumo sacerdote llevaba la sangre de un sacrificio especial al lugar santísimo una vez al año? *Dios dijo que el sumo sacerdote hiciera esto para que Él pudiera perdonar todos los pecados que los israelitas habían cometido ese año.*

7. ¿Qué pasará a todos pecadores cuando mueran? *Los pecadores tienen que ser separados de Dios para siempre en el terrible lugar de sufrimiento.*

8. ¿Hay manera de escapar esta horrible penalidad? *Sí. Por medio del Libertador Dios ha hecho una manera para nosotros ser perdonados de nuestro pecado.*

Verdades bíblicas

- Dios es perfecto; gente pecadora no puede vivir en Su presencia.
- Dios es un ser personal; Él se comunica con la gente.
- Dios dice claramente a la gente lo que Él quiere que haga.
- Todas las personas son pecadoras.
- La pena para el pecado es la muerte; la separación eterna de Dios en el terrible lugar de sufrimiento.
- Solo Dios puede abrir un camino para que los pecadores puedan ser perdonados.
- Dios es un Dios de amor.
- Dios acepta un sustituto perfecto para morir en lugar del pecador.

Actividad: Bingo bíblico

Suministros

- Tarjetas Bingo y fichas de juego – cualquier juego de tarjetas sirve. También se puede adquirir a bajo precio en algún negocio.

Instrucciones

- Dar a cada alumno una tarjeta bingo y algunas fichas.
- Hacer una de las preguntas de repaso y pedir a uno de los alumnos que conteste. Si el alumno contesta correctamente, puede llamar a llenar la casilla que quiera del bingo. Todo el que tenga esa casilla puede también llenarla.
- Continuar haciendo las preguntas. Dar a cada niño la oportunidad de contestar al menos una pregunta y escoger una casilla del bingo.
- El juego termina cuando el primer alumno grita BINGO por haber completado una línea con fichas, horizontal, vertical, o diagonalmente.
- Jugar el juego varias veces hasta que cada uno haya contestado una pregunta o hasta que todas las preguntas de repaso hayan sido hechas y contestadas.

Referencias bíblicas

Levítico 16:1-34, 17:11; Números 5:8; Lamentaciones 3:22-23; Malaquías 1:13-14; Hechos 2:23; Romanos 5:9-11; Colosenses 2:13; Tito 3:3-5; Hebreos 9:6-10, 22; Hebreos 10:1-14; 1 Pedro 1:20

36
Espías
Moisés envía doce espías a Canaán

Versículo para memorizar

Y vemos que no pudieron entrar a causa de incredulidad. Hebreos 3:19

Lección

Poco tiempo después de que los Israelitas terminaran el tabernáculo, la columna de nube comenzó a elevarse. Cuando la columna de nube se elevaba, los Israelitas sabían que era hora de empacar sus pertenencias. Había llegado la hora de continuar su viaje a la tierra que Dios había prometido dar a Abraham y a sus descendientes – la tierra de Canaán.

¿Recuerdas cuando Dios dijo a Abraham que saliera de su hogar en Mesopotamia y se fuera a una tierra extranjera? Dios llevó a Abraham a la tierra de Canaán. La gente de Canaán no adoraba al Dios verdadero. Ellos hacían muchas cosas horribles que Dios detestaba, incluso sacrificaban a sus hijos en el fuego a los dioses falsos.

Porque toda cosa abominable que Jehová aborrece, hicieron ellos a sus dioses; pues aun a sus hijos y a sus hijas quemaban en el fuego a sus dioses. Deuteronomio 12:31b

Abraham, Isaac y Jacob vivieron muchos años en Canaán hasta que Jacob se trasladó a Egipto por causa de la terrible hambruna. En Egipto la familia de Jacob aumentó hasta llegar ser una gran nación, llamada la nación de Israel.

Dios había dicho a Abraham que después de que sus descendientes hubiesen sido esclavos durante cuatrocientos años, Él los traería de vuelta a Canaán. Cuando la maldad de los cananeos llegara al colmo, Dios los destruiría y daría su tierra a los israelitas.

Ese tiempo finalmente había llegado; toda la nación de Israel había llegado ahora a los límites de Canaán. ¡Qué emocionante! Finalmente tendrían su propia tierra tal como Dios había prometido a Abraham hace cientos de años.

Moisés envió espías para inspeccionar la tierra.

Y Jehová habló a Moisés, diciendo: Envía tú hombres que reconozcan la tierra de Canaán, la cual yo doy a los hijos de Israel; de cada tribu de sus padres enviaréis un varón, cada uno príncipe entre ellos. Y Moisés los envió desde el desierto de Parán, conforme a la palabra de Jehová; y todos aquellos varones eran príncipes de los hijos de Israel. Números 13:1-3

Los espías encontraron que la tierra de Canaán era un lugar precioso.

Y ellos subieron, y reconocieron la tierra...y llegaron hasta el arroyo de Escol, y de allí cortaron un sarmiento con un racimo de uvas, el cual trajeron dos en un palo, y de las granadas y de los higos. Y volvieron de reconocer la tierra al fin de cuarenta días. Y anduvieron y vinieron a Moisés y a Aarón, y a toda la congregación de los hijos de Israel, en el desierto de Parán, en Cades, y dieron la información a ellos y a toda la congregación, y les mostraron el fruto de la tierra. Y les contaron, diciendo: Nosotros llegamos a la tierra a la cual nos enviaste, la que ciertamente fluye leche y miel; y este es el fruto de ella. Más el pueblo que habita aquella tierra es fuerte, y las ciudades muy grandes y fortificadas...

Entonces Caleb... dijo: Subamos luego, y tomemos posesión de ella; porque más podremos nosotros que ellos.

Más los varones que subieron con él, dijeron: No podremos subir contra aquel pueblo, porque es más fuerte que nosotros. Y hablaron mal entre los hijos de Israel, de la tierra que habían reconocido, diciendo: La tierra por donde pasamos para reconocerla, es tierra que traga a sus moradores; y todo el pueblo que vimos en medio de ella son hombres de grande estatura. También vimos allí gigantes...y éramos nosotros... como langostas. Números 13:21-28, 30-33

Dios había prometido bendecir a Abraham. La tierra que iba a dar a los descendientes de Abraham era asombrosa. Los espías informaron que allí fluía "leche y miel". Con eso ellos querían decir que era una tierra rica y fructífera. Trajeron granadas, higos y uva para mostrar al pueblo. Un racimo de uva era tan grande que tuvieron que llevarlo entre dos hombres en un palo.

Los hijos de Israel deberían haber estado agradecidos y emocionados por su nuevo hogar. Sería tanto mejor que Egipto o el desierto. Deberían haber aplaudido y cantado de júbilo. Finalmente habían llegado a Canaán, la tierra que Dios había prometido, hace tiempo, dar a Abraham.

Pero entonces los espías dijeron a los Israelitas algunas malas noticias. Ellos les contaron sobre los gigantes que vieron, y sobre las ciudades altas y amuralladas en que vivían los gigantes. No creían que los israelitas fueran lo suficientemente fuertes como para conquistar a los cananeos.

Cuando los israelitas oyeron este mal informe se desanimaron.

...toda la congregación gritó, y dio voces; y el pueblo lloró aquella noche. Y se quejaron contra Moisés y contra Aarón todos los hijos de Israel; y les dijo toda la multitud: ¡Ojalá muriéramos en la tierra de Egipto; o en este desierto ojalá muriéramos! ¿Y por qué nos trae Jehová a esta tierra para caer a espada, y que nuestras mujeres y nuestros niños sean por presa? ¿No nos sería mejor volvernos a Egipto? Y decían el uno al otro: Designemos un capitán, y volvámonos a Egipto.

Y Josué...y Caleb... que eran de los que habían reconocido la tierra... hablaron a toda la congregación de los hijos de Israel, diciendo: La tierra por donde pasamos para reconocerla, es tierra en gran manera buena... no seáis rebeldes contra Jehová, ni temáis al pueblo de esta tierra... su amparo se ha apartado de ellos, y con nosotros está Jehová; no los temáis. Números 14:1-4, 6-9

En vez de creer a Dios, los israelitas se amedrentaron. Tenían miedo de lo que podría sucederle a sus familias. Ellos dijeron que habría sido mejor morir en Egipto o en el desierto que entrar a Canaán.

Los únicos dos espías que creyeron a Dios fueron Josué y Caleb. Josué y Caleb dijeron a los israelitas que no temieran. Ellos les dijeron que no se rebelaran contra Dios. Dios había prometido darles esta "tierra en gran manera buena" y Dios siempre cumple Sus promesas. Tal como Dios destruyó a los egipcios, Él destruiría a los cananeos. Los israelitas no tenían motivos para dudar.

Entonces Jehová dijo...todos los que vieron mi gloria y mis señales que he hecho en Egipto y en el desierto, y me han tentado ya diez veces, y no han oído mi voz, no verán la tierra de la cual juré a sus padres; no, ninguno de los que me han irritado la verá. ¿Hasta cuándo oiré esta depravada multitud que murmura contra mí...? En este desierto caerán vuestros cuerpos; todo el número de los que fueron contados de entre vosotros, de veinte años arriba...

Vosotros a la verdad no entraréis en la tierra... exceptuando a Caleb... y a Josué... Pero a vuestros niños, de los cuales dijisteis que serían por presa, yo los introduciré, y ellos conocerán la tierra que vosotros despreciasteis. En cuanto a vosotros, vuestros cuerpos caerán en este desierto. Y vuestros hijos andarán pastoreando en el desierto cuarenta años...Conforme al número de los días, de los cuarenta días en que reconocisteis la tierra, llevaréis vuestras iniquidades cuarenta años, un año por cada día; y conoceréis mi castigo. Yo Jehová he hablado; así haré a toda esta multitud perversa que se ha juntado contra mí; en este desierto serán consumidos, y ahí morirán.
Números 14:20, 22-23, 27, 29-35

Por cuanto los israelitas no confiaron en el Dios todopoderoso que siempre cumple todas Sus promesas, Dios les hizo volver al desierto por cuarenta años más. Después de que todos los que no habían creído a Dios murieran, Dios prometió hacer volver a sus hijos para que poseyeran la tierra. Solo Josué y Caleb no morirían en el desierto. Por cuanto Josué y Caleb habían creído a Dios, Dios dijo que podían volver y entrar en la tierra.

Recuerda

¡Qué historia tan triste! Porque los israelitas no creyeron a Dios, ellos no recibieron la maravillosa tierra que Él había prometido darles.

Y vemos que no pudieron entrar a causa de incredulidad.
Hebreos 3:19

La Biblia dice que la única manera de agradar a Dios es creyendo en Él.

Pero sin fe es imposible agradar a Dios. Hebreos 11:6a

Dios nos advierte a ti y a mí que no tengamos un corazón malo de incredulidad como los israelitas.

Mirad, hermanos, que no haya en ninguno de vosotros corazón malo de incredulidad para apartarse del Dios vivo. Hebreos 3:12

Necesitas creer a Dios. Cree lo que Él dice en la Biblia. Tal como Dios quería hacer cosas buenas para Israel, Él quiere hacer cosas buenas también para ti. Él quiere rescatarte de Satanás y de la pena de muerte. Por eso prometió enviar al Libertador.

Preguntas

1. ¿Cómo se llamaba la tierra que Dios prometió dar a Abraham y a sus descendientes? *Dios había prometido darles la tierra de Canaán.*

2. ¿Cómo era la gente de Canaán? *Los cananeos no se preocupaban por el único Dios vivo y verdadero. Ellos practicaban costumbres abominables y adoraban ídolos.*

3. ¿Qué cosas buenas encontraron los espías en la tierra de Canaán? *Ellos encontraron granadas e higos y grandes racimos de uva. Ellos vieron que la tierra era fértil y buena.*

4. ¿Por qué estaban los espías atemorizados de la gente de Canaán? *Los cananeos eran grandes y fuertes. Los espías dijeron que comparados con los gigantes cananeos ellos parecían pequeños como langostas.*

5. ¿Creían los espías que Dios tenía poder para vencer a ese pueblo por ellos? *No. Los espías pensaban que Dios no podía conquistar a la tierra de Canaán por ellos, no creían que Dios hiciera lo que dijo que haría.*

6. ¿Qué hizo la gente cuando oyó este mal informe? *Lloraron toda la noche y dijeron que mejor habría sido morir en Egipto o en el desierto en vez de tener que enfrentar esa terrorífica tierra. Los Israelitas temían lo que podría suceder a sus hijos.*

7. ¿Quiénes fueron los dos espías que creyeron a Dios? *Josué y Caleb creyeron a Dios.*

8. ¿Por qué deberían haber creído a Dios los israelitas? *Los israelitas sabían lo poderoso que era Dios. Ellos habían visto varias veces Su gran poder. Ellos habían visto cómo Él destruyó al poderoso ejército egipcio y cómo había provisto milagrosamente agua y alimentos para ellos en el desierto. Los israelitas deberían haber creído que Dios cumpliría Su promesa de darles la tierra de Canaán.*

9. ¿Qué hizo Dios cuando la gente no creyó en Él? *Dios los envió de regreso al desierto para cuarenta años hasta que todos lo que tenían más de veinte años murieran (excepto Josué y Caleb).*

10. ¿Cuál es la única manera de agradar a Dios? *La única manera de agradar a Dios es creyendo en Él. Dios es todopoderoso y siempre hace lo que dice. Dios es el único que te puede rescatar de Satanás y hacerte acepto con Él.*

Verdades bíblicas

- Dios siempre cumple Sus promesas.
- Dios es un Dios de amor.
- La única manera de agradar a Dios es creer en Él.
- Dios es todopoderoso; nada es demasiado difícil para Él.
- Dios decide lo que sucederá a las naciones.
- La paga del pecado es muerte.
- Dios es el único Salvador.

Actividad: Actuar el relato de los espías

Suministros

- Cinco o más alumnos voluntarios

Instrucciones

- Los alumnos voluntarios actúan le escena de esta lección. La partes claves son 1) Josué 2) Caleb 3) tres o más espías incrédulos 4) una multitud de israelitas incrédulos. (Si tu grupo es pequeño, la audiencia puede ser la multitud y tú puedes indicarles participar en los momentos adecuados).
- Mientras se actúa la escena, que los alumnos resalten la diferencia entre los que creyeron a Dios (Josué y Caleb) y lo que no creyeron.
- Discutir el ensayo enfatizando los puntos clave de la lección.
- Si tienes más de cinco alumnos que quieren actuar, dividir en más de un grupo y dejar que cada grupo actúe la escena, mientras los demás observan.

Referencias bíblicas

Génesis 12:1-3, 15:12-21; Números 10:11-13; Deuteronomio 1:19-25; Jeremías 27:5; 1 Timothy 2:4; Hebreos 3:7-19, 11:6; Judas 1:5

37
Serpientes
La Serpiente de Bronce sobre el Asta

Versículo para memorizar

Y vemos que no pudieron entrar a causa de incredulidad. Hebreos 3:19

Lección

Tiene que haber sido triste para los israelitas tener que volver a ese desierto seco, caloroso y vacío. Ellos deberían haber creído a Dios; deberían haber confiado que Él derrotaría a los cananeos por ellos. Ellos deberían haber creído que Él cumpliría Su promesa de darles la tierra. Pero ellos no creyeron y ahora se encontraron nuevamente en el desierto sin agua para beber.

Llegaron los hijos de Israel, toda la congregación, al desierto de Zin, en el mes primero… ahora no había agua para la congregación, se juntaron contra Moisés y Aarón. Y habló el pueblo contra Moisés, diciendo… ¿Por qué hiciste venir la congregación de Jehová a este desierto, para que muramos aquí nosotros y nuestras bestias? ¿Y por qué nos has hecho subir de Egipto, para traernos a este mal lugar? Números 20:1-5a

Lamentablemente, los israelitas aún no habían aprendido la lección. Pero Dios era increíblemente paciente. Él dijo a Moisés lo que debía hacer.

Y habló Jehová a Moisés, diciendo… hablad a la peña a vista de ellos; y ella dará su agua, y les sacarás aguas de la peña, y darás de beber a la congregación y a sus bestias. Números 20:7-8

En Refidín, cuando estaban sin agua, Dios dijo a Moisés que golpeara la roca con su vara, pero esta vez Dios dijo a Moisés que hablara a la roca.

Entonces Moisés tomó la vara de delante de Jehová, como él le mandó. Y reunieron Moisés y Aarón a la congregación delante de la peña, y les dijo: ¡Oíd ahora, rebeldes! ¿Os hemos de hacer salir aguas de esta peña? Entonces alzó Moisés su mano y golpeó la peña con su vara dos veces; y salieron muchas aguas, y bebió la congregación, y sus bestias. Números 20:9-11

Moisés estaba cansado de las murmuraciones de los israelitas. En vez de creerle a Dios y hacer lo que Él dijo, Moisés habló con enojo y golpeó dos veces la roca. En Su misericordia y bondad, Dios hizo salir agua de la roca, pero Él estuvo disgustado con Moisés y Aarón.

Y Jehová dijo a Moisés y a Aarón: Por cuanto no creísteis en mí, para santificarme delante de los hijos de Israel, por tanto, no meteréis esta congregación en la tierra que les he dado. Números 20:12

Dios había escogido a Moisés y a Aarón para que fuesen los líderes de Israel; ellos debían enseñar al pueblo a confiar en Dios. Pero en vez de creer a Dios y hacer lo que Él dijo, deshonraron a Dios. Como no respetaron a Dios delante de los israelitas, Dios dijo que Él no permitiría que ellos llevaran al pueblo a la tierra de Canaán.

Después de un tiempo, los israelitas se cansaron de andar por el desierto y comenzaron nuevamente a quejarse.

Después partieron del monte de Hor, camino del Mar Rojo, para rodear la tierra de Edom; y se desanimó el pueblo por el camino. Y habló el pueblo contra Dios y contra Moisés: ¿Por qué nos hiciste subir de Egipto para que muramos en este desierto? Pues no hay pan ni agua, y nuestra alma tiene fastidio de este pan tan liviano. Números 21:4-5

No era culpa de Dios que los israelitas estuvieran de vuelta en el desierto. Si hubiesen creído a Dios en vez de creer a los espías, ellos ahora ya estarían en Canaán.

Dios estaba disgustado con la actitud de ellos.

Y Jehová envió entre el pueblo serpientes ardientes, que mordían al pueblo; y murió mucho pueblo de Israel. Entonces el pueblo vino a Moisés y dijo: Hemos pecado por haber hablado contra Jehová, y contra ti; ruega a Jehová que quite de nosotros estas serpientes. Y Moisés oró por el pueblo. Números 21:6-7

Después de que mucha gente murió, los israelitas finamente admitieron que hicieron mal al haberse quejado contra Dios y contra el líder de Dios, Moisés. Ellos pidieron a Moisés que orara a Dios para que quitara las serpientes. Ellos sabían que Dios era el único que podía salvarlos.

Y Jehová dijo a Moisés: Hazte una serpiente ardiente, y ponla sobre un asta; y cualquiera que fuere mordido y mirare a ella, vivirá. Números 21:8

Dios podría haber dejado que la gente muriera por su pecado. Él podría haber dicho que ellos vieran modo de librarse de las serpientes. Después de todo, ellos no merecían Su bondad. Pero cuando ellos admitieron que habían hecho mal y clamaron a Él, Él fue misericordioso y dijo a Moisés lo que debía hacer para que los israelitas pudieran salvarse.

Y Moisés hizo una serpiente de bronce, y la puso sobre una asta; y cuando alguna serpiente mordía a alguno, miraba a la serpiente de bronce, y vivía. Números 21:9

Esta vez Moisés confió en Dios e hizo como Él dijo.

Dios prometió que cualquiera que mirara la serpiente en el asta, viviría. Por cierto, no era la serpiente la que sanaba a la gente. La serpiente no tenía poder. Era Dios quien sanaba a los israelitas.

Todo lo que Dios les pedía, era mirar. Él no les pidió que prometieran que nunca más se quejarían o que dijeran una oración o que le dieran dinero o algún presente. Los que creyeron a Dios e hicieron lo que dijo fueron sanados. Todo israelita que miró la serpiente, vivió.

Recuerda

Tal como los israelitas murieron por murmurar, así tú también tienes que morir por tu pecado.

Porque la paga del pecado es muerte... Romanos 6:23

Y, como Dios es el único que podía hacer algo para que los israelitas se salvaran, Dios también es el único que puede salvarte de la muerte.

Para ser salvos de la muerte, todo lo que los israelitas tenían que hacer, era mirar la serpiente en el asta, nada más. Los que creían en Dios, hicieron lo que Él dijo.

Lo mismo se aplica a ti. Para ser salvo de la muerte eterna, Dios dice que creas en Él, nada más. Añadir algo a lo que Dios dice – como ir a la iglesia, ser amable con los demás, ser bautizado u orar – demuestra que no crees a Dios. Eso muestra que tú piensas que tienes que ayudar a Dios. Dios no salvará a quienes confían en Él y en sí mismos.

Pero los que confían solo en Dios, ciertamente que serán salvos de la muerte, porque Dios siempre cumple Sus promesas. Nadie que confía en Dios será condenado a muerte.

Y no serán condenados cuantos en él confían. Salmo 34:22b

Preguntas

1. ¿Qué dijo Dios a Moisés que hiciera para que los israelitas pudieran tener agua? *Dios dijo a Moisés que hablara a la roca.*

2. ¿Hizo Moisés como Dios le dijo? *No, en vez de hablar a la roca, la golpeó dos veces.*

3. ¿Por qué dijo Dios a Moisés y a Aarón que no podrían llevar a los israelitas a Canaán? *Moisés y Aarón no podrían llevar al pueblo de Israel a la tierra de Canaán porque no respetando a Dios delante de los israelitas. En vez de creer a Dios y hacer lo que Él dijo, Moisés se enojó con la gente y golpeó la roca.*

4. ¿Cuál es el resultado final del pecado? *El pecado siempre lleva a la muerte.*

5. ¿Por qué envió Dios serpientes venenosas que mordieran a los israelitas? *Dios envió las serpientes que mordieron a los israelitas porque murmuraban contra Él.*

6. ¿Qué hicieron los israelitas cuando muchos de ellos murieron por las mordeduras de las serpientes? *Ellos admitieron que hicieron mal y pidieron Moisés que orara a Dios para salvarlos.*

7. ¿Quién era el único que podía salvar a los israelitas de la muerte? *Sólo Dios podía salvar a los israelitas de la muerte.*

8. ¿Tenía la serpiente en el asta algún poder especial para salvar a los israelitas? *No. Era el poder de Dios lo que salvó a los israelitas cuando creyeron en Él e hicieron como Él dijo.*

9. Además de mirar la serpiente en el asta, ¿qué otra cosa dijo Dios a los israelitas que hicieran para ser salvos? *Todo lo que Dios dijo a los israelitas que hicieran era mirar la serpiente, nada más.*

10. Si un israelita hubiera mirado la serpiente y orado, ¿Dios habría salvado a esa persona? *No. Dios salva solo a los confían solo en Él. Si alguien hubiese agregado algo a lo que Dios le pedía hacer, Dios no habría salvado a esa persona.*

11. ¿Quién es el único que te puede salvar de la muerte que mereces por tu pecado? *Solo Dios te puede salvar.*

12. ¿Hay algo que puedas hacer para ayudar a Dios salvarte? *No. Tú no puedes hacer nada para salvarte. Si tratas de ayudar a Dios, Él no te salvará. Dios solo salva a los que confían solo en Él.*

Verdades bíblicas

- Todas las personas son pecadoras.
- Dios es paciente, misericordioso, bondadoso y amante.
- Dios puede hacer cualquier cosa; nada es demasiado difícil para Él.
- Dios es el Creador; Él manda la naturaleza.
- Dios es un ser personal; Él se comunica con la gente.
- Para agradar a Dios, tienes que creer en Él.
- La paga del pecado es muerte.
- Sólo Dios puede salvar.
- No puedes salvarte a ti mismo.
- Dios salva solo a los que creen en Él.

Actividad: Juego de desaparición de versículo a memorizar

Suministros

- Pizarrón o pizarra blanca
- Tiza o marcador de color

Instrucciones

- Escribir el versículo a memorizar y la referencia con grandes letras en el pizarrón o en la pizarra blanca.
- Que los alumnos repitan el versículo y la referencia bíblica al unísono dos veces.
- Pida a un alumno voluntario que escoja dos palabras que desea que usted borre. Borre esas dos palabras (o diga al alumno que venga y las borre).
- Que los alumnos repitan juntos el versículo, incluyendo las palabras que fueron borradas.
- Pedir a otro alumno que escoja otras dos palabras para borrar. Borre como antes.
- Los alumnos repiten el versículo al unísono con las palabras borradas.
- Repita el proceso hasta que todas las palabras hayan sido borradas.
- Ver si el grupo puede decir el versículo al unísono sin las palabras escritas en la pizarra.
- Si quiere, puede pedir que algunos de los alumnos digan el versículo de memoria.

Y vemos que no pudieron entrar a causa de incredulidad. Hebreos 3:19

Referencias bíblicas

Números 27:14; 2 Reyes 18:4; Nehemías 9:19-21; Salmos 106:32-33; 145:18-19; Salmos 147: 8-9, 15-18; Juan 3:14, 6:40, 8:28, 12:32; 1 Corintios 1:21

38
Por fin en Canaán
Cruzando el Jordán y Conquistando Jericó

Versículo para memorizar

Grande es el Señor nuestro, y de mucho poder; y Su entendimiento es infinito.
Salmo 147:5

Lección

Durante cuarenta largos años los israelitas anduvieron por el desierto. Finalmente, cuando no quedaba nadie de los que no habían creído a Dios, Dios llevó a los israelitas a Canaán.

Pero antes de que los israelitas entraran en la tierra, Moisés les dio ánimo. Les dijo que no tuvieran temor. Aunque los cananeos fueran más fuertes que los israelitas, Dios prometió pelear por ellos.

Oye, Israel: tú vas hoy a pasar el Jordán, para entrar a desposeer a naciones más numerosas y más poderosas que tú, ciudades grandes y amuralladas hasta el cielo; un pueblo grande y alto... Entiende, pues, hoy, que es Jehová tu Dios el que pasa delante de ti como fuego consumidor, que los destruirá y humillará delante de ti... Deuteronomio 9:1-3

Moisés también quería que los israelitas entendieran que no merecían Su bondad y amor.

No por tu justicia, ni por la rectitud de tu corazón entras a poseer la tierra de ellos, sino por la impiedad de estas naciones Jehová tu Dios las arroja de delante de ti, y para confirmar la palabra que Jehová juró a tus padres Abraham, Isaac y Jacob. Deuteronomio 9:5

Toda la tierra pertenece a Dios. Él podía dar la tierra de Canaán a quién quisiera. Dios quería que los israelitas supieran que no era por su buen comportamiento que les daba a ellos esta tierra. Él les estaba dando esta tierra porque Él lo había prometido a Abraham, Isaac, y Jacob; y también porque había llegado el momento de destruir a los malvados cananeos.

Moisés, sin embargo, no podía ir con los israelitas porque él había deshonrado a Dios delante de ellos cuando golpeó la roca en vez de hablarle en el desierto de Zin. Así y todo, Dios fue misericordioso con Moisés y le permitió ver de lejos la tierra.

Subió Moisés... al monte Nebo..., que está enfrente de Jericó; y le mostró Jehová toda la tierra... Y murió allí Moisés siervo de Jehová, en la tierra de Moab, conforme al dicho de Jehová. Y lo enterró en el valle, en la tierra de Moab... y ninguno conoce el lugar de su sepultura hasta hoy. Era Moisés de edad de ciento veinte años cuando murió... Y lloraron los hijos de Israel a Moisés en los campos de Moab treinta días... Deuteronomio 34:1,4-8

Después que Moisés murió, Dios escogió a Josué para que fuese el nuevo líder de Israel. Josué sería quien llevaría a los israelitas a la tierra de Canaán.

Aconteció después de la muerte de Moisés siervo de Jehová, que Jehová habló a Josué hijo de Nun, servidor de Moisés, diciendo: Mi siervo Moisés ha muerto; ahora, pues, levántate y pasa este Jordán, tú y todo este pueblo, a la tierra que yo les doy a los hijos de Israel. Josué 1:1-2

Canaán estaba al otro lado del río Jordán. Cuando los israelitas llegaron a los límites de Canaán, el río se había desbordado. Había inundado las orillas de modo que estaba muy ancho y muy profundo. No había ningún puente y los israelitas no tenían botes. No había manera de que pudieran pasar al otro lado.

Pero Dios dijo a Josué lo que debía hacer. Dios dijo que los sacerdotes que llevaban el arca del testimonio fuesen delante de todos los demás.

Entonces Jehová dijo a Josué: Desde este día comenzaré a engrandecerte delante de los ojos de todo Israel, para que entiendan que como estuve con Moisés, así estaré contigo. Tú, pues, mandarás a los sacerdotes que llevan el arca del pacto, diciendo: Cuando hayáis entrado hasta el borde del agua del Jordán, pararéis en el Jordán. Y Josué dijo a los hijos de Israel: Acercaos, y escuchad las palabras de Jehová vuestro Dios. Y añadió Josué: En esto conoceréis que el Dios viviente está en medio de vosotros, y que él echará de delante de vosotros al cananeo... He aquí, el arca del pacto del Señor de toda la tierra pasará delante de vosotros en medio del Jordán... Y cuando las plantas de los pies de los sacerdotes que llevan el arca de Jehová, Señor de toda la tierra, se asienten en las aguas del Jordán, las aguas del Jordán se dividirán; porque las aguas que vienen de arriba se detendrán en un montón. Y aconteció cuando... los pies de los sacerdotes que llevaban el arca fueron mojados a la orilla del agua (porque el Jordán suele desbordarse por todas sus orillas todo el tiempo de la siega), las aguas que venían de arriba se detuvieron como en un montón bien lejos... y las que descendían... al Mar Salado, se acabaron, y fueron divididas; y el pueblo pasó en dirección de Jericó. Más los sacerdotes que llevaban el arca del pacto de Jehová, estuvieron en seco, firmes en medio del Jordán, hasta que todo el pueblo hubo acabado de pasar el Jordán; y todo Israel pasó en seco. Josué 3:7-17

Una vez más, Dios abrió milagrosamente un paso seco por en medio de las aguas. Aunque el río había desbordado, tan pronto como los sacerdotes pisaron el río, el agua dejó de fluir. Era como si Dios hiciera un dique invisible para contener el agua y los israelitas pudieran pasar en seco.

¡Absolutamente nadie es tan poderoso como Dios! Si Él tenía poder para hacer un paso seco por en medio del turbulento río Jordán, Él ciertamente tenía poder suficiente para vencer a los feroces y temibles cananeos. Los israelitas no tenían motivos para estar temerosos.

Al otro lado del río estaba la ciudad cananea de Jericó. La gente de Jericó había oído todo lo que Dios había hecho para Su pueblo, los israelitas. Tenían miedo al Dios de Israel.

Ahora, Jericó estaba cerrada, bien cerrada, a causa de los hijos de Israel; nadie entraba ni salía. Mas Jehová dijo a Josué: Mira, yo he entregado en tu mano a Jericó y a su rey, con sus varones de guerra. Rodearéis, pues, la ciudad todos los hombres de guerra, yendo alrededor de la ciudad una vez; y esto haréis durante seis días. Y siete sacerdotes llevarán siete bocinas de cuernos de carnero delante del arca; y al séptimo día daréis siete vueltas a la ciudad, y los sacerdotes tocarán las bocinas. Y cuando toquen prolongadamente el cuerno de carnero, así que oigáis el sonido de la bocina, todo el pueblo gritará a gran voz, y el muro de la ciudad caerá; entonces subirá el pueblo, cada uno derecho hacia adelante... y volvieron al campamento; y de esta manera hicieron durante seis días.

Al séptimo día se levantaron al despuntar el alba, y dieron vuelta a la ciudad de la misma manera siete veces...Y cuando los sacerdotes tocaron las bocinas la séptima vez, Josué dijo al pueblo: Gritad, porque Jehová os ha entregado la ciudad.

Entonces el pueblo gritó, y los sacerdotes tocaron las bocinas; y aconteció que cuando el pueblo hubo oído el sonido de la bocina, gritó con gran vocerío, y el muro se derrumbó. El pueblo subió luego a la ciudad, cada uno derecho hacia adelante, y la tomaron. Y destruyeron a filo de espada todo lo que en la ciudad había; hombres y mujeres, jóvenes y viejos, hasta los bueyes, las ovejas, y los asnos. Josué 6:1-5, 14b-16, 20-21

Cada día, durante seis días, los hombres de Israel caminaron alrededor de Jericó una vez: primero los hombres armados, luego los sacerdotes que llevaban las bocinas, después de ellos los sacerdotes que llevaban el arca del testimonio, y finalmente la retaguardia. El séptimo día marcharon siete veces alrededor de la ciudad. Entonces los sacerdotes tocaron las trompetas y la gente gritó. Repentinamente, los enormes muros de Jericó se derrumbaron.

Los israelitas confiaron en Dios. Por eso siguieron Sus instrucciones. Y porque ellos confiaron en que Dios los salvaría, Dios peleó por ellos. Fue el Dios todopoderoso el que echó abajo los enormes muros de Jericó para que los israelitas pudieran entrar y tomar la ciudad.

Dios derrotó a los cananeos una y otra vez, hasta que finalmente los israelitas habían conquistado la tierra.

Tomó, pues, Josué toda la tierra, conforme a todo lo que Jehová había dicho a Moisés; y la entregó Josué a los israelitas por herencia conforme a su distribución según sus tribus; y la tierra descansó de la guerra. Josué 11:23

Lamentablemente, después de la muerte de Josué, los israelitas no continuaron cumpliendo su acuerdo con Dios. Como resultado de ello, no fueron capaces de expulsar a la última de las naciones malvadas de la tierra. Algunos de los pueblos impíos de Canaán continuaron viviendo allí y fueron un gran problema para Israel.

Y la ira de Jehová se encendió contra Israel, y dijo: Por cuanto este pueblo traspasa mi pacto que ordené a sus padres, y no obedece a mi voz, tampoco yo volveré más a arrojar de delante de ellos a ninguna de las naciones que dejó Josué cuando murió... Jueces 2:20-21

Pero Dios había prometido a Abraham que les daría la tierra de Canaán a sus descendientes para siempre.

Porque toda la tierra que ves, la daré a ti y a tu descendencia para siempre. Génesis 13:15

Cuando Dios dice siempre, quiere decir para siempre. ¡Algún día en el futuro, el pueblo de Israel será el propietario de toda la tierra que Dios había prometido darles!

Recuerda

Los cananeos eran demasiado fuertes para los israelitas. Solo Dios tenía poder para destruirlos.

De la misma manera, tú tienes enemigos que son demasiado fuertes para ti. Tus enemigos son Satanás y tu propia naturaleza pecaminosa. Tú no puedes conquistar esos enemigos. Solo Dios puede conquistarlos por ti.

Dios prometió que si los israelitas confiaban en Él, Él pelearía por ellos. Dios quiere que tú también confíes en Él. Si tú confías en Él y no en ti mismo, Él peleará también por ti. Solo Dios tiene el poder para rescatarte de Satanás, del pecado y de la muerte.

Preguntas

1. ¿Dio Dios la tierra de Canaán a los israelitas porque ellos eran tan buenos? *No. Los Israelitas eran pecadores igual que todos los demás, ellos no merecían la bondad de Dios.*

2. Entonces, ¿por qué dio Dios la tierra de Canaán a Israel? *Él les dio la tierra por causa de la maldad de los cananeos, y porque Él había prometido a Abraham que daría esta tierra a sus descendientes.*

3. ¿Cómo mostró Dios Su amor a Moisés antes de que Moisés muriera? *Antes de que Moisés muriera, Dios le hizo subir a un monte para ver la tierra de Canaán de lejos.*

4. Después que murió Moisés, ¿a quién escogió Dios para ser el líder de Israel? *Dios escogió a Josué.*

5. ¿Tenían los israelitas la fuerza suficiente para derrotar a los cananeos? *No. Los cananeos eran como gigantes comparados con los israelitas. Ellos vivían en ciudades fortificadas y estaban muy bien armados.*

6. ¿Quién era el único que podía vencer a los cananeos y dar su tierra al pueblo de Israel? *Solo Dios tenía el poder para vencer a los cananeos.*

7. ¿Qué dijo Dios a los israelitas que hicieran en Jericó? *Dios les dijo que marcharan una vez alrededor de la ciudad durante seis días. En el séptimo día, después de marchar alrededor siete veces, debían tocar las trompetas y gritar.*

8. Por cuanto los israelitas creyeron a Dios y siguieron sus instrucciones, ¿qué sucedió a la ciudad de Jericó? *Dios hizo caer los muros, de modo que el pueblo pudo entrar y tomar la ciudad.*

9. ¿Cumplió Dios Su promesa a Abraham de dar la tierra de Canaán a sus descendientes? *Sí, la tierra de Canaán perteneció finalmente al pueblo de Israel.*

10. ¿Por qué algunos cananeos siguieron viviendo en el país? *Dios no venció a todos los cananeos, porque los israelitas no cumplieron con el acuerdo que tenían con Dios.*

11. ¿Será que los israelitas algún día poseerán toda la tierra que Dios había prometido darles? *Sí, Dios prometió a Abraham que le daría la tierra a sus descendientes para siempre. Cuando Dios dice siempre, quiere decir para siempre.*

12. ¿Quién es el único que te puede rescatar de tu pecado, de Satanás y de la pena de muerte? *Solo Dios puede rescatarte de la pena de muerte, del pecado y de Satanás.*

Verdades bíblicas

- La única manera de agradar a Dios es creer en Él.
- No podemos salvarnos a nosotros mismos; solo Dios puede salvarnos.
- Dios puede hacer cualquier cosa; nada es demasiado difícil para Él.
- Dios cumple Sus promesas.
- La pena por el pecado es la muerte.
- Dios no tiene preferencias; Él ama a toda la gente.
- Dios es misericordioso y bondadoso.
- Dios es el dueño de todo; Él está a cargo del mundo.

Actividad: Actuar la escena de Jericó

Suministros

- Alumnos voluntarios, todos

Instrucciones

- Que todos los alumnos actúen la escena de esta lección. Las partes principales son: 1) Josué 2) uno o más sacerdotes (con trompetas de juguete) 3) israelitas
- Josué guía a todos seis veces alrededor de una Jericó imaginada. Los sacerdotes hacen sonar las trompetas y todos caen.
- En la séptima vuelta Josué dice "Gritad, porque Jehová os ha entregado la ciudad". Imaginar que los muros de Jericó caen y todos entran corriendo a la ciudad.

Referencias bíblicas

Génesis 12:1-3, 15:18-20; Éxodo 23:23-24, 32:13; Levítico 18:3, 24-28;
Números 33:51-56; Deuteronomio 9:1-2, 31:1-8; Josué 1:1-2, 11:23, 21:45,
Josué 23:9-16, 24:21; Jueces 1:1, 19, 21, 27-33; 2:1-6, 21-23; Salmos 95:1-5,
Salmos 105:8, 135: 5-12; Jeremías 25:5, 27:5; Hechos 10:34, 13:19; 1 Timoteo 2:4

39
Dioses falsos
Comienzo del ciclo de los Jueces - Débora

Versículo para memorizar

Grande es el Señor nuestro, y de mucho poder; y Su entendimiento es infinito.
Salmo 147:5

Lección

Para cuando los israelitas habían conquistado a la mayoría de las naciones cananeas, Josué era un hombre de edad avanzada. Pero antes de morir, Josué recordó a los israelitas la bondad de Dios. Dios había hecho todo lo que Él dijo que haría, y ahora Israel estaba viviendo en paz en la tierra de Canaán.

Aconteció, muchos días después que Jehová diera reposo a Israel de todos sus enemigos alrededor, que Josué, siendo ya viejo y avanzado en años, llamó a todo Israel… y les dijo: Yo ya soy viejo y avanzado en años. Y vosotros habéis visto todo lo que Jehová vuestro Dios ha hecho con todas estas naciones por vuestra causa; porque Jehová vuestro Dios es quien ha peleado por vosotros. Josué 23:1-3

… no ha faltado una palabra de todas las buenas palabras que Jehová vuestro Dios había dicho de vosotros; todas os han acontecido, no ha faltado ninguna de ellas. Josué 23:14

Dios cumplió Su promesa a Abraham. Él rescató a los israelitas de la esclavitud en Egipto y los llevó a la tierra de Canaan.

Dios los salvó del ejército de Faraón y milagrosamente abrió para ellos un camino en seco por el Mar Rojo. Él los protegió y les dio alimentos y agua en el desierto. Él partió las aguas desbordadas del río Jordán para que Israel pudiera pasar a la tierra de Canaán, y finalmente derrotó las poderosas naciones cananeas para que diera su tierra a los israelitas.

Josué amonestó a los israelitas que no olvidaran a Dios; él les advirtió que no siguieran a los dioses falsos e impotentes de las naciones alrededor. Si los israelitas no guardaban su pacto con el Dios vivo y verdadero, Él los destruiría, a pesar de todo lo que Él había hecho por ellos.

Si dejareis a Jehová y sirviereis a dioses ajenos, él se volverá y os hará mal, y os consumirá, después que os ha hecho bien.
Josué 24:20

Los israelitas habían prometido guardar los mandamientos de Dios para que Él los bendijera. Ellos comprendían que si no cumplían los mandamientos de Dios, Él enviaría desastres sobre ellos. Moisés les había explicado claramente lo que les sucedería si no seguían a Dios.

...si oyeres atentamente la voz de Jehová tu Dios, para guardar y poner por obra todos sus mandamientos que yo te prescribo hoy, también Jehová tu Dios te exaltará sobre todas las naciones de la tierra. Y vendrán sobre ti todas estas bendiciones...Pero acontecerá, si no oyeres la voz de Jehová tu Dios, para procurar cumplir todos sus mandamientos y sus estatutos que yo te intimo hoy, que vendrán sobre ti todas estas maldiciones, y te alcanzarán. Y Jehová te esparcirá por todos los pueblos, desde un extremo de la tierra hasta el otro extremo...pues allí te dará Jehová corazón temeroso, y desfallecimiento de ojos, y tristeza de alma...
Deuteronomio 28:1-2, 15, 64-65

Mientras vivía Josué, los israelitas adoraron al Dios vivo y verdadero.

Y el pueblo había servido a Jehová todo el tiempo de Josué...
Jueces 2:7a

Pero después que Josué murió, el pueblo comenzó a seguir a dioses falsos, lo que habían prometido no hacer.

Después los hijos de Israel hicieron lo malo ante los ojos de Jehová, y sirvieron a los baales. Dejaron a Jehová el Dios de sus padres, que los había sacado de la tierra de Egipto, y se fueron tras otros dioses, los dioses de los pueblos que estaban en sus alrededores, a los cuales adoraron; y provocaron a ira a Jehová. Jueces 2:11-12

Los israelitas no terminaron destruyendo todas las naciones de Canaán como Dios quería, así que algunas de las naciones incrédulas siguieron existiendo. Estas naciones causaron problemas para los israelitas.

No destruyeron a los pueblos que Jehová les dijo; Antes se
mezclaron con las naciones, y aprendieron sus obras, Y sirvieron a sus
ídolos, los cuales fueron causa de su ruina. Salmo 106:34-36

Los israelitas comenzaron a imitar los malos caminos de sus vecinos, a los que deberían haber destruido. Cuando quebrantaron su acuerdo con Dios, siguiendo a los dioses falsos de los cananeos, Dios hizo exactamente lo que Él dijo que haría: Él permitió que los malvados cananeos los conquistaran y los trataran con crueldad.

Y se encendió contra Israel el furor de Jehová, el cual los
entregó en manos de robadores que los despojaron, y los vendió en
mano de sus enemigos de alrededor; y no pudieron ya hacer frente a
sus enemigos. Por dondequiera que salían, la mano de Jehová estaba
contra ellos para mal, como Jehová había dicho, y como Jehová se lo
había jurado; y tuvieron gran aflicción. Jueces 2:14-15

En su sufrimiento, los israelitas clamaron a Dios para que los salvara. Y Dios lo hizo así. Pero muy pronto los israelitas se apartaban nuevamente de Dios. Entonces Dios permitía que una vez más las naciones, cuyos dioses los israelitas estaban adorando, los derrotaran. Nuevamente ellos clamaban a Dios para que los salvara, y Dios los rescataba una vez más.

Esto sucedió una y otra vez. Cada vez que los israelitas clamaban a Dios por ayuda, Dios tenía misericordia de ellos y enviaba un libertador especial, llamado "juez" para que los librara de sus sufrimientos. Mientras el juez gobernaba sobre Israel, el pueblo seguía al Dios vivo y verdadero. Pero tan pronto como el juez moría, los israelitas volvían a adorar a los dioses falsos.

Y cuando Jehová les levantaba jueces, Jehová estaba con el juez,
y los libraba de mano de los enemigos todo el tiempo de aquel juez;
porque Jehová era movido a misericordia por sus gemidos a causa de
los que los oprimían y afligían. Más acontecía que al morir el juez, ellos
volvían atrás, y se corrompían más que sus padres, siguiendo a dioses
ajenos para servirles, e inclinándose delante de ellos... Jueces 2:18-19a

Uno de los jueces que ayudó a salvar a los israelitas fue Débora. Débora guio a los israelitas a pelear contra un poderoso rey cananeo llamado Jabín.

...los hijos de Israel volvieron a hacer lo malo ante los ojos de
Jehová. Y Jehová los vendió en mano de Jabín rey de Canaán y el
capitán de su ejército se llamaba Sísara...

Entonces los hijos de Israel clamaron a Jehová, porque aquél tenía novecientos carros herrados, y había oprimido con crueldad a los hijos de Israel por veinte años.

Gobernaba en aquel tiempo a Israel una mujer, Débora, profetisa, mujer de Lapidot... Y ella envió a llamar a Barac... y le dijo: ¿No te ha mandado Jehová Dios de Israel, diciendo: Ve, junta a tu gente en el monte de Tabor, y toma contigo diez mil hombres de la tribu de Neftalí y de la tribu de Zabulón; y yo atraeré hacia ti al arroyo de Cisón a Sísara, capitán del ejército de Jabín, con sus carros y su ejército, y lo entregaré en tus manos?

Barac le respondió: Si tú fueres conmigo, yo iré; pero si no fueres conmigo, no iré. Y levantándose Débora, fue con Barac a Cedes. Y juntó Barac a Zabulón y a Neftalí en Cedes, y subió con diez mil hombres a su mando; y Débora subió con él.

Y reunió Sísara todos sus carros, novecientos carros herrados, con todo el pueblo que con él estaba...

Entonces Débora dijo a Barac: Levántate, porque este es el día en que Jehová ha entregado a Sísara en tus manos. ¿No ha salido Jehová delante de ti?

Y Barac descendió del monte de Tabor, y diez mil hombres en pos de él. Y Jehová quebrantó a Sísara, a todos sus carros y a todo su ejército, a filo de espada delante de Barac... y todo el ejército de Sísara cayó a filo de espada, hasta no quedar ni uno. Así abatió Dios aquel día a Jabín, rey de Canaán, delante de los hijos de Israel.
Jueces 4:1-16, 23

Bajo el liderazgo de Débora, los israelitas derrotaron a Jabín. Durante cuarenta años hubo paz en la tierra. Pero luego los israelitas comenzaron una vez más a adorar dioses falsos.

Recuerda

Cuando los israelitas quebrantaban su acuerdo con Dios, ellos merecían sufrir; ellos merecían ser destruidos. Pero cada vez que clamaban a Dios, Él en Su misericordia les enviaba un juez para salvarlos.

Tú también eres culpable de quebrantar los mandamientos de Dios, igual como los israelitas.

Por cuanto todos pecaron, y están destituidos de la gloria de Dios... Romanos 3:23

A causa de tu pecado, tú mereces sufrir.

Porque la paga del pecado es muerte... Romanos 6:23a

Pero tal como Dios envió jueces para librar a los israelitas de sus enemigos, Él prometió enviar al Libertador para salvarte. Aunque tú mereces morir por tu pecado, Dios es misericordioso y compasivo. Él rescata a todos los que confían en Él.

...para que todo aquel que en él cree, no se pierda, más tenga vida eterna. Juan 3:16b

Preguntas

1. ¿Qué hizo la gente después de que murió Josué? *Ellos comenzaron a seguir los caminos de los pueblos de alrededor. Dejaron al Dios verdadero para seguir dioses falsos.*

2. ¿Qué advertencia había dado Dios a los israelitas de lo que les sucedería si no cumplían Su ley? *ÉL dijo que enviaría a sus enemigos para que los gobernaran y los trataran rudamente.*

3. ¿Dios siempre hace lo que dice? *Sí. Dios cumple Su palabra. Si los israelitas no obedecían Sus leyes, Él traería por cierto terrible sufrimiento sobre ellos, tal como había advertido.*

4. Cuando los israelitas clamaban a Dios para que los salvara ¿qué hacía Dios? *Él tenía misericordia de ellos y enviaba jueces para que los librara de sus enemigos.*

5. ¿Qué sucedía cuando moría el juez? *El pueblo dejaba de seguir al único Dios verdadero y volvía a adorar dioses falsos.*

6. ¿Quién fue la mujer que Dios usó para librar a los israelitas de Jabín, uno de los reyes cananeos? *Dios usó a Débora para rescatar a los israelitas de Jabín.*

7. ¿Qué mereces tú por quebrantar las reglas de Dios? *Mereces ser separado de Dios para siempre en el lugar de terrible sufrimiento.*

8. ¿A quién prometió Dios enviar para librarte de la pena de muerte que mereces? *Dios prometió enviar al Libertador.*

Verdades bíblicas

- El Dios de la Biblia es el único Dios vivo y verdadero; todos los otros dioses son falsos.
- Dios dice la verdad; Él dice en serio lo que dice.
- Dios es un ser personal; Él se comunica con la gente.
- Todas las personas son pecadoras.
- Dios es misericordioso y bondadoso; Él es un Dios de amor.
- Dios es perfecto e impecable.
- La pena del pecado es muerte; separación de Dios para la eternidad en el lugar de terrible sufrimiento.
- Dios prometió enviar al Libertador para salvarnos de la muerte.

Actividad: El juego bíblico del ahorcado

Suministros

- Pizarrón o pizarra blanca o una hoja grande de papel
- Tiza o marcadores

Instrucciones

- El profesor dibuja una gran horca en la pizarra
- Poner líneas bajo la horca con el siguiente espacio:

  Frase clave: Dios entregó a los israelitas a sus enemigos cuando seguían dioses falsos y les mostraba misericordia cuando clamaban a Él.

  Frase clave para niños más pequeños: Dios tuvo misericordia de los israelitas.

- Hacer las preguntas de repaso, una a la vez. Pedir que un alumno o un equipo conteste cada pregunta. Si la respuesta es correcta, puede escoger una letra (por ej. la letra "B").
- Si la letra se encuentra en la clave, el profesor la escribe en la pizarra cada vez que aparece.
- Si la letra no aparece en la clave, el profesor dibuja una parte del colgado en la horca (por ej. la cabeza, etc.)
- Cuando un alumno o equipo cree saber la frase clave y es su turno, puede tratar de resolver el problema. El juego termina cuando un alumno o equipo soluciona el enigma o el profesor ha dibujado todas las partes del cuerpo del colgado.

Referencias bíblicas

Números 23:19; Deuteronomio 4:25-26; 7:2, 16; 8:19; Josué 21:43-45, 24:19-20; Jueces 1:21, 27; 2:7-19; 5:1-31; Jeremías 10:1-16, 32:21-23; Salmos 106, 135: 15-18; Hechos 13:20; Tito 1:2; Hebreos 6:18

40
Una trompeta y un cántaro
Gedeón

Versículo para memorizar

Alabad a Jehová, porque Él es bueno; porque para siempre es Su misericordia.
Salmo 118:29

Lección

Cuarenta años después de derrotar a Jabín, los israelitas nuevamente se apartaron de Dios. Esta vez Dios permitió que fueran conquistados por el pueblo madianita.

Los hijos de Israel hicieron lo malo ante los ojos de Jehová; y Jehová los entregó en mano de Madián por siete años...Y los hijos de Israel, por causa de los madianitas, se hicieron cuevas en los montes, y cavernas, y lugares fortificados. Pues sucedía que cuando Israel había sembrado, subían los madianitas y amalecitas y los hijos del oriente contra ellos; subían y los atacaban. Y acampando contra ellos destruían los frutos de la tierra, hasta llegar a Gaza; y no dejaban qué comer en Israel, ni ovejas, ni bueyes, ni asnos. Porque subían ellos y sus ganados, y venían con sus tiendas en grande multitud como langostas; ellos y sus camellos eran innumerables; así venían a la tierra para devastarla. De este modo empobrecía Israel en gran manera por causa de Madián; y los hijos de Israel clamaron a Jehová. Jueces 6:1-6

Los madianitas eran crueles y rencorosos. Ellos venían en multitudes y destruían todo el fruto del campo de los israelitas y todos sus animales. Los israelitas se escondían temerosos en las cuevas de los montes. Finalmente, cuando ya no tenían qué comer, los israelitas clamaron a Dios para que los salvara.

Dios escogió a Gedeón para ayudar a liberar a Israel de los madianitas. Gedeón también temía a los madianitas, pero Dios quería que Gedeón confiara en Él.

Y vino el ángel de Jehová...Y mirándole Jehová, le dijo: Ve con esta tu fuerza, y salvarás a Israel de la mano de los madianitas. ¿No te envío yo?

Entonces le respondió: Ah, señor mío, ¿con qué salvaré yo a Israel?

275

...Jehová le dijo: Ciertamente yo estaré contigo, y derrotarás a los madianitas como a un solo hombre. Jueces 6:11, 14-16

Gedeón reunió un ejército de treinta y dos mil israelitas para pelear contra los madianitas.

Y Jehová dijo a Gedeón: El pueblo que está contigo es mucho para que yo entregue a los madianitas en su mano, no sea que se alabe Israel contra mí, diciendo: Mi mano me ha salvado. Ahora, pues, haz pregonar en oídos del pueblo, diciendo: Quien tema y se estremezca, madrugue y devuélvase desde el monte de Galaad. Y se devolvieron de los del pueblo veintidós mil, y quedaron diez mil. Jueces 7:1-3

Dios no quería que los israelitas confiaran en su propia fuerza; Él quería que confiaran en Él. Dios quería que los israelitas vieran que Él es el único Dios poderoso y verdadero. Por eso Dios dijo a Gedeón que se deshiciera de todos los soldados que tuvieran miedo. Veintidós mil hombres se fueron a casa. Esto dejó a Gedeón con solo diez mil soldados.

Pero Dios dijo que aún había demasiados soldados. Él dijo a Gedeón que llevara a los diez mil hombres que habían quedado, a las aguas para beber.

Y Jehová dijo a Gedeón: Aún es mucho el pueblo; llévalos a las aguas... Entonces llevó el pueblo a las aguas; y Jehová dijo a Gedeón: Cualquiera que lamiere las aguas con su lengua como lame el perro, a aquél pondrás aparte; asimismo a cualquiera que se doblare sobre sus rodillas para beber. Y fue el número de los que lamieron llevando el agua con la mano a su boca, trescientos hombres; y todo el resto del pueblo se dobló sobre sus rodillas para beber las aguas. Entonces Jehová dijo a Gedeón: Con estos trescientos hombres que lamieron el agua os salvaré, y entregaré a los madianitas en tus manos; y váyase toda la demás gente cada uno a su lugar. Jueces 7:4-7

Dios dijo a Gedeón que enviara a casa a todos los que habían doblado la rodilla para beber. Solo "los que lamieron llevando el agua con la mano a su boca", podían quedarse. Esto hizo que el ejército de Gedeón fuese extremadamente pequeño. Quedaron solamente trescientos hombres para pelear contra los poderosos madianitas.

El ejército madianita que enfrentaba a Israel era enorme; se dispersaba por el país como la arena a orillas del mar. Por cierto que esto atemorizó a Gedeón, pero Dios le dijo que descendiera al campamento madianita y oyera lo que se decía.

Aconteció que aquella noche Jehová le dijo: Levántate, y desciende al campamento; porque yo lo he entregado en tus manos. Y si tienes temor de descender, baja tú con Fura tu criado al campamento, y oirás lo que hablan; y entonces tus manos se esforzarán, y descenderás al campamento. Y él descendió con Fura su criado hasta los puestos avanzados de la gente armada que estaba en el campamento. Y los madianitas, los amalecitas y los hijos del oriente estaban tendidos en el valle como langostas en multitud, y sus camellos eran innumerables como la arena que está a la ribera del mar en multitud.

Cuando llegó Gedeón, he aquí que un hombre estaba contando a su compañero un sueño, diciendo: He aquí yo soñé un sueño: Veía un pan de cebada que rodaba hasta el campamento de Madián, y llegó a la tienda, y la golpeó de tal manera que cayó, y la trastornó de arriba abajo, y la tienda cayó.

Y su compañero respondió y dijo: Esto no es otra cosa sino la espada de Gedeón hijo de Joás, varón de Israel. Dios ha entregado en sus manos a los madianitas con todo el campamento. Jueces 7:9-14

Cuando Gedeón se acercó al campamento de los madianitas, él oyó que uno de los soldados contaba su sueño a un amigo. El soldado decía que había soñado que un pan rodaba al campamento y echaba abajo una tienda. Un pequeño trozo de pan no puede echar abajo una tienda. Pero el soldado sabía lo que significaba realmente este sueño. Significaba que el pequeño ejército israelita bajaría y derrotaría a los poderosos madianitas.

Cuando Gedeón oyó esto, ya no tuvo temor. Ahora estaba seguro de que los israelitas ganarían. Gedeón volvió al campamento israelita para prepararse para la batalla.

Y repartiendo los trescientos hombres en tres escuadrones, dio a todos ellos trompetas en sus manos, y cántaros vacíos con teas ardiendo dentro de los cántaros. Y les dijo: Miradme a mí, y haced como hago yo; he aquí que cuando yo llegue al extremo del campamento, haréis vosotros como hago yo. Yo tocaré la trompeta, y todos los que estarán conmigo; y vosotros tocaréis entonces las trompetas alrededor de todo el campamento, y diréis: ¡Por Jehová y por Gedeón!

Llegaron, pues, Gedeón y los cien hombres que llevaba consigo, al extremo del campamento, al principio de la guardia de la medianoche, cuando acababan de renovar los centinelas; y tocaron las trompetas, y quebraron los cántaros que llevaban en sus manos. Y los tres escuadrones tocaron las trompetas, y quebrando los cántaros tomaron en la mano izquierda las teas, y en la derecha las trompetas con que tocaban, y gritaron: ¡Por la espada de Jehová y de Gedeón! Y se estuvieron firmes cada uno en su puesto en derredor del campamento; entonces todo el ejército echó a correr dando gritos y huyendo. Y los trescientos tocaban las trompetas; y Jehová puso la espada de cada uno contra su compañero en todo el campamento. Y el ejército huyó... Jueces 7:16-22

Gedeón dividió a sus hombres en tres grupos. Tomaron posición alrededor del campamento de los madianitas. En medio de la noche, a la orden de Gedeón, cada soldado israelita hizo sonar su trompeta y quebró el cántaro que llevaba. Despertando sobresaltados por el retumbar de las trompetas y las explosiones de luz a su alrededor, los madianitas estaban aterrorizados. Pensaron que estaban rodeados. En su confusión, los soldados madianitas cayeron en pánico y comenzaron a matarse unos a otros. Una vez más, fue Dios quien ganó la batalla para Israel.

Después de la derrota de los madianitas, Israel tuvo paz durante cuarenta años.

Pero aconteció que cuando murió Gedeón, los hijos de Israel... escogieron por dios a Baal-berit. Y no se acordaron los hijos de Israel de Jehová su Dios, que los había librado de todos sus enemigos en derredor... Jueces 8:33

Recuerda

Dios no quería que los israelitas confiaran en sus propias fuerzas para salvarse; Él quería que confiaran en Él. Dios era el único que podía salvar a los israelitas del gran ejército madianita.

Dios tampoco quiere que tú confíes en ti mismo. Tal como los israelitas no podían salvarse por ellos mismos de los madianitas, tú no puedes salvarte por ti mismo de Satanás y de la pena de muerte que mereces por tu pecado. Tú eres un pecador. No puedes agradar a Dios o hacerte aceptable con Él.

Dios es el único que te puede salvar. Confía en Él.

📖 Así ha dicho Jehová: Maldito el varón que confía en el hombre, y pone carne por su brazo, y su corazón se aparta de Jehová. Bendito el varón que confía en Jehová, y cuya confianza es Jehová.
Jeremías 17:5, 7

Preguntas

1. ¿Cómo hacían sufrir los madianitas a Israel? *Ellos destruían todos sus alimentos y sus animales. Por temor, los israelitas se escondían en las cuevas de los montes.*

2. ¿Cuántos madianitas había? *Habían más de los que se podía contar.*

3. ¿Eran los israelitas lo suficientemente fuertes como para vencer a los madianitas? *No.*

4. Aunque los israelitas seguían apartándose de Dios, ¿tenía Dios misericordia de ellos cuando clamaban a Él a causa de su sufrimiento? *Sí. Dios escogió a Gedeón para ayudar a liberar a Israel de los madianitas.*

5. ¿Cuántos soldados israelitas juntó Gedeón al principio para batallar contra los madianitas? *Treinta y dos mil.*

6. ¿Qué dijo Dios a Gedeón acerca de su ejército? *Él dijo que eran demasiados hombres.*

7. ¿Por qué se fueron a sus casas veintidós mil de los hombres de Gedeón? *Porque Dios dijo a Gedeón que todos los que tuvieran miedo se fueran a su casa.*

8. ¿Qué dijo Dios a Gedeón que hiciera ahora para que se fueran aún más soldados? *Él le dijo que los llevara a las aguas para beber. Solo se les permitió quedar a los que llevaron la mano a su boca para beber.*

9. ¿Por qué quería Dios que más hombres del ejército de Gedeón se fueran a casa? *Dios no quería que los israelitas confiaran en su propia fuerza para salvarse. Él quería que los israelitas confiaran en Él.*

10. ¿Quién es el único que te puede rescatar de Satanás y de la pena de muerte que mereces? *Solo Dios te puede rescatar. No importa cuánto trates de ser bueno, no puedes hacerte aceptable con Dios. No puedes librarte a ti mismo del control de Satanás. No puedes pagar por tu pecado. Solo Dios te puede salvar de la pena de muerte y hacerte aceptable a Él.*

Verdades bíblicas

- Dios es un ser personal; Él se comunica con la gente.
- Todos los hombres son pecadores.
- La pena del pecado es la muerte.
- Dios es misericordioso; Dios es un Dios de amor.
- No podemos salvarnos a nosotros mismos. Solo Dios nos puede salvar.
- Para agradar a Dios, tenemos que confiar solo en Él.
- Dios es el más grande. Él puede hacer cualquier cosa.

Actividad: Actuar la historia de Gedeón con alumnos voluntarios o con títeres

Suministros

- Títeres y/o alumnos voluntarios

Instrucciones

- Usar el siguiente libreto para presentar una exhibición de títeres

La Historia de Gedeón

Marcos: Hola Lucy, ¿qué estás haciendo?

(Lucy está leyendo su Biblia y parece estar muy interesada).

Marcos: ¡Lucy!

Lucy: ¡Oh, lo siento Marcos! Estaba leyendo en mi Biblia la historia de cómo Dios usó a Gedeón para dirigir un ejército para luchar contra los madianitas. Esto está más interesante que cualquiera de mis libros de aventuras.

Marcos: ¡Oh! ¡Wow! ¡Suena emocionante! ¿Quieres contarme?

Lucy: Seguro, Marcos, ¡me encantaría!

Marcos: ¡Oh, bueno! ¡Comienza ya!

Lucy: Bueno, tú sabes todo sobre los israelitas, ¿verdad?

Marcos: ¡Oh sí!

Lucy: Bueno, Israel comenzó a olvidarse de Dios. Empezaron a adorar ídolos.

Marcos: ¡Oh, no!

Lucy: De modo que Dios permitió que otra nación, llamada los Madianitas, entrara a Israel. Los Madianitas robaron los animales de los israelitas y los Israelitas estaban tan atemorizados de ellos que se escondieron en los montes.

Marcos: ¡Oh! ¡Wow! ¿Y qué sucedió entonces?

Lucy: Bueno, los israelitas finalmente se acordaron de Dios y le pidieron que los salvara. En ese tiempo vivía un hombre llamado Gedeón. Un día un ángel visitó a Gedeón y le dijo que el Señor estaba con él. Cuando Gedeón preguntó al ángel por qué les sucedían todas estas cosas malas, el ángel le dijo que Dios lo usaría a él para salvar a Israel. Gedeón tenía sus dudas, pero cuando el ángel se hubo ido, él supo que había visto al ángel del Señor.

Marcos: ¡Wow! ¡Qué lindo!

Lucy: Gedeón envió mensajeros para llamar a todos los soldados de Israel. Pero Gedeón todavía dudaba. Una noche él puso un trozo de vellón afuera. Gedeón quería que Dios le demostrara si en verdad le iba a ayudar o no. Le dijo a Dios que si Él le ayudaría, que el rocío cayera sobre el vellón y todo lo demás quedara seco. Adivina lo que sucedió en la mañana.

Marcos: Apuesto que Dios hizo que el vellón estuviera mojado y que toda la tierra alrededor estuviera seca.

Lucy: ¡Adivinaste! En la mañana Gedeón "exprimió el vellón y sacó de él el rocío, un tazón lleno de agua". Dios hizo eso. Pero Gedeón seguía con dudas. Él pidió a Dios que hiciera otra señal de que estaría con él. Él pidió que el vellón quedara seco y que la tierra estuviera mojada con el rocío. En la mañana, eso es lo que sucedió. Finalmente Gedeón creyó que Dios le ayudaría a pelear contra los madianitas.

Marcos: ¡Wow! ¿Y qué sucedió? ¿Ganaron los israelitas?

Lucy: Bueno, Gedeón tenía un ejército de treinta y dos 32,000 soldados.

Marcos: ¿De veras?

Lucy: Sí… y adivina. Dios dijo a Gedeón que tenía demasiados soldados. Dios no quería que los israelitas pensaran que ellos ganaron la batalla por sí mismos; Él quería que ellos conocieran Su poder. Dios dijo a Gedeón que dejara que los hombres que estaban asustados abandonaran el campamento.

Marcos: ¿De veras? Eso no tiene sentido, pero estoy seguro de que Dios sabía lo que estaba haciendo.

Lucy: Sí, Marcos. Tienes razón – Dios sabía lo que estaba haciendo. Veinte y dos mil soldados dejaron el campamento. Pero Dios seguía pensando que el ejército de Gedeón era demasiado grande. Él dijo que llevara a los hombres a las aguas. Según las instrucciones de Dios, los hombres que "lamieron llevando el agua con la mano a su boca" quedarían con Gedeón. El resto de los hombres que se doblaron "sobre sus rodillas para beber" se fueron a su casa. Ahora el ejército de Gedeón solo consistía de 300 hombres.

Marcos: Eso parece increíble.

Lucy: Ya lo sé, pero es verdad. ¡Espera que te cuente lo que sucedió después!

Marcos: ¡Oh! ¡Por favor cuéntame!

Lucy: OK… esa noche Dios dijo a Gedeón que fuera donde los madianitas. Gedeón dividió el ejército en tres grupos. Cada hombre tenía una trompeta y un cántaro y una antorcha ardiendo. Ellos bajaron cautelosamente al campamento y tomaron sus posiciones alrededor del campamento de los madianitas. A medianoche Gedeón dio la orden y los soldados hicieron sonar las trompetas. Ellos gritaron ¡por la espada de Jehová y de Gedeón! Entonces los soldados quebraron sus cántaros. ¡Qué estruendo y explosión de luces! Los madianitas se despertaron y pensaron que un gran ejército los estaba atacando.

Marcos: ¡Oh! Esto se está poniendo emocionante. Tienes razón, esta historia es mejor que una novela de aventuras.

Lucy: ¡De seguro que lo es! Bueno, una vez que los madianitas despertaron, ellos huyeron por sus vidas. Algunos de ellos fueron muertos por sus propios compañeros. Los madianitas perdieron muchos hombres.

Marcos: Esta historia es asombrosa. ¡De seguro que Gedeón fue un gran líder!

Lucy: Esta historia es muy asombrosa, pero deberíamos recordar siempre que los israelitas no ganaron la batalla gracias a Gedeón, sino que fue Dios quien les dio la victoria.

Marcos: Tienes razón Lucy. Gracias por contarme esta historia. Yo no sabía que la Biblia podía ser tan emocionante y que Dios era tan poderoso. Debería comenzar a leer la Biblia por mí mismo.

41
Un hombre fuerte
Sansón

Versículo para memorizar

Alabad a Jehová, porque Él es bueno; porque para siempre es Su misericordia.
Salmo 118:29

Lección

Otro de los jueces de Israel fue Sansón. Sansón ayudó a liberar a los israelitas de los filisteos.

Los hijos de Israel volvieron a hacer lo malo ante los ojos de Jehová; y Jehová los entregó en mano de los filisteos por cuarenta años. Y había un hombre...el cual se llamaba Manoa; y su mujer era estéril, y nunca había tenido hijos. A esta mujer apareció el ángel de Jehová, y le dijo: ...pero concebirás y darás a luz un hijo. Pues he aquí que concebirás y darás a luz un hijo; y navaja no pasará sobre su cabeza, porque el niño será nazareo a Dios desde su nacimiento, y él comenzará a salvar a Israel de mano de los filisteos. Jueces 13:1-5

La esposa de Manoa no podía tener hijos, pero un día Dios le dijo que Él le daría un hijo. Él podía hacer eso, porque Él es el Dador-de-vida.

Dios tenía un plan especial para el niño que Él iba a dar a Manoa y a su esposa; el niño debía ser un nazareno. Un nazareno era alguien que era dedicado a Dios. A un nazareno no se le permitía cortarse el cabello; su cabello debía crecer largo.

Manoa y su mujer pusieron a su hijo el nombre Sansón. Dios dio a Sansón una fuerza increíble, de modo que Sansón podía pelear solo contra los filisteos. Un día Sansón quemó los campos de los filisteos poniendo antorchas encendidas en las colas de trescientos zorros.

Y fue Sansón y cazó trescientas zorras, y tomó teas, y juntó cola con cola, y puso una tea entre cada dos colas. Después, encendiendo las teas, soltó las zorras en los sembrados de los filisteos, y quemó las mieses amontonadas y en pie, viñas y olivares. Jueces 15:4-5

En otra oportunidad Sansón había matado a mil hombres con la quijada de un asno.

📖 Y hallando una quijada de asno fresca aún...y mató con ella a mil hombres. Jueces 15:15

Pero aunque Sansón había sido apartado para Dios, él seguía siendo pecador. Algunas de las cosas que hizo disgustaron a Dios, como cuando se enamoró de una mujer que lo engañó para que le revelara el secreto de su fuerza.

📖 Después de esto aconteció que se enamoró de una mujer en el valle de Sorec, la cual se llamaba Dalila. Y vinieron a ella los príncipes de los filisteos, y le dijeron: Engáñale e infórmate en qué consiste su gran fuerza, y cómo lo podríamos vencer, para que lo atemos y lo dominemos; y cada uno de nosotros te dará mil cien siclos de plata. Jueces 16:4-5

Los príncipes de los filisteos prometieron pagar a Dalila una gran cantidad de dinero si ella descubría lo que daba tanta fuerza a Sansón.

📖 Y Dalila dijo a Sansón: Yo te ruego que me declares en qué consiste tu gran fuerza, y cómo podrás ser atado para ser dominado. Y le respondió Sansón: Si me ataren con siete mimbres verdes que aún no estén enjutos, entonces me debilitaré y seré como cualquiera de los hombres. Jueces 16:6-7

Sansón le dijo que si lo ataban con siete cuerdas nuevas - como las que se usan para la horca – él sería tan débil como cualquier otro hombre.

📖 Y los príncipes de los filisteos le trajeron siete mimbres verdes que aún no estaban enjutos, y ella le ató con ellos. Y ella tenía hombres en acecho en el aposento. Entonces ella le dijo: ¡Sansón, los filisteos contra ti! Y él rompió los mimbres, como se rompe una cuerda de estopa cuando toca el fuego; y no se supo el secreto de su fuerza. Jueces 16:8-9

Mientras Sansón dormía, Dalila lo ató con las cuerdas, pero cuando ella gritó que venían los filisteos, él rompió las cuerdas con toda facilidad.

📖 Entonces Dalila dijo a Sansón: He aquí tú me has engañado, y me has dicho mentiras; descúbreme, pues, ahora, te ruego, cómo podrás ser atado. Y él le dijo: Si me ataren fuertemente con cuerdas nuevas que no se hayan usado, yo me debilitaré, y seré como cualquiera de los hombres. Y Dalila tomó cuerdas nuevas, y le ató con ellas, y le dijo: ¡Sansón, los filisteos sobre ti! Y los espías estaban en el aposento. Más él las rompió de sus brazos como un hilo. Jueces 16:10-12

Pero Dalila no se dio por vencida; siguió insistiendo a Sansón para que le dijera la verdad.

Y Dalila dijo a Sansón: Hasta ahora me engañas, y tratas conmigo con mentiras. Descúbreme, pues, ahora, cómo podrás ser atado. Él entonces le dijo: Si tejieres siete guedejas de mi cabeza con la tela y las asegurares con la estaca. Y ella las aseguró con la estaca, y le dijo: ¡Sansón, los filisteos sobre ti! Mas despertando él de su sueño, arrancó la estaca del telar con la tela. Jueces 16:13-14

Sansón dijo a Dalila que si tejiera su pelo en un telar como se teje hilo para hacer tela, él no podría librarse. Pero cuando Dalila gritó que venían los filisteos, Sansón libró sin esfuerzo su cabello del telar.

Dalila se molestó. Ella acusó a Sansón de que no la amaba.

Y ella le dijo: ¿Cómo dices: Yo te amo, cuando tu corazón no está conmigo? Ya me has engañado tres veces, y no me has descubierto aún en qué consiste tu gran fuerza. Y aconteció que, presionándole ella cada día con sus palabras...le dijo: Nunca a mi cabeza llegó navaja; porque soy nazareo...Si fuere rapado, mi fuerza se apartará de mí, y me debilitaré y seré como todos los hombres.

Viendo Dalila que él le había descubierto todo su corazón, envió a llamar a los principales de los filisteos, diciendo: Venid esta vez, porque él me ha descubierto todo su corazón. Y los principales de los filisteos vinieron a ella, trayendo en su mano el dinero. Y ella hizo que él se durmiese sobre sus rodillas, y llamó a un hombre, quien le rapó las siete guedejas de su cabeza; y ella comenzó a afligirlo, pues su fuerza se apartó de él. Y le dijo: ¡Sansón, los filisteos sobre ti! Y luego que despertó él de su sueño, se dijo: Esta vez saldré como las otras y me escaparé. Pero él no sabía que Jehová ya se había apartado de él. Más los filisteos le echaron mano, y le sacaron los ojos, y le llevaron a Gaza; y le ataron con cadenas para que moliese en la cárcel. Y el cabello de su cabeza comenzó a crecer, después que fue rapado. Jueces 16:15-22

Finalmente, los filisteos se apoderaron de Sansón. Ellos le sacaron los ojos, lo encadenaron, y lo metieron en prisión donde lo obligaron a trabajar. Pero cuando el cabello de Sansón comenzó a crecer nuevamente, su fuerza volvió paulatinamente.

Un día, una gran multitud de filisteos se reunió en el templo de su falso dios.

Entonces los principales de los filisteos se juntaron para ofrecer sacrificio a Dagón su dios y dijeron: Nuestro dios entregó en nuestras manos a Sansón nuestro enemigo... Y llamaron a Sansón de la cárcel... y lo pusieron entre las columnas.

Entonces Sansón dijo al joven que le guiaba de la mano: Acércame, y hazme palpar las columnas sobre las que descansa la casa, para que me apoye sobre ellas. Y la casa estaba llena de hombres y mujeres...y en el piso alto había como tres mil hombres y mujeres, que estaban mirando... Entonces clamó Sansón a Jehová, y dijo: Señor Jehová...fortaléceme, te ruego, solamente esta vez...Asió luego Sansón las dos columnas de en medio, sobre las que descansaba la casa, y echó todo su peso sobre ellas, su mano derecha sobre una y su mano izquierda sobre la otra. Y dijo Sansón: Muera yo con los filisteos. Entonces se inclinó con toda su fuerza, y cayó la casa sobre los principales, y sobre todo el pueblo que estaba en ella. Y los que mató al morir fueron muchos más que los que había matado durante su vida. Jueces 16:23-30

Dios es el único Dios vivo y verdadero; Él dio a Sansón la fuerza para derribar el templo del dios falso de los filisteos, Dagón. Sansón mató más filisteos en su muerte que durante toda su vida. Dios había usado a Sansón durante veinte años para librar a Israel de los filisteos.

Y juzgó a Israel en los días de los filisteos veinte años. Jueces 15:20

Recuerda

Dios hace todo lo que quiere; nada es demasiado difícil para Él. Aunque Manoa y su mujer nunca habían podido tener un hijo, Dios les dio un hijo. Cuando Sansón se hizo hombre, Dios le dio fuerza sobrehumana para vencer a los enemigos de Israel. Y, finalmente, Dios dio a Sansón fuerza para destruir el templo del falso dios de los filisteos, matando a una gran multitud de filisteos que estaban reunidos allí. El Dios de la Biblia es el único Dios vivo, verdadero y poderoso.

Preguntas

1. ¿Cómo pudo Dios dar un hijo a la esposa de Manoa si nunca antes había podido tener hijos? *Dios es el Dador-de-vida. Él es todopoderoso. Aunque la esposa de Manoa nunca había podido tener hijos, Dios pudo fácilmente darle un hijo.*

2. ¿Qué plan tenía Dios para el hijo que Él dio a Manoa y su mujer? *El propósito de Dios era que el hijo ayudara a liberar a Israel de los filisteos.*

3. ¿Qué era un nazareo? *Un nazareo era alguien que había sido apartado para el servicio de Dios.*

4. Como nazareo, ¿qué no le estaba permitido hacer a Sansón? *Dios dijo que Sansón nunca debía cortarse el cabello.*

5. ¿Quién dio a Sansón su increíble fuerza? *Dios le dio la fuerza.*

6. Nombra algunas maneras en que Sansón usó la fuerza que Dios le dio para derrotar a los filisteos. *Una vez Sansón quemó los campos de los filisteos poniendo antorchas ardiente en las colas de trescientos zorros. Otra vez él mató a mil hombres con la quijada de un asno.*

7. ¿Era Sansón un pecador? *Sí, aunque estaba dedicado a Dios, Sansón era un pecador.*

8. ¿Qué hizo Sansón como para que cayera en mano de los filisteos? *Él se enamoró de Dalila y dejó que ella lo engañara y él le contara el secreto de su fuerza.*

9. ¿Cómo fue que Sansón mató a más filisteos en su muerte que durante su vida? *En una oportunidad, cuando una multitud de filisteos estaba reunida en el templo de su falso dios, Sansón derrumbó los principales pilares del templo, de modo que el templo colapsó y mató a todos los que estaban adentro.*

10. ¿Quién es el único Dios vivo, verdadero y poderoso? *El Dios de la Biblia es el único Dios verdadero y poderoso. Todos los demás dioses son falsos y no tienen poder.*

Verdades bíblicas
- Dios es el Dador-de-vida.
- Dios hace todo lo que quiere; Él está a cargo del mundo y de toda la gente.
- Dios es poderoso; nada es demasiado difícil para Él.
- Dios es el único Dios verdadero; todos los demás dioses son falsos y no tienen poder.
- Todos los seres humanos son pecadores.

Actividad: Actuar el relato de Sansón.

Referencias bíblicas

Números 6:1-21; Salmo 135:15; Jeremías 10:3-16

42
Un gigante
Goliat

Versículo para memorizar

Mas yo en tu misericordia he confiado; Mi corazón se alegrará en tu salvación.
Salmo 13:5

Lección

Samuel fue el último juez de Israel.

Los padres de Samuel eran Ana y Elcana. Al igual que la madre de Sansón, Ana no podía tener hijos. Pero un día ella le prometió a Dios que si Él le diera un hijo, ella se lo daría a Dios. Dios contestó la oración de Ana y le dio un hijo varón. Ana llamó a su hijo Samuel.

Ana cumplió su promesa. Cuando Samuel era muy pequeño, lo llevó al templo para que se quedara con Eli, el sacerdote.

Cada año, cuando Ana y Elcana iban al templo para adorar a Dios, Ana llevaba a Samuel una túnica nueva.

Y le hacía su madre una túnica pequeña y se la traía cada año, cuando subía con su marido para ofrecer el sacrificio acostumbrado.
1 Samuel 2:19

A medida que Samuel crecía, él ayudaba a Elí en el templo. Más tarde él llegó a ser un juez de Israel. Durante muchos años él fue el líder de Israel, pero cuando envejeció, los israelitas pidieron que un rey gobernara sobre ellos.

Aconteció que habiendo Samuel envejecido, puso a sus hijos por jueces sobre Israel... Entonces todos los ancianos de Israel se juntaron, y vinieron a Ramá para ver a Samuel, y le dijeron: He aquí tú has envejecido, y tus hijos no andan en tus caminos; por tanto, constitúyenos ahora un rey que nos juzgue, como tienen todas las naciones. Pero no agradó a Samuel esta palabra que dijeron: Danos un rey que nos juzgue. Y Samuel oró a Jehová.

Y dijo Jehová a Samuel: Oye la voz del pueblo en todo lo que te digan;
porque no te han desechado a ti, sino a mí me han desechado, para que
no reine sobre ellos. 1 Samuel 8:1, 4-7

A pesar de que Dios usó a los jueces para dirigir a Israel y librarlos de sus enemigos, Dios era el verdadero líder de Israel. Dios fue el que liberó a los israelitas de Egipto y los salvó de sus enemigos. Pero los israelitas ya no querían que Dios gobernara sobre ellos. Querían un rey humano, igual como tenían las naciones alrededor de ellos.

Dios dio a los israelitas lo que solicitaban.

Después Samuel dijo a los hijos de Israel: Así ha dicho Jehová el
Dios de Israel: Yo...os libré de mano de los egipcios, y de mano de
todos los reinos que os afligieron. Pero vosotros habéis desechado hoy
a vuestro Dios, que os guarda de todas vuestras aflicciones y
angustias, y habéis dicho: No, sino pon rey sobre nosotros. Ahora,
pues, presentaos delante de Jehová...Y haciendo Samuel que se
acercasen todas las tribus de Israel, fue tomada Saúl hijo de Cis.
Entonces el pueblo clamó con alegría, diciendo: ¡Viva el rey!
1 Samuel 10:17-21a, 24b

Dios escogió a Saúl para que fuese rey sobre Israel. Durante el reinado de Saúl, los filisteos reunieron sus ejércitos para pelear contra Israel.

Y los filisteos estaban sobre un monte a un lado, e Israel estaba
sobre otro monte al otro lado, y el valle entre ellos. Salió entonces del
campamento de los filisteos un paladín, el cual se llamaba Goliat, de
Gat, y tenía de altura seis codos y un palmo. Y traía un casco de bronce
en su cabeza, y llevaba una cota de malla; y era el peso de la cota cinco
mil siclos de bronce. Sobre sus piernas traía grebas de bronce, y
jabalina de bronce entre sus hombros. El asta de su lanza era como un
rodillo de telar, y tenía el hierro de su lanza seiscientos siclos de
hierro; e iba su escudero delante de él. 1 Samuel 17:3-7

Goliat era aterrador. Tu padre probablemente tiene una altura entre 168cm. ¡pero Goliat tenía más de 3 metros de altura! Su armadura de bronce pesaba más de cien libras y la hoja de su lanza pesaba quince libras. La mayoría de los gatos pesan como 4.5 kilos, de modo que te puedes imaginar cuán pesada era la lanza de Goliat. Delante de Goliat iba un guardaespaldas que llevaba su escudo.

Goliat desafiaba a los soldados israelitas para que enviaran a un hombre que peleara con él.

📖 Y se paró y dio voces a los escuadrones de Israel, diciéndoles: ¿Para qué os habéis puesto en orden de batalla? ¿No soy yo el filisteo, y vosotros los siervos de Saúl? Escoged de entre vosotros un hombre que venga contra mí. Si él pudiere pelear conmigo, y me venciere, nosotros seremos vuestros siervos; y si yo pudiere más que él, y lo venciere, vosotros seréis nuestros siervos y nos serviréis. Y añadió el filisteo: Hoy yo he desafiado al campamento de Israel; dadme un hombre que pelee conmigo. Oyendo Saúl y todo Israel estas palabras del filisteo, se turbaron y tuvieron gran miedo. 1 Samuel 17:8-11

Todos los soldados israelitas estaban aterrorizados. Pero un día un joven pastor trajo alimentos para sus hermanos que estaban sirviendo en el ejército de Saúl. El pastor se llamaba David. David vio que los soldados estaban muy espantados, de modo que fue donde el rey y se ofreció para pelear contra el gigante.

📖 Y dijo David a Saúl:...irá y peleará contra este filisteo.

Dijo Saúl a David: No podrás tú ir contra aquel filisteo, para pelear con él; porque tú eres muchacho...

David respondió a Saúl: Tu siervo era pastor de las ovejas de su padre; y cuando venía un león, o un oso, y tomaba algún cordero de la manada, salía yo tras él, y lo hería, y lo libraba de su boca; y si se levantaba contra mí, yo le echaba mano de la quijada, y lo hería y lo mataba. Fuese león, fuese oso, tu siervo lo mataba; y este filisteo incircunciso será como uno de ellos, porque ha provocado al ejército del Dios viviente. Añadió David: Jehová, que me ha librado de las garras del león y de las garras del oso, él también me librará de la mano de este filisteo.

Y dijo Saúl a David: Ve, y Jehová esté contigo. Y tomó su cayado en su mano, y escogió cinco piedras lisas del arroyo, y las puso en el saco pastoril...y tomó su honda en su mano...,

Y...el filisteo...vio a David... porque era muchacho...Y dijo el filisteo a David: ¿Soy yo perro, para que vengas a mí con palos? Y maldijo a David por sus dioses. Dijo luego el filisteo a David: Ven a mí, y daré tu carne a las aves del cielo y a las bestias del campo.

Entonces dijo David al filisteo: Tú vienes a mí con espada y lanza y jabalina; mas yo vengo a ti en el nombre de Jehová de los ejércitos, el Dios de los escuadrones de Israel, a quien tú has provocado. Jehová te entregará hoy en mi mano, y yo te venceré, y te cortaré la cabeza, y daré hoy los cuerpos de los filisteos a las aves del cielo y a las bestias de la tierra; y toda la tierra sabrá que hay Dios en Israel. Y sabrá toda esta congregación que Jehová no salva con espada y con lanza; porque de Jehová es la batalla, y él os entregará en nuestras manos. Y aconteció que cuando el filisteo se levantó y echó a andar para ir al encuentro de David, David se dio prisa, y corrió a la línea de batalla contra el filisteo. Y metiendo David su mano en la bolsa, tomó de allí una piedra, y la tiró con la honda, e hirió al filisteo en la frente; y la piedra quedó clavada en la frente, y cayó sobre su rostro en tierra. Así venció David al filisteo con honda y piedra; e hirió al filisteo y lo mató, sin tener David espada en su mano. Entonces corrió David y se puso sobre el filisteo; y tomando la espada de él y sacándola de su vaina, lo acabó de matar, y le cortó con ella la cabeza. Y cuando los filisteos vieron a su paladín muerto, huyeron. 1 Samuel 17:32-51

David era solo un jovencito. Él ni siquiera tenía una espada. Pero él se acordaba de cómo Dios le libró del león y del oso. Él sabía que el Dios de Israel era más poderoso que ese gigante engreído. David creía que Dios podía hacer cualquier cosa. Por cuanto David confiaba en Dios, Dios lo usó para derrotar al gigante.

David era un pecador como todos los demás; pero tal como Abel, Noé, Abraham, Isaac, Jacob, Moisés y Josué creían en Dios, David también creía en Dios. Él creía que Dios era el único que podía salvarlo de la pena de muerte que merecía, y que podía hacerlo aceptable ante Dios.

Muchos años después de que David matara a Goliat, Dios usó a David como uno de Sus profetas para escribir una parte de la Biblia. Gran parte del libro de los Salmos fue escrito por David. En el libro de los Salmos, David escribió lo siguiente:

Mas yo en tu misericordia he confiado; Mi corazón se alegrará en tu salvación. Salmo 13:5

Dios escogió a David para que fuese el rey de Israel después del Rey Saúl. David encaminó a los israelitas para seguir a Dios. Durante su reinado, Israel derrotó a todos sus enemigos y así, una vez más, pudieron vivir en paz.

Recuerda

Aunque David era jovencito, él confiaba en Dios. David confió en Dios para matar al león y al oso cuando estaban atacando a las ovejas de su padre. Más tarde, el confió en Dios para matar al poderoso gigante Goliat. Por cuanto David siempre confiaba en Dios, Dios dijo en cuanto a David "un varón conforme a mi corazón".

Quitado éste, les levantó por rey a David, de quien dio también testimonio diciendo: He hallado a David hijo de Isaí, varón conforme a mi corazón, quien hará todo lo que yo quiero. Hechos 13:22

La única manera de agradar a Dios es confiando en Él.

Pero sin fe es imposible agradar a Dios... Hebreos 11:6a

Debes creer en Dios como lo hacía David. Dios es el único que te puede salvar de la pena de muerte y que te puede hacer acepto a Él.

Preguntas

1. ¿Qué pidió Ana en su oración? *Ella pidió a Dios que le diera un hijo varón.*

2. ¿Qué prometió Ana a Dios? *Ella prometió que si Dios le daba un hijo, ella se lo devolvería a Él.*

3. ¿De qué manera Israel rechazó a Dios? *Ellos pidieron un rey. Ellos ya no querían que Dios fuera su rey. Ellos querían un rey humano.*

4. ¿A quién escogió Dios para que fuera el primer rey de Israel? *Dios escogió a Saúl.*

5. Mientras Saúl era rey, ¿quiénes vinieron a pelear contra los israelitas? *Los filisteos vinieron contra los israelitas.*

6. ¿Por qué estaban atemorizados los soldados israelitas? *Estaban aterrados por el gigante filisteo, Goliat.*

7. ¿Por qué el joven pastor David no temía pelear contra el gigante Goliat? *David confiaba que el Dios todopoderoso lo libraría del gigante.*

8. ¿Qué había hecho Dios anteriormente por David mientras cuidaba las ovejas de su padre? *Dios lo había librado del león y del oso.*

9. ¿Por qué Dios dijo que David era "un varón conforme a (Su) corazón"? *Dios llamó a David un varón conforme a Su propio corazón porque David confiaba en Dios.*

10. Cuando David llegó a ser rey de Israel, ¿guio a los Israelitas a seguir a Dios? Sí. Él *los condujo a seguir a Dios y a vencer a sus enemigos.*

11. ¿Quién creía David que era el único que podía salvarlo de la pena de muerte que merecía por su pecado? Él *creía que Dios era el único que podía salvarlo de la pena de muerte y hacerlo acepto a Él.*

Verdades bíblicas

- Dios es el Dador-de-vida.
- Dios puede hacer cualquier cosa; nada es demasiado difícil para Él.
- Todas las personas son pecadoras.
- La única manera de agradar a Dios es creyendo en Él.
- Sólo Dios nos puede salvar de la pena de muerte y hacernos aceptables a Él.

Actividad: Actuar el relato de David y Goliat

Suministros

- Dos o más voluntarios
- Aunque no es necesario, puedes usar una honda, un escudo, una espada, etc.

Instrucciones

- Que los alumnos representen la historia de David y Goliat. Algunos alumnos pueden representar al temeroso ejército israelita y otros pueden formar parte del ejército filisteo. También puedes tener un narrador.
- Discutir cómo David, aun siendo joven, confió en el Señor. Él creía que Dios era todopoderoso y que Él cumpliría Su promesa de cuidar a Israel. David también creía que solo Dios lo podía salvar de la pena de muerte que merecía por su pecado.

Referencias bíblicas

1 Samuel; 2 Samuel; Hechos 13:20-22

43
Una magnifica casa para Dios
Salomón Construye el Templo

Versículo para memorizar

Mas yo en tu misericordia he confiado; mi corazón se alegrará en tu salvación.
Salmo 13:5

Lección

¿Recuerdas el tabernáculo que los Israelitas hicieron en el desierto? Dios dijo a los Israelitas que lo hicieran como una carpa, para que lo pudieran transportar a donde quiera que fueran. Pero ahora que Israel se había establecido en su propia tierra, el Rey David quería edificar una casa permanente para Dios.

Aconteció que cuando ya el rey habitaba en su casa, después que Jehová le había dado reposo de todos sus enemigos en derredor, dijo el rey al profeta Natán: Mira ahora, yo habito en casa de cedro, y el arca de Dios está entre cortinas. 2 Samuel 7:1-2

Pero Dios no quería que el Rey David le edificara una casa permanente. Dios escogió al hijo de David para que le construyera una casa.

Y cuando tus días sean cumplidos, y duermas con tus padres, yo levantaré después de ti a uno de tu linaje, el cual procederá de tus entrañas, y afirmaré su reino. Él edificará casa a mi nombre... Y será afirmada tu casa y tu reino para siempre delante de tu rostro, y tu trono será estable eternamente. 2 Samuel 7:12-13a, 16

Aunque no sería el Rey David quien construyera una casa para Dios, Dios le dio una promesa maravillosa. Dios le aseguró al Rey David que su familia reinaría para siempre sobre Israel. Dios también le dijo a David que el Libertador descendería de su familia.

Varones hermanos, se os puede decir libremente del patriarca David, que murió y fue sepultado, y su sepulcro está con nosotros hasta el día de hoy. Pero siendo profeta, y sabiendo que con juramento

Dios le había jurado que de su descendencia, en cuanto a la carne, levantaría al Cristo para que se sentase en su trono. Hechos 2:29-30

¡Qué promesa tan asombrosa! El Cristo, el Libertador prometido, vendría de la familia del Rey David y gobernaría como rey para siempre.

> Así reinó David hijo de Isaí sobre todo Israel. El tiempo que reinó sobre Israel fue cuarenta años. Siete años reinó en Hebrón, y treinta y tres reinó en Jerusalén. Y murió en buena vejez, lleno de días, de riquezas y de gloria; y reinó en su lugar Salomón su hijo.
> 1 Crónicas 29:26-28

Cuando el Rey David murió, su hijo Salomón tomó su lugar como rey de Israel. El Rey Salomón construyó una casa para Dios en la ciudad de Jerusalén.

> Comenzó Salomón a edificar la casa de Jehová en Jerusalén...
> 2 Crónicas 3:1a

Jerusalén era la capital de Israel. Era la ciudad donde estaba ubicado el palacio del rey.

La casa que Salomón edificó para Dios fue llamada templo. El templo remplazó al tabernáculo que los israelitas habían construido en el Monte Sinaí. El templo tenía dos habitaciones, igual como el tabernáculo – el Lugar Santo y el Lugar Santísimo. Las habitaciones estaban separadas por una gruesa cortina.

> El país de Israel y la ciudad de Jerusalén aún existen hoy día. Mucha gente visita Israel para ver los lugares de los que habla la Biblia. Muchas veces nosotros oímos de Israel y de Jerusalén en las noticias.

La Biblia dice que el Rey Salomón:

> El pórtico que estaba al frente del edificio...lo cubrió por dentro de oro puro. Y techó el cuerpo mayor del edificio con madera de ciprés, la cual cubrió de oro fino, e hizo realzar en ella palmeras y cadenas. Cubrió también la casa de piedras preciosas para ornamento; y el oro era oro de Parvaim. Así que cubrió la casa, sus vigas, sus umbrales, sus paredes y sus puertas, con oro; y esculpió querubines en las paredes. 2 Crónicas 3:4-7

¡Qué casa tan magnífica! ¿Te la puedes imaginar? Los muros estaban cubiertos de oro puro y estaban decorados con piedras preciosas.

Salomón hizo también un altar de bronce en el exterior del templo.

Hizo además un altar de bronce…También hizo un mar…Estaba asentado sobre doce bueyes, tres de los cuales miraban al norte, tres al occidente, tres al sur, y tres al oriente; y el mar descansaba sobre ellos…

> Así hizo Salomón todos los utensilios para la casa de Dios, y el altar de oro, y las mesas sobre las cuales se ponían los panes de la proposición; asimismo los candeleros y sus lámparas, de oro puro…Las flores, lamparillas y tenazas se hicieron de oro…Y de oro también la entrada de la casa, sus puertas interiores para el lugar santísimo, y las puertas de la casa del templo. 2 Crónicas 4:1-2, 4, 19-22

Finalmente, cuando todo el mobiliario estaba en su lugar, el Rey Salomón dijo a los sacerdotes que trajeran el arca del Testimonio desde el tabernáculo y lo pusieran detrás de la cortina.

> Y los sacerdotes metieron el arca del pacto de Jehová en su lugar, en el santuario de la casa, en el lugar santísimo, bajo las alas de los querubines;
>
> Y cuando los sacerdotes salieron del santuario…sonaban, pues, las trompetas, y cantaban todos a una, para alabar y dar gracias a Jehová, y a medida que alzaban la voz con trompetas y címbalos y otros instrumentos de música, y alababan a Jehová, diciendo: Porque Él es bueno, porque Su misericordia es para siempre; entonces la casa se llenó de una nube, la casa de Jehová. Y no podían los sacerdotes estar allí para ministrar, por causa de la nube; porque la gloria de Jehová había llenado la casa de Dios. 2 Crónicas 5:7, 11-14

Una vez que el arca del Testimonio estuvo a resguardo detrás de la cortina, la brillante luz de la presencia de Dios llenó el templo.

Pero después de muchos años, sucedió algo muy triste. Cuando Salomón envejeció, él se apartó de Dios. Después de haber edificado una casa tan magnífica para Dios, dejó de seguir a Dios y comenzó a adorar a dioses falsos.

> Y cuando Salomón era ya viejo, sus mujeres inclinaron su corazón tras dioses ajenos, y su corazón no era perfecto con Jehová su Dios, como el corazón de su padre David.

> Y se enojó Jehová contra Salomón, por cuanto su corazón se había apartado de Jehová Dios de Israel, que se le había aparecido dos veces, y le había mandado acerca de esto, que no siguiese a dioses ajenos; mas él no guardó lo que le mandó Jehová. Y dijo Jehová a Salomón: Por cuanto ha habido esto en ti, y no has guardado mi pacto y mis estatutos que yo te mandé, romperé de ti el reino, y lo entregaré a tu siervo. Sin embargo, no lo haré en tus días, por amor a David tu padre; lo romperé de la mano de tu hijo. Pero no romperé todo el reino, sino que daré una tribu a tu hijo, por amor a David mi siervo, y por amor a Jerusalén, la cual yo he elegido. 1 Reyes 11:4, 9-13

Dios había prometido a David que alguien de su familia gobernaría para siempre sobre Israel. Pero cuando el Rey Salomón se apartó de Dios, Dios dividió a Israel en dos reinos: el reino del norte y el reino del sur. El reino del norte se llamó Israel y el reino del sur, donde estaba ubicada la ciudad de Jerusalén, fue llamado Judá.

Por causa de la promesa que Dios había hecho al Rey David, ÉL permitió que la familia del Rey David continuara viviendo en Jerusalén y gobernara sobre el reino de Judá, pero sobre el reino del norte ÉL puso otros reyes.

Recuerda

Hace mucho tiempo, en el Jardín del Edén, Dios había prometido enviar a un Libertador para rescatar a la humanidad del control de Satanás. Pasaron muchos años. Finalmente, Dios escogió a Abraham para ser el padre de una gran nación. Esta nación llegó a llamarse Israel. Dios prometió a Abraham que el Libertador vendría de la nación de Israel.

Mucho tiempo después de la muerte de Abraham, Dios prometió al Rey David que el Libertador vendría de su linaje familiar y que sería rey para siempre.

Dios nunca ha olvidado Su promesa dada en el Jardín del Edén. Durante toda la historia Él ha continuado con Su plan de rescatar a la humanidad del poder de Satanás y de reconciliar a los seres humanos Consigo Mismo.

Ya destinado desde antes de la fundación del mundo, pero manifestado en los postreros tiempos por amor de vosotros,
1 Pedro 1:20

Preguntas

1. Una vez que los Israelitas ya no estaban en guerra, ¿qué quería hacer el Rey David para Dios? *Él quería edificar para Dios una casa permanente que remplazara el tabernáculo.*

2. ¿A quién escogió Dios en vez del Rey David, para que le edificara una casa permanente? *Dios escogió al Rey Salomón, hijo del Rey David.*

3. ¿Qué promesa hizo Dios al Rey David? *Dios le prometió que el Libertador vendría de su línea familiar y que sería rey para siempre.*

4. ¿Cómo se llamó la casa que el Rey Salmón edificó para Dios? *Se llamó el templo.*

5. ¿Cuál era la capital de Israel donde el Rey Salomón construyó el templo? *Jerusalén.*

6. ¿En qué sentido se parecía el templo al tabernáculo? *Tenía dos habitaciones llamadas el Lugar Santo y el Lugar Santísimo. Estas dos habitaciones estaban separadas por una gruesa cortina. Detrás de la cortina estaba el arca del Testimonio que había estado en el tabernáculo.*

7. ¿Quién moraba detrás de la pesada cortina en el Lugar Santísimo del templo? *Dios moraba allí en forma de una luz brillante.*

8. Cuando el Rey Salomón se apartó de Dios, ¿qué le sucedió a la nación de Israel? *Dios la dividió en dos reinos: el reino del norte de Israel y el reino del sur de Judá.*

9. ¿Sobre cuál reino gobernó la familia del Rey David? *La familia del Rey David reinó sobre el reino del sur de Judá.*

Verdades bíblicas

- Dios es un ser personal; Él se comunica con la gente.
- Dios es Quien está a cargo; no importa lo que suceda, Él siempre lleva a cabo Sus planes.
- Dios cumple Sus promesas; Él siempre hace lo que dice que hará.
- Todas las personas son pecadoras.
- Dios es un Dios de amor; ÉL prometió enviar al Libertador para rescatarnos de Satanás y de la muerte.

Actividad 1: Dibujar y colorear

Suministros

- Lápices, lápices de color y crayones
- Papel
- Brillo
- Pegamento

Instrucciones

- Dibujar el hermoso templo que construyó Salomón
- Luego, decorarlo con brillo de oro

Actividad 2: Memorizar el versículo con pelota

Suministros

- Una o más pelotas de tamaño mediano
- Copia del versículo a memorizar:

    Mas yo en tu misericordia he confiado; mi corazón se alegrará en tu salvación.
    Salmo 13:5

Instrucciones

- Dividir a los alumnos en dos equipos o formar un gran círculo, depende del número de alumnos en el grupo. Practicar el versículo a memorizar lanzando y cogiendo la pelota unos a otros.
- Por ejemplo: El profesor dice la primera parte del versículo a memorizar. Una vez que lo dice correctamente, lanza la pelota a uno de los alumnos quien también debe decirlo correctamente y lanzar la pelota a otro alumno. Hacer la ronda hasta que cada uno haya tenido la oportunidad de coger la pelota y decir la primera parte del versículo. Luego se puede agregar la segunda parte y hacer lo mismo. Finalmente se puede decir todo el versículo más la referencia bíblica.
- Si los alumnos han trabajado en grupos pequeños, juntarlos ahora en un círculo más amplio y hacer recitar el versículo delante de todos sin las pelotas.

Referencias bíblicas

1 Reyes 2:1-4, 10; 7:13-51; 8:1-6; 1 Crónicas 22:5-6; Salmo 132:11-18; Isaías 9:6-7, Isaías 41:8-10; Jeremías 23:3-8; John 17:24; Hechos 2:29-36, 13:22-23; Romanos 1:3; Efesios 1:4; 2 Timoteo 2:7; 1 Pedro 1:20

La promesa de Dios al Rey David: 2 Samuel 23:1-7; 1 Crónicas 17:11-27, 28:4; Salmo 89; Jeremías 33:14-22; Ezequiel 37:24-25; Lucas 1:32-33

44
Elías el profeta
Elías y los profetas de Baal

Versículo para memorizar

El Señor es...paciente para con nosotros, no queriendo que ninguno perezca, sino que todos procedan al arrepentimiento. 2 Pedro 3:9

Lección

La mayoría de los reyes que reinaron sobre Israel y Judá llevaron a los Israelitas a hacer lo malo y a seguir a dioses falsos. Por eso Dios envió a Sus profetas para advertir al pueblo.

Los profetas advertían a los Israelitas que si ellos no se arrepentían, Dios los destruiría. Arrepentirse significa cambiar la manera de pensar. Los Israelitas necesitaban cambiar su manera de pensar sobre Dios y sobre su pecado. Ellos tenían que creer que Dios es el único Dios vivo y verdadero y que Él requiere la muerte como castigo por el pecado. Ellos debían volverse de sus dioses falsos y creer en el único Dios verdadero.

> **Un profeta es alguien que habla las palabras de Dios al pueblo.**

Muchos profetas pusieron por escrito lo que Dios les mandaba a decir a los Israelitas. Puedes leer en el Antiguo Testamento de la Biblia lo que ellos escribieron. Los libros que escribieron los profetas llevan el nombre de su autor. Por ejemplo: el profeta Ezequiel escribió el libro de Exequiel y el profeta Isaías escribió el libro de Isaías.

Esto es lo que Dios dijo a Ezequiel que dijera a los Israelitas:

Convertíos, y apartaos de todas vuestras transgresiones... ¿Por qué moriréis, casa de Israel? Porque no quiero la muerte del que muere, dice Jehová el Señor; convertíos, pues, y viviréis. Ezequiel 18:30-32

> **Arrepentirse significa cambiar de opinión.**

Las transgresiones son pecados. Ezequiel dijo al pueblo de Israel que si no cambiaban su manera de pensar y se volvían de sus pecados, ellos morirían.

La pena del pecado es la separación de Dios para siempre en el lugar de terrible sufrimiento. Dios no quería que los Israelitas estuvieran separados de ÉL para siempre. Dios quería que ellos se volvieran a ÉL para que ÉL los pudiera salvar.

Uno de los peores reyes de Israel fue el Rey Acab. El:

...sirvió a Baal, y lo adoró... E hizo altar a Baal, en el templo de Baal que él edificó en Samaria... haciendo así Acab más que todos los reyes de Israel que reinaron antes que él, para provocar la ira de Jehová Dios de Israel. 1 de Reyes 16:31b-33

Dios envió al profeta Elías para que hablara al Rey Acab. Elías dijo al rey que por causa de su mal proceder, por tres años no habría lluvia en Israel.

Entonces Elías tisbita, que era de los moradores de Galaad, dijo a Acab: Vive Jehová Dios de Israel, en cuya presencia estoy, que no habrá lluvia ni rocío en estos años, sino por mi palabra. 1 de Reyes 17:1

Pero Dios protegió a Su profeta Elías.

Y vino a él palabra de Jehová, diciendo: Apártate de aquí, y vuélvete al oriente, y escóndete en el arroyo de Querit, que está frente al Jordán. Beberás del arroyo; y yo he mandado a los cuervos que te den allí de comer. Y él fue e hizo conforme a la palabra de Jehová; pues se fue y vivió junto al arroyo de Querit, que está frente al Jordán. Y los cuervos le traían pan y carne por la mañana, y pan y carne por la tarde; y bebía del arroyo. 1 de Reyes 17:2-6

Dios envió a Elías a un arroyo donde él tendría agua para beber. Dios también proveería alimentos para Elías enviando aves que le traerían pan y carne cada mañana y cada tarde.

Dios es el Creador. ÉL puede impedir que llueva y puede enviar aves para alimentar a la gente si ÉL así lo quiere. Nada es demasiado difícil para Dios.

Como no llovía, el arroyo finalmente se secó.

Pasados algunos días, se secó el arroyo, porque no había llovido sobre la tierra. 1 de Reyes 17:7

Entonces Dios envió a Elías a la casa de una viuda. (Una viuda es una señora cuyo marido ha muerto).

Vino luego a él palabra de Jehová, diciendo: Levántate, vete a Sarepta de Sidón, y mora allí; he aquí yo he dado orden allí a una mujer viuda que te sustente. Entonces él se levantó y se fue a Sarepta. Y cuando llegó a la puerta de la ciudad, he aquí una mujer viuda que estaba allí recogiendo leña; y él la llamó, y le dijo: Te ruego que me traigas un poco de agua en un vaso, para que beba. Y yendo ella para traérsela, él la volvió a llamar, y le dijo: Te ruego que me traigas también un bocado de pan en tu mano. Y ella respondió: Vive Jehová tu Dios, que no tengo pan cocido; solamente un puñado de harina tengo en la tinaja, y un poco de aceite en una vasija; y ahora recogía dos leños, para entrar y prepararlo para mí y para mi hijo, para que lo comamos, y nos dejemos morir. 1 de Reyes 17:8-12

La viuda dijo a Elías que todo lo que tenía eran un puñado de harina y solo un poco de aceite, justo lo suficiente para cocinar una última comida para ella y su hijo. Elías le aseguró que si ella le hacía a él un pan, Dios proveería para ella.

Elías le dijo: No tengas temor; ve, haz como has dicho; pero hazme a mí primero de ello una pequeña torta cocida debajo de la ceniza, y tráemela; y después harás para ti y para tu hijo. Porque Jehová Dios de Israel ha dicho así: La harina de la tinaja no escaseará, ni el aceite de la vasija disminuirá, hasta el día en que Jehová haga llover sobre la faz de la tierra. Entonces ella fue e hizo como le dijo Elías; y comió él, y ella, y su casa, muchos días. 1 de Reyes 17:13-15

Como la viuda confió en Dios e hizo lo que Elías le dijo, Dios cuidó de ella y de su hijo. Cada día ella hizo otra hogaza de pan, pero la harina y el aceite nunca se acabaron.

Después de un tiempo, Dios volvió a enviar a Elías donde el Rey Acab. Esto es lo que Dios quería que dijera Elías:

Y él respondió: Yo no he turbado a Israel, sino tú y la casa de tu padre, dejando los mandamientos de Jehová, y siguiendo a los baales. Envía, pues, ahora y congrégame a todo Israel en el monte Carmelo, y los cuatrocientos cincuenta profetas de Baal, y los cuatrocientos profetas de Asera, que comen de la mesa de Jezabel. Entonces Acab convocó a todos los hijos de Israel, y reunió a los profetas en el monte Carmelo. Y acercándose Elías a todo el pueblo, dijo: ¿Hasta cuándo claudicaréis vosotros entre dos pensamientos? Si Jehová es Dios, seguidle; y si Baal, id en pos de él...

Y Elías volvió a decir al pueblo: Sólo yo he quedado profeta de Jehová; más de los profetas de Baal hay cuatrocientos cincuenta hombres. Dénsenos, pues, dos bueyes, y escojan ellos uno, y córtenlo en pedazos, y pónganlo sobre leña, pero no pongan fuego debajo; y yo preparé el otro buey, y lo pondré sobre leña, y ningún fuego pondré debajo. Invocad luego vosotros el nombre de vuestros dioses, y yo invocaré el nombre de Jehová; y el Dios que respondiere por medio de fuego, ése sea Dios. Y todo el pueblo respondió, diciendo: Bien dicho.
1 Reyes 18:18-24

Entonces los profetas de Baal prepararon un buey y colocaron las piezas sobre el altar. Luego rogaron a Baal para que enviara fuego que consumiera el buey.

...invocaron el nombre de Baal desde la mañana hasta el mediodía, diciendo: ¡Baal, respóndenos! Pero no había voz, ni quien respondiese; entre tanto, ellos andaban saltando cerca del altar que habían hecho... Elías se burlaba de ellos, diciendo: Gritad en alta voz, porque dios es; quizá está meditando, o tiene algún trabajo, o va de camino; tal vez duerme, y hay que despertarle. Y ellos clamaban a grandes voces, y se sajaban con cuchillos y con lancetas conforme a su costumbre, hasta chorrear la sangre sobre ellos... pero no hubo ninguna voz, ni quien respondiese ni escuchase.

Entonces dijo Elías a todo el pueblo: Acercaos a mí. Y todo el pueblo se le acercó; y él arregló el altar... de Jehová que estaba arruinado. Y tomando Elías doce piedras, conforme al número de las tribus de los hijos de Jacob, al cual había sido dada palabra de Jehová diciendo, Israel será tu nombre, edificó con las piedras un altar en el nombre de Jehová; después hizo una zanja alrededor del altar...Preparó luego la leña, y cortó el buey en pedazos, y lo puso sobre la leña. Y dijo: Llenad cuatro cántaros de agua, y derramadla sobre el holocausto y sobre la leña. Y dijo: Hacedlo otra vez; y otra vez lo hicieron. Dijo aún: Hacedlo la tercera vez; y lo hicieron la tercera vez, de manera que el agua corría alrededor del altar, y también se había llenado de agua la zanja.

Cuando... el profeta Elías... dijo: Jehová Dios de Abraham, de Isaac y de Israel, sea hoy manifiesto que tú eres Dios en Israel... Respóndeme, Jehová, respóndeme, para que conozca este pueblo que tú, oh Jehová, eres el Dios, y que tú vuelves a ti el corazón de ellos.

Entonces cayó fuego de Jehová, y consumió el holocausto, la leña, las piedras y el polvo, y aun lamió el agua que estaba en la zanja. Viéndolo todo el pueblo, se postraron y dijeron: ¡Jehová es el Dios, Jehová es el Dios! Entonces Elías les dijo: Prended a los profetas de Baal, para que no escape ninguno. Y ellos los prendieron; y los llevó Elías al arroyo de Cisón, y allí los degolló. 1 Reyes 18:26-40

Cuando Israel vio que sus dioses eran falsos y que no tenían poder, se volvieron al único Dios vivo y verdadero: el Dios de Abraham, Isaac y Jacob; el Dios de la Biblia. Finalmente, Dios envió otra vez lluvia a la tierra.

Recuerda

Tal como Dios quería que los Israelitas cambiaran su manera de pensar, ÉL quiere que toda la gente cambie su modo de pensar. Dios quiere que la gente deje de creer en mentiras y crea en la verdad.

Hay tres cosas sobre las que Dios quiere que cambiemos de opinión. Primero, Dios quiere que cambiemos de opinión sobre el **pecado**. Dios quiere que te des cuenta de que eres un pecador perdido.

Segundo, Dios quiere que la gente cambie de parecer sobre ÉL. Dios quiere que te des cuenta que **Él es** absolutamente **perfecto** y sin pecado.

Tercero, Dios quiere que la gente cambie de idea acerca de lo que merece por su pecado; Dios quiere que te des cuenta que **la paga del pecado es muerte**.

Necesitas reconocer ante Dios que eres un pecador perdido que merece la pena de muerte. Luego debes confiar que ÉL te salve. Dios envió al Libertador para rescatar a la gente de la muerte. Dios no quiere que nadie perezca. ÉL salva a todos los que confían en ÉL.

El cual quiere que todos los hombres sean salvos y vengan al conocimiento de la verdad. 1 Timoteo 2:4

Preguntas

1. ¿La mayoría de los reyes de Israel seguían a Dios? *No, la mayoría de los reyes de Israel seguían a dioses falsos.*

2. ¿Cómo se llamaban los hombres que Dios enviaba para advertir a los Israelitas lo que les sucedería si no se arrepentían? *Los hombres que Dios enviaba para advertir a los Israelitas se llamaban profetas. Los profetas decían al pueblo las palabras de Dios.*

3. ¿Qué significa arrepentirse? *Arrepentirse significa cambiar de manera de pensar. Significa dejar de creer en la mentira y comenzar a creer en la verdad.*

4. ¿Sobre qué cosas quería Dios que el pueblo de Israel cambiara de opinión? *Ellos debían cambiar su manera de pensar sobre Dios y sobre su pecado. Ellos tenían que creer que el único Dios verdadero demandaba la muerte como pago por el pecado.*

5. ¿Tiene Dios poder para controlar la naturaleza? *Sí. Dios hizo la lluvia. ÉL hizo las aves. ÉL hizo todo el mundo. Toda la creación está bajo Su control.*

6. ¿Cómo cuidó Dios a la viuda que ayudó al profeta Elías? *Dios hizo que nunca se le acabara la harina ni el aceite.*

7. ¿Qué sucedió cuando los profetas de Baal clamaron a su dios para que hiciera caer fuego que quemara al buey que estaba sobre el altar? *No importa cuánto clamaran, no sucedió nada, porque Baal no era real. Él no podía ver, ni oír, ni hablar ni moverse. Baal no tenía poder.*

8. ¿Qué sucedió cuando Elías clamó a Dios que hiciera caer fuego? *De inmediato cayó fuego que quemó todo - el buey, las piedras del altar, e incluso el polvo y el agua alrededor del altar.*

9. ¿Sobre qué quiere Dios que la gente hoy en día cambie de opinión? *Dios quiere que la gente cambie de opinión sobre tres cosas: sobre el **pecado**, sobre **Dios**, y sobre el **castigo** que merecen. En cuanto al pecado, Dios quiere que reconozcamos que somos pecadores perdidos. En cuanto a Dios, tenemos que entender que Él es absolutamente perfecto y sin pecado. Y finalmente necesitamos entender que la paga del pecado es muerte.*

10. ¿A quién prometió Dios enviar para rescatarte de la pena de muerte y hacerte aceptable a ÉL? *Dios prometió enviar al Libertador.*

Verdades bíblicas

*   Dios es un ser personal; Él se comunica con la gente.
*   Dios es un Dios de amor; Él es paciente; ÉL advierte a la gente; Él no quiere que nadie permanezca separado de Él.
*   Hay un solo Dios verdadero, y ese es el Dios de la Biblia.
*   Todos los seres humanos son pecadores.
*   La pena del pecado es muerte; es la separación de Dios para siempre en el lugar de terrible sufrimiento.
*   La única manera de agradar a Dios es creyendo en Él.
*   Dios es el Creador.
*   Dios puede hacer cualquier cosa; nada es demasiado difícil para Él.
*   Dios es un Dios de amor.
*   Los dioses falsos no tienen poder; no pueden ver, ni oír, ni hablar, ni moverse.

Actividad 1: El juego bíblico del ahorcado

Suministros

- Pizarrón o pizarra blanca o una hoja grande de papel
- Tiza o marcadores

Instrucciones

- El profesor dibuja una horca grande en la pizarra
- Poner líneas debajo de la horca con el siguiente espacio:

  Frase clave: Dios es perfecto. Los hombres son pecadores. La pena del pecado es muerte.

  Frase clave para niños más pequeño: Jehová es el Dios
- Hacer las preguntas de repaso, una por vez. Pedir a un alumno o a un equipo que responda cada pregunta. Si la respuesta es correcta, pueden escoger una letra (por ej. la letra "B").
- Si esa letra se encuentra en la clave, el profesor la escribe en la pizarra cada vez que ocurre.
- Si la letra escogida no está en la clave, el profesor dibuja una parte del colgado en la horca (por ej. la cabeza, el cuello, el cuerpo, etc.).
- Cuando un alumno o el equipo cree saber la frase clave y es su turno, pueden tratar de resolver el puzle. El juego finaliza cuando un alumno o equipo resuelve el puzle o el profesor ha dibujado todas las partes del colgado. Lo que suceda primero.

Actividad 2: Actuar el relato de Elías

Suministros

- Voluntarios para el Rey Acab, Elías y los profetas de Baal
- Aunque no es necesario, puede usar dos mesas bajas como altares

Instrucciones

- Los alumnos actúan la historia de Elías y los profetas de Baal

Referencias bíblicas

Deuteronomio 9:24; Salmo 135:15-18; Ezequiel 18:30-32; Romanos 3:23; 2 Pedro 3:8-9

45
Tragado por un pez
Jonás

Versículo para memorizar

El Señor es...paciente para con nosotros, no queriendo que ninguno perezca, sino que todos procedan al arrepentimiento. 2 Pedro 3:9

Lección

El pueblo de Israel y Judá ignora a los profetas de Dios. No importa lo que Dios dijera, ellos seguían adorando a los dioses falsos y seguían las malvadas costumbres de las naciones a su alrededor. Incluso sacrificaban sus hijos a los ídolos.

Como Dios es paciente, bondadoso y misericordioso, ÉL continuaba enviando a Sus profetas para notificar a los Israelitas de la destrucción venidera si no cambiaban su manera de pensar sobre ÉL y sobre su pecaminoso proceder.

Jehová amonestó entonces a Israel y a Judá por medio de todos los profetas...diciendo: Volveos de vuestros malos caminos, y guardad mis mandamientos...que yo prescribí a vuestros padres, y que os he enviado por medio de mis siervos los profetas. Mas ellos no obedecieron, antes endurecieron su cerviz, como...sus padres, los cuales no creyeron en Jehová su Dios. Y desecharon sus estatutos, y el pacto que él había hecho con sus padres... y siguieron la vanidad, y se hicieron vanos, y fueron en pos de las naciones que estaban alrededor de ellos... Dejaron todos los mandamientos de Jehová su Dios, y se hicieron imágenes fundidas de dos becerros, y también imágenes de Asera, y adoraron a todo el ejército de los cielos, y sirvieron a Baal; e hicieron pasar a sus hijos y a sus hijas por fuego; y se dieron a adivinaciones y agüeros, y se entregaron a hacer lo malo ante los ojos de Jehová, provocándole a ira. 2 Reyes 17:13-17

Aunque los profetas de Dios decían la verdad, los Israelitas se enojaban por lo que ellos decían.

Pero había otros profetas que decían a los Israelitas lo que ellos querían oír. Ellos decían que Dios los enviaba. Pero eso era mentira. Esos falsos profetas aseguraban al pueblo que Dios *no* los destruiría por su mal proceder.

El profeta de Dios, Jeremías, escribió lo siguiente sobre los falsos profetas:

Me dijo entonces Jehová: Falsamente profetizan los profetas en mi nombre; no los envié... Jeremías 14:14a

... hablan visión de su propio corazón, no de la boca de Jehová. Dicen atrevidamente a los que me irritan: Jehová dijo: Paz tendréis; y a cualquiera que anda tras la obstinación de su corazón, dicen: No vendrá mal sobre vosotros. Jeremías 23:16b-17

Lamentablemente, los Israelitas creían más bien a los falsos profetas que a los profetas que Dios enviaba. A ellos les gustaba mucho más lo que decían los falsos profetas. Los falsos profetas decían que habría paz y no guerra; ellos decían que Dios no enviaría a sus enemigos para conquistarlos. Los Israelitas estaban felices de oír estas buenas noticias.

Los falsos profetas eran dirigidos por Satanás. Satanás pretende ser amable y sincero, pero es un mentiroso y un asesino. Satanás quería que los Israelitas quebrantaran los mandamientos de Dios para que fueran destruidos.

...el diablo...ha sido homicida desde el principio, y no ha permanecido en la verdad, porque no hay verdad en él...es mentiroso, y padre de mentira. Juan 8:44

Finamente, Dios envió al profeta Isaías para notificar a los Israelitas que vivían en el reino del norte que pronto serían borrados por la nación de Asiria.

Oh Asiria, vara y báculo de mi furor, en su mano he puesto mi ira. Le mandaré contra una nación pérfida, y sobre el pueblo de mi ira le enviaré, para que quite despojos, y arrebate presa, y lo ponga para ser hollado como lodo de las calles. Isaías 10:5-6

Los asirios eran crueles. Ellos torturaban de manera terrible a sus cautivos. Pero Dios dio incluso a los malvados asirios la oportunidad de volverse a ÉL. Algunos años antes de que los asirios conquistaran Israel, Dios envió a Jonás a Nínive, la capital de Asiria.

Vino palabra de Jehová a Jonás hijo de Amitai, diciendo: Levántate y ve a Nínive, aquella gran ciudad, y pregona contra ella; porque ha subido su maldad delante de mí. Jonás 1:1-2

Los asirios eran enemigos de Israel. Así es como la Biblia describe a la gente de Nínive:

📖 ¡Ay de ti, ciudad sanguinaria, toda llena de mentira y de rapiña, sin apartarte del pillaje! Nahúm 3:1

Puedes imaginarte que Jonás no estaba muy dispuesto a llevar el mensaje de Dios a los asirios. Él sabía que Dios es misericordioso; él sabía que si el pueblo de Nínive se volvía a Dios, Dios cambiaría de parecer sobre el desastre que pensaba traer sobre ellos. Jonás quería que Dios destruyera a los asirios, de modo que abordó un barco que iba en dirección contraria.

📖 ...Jonás se levantó para huir de la presencia de Jehová a Tarsis, y descendió a Jope, y halló una nave que partía para Tarsis... Pero Jehová hizo levantar un gran viento en el mar, y hubo en el mar una tempestad tan grande que se pensó que se partiría la nave...

Pero Jonás había bajado al interior de la nave, y se había echado a dormir. Y el patrón de la nave se le acercó y le dijo: ¿Qué tienes, dormilón? Levántate, y clama a tu Dios... Soy hebreo, y temo a Jehová, Dios de los cielos, que hizo el mar y la tierra. Y aquellos hombres temieron sobremanera, y le dijeron: ¿Por qué has hecho esto? Porque ellos sabían que huía de la presencia de Jehová, pues él se lo había declarado. Y le dijeron: ¿Qué haremos contigo para que el mar se nos aquiete? Porque el mar se iba embraveciendo más y más. Él les respondió: Tomadme y echadme al mar, y el mar se os aquietará; porque yo sé que por mi causa ha venido esta gran tempestad sobre vosotros. Y aquellos hombres trabajaron para hacer volver la nave a tierra; mas no pudieron, porque el mar se iba embraveciendo más y más contra ellos... Y tomaron a Jonás, y lo echaron al mar; y el mar se aquietó de su furor...

Pero Jehová tenía preparado un gran pez que tragase a Jonás; y estuvo Jonás en el vientre del pez tres días y tres noches... Entonces oró Jonás a Jehová su Dios desde el vientre del pez... Y mandó Jehová al pez, y vomitó a Jonás en tierra. Y se levantó Jonás, y fue a Nínive conforme a la palabra de Jehová. Y era Nínive ciudad grande en extremo, de tres días de camino. Y los hombres de Nínive creyeron a Dios, y proclamaron ayuno, y se vistieron de cilicio desde el mayor hasta el menor de ellos. Y vio Dios lo que hicieron, que se convirtieron de su mal camino; y se arrepintió del mal que había dicho que les haría, y no lo hizo. Jonás 1:1-17; 2:1, 10; 3:3, 5, 10

Nadie puede esconderse de Dios. Dios sabía dónde estaba Jonás. Fue por causa de Jonás que Dios envió la tempestad. Cuando los marineros echaron a Jonás al agua, Dios tenía preparado un gran pez esperándolo.

Finalmente, después de estar tres días en el vientre del pez, Jonás estaba listo para hacer lo que Dios quería. Entonces el pez vomitó a Jonás en tierra en la cercanía de Nínive.

Cuando Jonás informó a la gente de Nínive lo que Dios había dicho, ellos se volvieron a Dios, tal como Jonás temía, y Dios tuvo misericordia de ellos.

Sin embargo, al fin se cumplió la predicción de Isaías.

...el rey de Asiria tomó Samaria, y llevó a Israel cautivo a Asiria, y los puso en Halah, en Habor junto al río Gozán, y en las ciudades de los medos. Porque los hijos de Israel pecaron contra Jehová su Dios, que los sacó de tierra de Egipto, de bajo la mano de Faraón rey de Egipto, y temieron a dioses ajenos... Jehová, por tanto, se airó en gran manera contra Israel, y los quitó de delante de su rostro; y no quedó sino sólo la tribu de Judá. 2 Reyes 17:6-7, 18

Los asirios conquistaron el reino del norte de Israel, arrasándolo para siempre. Solo quedaron unos pocos israelitas en la tierra. El resto del pueblo fue muerto o dispersado a través del Imperio Asirio.

Los asirios trajeron gente de otras tierras para vivir en Israel. Esta gente contrajo matrimonio con los israelitas que habían quedado. De aquí vino un nuevo grupo de gente llamado samaritanos, que eran medio israelitas y medio de otras razas.

Recuerda

Los profetas de Dios decían la verdad. Ellos advirtieron a los Israelitas que Dios los destruiría si no guardaban Sus mandamientos. Pero en vez de creer a los profetas de Dios, los Israelitas creyeron las mentiras de los falsos profetas.

Los Israelitas nos recuerdan a Adán y a Eva en el jardín del Edén. Dios había dicho a Adán y Eva que morirían si comían del árbol del conocimiento del bien y del mal, pero Satanás dijo que no morirían. Satanás dijo a Eva que si ellos iban en contra de lo que Dios dijo, ellos llegarían a ser sabios como Dios.

Eva pensaba que sería maravilloso ser como Dios. Pero lo que dijo Satanás era una mentira. Él mintió a Adán y a Eva para que fuesen separados de Dios. Satanás es un mentiroso y un homicida. Él quería que Adán y Eva murieran.

Satanás trata de engañarte a ti también. Él quiere que tú creas que no hay castigo para el pecado; él quiere que tú creas que Dios no existe y que no hay un lugar terrible de sufrimiento. Él quiere que tú creas que cuando mueres, sencillamente dejas de existir. No creas las mentiras de Satanás. Cree a Dios. Lo que Dios dice en la Biblia es la verdad. La pena por el pecado es separación de Dios para siempre en el lugar de terrible sufrimiento.

...el alma que pecare, esa morirá. Ezequiel 18:4b

No te dejes engañar como Adán y Eva y los Israelitas. Cree en Dios. Confía en que Él te rescatará de la pena de muerte y Él lo hará.

Porque de tal manera amó Dios al mundo, que ha dado a Su Hijo unigénito, para que todo aquel que en él cree, no se pierda, más tenga vida eterna. Juan 3:16

Preguntas

1. ¿Qué decían los profetas de Dios a Israel? *Ellos decían a los israelitas que si ellos no cambiaban su manera de pensar sobre Dios y sobre su pecado, Dios enviaría a sus enemigos para que los destruyeran.*

2. ¿Qué decían los falsos profetas a los Israelitas? *Ellos decían que habría paz. Ellos decían que Israel no sería destruido.*

3. ¿Quién enviaba a los falsos profetas? *Satanás.*

4. ¿Amaba Dios a los asirios aunque no fueran Su pueblo especial y aunque ellos eran malvados y odiosos? *Sí. Dios ama a toda la gente. Dios quiere que todos crean en Él y sean salvos.*

5. ¿Por qué Jonás no quería ir a Nínive? *Jonás sabía que si la gente de Nínive creía a Dios, Dios tendría misericordia de ellos. Jonás quería que Dios destruyera a los crueles asirios, y no que fuera misericordioso con ellos.*

6. ¿Podía Jonás esconderse de Dios? *No. Dios está en todo lugar. Nadie puede esconderse de Dios.*

7. ¿Quién conquistó finalmente el reino del norte de Israel? *Los asirios.*

8. ¿Es verdad todo lo que Dios dice en la Biblia? *Sí, es verdad.*

9. ¿Es verdad que la pena del pecado es separación de Dios para siempre en un terrible lugar de sufrimiento? *Sí, es verdad.*

10. ¿Por qué Satanás quiere que creas que Dios no existe y que no hay un terrible lugar de sufrimiento? *Satanás quiere que creas esa mentira para que no confíes en Dios para que te salve. Satanás trata de engañarte porque es un homicida. Él quiere que estés separado de Dios para siempre.*

Verdades bíblicas

- Dios se comunica con la gente; ÉL advierte a la gente del peligro.
- El Dios de la Biblia es el único Dios vivo y verdadero; todos los otros dioses son falsos.
- Todas las personas son pecadoras.
- Dios es paciente y misericordioso; ÉL es un Dios de amor.
- Satanás es mentiroso y homicida.
- Dios no tiene preferencias; ÉL ama a toda la gente y quiere que todos sean salvos.
- Dios está en todo lugar; no te puedes esconder de Dios.
- Dios lo sabe todo.
- Dios siempre hace lo que dice; ÉL cumple Su Palabra.
- Dios solo salva a los que creen en ÉL.
- La pena del pecado es muerte.
- Hay un cielo y también hay un lugar de eterno sufrimiento.

Actividad 1: Juego al gato/cero y cruz (vea la página 83)

Suministros

- Pizarrón o pizarra o una hoja grande de papel
- Tiza o marcadores

Instrucciones

- Dibujar líneas paralelas horizontales y verticales en la pizarra
- Dividir a los alumnos en dos equipos
- Hacer las preguntas de repaso y hacer que cada equipo tenga su turno para responder una pregunta. Si el equipo ha respondido bien, ellos pueden poner una X o un O en la pizarra. Gana el equipo que primero logre tres en línea, horizontal, vertical o diagonalmente.
- Jugar varias veces hasta haber hecho todas las preguntas de repaso de la lección.

Actividad 2: Actuar el relato de Elías

Suministros

- Voluntarios para Jonás, los marineros y la gente de Nínive
- Otro material no es necesario

Instrucciones

- Los alumnos actúan la historia de Jonás

Referencias bíblicas

1 Reyes 9:7-8; 2 Crónicas 28:1-4; Salmo 106; Isaías 10:5-6, 29:13, 64:6; Jeremías 5:31, Jeremías 23:9-40, 27:9, 35:15; Nahúm 3:1-4; 1 Timoteo 2:4; 2 Pedro 2:1; 1 Juan 4:1

46
Un horno de fuego ardiendo
Sadrac, Mesac y Abed-Nego

Versículo para memorizar

Mirad a mí, y sed salvos, todos los términos de la tierra, porque yo soy Dios, y no hay más. Isaías 45:22

Lección

Los Israelitas del reino del sur de Judá hicieron lo mismo que el pueblo del reino del norte de Israel. Ellos no siguieron a Dios ni guardaron Sus mandamientos. Adoraron también a dioses falsos e hicieron lo malo.

Mas ni aun Judá guardó los mandamientos de Jehová su Dios, sino que anduvieron en los estatutos de Israel... 2 Reyes 17:19

El profeta Jeremías advirtió al pueblo de Judá que si no se volvían a Dios, Dios enviaría a la nación de Babilonia para matarlos y llevarlos cautivos, tal como los asirios habían hecho con el reino del norte de Israel.

...y a todo Judá entregaré en manos del rey de Babilonia, y los llevará cautivos a Babilonia, y los matará a espada. Jeremías 20:4b

Y eso es exactamente lo que sucedió.

...a los siete días del mes, siendo el año diecinueve de Nabucodonosor rey de Babilonia, vino a Jerusalén Nabuzaradán, capitán de la guardia... y quemó la casa de Jehová, y la casa del rey, y todas las casas de Jerusalén... y derribó los muros alrededor de Jerusalén. Y a los del pueblo que habían quedado en la ciudad, a los que se habían pasado al rey de Babilonia, y a los que habían quedado de la gente común, los llevó cautivos Nabuzaradán, capitán de la guardia. Más de los pobres de la tierra dejó Nabuzaradán, capitán de la guardia, para que labrasen las viñas y la tierra. 2 Reyes 25:8-12

Los Israelitas que no fueron muertos, fueron llevados cautivos a Babilonia. Solo a los judíos (Israelitas) más pobres se les permitió quedar en Judá.

> **Otro nombre para Israelita es Judío.**

Entre los cautivos que fueron llevados a Babilonia estaban Daniel, Ananías, Misael y Azarías. El rey escogió a estos cuatro jóvenes para que sirvieran en su palacio.

Y dijo el rey a Aspenaz... que trajese de los hijos de Israel... idóneos para estar en el palacio del rey... Entre éstos estaban Daniel, Ananías, Misael y Azarías, de los hijos de Judá. A éstos el jefe de los eunucos puso nombres: puso a Daniel, Beltsasar; a Ananías, Sadrac; a Misael, Mesac; y a Azarías, Abed-Nego. Y el rey habló con ellos, y no fueron hallados entre todos ellos otros como Daniel, Ananías, Misael y Azarías; así, pues, estuvieron delante del rey. En todo asunto de sabiduría e inteligencia que el rey les consultó, los halló diez veces mejores que todos los magos y astrólogos que había en todo su reino. Daniel 1:3-4, 6-7, 19-20

Fue Dios quien dio a Daniel, Sadrac, Mesac y Abed-Nego sabiduría y entendimiento. Cuando el rey los entrevistó, el encontró que eran diez veces más inteligentes que todos los magos y astrólogos en todo su reino.

Después de un tiempo, el Rey Nabucodonosor decidió hacer una gigantesca estatua de oro. Luego ordenó que todos en el reino se postraran ante ella.

El rey Nabucodonosor hizo una estatua de oro...envió el rey Nabucodonosor a que se reuniesen...todos los gobernadores de las provincias, para que viniesen a la dedicación de la estatua que el rey Nabucodonosor había levantado... Y el pregonero anunciaba en alta voz: Mándese a vosotros, oh pueblos, naciones y lenguas, que al oír el son de...todo instrumento de música, os postréis y adoréis la estatua de oro que el rey Nabucodonosor ha levantado; y cualquiera que no se postre y adore, inmediatamente será echado dentro de un horno de fuego ardiendo. Por lo cual, al oír todos los pueblos el son de...todo instrumento de música, todos los pueblos...se postraron y adoraron la estatua de oro que el rey Nabucodonosor había levantado.

Por esto en aquel tiempo algunos varones caldeos vinieron y acusaron maliciosamente a los judíos. Hablaron y dijeron al rey Nabucodonosor: Rey, para siempre vive... Hay unos varones judíos, los cuales pusiste sobre los negocios de la provincia de Babilonia: Sadrac, Mesac y Abed-nego; estos varones, oh rey, no te han respetado; no adoran tus dioses, ni adoran la estatua de oro que has levantado.

Entonces Nabucodonosor dijo con ira y con enojo que trajesen a Sadrac, Mesac y Abed-nego. Al instante fueron traídos estos varones delante del rey. Habló Nabucodonosor y les dijo: ¿Es verdad, Sadrac, Mesac y Abed-nego, que vosotros n o honráis a mi dios, ni adoráis la estatua de oro que he levantado? Ahora, pues, ¿estáis dispuestos para que al oír el son de...todo instrumento de música, os postréis y adoréis la estatua que he hecho? Porque si no la adorareis, en la misma hora seréis echados en medio de un horno de fuego ardiendo; ¿y qué dios será aquel que os libre de mis manos? Sadrac, Mesac y Abed-nego respondieron al rey Nabucodonosor, diciendo: No es necesario que te respondamos sobre este asunto. He aquí nuestro Dios a quien servimos puede librarnos del horno de fuego ardiendo; y de tu mano, oh rey, nos librará. Y si no, sepas, oh rey, que no serviremos a tus dioses, ni tampoco adoraremos la estatua que has levantado.

Entonces Nabucodonosor...ordenó que el horno se calentase siete veces más de lo acostumbrado. Y mandó a hombres muy vigorosos que tenía en su ejército, que atasen a Sadrac, Mesac y Abed-nego, para echarlos en el horno de fuego ardiendo. Entonces estos varones fueron atados con sus mantos, sus calzas, sus turbantes y sus vestidos, y fueron echados dentro del horno de fuego ardiendo. Y como la orden del rey era apremiante, y lo habían calentado mucho, la llama del fuego mató a aquellos que habían alzado a Sadrac, Mesac y Abed-nego. Y estos tres varones, Sadrac, Mesac y Abed-nego, cayeron atados dentro del horno de fuego ardiendo. Entonces el rey Nabucodonosor se espantó, y se levantó apresuradamente y dijo a los de su consejo: ¿No echaron a tres varones atados dentro del fuego? Ellos respondieron al rey: Es verdad, oh rey. Y él dijo: He aquí yo veo cuatro varones sueltos, que se pasean en medio del fuego sin sufrir ningún daño; y el aspecto del cuarto es semejante a hijo de los dioses.

Entonces Nabucodonosor se acercó a la puerta del horno de fuego ardiendo, y dijo: Sadrac, Mesac y Abed-nego, siervos del Dios Altísimo, salid y venid. Entonces Sadrac, Mesac y Abed-nego salieron de en medio del fuego. Y se juntaron...los capitanes y los consejeros del rey, para mirar a estos varones, cómo el fuego no había tenido poder alguno sobre sus cuerpos, ni aun el cabello de sus cabezas se había quemado; sus ropas estaban intactas, y ni siquiera olor de fuego tenían.

> Entonces Nabucodonosor dijo: Bendito sea el Dios de ellos, de Sadrac, Mesac y Abed-nego, que envió Su ángel y libró a Sus siervos que confiaron en él, y que no cumplieron el edicto del rey, y entregaron sus cuerpos antes que servir y adorar a otro dios que su Dios. Por lo tanto, decreto que todo pueblo, nación o lengua que dijere blasfemia contra el Dios de Sadrac, Mesac y Abed-nego, sea descuartizado, y su casa convertida en muladar; por cuanto no hay dios que pueda librar como éste. Entonces el rey engrandeció a Sadrac, Mesac y Abed-nego en la provincia de Babilonia. Daniel 3:1-30

Sadrac, Mesac y Abed-Nego no adoraron falsos dioses como hicieron muchos otros judíos. Ellos se negaron a inclinarse ante la imagen de oro del rey Nabucodonosor. Cuando el rey vio como Dios protegió milagrosamente a estos jóvenes que confiaban en ÉL, el rey cambió su parecer sobre el Dios de Israel.

El poderoso rey de Babilonia creyó que el Dios de los judíos era el único Dios verdadero. Él prohibió que la gente de su reino hablara contra Dios. Y promovió a Sadrac, Mesac y Abed-Nego a un puesto más alto en su reino.

Recuerda

Aunque la mayoría del pueblo de Judá adoraba falsos dioses, había cuatro jóvenes que aún creían en el Dios vivo y verdadero. Aunque eran cautivos en la tierra de Babilonia, Daniel, Sadrac, Mesac y Abed-Nego confiaban en Dios.

Así es también hoy día. Hay mucha gente que no cree en el Dios vivo y verdadero. Ellos no creen que Dios sea el Creador del mundo y que la pena por quebrantar Sus mandamientos sea la muerte.

Pero la Biblia es la verdad. Dios existe. Él es el Creador del mundo y es la más alta autoridad.

Tienes que creer como hacían Daniel, Sadrac, Mesac y Abed-Nego. Confía en que Dios te librará de la muerte y que te hará acepto a Él. Dios promete salvar a todos los que confían en Él.

Jehová redime el alma de sus siervos, Y no serán condenados cuantos en él confían. Salmos 34:22

Preguntas

1. ¿Quién destruyó la ciudad de Jerusalén y llevó cautivo al pueblo de Judá? *Esto lo hizo la nación de Babilonia.*

2. ¿Quién dio sabiduría y entendimiento a Daniel, Sadrac, Mesac y Abed-Nego? *Dios. Dios lo sabe todo. Solo Él podía dar tanta sabiduría a estos jóvenes.*

3. ¿Cuál fue la orden del Rey Nabucodonosor? *Él ordenó que toda persona en su reino debía inclinarse ante la imagen de oro que había hecho. Debían arrodillarse ante la imagen en cuanto oyeran el sonido de la música.*

4. ¿Qué dijo el rey que sucedería a cualquiera que no se inclinara ante su imagen? *Todo aquel que no se inclinara ante la imagen sería echado al horno de fuego.*

5. ¿Qué dijeron Sadrac, Mesac y Abed-Nego al Rey Nabucodonosor? *Le dijeron que su Dios era lo suficientemente poderoso como para librarlos de la mano del rey, pero aunque no lo hiciera, ellos seguirían confiando en Dios. Ellos dijeron que no adorarían a sus falsos dioses y que no se inclinarían ante su imagen de oro.*

6. ¿Qué sucedió a los hombres que habían echado al fuego a los tres israelitas? *Como el fuego estaba tan ardiente, ellos fueron quemados por las llamas cuando se acercaron.*

7. ¿A quién vio el rey en el fuego con los tres israelitas? *A una cuarta persona que parecía como el Hijo de Dios.*

8. ¿Sufrieron alguna quemadura estos tres hombres que fueron echados al fuego? *No, ni siquiera olor a fuego tenían sus vestiduras.*

9. ¿Qué aprendió el rey sobre el Dios de Israel? *Él aprendió que el Dios de Israel es el único Dios verdadero y que es más poderoso que cualquiera.*

10. ¿Por qué debes creer a Dios? *Debes creer a Dios porque Dios dice la verdad. La Biblia dice que la pena del pecado es muerte, pero que todos los que confían que Dios los rescatará de la pena de muerte, serán salvos. Debes confiar en Dios para que no seas separado de ÉL para siempre en el terrible lugar de sufrimiento.*

Verdades bíblicas

- Dios es un ser personal; Él se comunica con la gente.
- Dios es misericordioso; Él da a la gente la oportunidad de cambiar de parecer.
- Dios siempre hace lo que dice que hará.
- Dios lo sabe todo.
- Dios puede hacer cualquier cosa; nada es demasiado difícil para Él.
- El Dios de la Biblia es el único Dios verdadero.
- Dios es el Creador del mundo; nadie es mayor que Dios.
- Todo lo que está escrito en la Biblia es verdad: hay realmente un cielo y hay un lugar de sufrimiento eterno.
- Todos los hombres son pecadores.
- La pena del pecado es muerte.
- La única manera de agradar a Dios es creyendo en ÉL; Dios solo salva a los que creen en Él.

Actividad 1: Bingo bíblico

Suministros

- Tarjetas Bingo y fichas de juego – puede comprar un set de fichas en el mercado

Instrucciones

- Dar a cada alumno una tarjeta bingo y algunas fichas
- Haga una de las preguntas de repaso de la lección y pida a un alumno que la conteste. Si el alumno la contesta correctamente, puede nombrar el casillero bingo que desee cubrir. Todos los que tienen ese número también lo pueden cubrir.
- Continúe con las preguntas. Pedir la respuesta cada vez a otro alumno, para que cada uno tenga la oportunidad de contestar al menos una pregunta y escoger al menos un casillero bingo.
- El juego finaliza cuando el primer alumno grita BINGO al haber cubierto toda una línea con fichas, horizontal, vertical o diagonalmente.
- Repetir el juego varias veces hasta que cada uno haya tenido la oportunidad de responder una pregunta o hasta que todas las preguntas de repaso hayan sido contestadas.

Actividad 2: Actuar el relato de Sadrac, Mesac y Abed-Nego

Suministros

- Voluntarios para Nabucodonosor, Sadrac, Mesac , Abed-Nego y los hombres que los echaron en el horno de fuego
- No se necesitan otros elementos

Instrucciones

- Los alumnos actúan la historia
- Comentar cómo estos jóvenes confiaban en Dios aunque nadie más lo hacía

Referencias bíblicas

2 Crónicas 36:15-21; Jeremías 20:5, 21:1-14, 25:8-11, 52:1-30; Lucas 6:26

47
En el foso de los leones
Daniel

Versículo para memorizar

Mirad a mí, y sed salvos, todos los términos de la tierra, porque yo soy Dios, y no hay más. Isaías 45:22

Lección

Daniel fue uno de los cautivos de Judá que fue llevado a Babilonia junto con Sadrac, Mesac y Abed-nego. Más adelante en su vida Daniel llegó a ser un profeta y escribió el libro de Daniel en la Biblia. El libro de Daniel nos cuenta la verdadera historia de cómo el poderoso Rey Nabucodonosor de Babilonia llegó a creer en Dios.

Las propias palabras del Rey Nabucodonosor se encuentran en el libro de Daniel:

Ahora yo Nabucodonosor alabo, engrandezco y glorifico al Rey del cielo, porque todas sus obras son verdaderas, y sus caminos justos; y él puede humillar a los que andan con soberbia. Daniel 4:37

Daniel escribió también sobre Belsasar quien llegó a ser rey de Babilonia después del Rey Nabucodonosor. Durante el reinado de Belsasar los medas y los persas conquistaron Babilonia y Darío llegó a ser el nuevo Rey.

La misma noche fue muerto Belsasar rey de los caldeos. Y Darío de Media tomó el reino, siendo de sesenta y dos años. Daniel 5:30-31

Daniel fue uno de los tres gobernadores a cargo del reino bajo el Rey Darío.

Pero Daniel mismo era superior a estos sátrapas y gobernadores, porque había en él un espíritu superior; y el rey pensó en ponerlo sobre todo el reino. Entonces los gobernadores y sátrapas buscaban ocasión para acusar a Daniel en lo relacionado al reino; mas no podían hallar ocasión alguna o falta, porque él era fiel, y ningún vicio ni falta fue hallado en él. Daniel 6:3-4

Como Daniel era un administrador fiel, el Rey Darío quería nombrar a Daniel jefe de todos sus oficiales. Por cierto que esto despertó la envidia y los celos de los otros gobernadores y príncipes. De modo que idearon un plan para deshacerse de Daniel.

Entonces estos gobernadores y sátrapas se juntaron delante del rey, y le dijeron así: ¡Rey Darío, para siempre vive! Todos los gobernadores del reino, magistrados, sátrapas, príncipes y capitanes han acordado por consejo que promulgues un edicto real y lo confirmes, que cualquiera que en el espacio de treinta días demande petición de cualquier dios u hombre fuera de ti, oh rey, sea echado en el foso de los leones. Ahora, oh rey, confirma el edicto y fírmalo, para que no pueda ser revocado, conforme a la ley de Media y de Persia, la cual no puede ser abrogada. Firmó, pues, el rey Darío el edicto y la prohibición. Daniel 6:6-9

Los gobernadores, príncipes y supervisores vinieron con un plan. Hicieron una ley que honraría mucho al rey. La ley decretaría que durante los próximos treinta días nadie podía orar a algún dios u hombre sino al rey mismo. Si alguien transgredía esa ley, él o ella serían lanzados al foso de los leones hambrientos. Sin pensar cómo esta ley afectaría a Daniel, el Rey Darío la firmó.

Cuando Daniel supo que el edicto había sido firmado, entró en su casa, y abiertas las ventanas de su cámara que daban hacia Jerusalén, se arrodillaba tres veces al día, y oraba y daba gracias delante de su Dios, como lo solía hacer antes. Daniel 6:10

Daniel sabía lo que decía la ley, pero él oró a Dios de todos modos, tal como los gobernadores y oficiales del rey sabían que haría.

Entonces se juntaron aquellos hombres, y hallaron a Daniel orando y rogando en presencia de su Dios. Fueron luego ante el rey y le hablaron del edicto real: ¿No has confirmado edicto que cualquiera que en el espacio de treinta días pida a cualquier dios u hombre fuera de ti, oh rey, sea echado en el foso de los leones? Respondió el rey diciendo: Verdad es, conforme a la ley de Media y de Persia, la cual no puede ser abrogada.

Entonces respondieron y dijeron delante del rey: Daniel, que es de los hijos de los cautivos de Judá, no te respeta a ti, oh rey, ni acata el edicto que confirmaste, sino que tres veces al día hace su petición. Cuando el rey oyó el asunto, le pesó en gran manera, y resolvió librar a Daniel; y hasta la puesta del sol trabajó para librarle. Daniel 6:11-14

En el reino de los medas y los persas era costumbre que una vez que una ley era promulgada, la ley no podía ser cambiada. Por mucho que el Rey Darío trató de ver modo de cambiar la ley, no lo logró. De modo que Daniel fue echado al foso de los leones.

... y trajeron a Daniel, y le echaron en el foso de los leones. Y el rey dijo a Daniel: El Dios tuyo, a quien tú continuamente sirves, él te libre. Y fue traída una piedra y puesta sobre la puerta del foso, la cual selló el rey con su anillo... Daniel 6:16-17

Esa noche el rey no pudo dormir. ¿El Dios de Daniel salvaría a Daniel de los leones hambrientos? En la mañana se apresuró para ir a ver si Daniel seguía con vida.

Luego el rey se fue a su palacio, y se acostó ayuno... y se le fue el sueño. El rey, pues, se levantó muy de mañana, y fue apresuradamente al foso de los leones. Y acercándose al foso llamó a voces a Daniel con voz triste, y le dijo: Daniel, siervo del Dios viviente, el Dios tuyo, a quien tú continuamente sirves, ¿te ha podido librar de los leones? Entonces Daniel respondió al rey: Oh rey, vive para siempre. Mi Dios envió Su ángel, el cual cerró la boca de los leones, para que no me hiciesen daño... Entonces se alegró el rey en gran manera a causa de él, y mandó sacar a Daniel del foso; y fue Daniel sacado del foso, y ninguna lesión se halló en él, porque había confiado en su Dios.

Y dio orden el rey, y fueron traídos aquellos hombres que habían acusado a Daniel, y fueron echados en el foso de los leones ellos, sus hijos y sus mujeres; y aún no habían llegado al fondo del foso, cuando los leones se apoderaron de ellos y quebraron todos sus huesos. Entonces el rey Darío escribió a todos los pueblos, naciones y lenguas que habitan en toda la tierra... Que en todo el dominio de mi reino todos teman y tiemblen ante la presencia del Dios de Daniel; porque él es el Dios viviente y permanece por todos los siglos, y Su reino no será jamás destruido, y Su dominio perdurará hasta el fin. El salva y libra, y hace señales y maravillas en el cielo y en la tierra; él ha librado a Daniel del poder de los leones.

Y este Daniel prosperó durante el reinado de Darío y durante el reinado de Ciro el persa. Daniel 6:18-28

Tal como Sadrac, Mesac y Abed-Nego, Daniel confió en Dios, aunque eso significara que lo matarían. Pero Dios protegió a Daniel y sus amigos. Cuando el Rey Nabucodonosor, gobernante del gran Imperio Babilónico y el Rey Darío, gobernante de los medas y persas, vieron el gran poder de Dios, ellos creyeron que el Dios de los judíos era el único Dios vivo y verdadero.

Recuerda

Nada es demasiado difícil para Dios; ÉL es el Creador del mundo.

iOh Señor Jehová! he aquí que tú hiciste el cielo y la tierra con tu gran poder, y con tu brazo extendido, ni hay nada que sea difícil para ti; Jeremías 32:17

¡Nadie es más grande que Dios!

Preguntas

1. ¿Quiénes eran los cuatro jóvenes cautivos de Judá que creían en Dios? *Sadrac, Mesac, Abed-Nego y Daniel eran los cuatro jóvenes cautivos que creían en Dios.*

2. ¿Cuál de los profetas de Dios escribió el libro de Daniel? *Daniel escribió el libro de Daniel.*

3. ¿Creía en Dios Nabucodonosor, rey del gran Imperio Babilónico? *Sí. Al final de su vida el Rey Nabucodonosor adoró al único Dios verdadero.*

4. ¿Quién conquistó Babilonia? *Los medas y los persas conquistaron Babilonia.*

5. ¿Quién era el rey de los medas y los persas cuando Babilonia fue conquistada? *Darío era el rey.*

6. ¿Podía ser cambiada una ley de los medas y los persas? *No. Una vez que la ley era decretada, no podía ser cambiada; ni siquiera el rey podía cambiar la ley.*

7. ¿Por qué estaban celosos de Daniel los gobernadores y oficiales? *Estaban celosos de Daniel porque el rey iba a nombrar a Daniel jefe de todos los oficiales de su reino.*

8. ¿Cómo engañaron los gobernadores, príncipes y supervisores al rey? *Ellos lo persuadieron a pasar una ley que decía que todos debían orar solo al rey durante treinta días. El rey no pensó que esta ley podría afectar a Daniel.*

9. ¿Oró Daniel a Dios a pesar de que sabía que sería echado al foso de los leones? *Sí, Daniel oró a Dios como siempre lo había hecho.*

10. ¿Tenía Dios poder para salvar a Daniel de los leones? *Por cuanto Dios es el Creador de los leones, Él tiene el poder para impedir que leones hambrientos devoren a la gente. Nada es demasiado difícil para Dios.*

11. ¿Cuál es la única manera de agradar a Dios? *La única manera de agradar a Dios es creer en Él.*

Verdades bíblicas

- El Dios de la Biblia es el único Dios vivo y verdadero.
- Todos los hombres son pecadores.
- La única manera de agradar a Dios es creyendo en Él.
- Dios puede hacer cualquier cosa; nada es demasiado difícil para Él.
- Dios es el Creador del mundo; nadie es más grande que Dios.

Actividad: Actuar el relato de Daniel

Suministros

- Voluntarios para Daniel, el Rey Darío y los oficiales del rey
- No se necesitan otros materiales

Instrucciones

- Los alumnos actúan la historia

48
Dios lleva a cabo sus planes
Los años antes de la venida del Libertador

Versículo para memorizar

Yo, yo Jehová, y fuera de mí no hay quien salve. Isaías 43:11

Lección

Cuando los babilonios conquistaron Judá, ellos demolieron la ciudad de Jerusalén. Ellos derribaron los muros de alrededor de la ciudad y quemaron el magnífico templo del rey Salomón. Los judíos que no fueron muertos en el ataque, fueron llevados cautivos a Babilonia.

Después de algún tiempo, bajo el reinado del Rey Darío, los medas y los persas conquistaron Babilonia. Cuando Ciro llegó a ser rey de Persia, él permitió que algunos de los judíos de Babilonia regresaran a Jerusalén para redificar el templo que estaba en ruinas.

Así ha dicho Ciro rey de Persia: Jehová el Dios de los cielos me ha dado todos los reinos de la tierra, y me ha mandado que le edifique casa en Jerusalén, que está en Judá. Quien haya entre vosotros de su pueblo, sea Dios con él, y suba a Jerusalén que está en Judá, y edifique la casa a Jehová Dios de Israel (él es el Dios), la cual está en Jerusalén. Esdras 1:2-3

Cuando los judíos llegaron a Jerusalén, ellos redificaron el templo y comenzaron a ofrecer sacrificios. Una vez más, ellos procuraron guardar los mandamientos que Dios había dado a Moisés en el Monte Sinaí.

...se juntó el pueblo como un solo hombre en Jerusalén. Entonces se levantaron Jesúa hijo de Josadac y sus hermanos los sacerdotes, y Zorobabel hijo de Salatiel y sus hermanos, y edificaron el altar del Dios de Israel, para ofrecer sobre él holocaustos, como está escrito en la ley de Moisés varón de Dios. Esdras 3:1-2

Pero solo algunos judíos regresaron a Israel. Muchos se quedaron en Babilonia. Esos judíos construyeron lugares de reunión llamados sinagogas dondequiera estuvieran dispersados a través del Imperio Babilónico. Cada Sabbat (o sábado) ellos se reunían en esas sinagogas para oír al líder religioso leer del Antiguo Testamento - los escritos de Moisés y los profetas.

Los líderes religiosos trataban de explicar a la gente lo que leían, pero ellos no entendían el verdadero significado de la palabra de Dios. Como los líderes religiosos no explicaban correctamente la palabra de Dios, la mayoría de los israelitas no entendían la Biblia. La mayoría de los judíos iban el sábado a la sinagoga para cumplir con sus obligaciones religiosas. Ellos pensaban que ir a la sinagoga era la manera de agradar a Dios para que ÉL los aceptara.

Los judíos pensaban que ellos eran aceptos a Dios por dos motivos: primero, porque venían de Abraham; y segundo, porque trataban de cumplir los mandamientos que Dios les dio en el Monte Sinaí.

Si el pueblo hubiese entendido el verdadero significado del Antiguo Testamento, se habrían dado cuenta de que sus buenas obras eran como un trapo de inmundicias para Dios.

> Si bien todos nosotros somos como suciedad, y todas nuestras justicias como trapo de inmundicia; Isaías 64:6a

Por medio de los escritos de Moisés y los profetas, los judíos deberían haber entendido que eran pecadores separados de Dios. Deberían haber sabido que ellos no podían hacer nada para agradar a Dios.

El Antiguo Testamento cuenta cómo los primeros dos seres humanos llegaron a ser pecadores, porque creyeron a Satanás en vez de creer a Dios. También nos cuenta como los Israelitas nunca pudieron cumplir los mandamientos de Dios y cómo Dios proveyó un camino para que los pecadores pudieran ser aceptados a ÉL por medio del sacrificio de un cordero.

Moisés y los profetas del Antiguo Testamento escribieron sobre el Libertador prometido que rescataría a la gente de Satanás y que traería ayuda a todos. El Antiguo Testamento da muchos detalles sobre la venida del Libertador.

El profeta Miqueas escribió que el Libertador nacería en Belén:

> Pero tú, Belén Efrata, pequeña para estar entre las familias de Judá, de ti me saldrá el que será Señor en Israel; y sus salidas son desde el principio, desde los días de la eternidad. Miqueas 5:2

El profeta Oseas escribió que el Libertador huiría a Egipto:

> ...y de Egipto llamé a mi hijo. Oseas 11:1

El profeta Isaías profetizó que en el desierto, un hombre prepararía a los judíos para la venida del Libertador.

Voz que clama en el desierto: Preparad camino a Jehová; enderezad calzada en la soledad a nuestro Dios. Isaías 40:3

Isaías también predijo que el Libertador nacería de una mujer que no se había casado.

Por tanto, el Señor mismo os dará señal: He aquí que la virgen concebirá, y dará a luz un hijo, y llamará Su nombre Emanuel. Isaías 7:14

El rey David profetizó que el Libertador sería traicionado por un amigo cercano y que Sus manos y Sus pies serían perforados.

Aun el hombre de mi paz, en quien yo confiaba, el que de mi pan comía, Alzó contra mí el calcañar. Salmo 41:9

Horadaron mis manos y mis pies. Salmo 22:16

El Rey David también habló de la promesa de Dios de que el Libertador vendría de su línea familiar y que reinaría para siempre.

Los judíos deberían haber estado esperando ansiosamente la venida de este Libertador, pero ellos no lo estaban esperando. Solo unos pocos judíos entendieron el verdadero significado de lo que escribieron Moisés y los profetas. Solo unos pocos estaban esperando que viniera el Libertador para que los rescatara de la pena de muerte y los hiciera aceptos a Dios.

Un tiempo después, el Imperio Griego ocupó gran parte del mundo, incluso la tierra de Israel. Los griegos obligaron a todos a aprender la lengua griega.

Luego los romanos conquistaron a los griegos. Los romanos construyeron caminos para sus ejércitos a través de todo su enorme imperio.

César, el emperador de Roma, permitió que los judíos adoraran a Dios en el templo en Jerusalén. Incluso permitió que tuviesen un rey judío, pero obligó al rey a hacer lo que César decía. Aunque dio alguna libertad a los judíos, el César era cruel y odioso. Hizo matar a espada a muchos judíos. Sus soldados también crucificaron a muchos judíos clavando sus manos y sus pies a un madero y dejándolos colgados allí hasta que se ahogaban.

Pero Dios usó todos estos sucesos para llevar a cabo Sus propósitos. Dios quería que todo el mundo supiera del Libertador. Como casi todos hablaban el mismo lenguaje y como había carreteras que iban a todas partes, las noticias corrían rápidamente de un lugar a otro. Incluso las sinagogas que estaban esparcidas por todos los lugares, fueron usadas por Dios para dar a conocer el mensaje acerca del Libertador.

Aunque los griegos y los romanos no se preocupaban por Dios, y los judíos no estaban esperando al Libertador, Dios igual cumpliría Su promesa. Hacía mucho tiempo, en el Jardín del Edén, Dios dijo a Satanás que ÉL enviaría a Alguien que heriría la cabeza de Satanás. Después, Dios dijo a Abraham que Alguien de su familia socorrería a todas las familias del mundo. Dios nunca olvidó Sus planes; el tiempo para que el Libertador naciera en el mundo se estaba acercando rápidamente.

Jehová hace nulo el consejo de las naciones, Y frustra las maquinaciones de los pueblos. El consejo de Jehová permanecerá para siempre; Los pensamientos de Su corazón por todas las generaciones. Salmo 33:10-11

Recuerda

Aunque la gente deja de preocuparse por Dios, Dios sigue preocupándose por ellos. Dios ama a todos, aún a los peores pecadores. ÉL quiere que toda la gente conozca la verdad para que puedan ser rescatados de la muerte y ser hechos aceptos a ÉL. Por eso ÉL prometió enviar al Libertador.

Porque esto es bueno y agradable delante de Dios nuestro Salvador, el cual quiere que todos los hombres sean salvos y vengan al conocimiento de la verdad. 1 Timoteo 2:3-4

Es importante que entiendas que tu pecado te separa de Dios y que el Libertador es el Único que puede salvarte de la muerte eterna. El Libertador que Dios prometió en el Antiguo Testamento es el único que puede hacer algo para salvarte de la muerte y hacerte aceptable a Dios.

Preguntas

1. ¿Qué permitió hacer a algunos judíos, Ciro, el rey de Persia? *Él les permitió volver a Jerusalén para reconstruir el templo.*

2. ¿Cómo se llamaban los edificios donde se reunían los judíos para oír la Palabra de Dios? *Los lugares de reunión de los judíos se llamaban sinagogas.*

3. ¿Entendían los líderes religiosos judíos el verdadero significado de lo que Moisés y los profetas habían escrito en el Antiguo Testamento? *No. Aunque eran líderes religiosos, ellos no entendían el verdadero significado de la Palabra de Dios en la Biblia.*

4. ¿Creían los judíos que su pecado los separaba de Dios? *No, los judíos no creían que estuvieran separados de Dios.*

5. ¿Por cuáles dos razones creían los judíos que ellos eran el pueblo especial de Dios? *Los judíos pensaban que ellos eran el pueblo especial de Dios porque venían de Abraham y porque trataban de cumplir los mandamientos de Dios.*

6. ¿En qué familia, dijo Moisés, que nacería el Libertador? *Moisés dijo que el Libertador nacería en la familia de Abraham; el Libertador sería un Israelita.*

7. ¿Dónde, dijo Miqueas, que nacería el Libertador? *El profeta Miqueas dijo que el Libertador nacería en Belén.*

8. ¿Qué hicieron los griegos aprender a todos? *Ellos hicieron que todos aprendieran el idioma griego.*

9. ¿Qué habían hecho los romanos y que fue de ayuda para dar a conocer a todos los pueblos el mensaje del Libertador? *Ellos habían construido caminos a través de todo su imperio.*

10. ¿Era benevolente con los judíos el emperador romano? *No. El emperador romano no era benevolente; era miserable. Él crucificó a muchos judíos.*

11. ¿Por qué es importante que sepas acerca del Libertador? *Es importante, porque el Libertador es el Único que puede salvarte de la pena de muerte y hacerte aceptable a Dios para que puedas ir al cielo cuando mueras.*

Verdades bíblicas

- Todas las personas son pecadoras y están separadas de Dios.
- No podemos agradar a Dios haciendo buenas obras.
- Dios sabe lo que sucederá en el futuro.
- Dios es un ser personal; ÉL se comunica con la gente.
- Dios hace todo de acuerdo con Sus planes.
- No podemos salvarnos a nosotros mismos. Solo Dios nos puede salvar.

Actividad: Línea de tiempo (cronología)

Suministros

- Papel
- Lápices y lápices de colores

Instrucciones

- Doblar la hoja en cuartos
- Dibujar imágenes de los cuatro acontecimientos en el orden en que ocurrieron:

  -Los judíos fueron dispersados a través de Babilonia

  -Dondequiera que iban, construían sinagogas

  -Los griegos se apoderaron del mundo e hicieron que todos aprendieran su idioma

  -Los romanos se apoderaron de los griegos y construyeron caminos en todo su imperio, también practicaron la crucifixión

Actividad 2: Las profecías

Suministros

- Papel
- Lápices, marcadores, lápices de colores

Instrucciones

- Discutir las profecías hechas sobre el Libertador en el Antiguo Testamento
- Escribir o ilustrar las profecías en el papel
- Enrollar el papel en una voluta para mostrar que las profecías fueron escritas en el Antiguo Testamento

  -El Libertador iba a nacer en Belén

  -El Libertador se escaparía a Egipto

  -Alguien en el desierto, prepararía el camino para el Libertador, que sería "el Señor"

  -El Libertador nacería de una mujer que nunca había estado casada

  -El Libertador sería traicionado por un amigo cercano

  -Las manos y los pies del Libertador serían taladrados

Referencias bíblicas

1 Crónicas 29:11; Esdras 1; Isaías 1:11-13, 44:28; Lucas 4:16-21, 24:44-45; Juan 8:37-47; Hechos 2: 29-31, 3:17-26, 9:20, 10:43, 15:21; Hebreos 1:1; 1 Pedro 1:10-12; 2 Pedro 3:1-2

La Historia Más Maravillosa del Mundo

Nuevo Testamento

49
Un bebé especial
El Ángel Aparece a Zacarías

Versículo para memorizar

"He aquí, yo envío mi mensajero, el cual preparará el camino delante de Mí…"
Malaquías 3:1a

Lección

¿Recuerdas como los profetas dijeron al pueblo de Israel y de Judá que ellos serían derrotados por Asiria y Babilonia si no se volvían a Dios? Cuando todo sucedió tal como los profetas habían dicho, el pueblo supo que los profetas habían sido efectivamente enviados por Dios.

Estos mismos profetas también predijeron otros eventos. Ellos escribieron sobre cosas que sucederían miles de años más tarde. Incluso escribieron acerca del Libertador que vendría. Todo lo que escribieron los profetas se encuentra en la Biblia, en el Antiguo Testamento.

Los profetas tuvieron siempre mucho cuidado de escribir exactamente lo que Dios había dicho. Puedes ver que en verdad sucedió todo lo que ellos escribieron sobre el Libertador. Como ha sucedido todo lo que los profetas escribieron sobre eventos pasados, así puedes estar seguro de que también sucederá todo lo que ellos han escrito sobre acontecimientos futuros.

El último profeta que escribió sobre el Libertador que vendría fue Malaquías. Malaquías estaba citando las palabras de Dios Mismo cuando escribió el siguiente versículo:

He aquí, yo envío mi mensajero, el cual preparará el camino delante de mí; Malaquías 3:1a

Esto es lo que **Dios** dijo: "Envío **Mi** mensajero, y él preparará el camino delante de **Mí**". Dios dijo que enviaría un mensajero para que preparara el camino delante de ÉL. Esto significaba que Dios vendría a la tierra; significaba que Dios Mismo era el Libertador prometido.

Malaquías escribió el último libro de Antiguo Testamento. Después que Dios habló a Malaquías, ÉL no habló a ningún otro profeta durante cuatrocientos años. No fue sino hasta que llegara el Libertador que Dios volvió a escoger a profetas para que escribieran para ÉL. Los libros que escribieron los profetas después de la venida del Libertador forman parte del Nuevo Testamento de la Biblia.

El tercer libro del Nuevo Testamento es Lucas. El libro de Lucas fue escrito por el doctor Lucas. El doctor Lucas nos cuenta acerca del mensajero que Malaquías había dicho que prepararía el camino para Dios.

Esto es lo que escribe Lucas:

Hubo en los días de Herodes, rey de Judea, un sacerdote llamado Zacarías... su mujer... se llamaba Elisabet. Ambos eran justos delante de Dios... Pero no tenían hijo... y ambos eran ya de edad avanzada. Aconteció que ejerciendo Zacarías el sacerdocio delante de Dios...le tocó en suerte ofrecer el incienso, entrando en el santuario del Señor...

Y se le apareció un ángel del Señor puesto en pie a la derecha del altar del incienso. Y se turbó Zacarías al verle, y le sobrecogió temor. Pero el ángel le dijo: Zacarías, no temas; porque tu oración ha sido oída, y tu mujer Elisabet te dará a luz un hijo, y llamarás su nombre Juan...y hará que muchos de los hijos de Israel se conviertan al Señor Dios de ellos. E irá delante de él con el espíritu y el poder de Elías, para hacer volver los corazones de los padres a los hijos, y de los rebeldes a la prudencia de los justos, para preparar al Señor un pueblo bien dispuesto.

Dijo Zacarías al ángel: ¿En qué conoceré esto? Porque yo soy viejo, y mi mujer es de edad avanzada. Respondiendo el ángel, le dijo: Yo soy Gabriel, que estoy delante de Dios; y he sido enviado a hablarte, y darte estas buenas nuevas. Y ahora quedarás mudo y no podrás hablar, hasta el día en que esto se haga, por cuanto no creíste mis palabras, las cuales se cumplirán a su tiempo. Lucas 1:5-20

Zacarías era un sacerdote. Él servía en el templo. La Biblia dice que Zacarías y Elisabeth "eran justos delante de Dios". Zacarías y Elisabeth eran pecadores como todos los demás, pero Dios los hizo aceptos a ÉL porque ellos creían en ÉL. Zacarías y Elisabeth confiaban en que Dios los salvaría de la pena de muerte que merecían por su pecado. Por eso Dios los consideraba justos.

Zacarías y Elisabeth eran como Abraham y Sara; ellos no habían podido tener un hijo y ahora ya eran de edad avanzada. No tener hijos era considerado una desgracia entre los Israelitas; ellos miraban en menos a las parejas que no tenían familia. Esto entristecía a Zacarías y Elisabeth. Durante muchos años habían estado orando por un hijo, pero ninguno había llegado.

Entonces, un día, mientras Zacarías estaba sirviendo en el templo, un ángel se le apareció. El ángel se llamaba Gabriel. Gabriel dijo a Zacarías que Dios le daría a él y a Elisabeth un hijo.

Dios es Aquel que da vida, ¿verdad? Dios hizo a Adán del polvo de la tierra. ÉL hizo a Eva de una costilla de Adán. ÉL dio a Abraham y Sara un hijo cuando Abraham tenía cien años de edad y Sara tenía noventa años. Nada es demasiado difícil para Dios. Él no tenía problemas para dar un hijo a Zacarías y Elisabeth.

Pero Zacarías no creyó el mensaje del ángel; él no creyó que Dios podía darle a él y a Elisabeth un hijo a su avanzada edad. Como Zacarías no creyó a Dios, el ángel dijo que no podría hablar hasta que naciera el hijo.

El ángel dijo a Zacarías que a su hijo le pusieran el nombre Juan. Aunque la costumbre en esos días era nombrar al hijo mayor de la familia como su padre, el ángel dijo a Zacarías que debía llamar a su hijo Juan.

Dios tenía un plan especial para Juan; Juan iba "a preparar un pueblo bien dispuesto para el Señor." Juan sería el que prepararía a los Israelitas para la venida de Dios a la tierra. Juan era el mensajero del cual había profetizado Malaquías cuatrocientos años antes.

Recuerda

De igual manera como Dios quería que Zacarías creyera en ÉL, Dios quiere que tú también creas en ÉL. De hecho, la única manera de agradar a Dios es creyendo en ÉL.

Pero sin fe es imposible agradar a Dios... Hebreos 11:6

Dios siempre dice la verdad. Tal como Dios dijo la verdad a Adán y a Eva cuando dijo que morirían si comían del árbol del conocimiento del bien y del mal, Dios dice la verdad cuando dice que la pena del pecado es muerte.

Zacarías y Elisabeth estaban de acuerdo con Dios de que ellos merecían la pena de muerte por su pecado. Ellos sabían que Dios era el Único que podía salvarlos de la muerte. Cuando Zacarías y Elisabeth confiaron en Dios, Dios los hizo aceptos a Él.

Tú debes confiar en Dios para que también te salve de la pena de muerte. El Libertador vino para rescatarte de la pena de muerte que mereces por tu pecado. Si crees en Dios, Él te salvará de la muerte y te hará aceptable a Él.

Preguntas

1. ¿Dijeron la verdad los profetas cuando dijeron que Israel y Judá serían llevados cautivos por sus enemigos? *Sí, dijeron la verdad.*

2. ¿Quién le dijo a los profetas lo que sucedería en el futuro? *Dios les dijo. Dios sabe todo lo que sucederá a futuro.*

3. ¿Tenían cuidado los profetas de escribir solo exactamente lo que Dios dijo o escribieron también algo de sus propias ideas en la Biblia? *Los profetas tuvieron cuidado de escribir exactamente lo que Dios les había dicho.*

4. ¿Se cumplió todo lo que los profetas escribieron sobre el Libertador en el Antiguo Testamento? *Sí. Se ha cumplido todo lo que Dios dijo a los profetas que escribieran sobre el Libertador que vendría.*

5. ¿Quién vendría a la tierra, según dijo el profeta Malaquías? ¿A quién le prepararía el camino el mensajero de Dios? *El mensajero iba a preparar el camino para Dios. ¡Dios iba a venir a la tierra!*

6. ¿Quién, creían Zacarías y Elisabeth, que era el Único que los podía librar de la pena de muerte que merecían por su pecado? *Ellos creían que solo Dios los podía salvar de la pena de muerte que merecían.*

7. ¿Qué dijo el ángel Gabriel a Zacarías? *Él dijo a Zacarías que Dios le daría a él y a Elisabeth un hijo.*

8. ¿Por qué debería haber creído Zacarías a Dios? *En primer lugar, Zacarías debería haber creído a Dios, porque Dios nunca miente; y en segundo lugar, porque nada es demasiado difícil para Dios. Dios puede hacer cualquier cosa.*

9. ¿Qué nombre debían poner Zacarías y Elisabeth a su hijo? *Dios dijo que le pusieran Juan.*

10. ¿Cuál era el plan de Dios para Juan? *Dios tenía planeado que Juan fuera el mensajero que preparara a los Israelitas para la venida de Dios.*

11. ¿Por qué es importante que creas lo que Dios te dice en la Biblia? *Es importante creer a Dios, porque Dios siempre dice la verdad. La pena por el pecado es verdaderamente la separación de Dios para siempre en el terrible lugar de sufrimiento. Tienes que creer a Dios y confiar que ÉL te rescate de la pena de muerte. Dios promete rescatar a todos los que creen en Él.*

Verdades bíblicas

- Dios es un ser personal; Él se comunica con la gente.
- Dios conoce el futuro.
- Dios hará todo lo que Él dijo que haría.
- Dios es un Dios de amor; Él Mismo vino a la tierra como el Libertador.

- Los ángeles son mensajeros de Dios; ellos hacen todo lo que Dios les envía a hacer.
- Dios es el Dador- de-Vida.
- Dios es todopoderoso; Él puede hacer cualquier cosa.
- Todos los hombres son pecadores.
- Dios solo salva a los que creen en Él.

Actividad 1: Memorizar versículo con pelota

Suministros

- Una o más pelotas de tamaño mediano
- Copia del versículo a memorizar:

  "He aquí, yo envío mi mensajero, el cual preparará el camino delante de Mí…"
  Malaquías 3:1a

Instrucciones

- Dividir a los alumnos en equipos o formar un círculo grande, depende del número de alumnos que tiene en su grupo. Practicar el versículo a memorizar mientras se lanza la pelota unos a otros y se coge.
- Por ejemplo: El profesor dice la primera parte del versículo a memorizar. Una vez que el profesor lo dice correctamente, lanza la pelota a uno de los alumnos el que a su vez tiene que tratar de decirlo correctamente y lanza la pelota a otro alumno. Seguir así hasta que cada uno haya tenido la oportunidad de coger la pelota y decir la primera parte del versículo. Luego agregar la segunda parte del versículo y hacer lo mismo. Finalmente, ellos pueden decir todo el versículo y agregar también la referencia bíblica.
- Si los alumnos han estado trabajando en grupos pequeños, juntarlos a todos en círculo y que reciten el versículo frente a todos con o sin las pelotas.

Actividad 2: Actuar el relato de Zacarías

Suministros

- Dos voluntarios para Zacarías y el ángel

Instrucciones

- Dividir la clase en grupos de dos
- Los grupos actúan por turno la conversación del ángel con Zacarías

Referencias bíblicas

Salmo 115:3; Isaías 40:3; Mateo 25:34; Efesios 1:4; 1 Pedro 1:20

50
Emanuel: Dios con nosotros
Gabriel Aparece a María

Versículo para memorizar

"He aquí, una virgen concebirá y dará a luz un hijo, y llamarás Su nombre Emanuel",
que traducido es "Dios con nosotros". Mateo 1:23

Lección

Después que Elisabet concibió, el ángel apareció a María, una pariente de Elisabet. María estaba prometida a un varón llamado José. Gabriel dijo a María que ella también tendría un hijo.

Al sexto mes el ángel Gabriel fue enviado por Dios a una ciudad de Galilea, llamada Nazaret, a una virgen desposada con un varón que se llamaba José, de la casa de David; y el nombre de la virgen era María... y el ángel le dijo: María, no temas, porque has hallado gracia delante de Dios. Y ahora, concebirás en tu vientre, y darás a luz un hijo, y llamarás Su nombre JESÚS. Este será grande, y será llamado Hijo del Altísimo; y el Señor Dios le dará el trono de David Su padre; y reinará sobre la casa de Jacob para siempre, y Su reino no tendrá fin. Entonces María dijo al ángel: ¿Cómo será esto?

...Respondiendo el ángel, le dijo: El Espíritu Santo vendrá sobre ti, y el poder del Altísimo te cubrirá con su sombra; por lo cual también el Santo Ser que nacerá, será llamado Hijo de Dios. Y he aquí tu parienta Elisabet, ella también ha concebido hijo en su vejez; y este es el sexto mes para ella... porque nada hay imposible para Dios.

Entonces María dijo: He aquí la sierva del Señor; hágase conmigo conforme a tu palabra. Y el ángel se fue de su presencia. Lucas 1:26-38

María era una virgen. Nunca había vivido con un hombre. ¿Cómo podía tener un hijo? El ángel dijo que el Espíritu Santo pondría el hijo en ella. El niño sería llamado "el Hijo de Dios." ¡Qué increíble! ¡Dios el Hijo llegaría a ser un pequeño bebé y nacería en el mundo igual como nacen todos los niños!

¿Recuerdas lo que escribió el profeta Malaquías? Él dijo que Dios vendría a la tierra. El profeta Isaías había dicho la misma cosa.

> ...He aquí que la virgen concebirá, y dará a luz un hijo, y llamará Su nombre Emanuel. Isaías 7:14b

Cientos de años antes de que el ángel apareciera a María, el profeta Isaías había predicho que una virgen tendría un Hijo que se llamaría Emanuel. **Emanuel significa Dios con nosotros.**

El ángel dijo a María que llamara a su Hijo Jesús. **Jesús significa Salvador** o Libertador. El Hijo de María no solo se llamaría Emanuel, sino también se llamaría Jesús. El Hijo de María sería Dios morando con los hombres en la tierra y Él sería el Libertador prometido.

¡Qué noticias tan maravillosas! Dios mismo vendría a la tierra como un bebé para librar a la humanidad de la pena de muerte que merecemos.

Jesús, el Hijo de María, sería al mismo tiempo completamente Dios y completamente humano. Jesús sería en todo como tú y yo, excepto que Él nunca haría ni pensaría nada malo. Jesús sería absolutamente perfecto.

Cuando Adán tomó partido por Satanás en el Jardín del Edén, él llegó a tener una naturaleza pecaminosa y ya no podía agradar a Dios. Como Caín y Abel nacieron en la familia de Adán, ellos nacieron con una naturaleza pecaminosa igual a la de su padre.

Desde que Adán pasara su naturaleza pecaminosa a Caín y Abel, cada padre ha pasado esa misma naturaleza pecaminosa a sus hijos. Por eso todos somos pecadores. Incluso María, la madre de Jesús, nació pecadora.

> Por tanto, como el pecado entró en el mundo por un hombre, y por el pecado la muerte, así la muerte pasó a todos los hombres, por cuanto todos pecaron. Romanos 5:12

Pero Jesús sería diferente. Por cuanto sería el Espíritu Santo quien pondría a Jesús en María antes de que ella se casara con José, la naturaleza pecaminosa de José no pasaría a Jesús. Jesús es la única persona que *no* ha nacido en la familia de Adán.

Este fue el plan de Dios. Jesús, el Salvador, tenía que ser sin pecado, porque solo un Salvador perfecto podía salvar a la humanidad de la pena de muerte y hacernos aceptables a Dios.

Jesús también sería el Cristo o Mesías, lo que significa que sería **El Escogido** de Dios.

📖 Pero éstas se han escrito para que creáis que Jesús es el Cristo, el Hijo de Dios... Juan 20:31a

Desde un principio Dios escogió a Jesús para cumplir tres ministerios especiales.

Primero, Jesús sería el **profeta** de Dios. Tal como los profetas de los tiempos antiguos, Jesús hablaría y explicaría a la gente la palabra de Dios; Él sería el mensajero de Dios para los moradores de la tierra.

📖 Profeta les levantaré...y pondré mis palabras en Su boca, y él les hablará todo lo que yo le mandare. Deuteronomio 18:18

Segundo, Jesús sería un **sacerdote**. ¿Recuerdas cómo una vez al año el Sumo Sacerdote entraba en la presencia de Dios, detrás del velo en el tabernáculo, con la sangre de un animal sacrificado para que Dios pudiera perdonar los pecados de los israelitas de ese año? Bien, Jesús iba a ser el último Sumo Sacerdote que ofreciera la sangre de un sacrificio a Dios.

> El bebé que fue puesto en María por Dios el Espíritu Santo tendría muchos nombres. Se llamaría Jesús. Jesús significa Salvador o Libertador. Se llamaría Emanuel. Emanuel significa "Dios con nosotros".
>
> También sería el Cristo o el Mesías. Cristo y Mesías significan lo mismo. Mesías es la palabra hebrea que se usa en el Antiguo Testamento. Cristo es la palabra griega que se usa en el Nuevo Testamento. Ambos nombres significan "El Escogido".

📖 ...donde Jesús entró por nosotros como precursor, hecho sumo sacerdote para siempre... Hebreos 6:20

Finalmente, Jesucristo sería el **rey** del linaje familiar del Rey David.

Eso es lo que el ángel Gabriel dijo a María. Él dijo:

📖 ...y el Señor Dios le dará el trono de David Su padre; y reinará sobre la casa de Jacob para siempre, y Su reino no tendrá fin. Lucas 1:32b-33

Después del nacimiento de Jesús, José y María se casaron y José llegó a ser el padre terrenal de Jesús.

📖 Jesús, el hijo de José, de Nazaret. Juan 1:45b

Por cuanto José pertenecía a la familia del Rey David, su Hijo Jesús también pertenecía al linaje del rey David.

Y José subió de Galilea, de la ciudad de Nazaret, a Judea, a la ciudad de David, que se llama Belén, por cuanto era de la casa y familia de David; Lucas 2:4

Recuerda

Cuando Adán y Eva pecaron en el Jardín del Edén, Dios ya tenía un plan para rescatar a la humanidad de Satanás y de la pena de muerte. Dios siempre hace lo que ha decidido hacer. Durante todos los años Dios estaba llevando a cabo este plan.

Él escogió a Abraham para ser el padre de la nación de Israel. Dios planeó que de esta nación viniera el Libertador. Después, Dios dijo al Rey David que el Libertador vendría de su linaje familiar y que reinaría para siempre. Los profetas del Antiguo Testamento predijeron muchos detalles más sobre la venida del Libertador.

Ahora el ángel Gabriel se apareció a María para decirle que el tiempo por fin había llegado. Ella era la virgen que iba a dar a luz al Niño que heriría en la cabeza a Satanás y que haría posible que la gente fuese aceptable a Dios.

ya destinado desde antes de la fundación del mundo, pero manifestado en los postreros tiempos por amor de vosotros…
1 Pedro 1:20

Preguntas

1. ¿A quién se le apareció el ángel Gabriel esta vez? *Él apareció a la pariente de Elisabet, María.*

2. ¿Qué dijo Gabriel a María? *Él le dijo que ella tendría un hijo que sería llamado "el hijo de Dios".*

3. ¿Qué significa el nombre Jesús? *Significa Salvador o Libertador.*

4. ¿Qué había predicho el profeta Isaías hace cientos de años? *Él predijo que una virgen (una mujer que nunca se había casado) tendría un Hijo que se llamaría Emanuel.*

5. ¿Qué significa el nombre Emanuel? *Significa "Dios con nosotros".*

6. ¿En qué sentido sería diferente el niño Jesús a toda otra persona que ha nacido en este mundo? *Jesús no tendría un padre humano. Por lo cual no nacería en la familia de Adán. Como Jesús no tendría una naturaleza pecaminosa, ÉL no pecaría nunca. Jesús sería totalmente perfecto.*

7. ¿Qué clase de Salvador podría salvarte del control de Satanás y de la pena de muerte que merecemos por nuestro pecado? *Solo un Salvador perfecto nos puede libertar.*

8. ¿Qué significa el nombre "Cristo" (o "Mesías")? *Significa que Jesús sería el Escogido de Dios.*

9. ¿Cuáles serían las tres funciones especiales que Dios había determinado que cumpliera Jesús? *Jesús sería profeta, sacerdote y rey.*

10. ¿A quién tenía Dios planeado, desde el principio mismo, enviar a la tierra para librarnos de Satanás y hacernos aceptos a Él? *Desde el principio Dios tenía planeado que ÉL Mismo vendría a la tierra como Salvador.*

Verdades bíblicas

• Dios es un ser personal; ÉL se comunica con la gente.
• Los ángeles son mensajeros de Dios; ellos hacen lo que Dios les dice.
• Hay un solo Dios que existe como Dios el Padre, Dios el Hijo y Dios el Espíritu Santo.
• Dios lleva a cabo todo según Sus planes.
• Dios es Quien está a cargo del mundo: nadie es mayor que Dios.
• Dios puede hacer cualquier cosa; nada es demasiado difícil para ÉL.
• Dios es un Dios de amor; ÉL Mismo vino a la tierra como el Libertador.
• Jesucristo es Dios; Jesús es perfecto.
• Jesucristo fue un ser humano.
• Todos los hombres son pecadores.
• Solo Dios nos puede salvar.

Actividad: Jesucristo el escogido de Dios

Suministros

• Papel
• Lápices, lápices de color, marcadores

Instrucciones

• Titular la hoja <u>Cristo el Mesías</u>
• Hacer tres divisiones en el papel
• Escribir <u>Profeta</u> en una división, <u>Sacerdote</u> en la otra y <u>Rey</u> en la ultima
• Debajo de <u>Profeta</u> dibujar un hombre diciendo a la gente las palabras de Dios
• Debajo de <u>Sacerdote</u> dibujar un sacerdote haciendo un sacrificio
• Debajo de <u>Rey</u> dibujar un rey
• La maestra puede recordar a los niños que el Libertador iba a ser profeta, sacerdote y rey.

Referencias bíblicas

Génesis 3:15, 12:3; Deuteronomio 18: 15, 18; 1 Crónicas 17:11-14; Salmos 33:11; Isaías 9:7, 43:10-11, 45:21-22; Mateo 1:1-18, 16:16, 27:37; Marcos 1:1; Lucas 3:23-38; Juan 1:1-16, 41; 3:16; 4:25; Hechos 2:30, 3:22-23, 4:12, 7:37; Romanos 5:12-19; 1 Corintios 2:7; Gálatas 4:4; Colosenses 2:9; 1 Timoteo 2:5; 2 Timoteo 2:7; Hebreos 1:1-4; 6:19-20; 7:20-28; 1 Pedro 1:20; Apocalipsis 19:16

51
Un predicador en el desierto
Juan el Bautista

Versículo para memorizar

Porque os ha nacido hoy, en la ciudad de David, un Salvador, que es CRISTO el Señor. Lucas 2:11

Lección

¿Recuerdas cómo Dios le dijo a Zacarías que él y Elisabet tendrían un bebé? Pero Zacarías no le creyó a Dios, él pensó que él y Elisabet eran demasiado viejos para tener un bebé. Sin embargo, Dios siempre hace lo que dice que hará. Nada es demasiado difícil para Él. Zacarías y Elisabet tendrían un bebé como Dios dijo que sucedería.

...Elisabet... dio a luz un hijo. Y cuando oyeron los vecinos y los parientes... se regocijaron con ella. Aconteció que...le llamaban con el nombre de su padre, Zacarías; pero respondiendo su madre, dijo: No; se llamará Juan.

Le dijeron: ¿Por qué? No hay nadie en tu parentela que se llame con ese nombre. Entonces preguntaron por señas a su padre, cómo le quería llamar.

Y pidiendo una tablilla, escribió, diciendo: Juan es su nombre. Y todos se maravillaron. Al momento fue abierta su boca y suelta su lengua, y habló bendiciendo a Dios. Y Zacarías su padre fue lleno del Espíritu Santo, y profetizó, diciendo: Bendito el Señor Dios de Israel, que ha visitado y redimido a Su pueblo, y nos levantó un poderoso Salvador en la casa de David Su siervo, como habló por boca de sus santos profetas que fueron desde el principio...para hacer misericordia con nuestros padres, y acordarse de Su santo pacto; del juramento que hizo a Abraham nuestro padre, que nos había de conceder...Y tú, niño, profeta del Altísimo serás llamado; porque irás delante de la presencia del Señor, para preparar sus caminos; Lucas 1:57-76

Después del nacimiento de Juan, Dios permitió que Zacarías hablara de nuevo. Zacarías alabó a Dios y profetizó.

Zacarías habló las palabras de Dios cuando proclamó que el Libertador predicho por los profetas pronto iba a nacer en la familia del rey David. La promesa de Dios a Abraham estaba a punto de cumplirse - en tan sólo un corto tiempo. Él que ayudaría a todas las familias del mundo estaba por llegar. Y este niño no sólo sería el Libertador, Él también sería el profeta de Dios.

Dios planeó para que Juan fuese el mensajero del Libertador. El profeta Malaquías escribió acerca de Juan.

> He aquí, yo envío mi mensajero, el cual preparará el camino delante de mí; Malaquías 3:1a

Juan prepararía al pueblo de Israel para la llegada del Libertador. Cuando Zacarías dijo que iba a ser llamado "profeta del Altísimo" se refería a Juan. Juan iba a ser profeta de Dios porque él iba a hablar las palabras de Dios a los israelitas.

Cuando Juan creció, vivió en un desierto fuera de Jerusalén. La gente lo llamaba "Juan el Bautista". En el desierto, Juan el Bautista predicó el mensaje de Dios. Muchos israelitas llegaron a oírlo.

> En aquellos días vino Juan el Bautista predicando en el desierto de Judea, y diciendo: Arrepentíos, porque el reino de los cielos se ha acercado. Pues éste es aquel de quien habló el profeta Isaías, cuando dijo: Voz del que clama en el desierto: Preparad el camino del Señor, enderezad sus sendas. Mateo 3:1-3

Cientos de años antes, el profeta Isaías predijo que el mensajero de Dios viviría en el desierto, y predicaría al pueblo para que se prepare para la venida de Dios. Recuerda que la mayoría de la gente de Israel no esperaba el Libertador prometido. A pesar de que tenían los escritos del Antiguo Testamento, no los entendían ni les prestaban atención. A lo largo del Antiguo Testamento, Moisés y los profetas escribieron sobre el Libertador que vendría, pero los israelitas no estaban interesados. Era como si estuvieran dormidos.

La mayoría de los israelitas no pensaban que necesitaban un libertador. Ellos pensaban que eran aceptables con Dios porque venían de Abraham y trataban de guardar los mandamientos de Dios. Los israelitas pensaban que eran amigos de Dios y que irían al cielo cuando murieran, pero la verdad era que eran pecadores y estaban separados de Dios.

Juan advirtió a los israelitas que se arrepintiesen; los israelitas tenían que cambiar su forma de pensar sobre sí mismos, sobre Dios y sobre el castigo por su pecado.

Los israelitas tenían que creer que Dios es perfecto. Necesitaban ver que su pecado les separaba de Dios y que el castigo por su pecado era la muerte.

Si los israelitas no entendían que merecían la pena de muerte, no confiarían en el Libertador para rescatarlos. Entonces serían separados de Dios para siempre. Sólo el Libertador que venía podía salvarlos de la muerte y hacerlos aceptables con Dios para que pudieran ser parte del reino de Dios.

Algunos de los judíos creyeron a Juan y admitieron que eran pecadores.

> Y Juan estaba vestido de pelo de camello, y tenía un cinto de cuero alrededor de sus lomos; y su comida era langostas y miel silvestre. Y salía a él Jerusalén, y toda Judea, y toda la provincia de alrededor del Jordán, y eran bautizados por él en el Jordán, confesando sus pecados. Mateo 3:4-6

A pesar de que Juan el Bautista era el mensajero especial de Dios, él no era rico. Juan era un hombre pobre que vestía ropas ásperas hechas de pelo de camello. Comía la comida que encontraba en el desierto donde vivía.

Los judíos que llegaron a entender su pecaminosidad y su necesidad de un Libertador fueron bautizados por Juan en el río Jordán. Ser bautizado consistía en ser sumergidos bajo el agua y luego ser levantados. Ser bautizado no lavaba el pecado de la gente o les hacía agradable ante Dios, sino que era simplemente una manera para los judíos mostrar públicamente que estaban de acuerdo con la enseñanza de Juan.

No todos los judíos admitieron que eran pecadores. La mayoría de los líderes religiosos no creyeron lo que Juan decía.

> Al ver él que muchos de los fariseos y de los saduceos venían a su bautismo, les decía: ¡Generación de víboras! ¿Quién os enseñó a huir de la ira venidera? Mateo 3:7

Había tres grupos de líderes religiosos en Israel: los fariseos, los escribas y los saduceos.

Los fariseos añadieron a las reglas que Dios le dio a Moisés así que tenían una gran cantidad de reglas a seguir. Pensaron que porque tenían tantas reglas eran mejor que los demás.

Los escribas eran llamados "maestros de la ley". Ellos fueron los que hicieron copias del Antiguo Testamento de la Biblia. Los escribas sabían lo que estaba escrito en la Biblia, pero ellos no lo entendían.

Los saduceos no se preocupaban mucho por Dios, porque no creían que todas las partes de la Biblia eran verdad. Más que nada, los saduceos estaban interesados en mantener sus posiciones de liderazgo en Israel. Se esforzaban por complacer al gobierno romano.

Todos los fariseos, saduceos y escribas se reunían y adoraban en el templo. Todos ellos actuaban muy religiosamente, pero en sus corazones no estaban de acuerdo con Dios. No creían que eran pecadores separados de Dios. Pensaban que ser parte de la familia de Abraham los hacia aceptables con Dios. Y, puesto que eran los líderes religiosos de Israel, ellos pensaban que eran especialmente agradables a Dios.

Cuando los líderes religiosos vinieron a Juan, él les preguntó: "¿Quién os enseñó a huir de la ira venidera"? Dios detesta el pecado, Él dice que la paga del pecado es la muerte.

> Porque la ira de Dios se revela desde el cielo contra toda impiedad e injusticia de los hombres... Romanos 1:18a

Juan sabía que los líderes religiosos no creían que eran pecadores. No creían que tenían que ser rescatados de la ira de Dios y la pena de muerte. Entonces, ¿por qué habían venido para oírle?

Juan llamó a los líderes religiosos "generación de víboras", porque eran como serpientes envenenando a los israelitas con sus creencias equivocadas. Su enseñanza causaba a los israelitas a creer la mentira de que eran aceptables con Dios, cuando en realidad estaban separados de Él.

Por supuesto, Satanás estaba guiando a los líderes religiosos. De la misma manera que Satanás engañó a Adán y Eva diciéndoles que no morirían si desobedecían a Dios, también Satanás quería que los israelitas creyeran que no iban a morir por su pecado.

Satanás es un mentiroso y un asesino. No quería que los israelitas creyeran la verdad, porque no quería que confiaran en el Libertador para salvarlos. Satanás quería que los israelitas permanecieran separados de Dios para siempre.

Recuerda

Así como Dios quería que los israelitas se arrepintiesen, Él quiere que tú también te arrepientas. Él quiere que creas la verdad para que puedas ser salvado de la muerte.

> El Señor...es paciente para con nosotros, no queriendo que ninguno perezca, sino que todos procedan al arrepentimiento. 2 Pedro 3:9

Dios quiere que sepas la verdad sobre ti mismo - que eres un pecador. Dios quiere que sepas la verdad acerca de Él - que Él es perfecto y totalmente libre de pecado. Y también desea que entiendas que el castigo por el pecado es la separación de Él para siempre en el lugar terrible de sufrimiento.

Admite que eres un pecador separado de Dios y que no puedes hacer nada para hacerte aceptable con Dios. Luego confía en Dios para salvarte.

Dios no quiere que estés separado de Él. Es por eso que Él prometió enviar al Libertador. El Libertador es el único que puede salvarte de la muerte y hacerte aceptable con Dios.

Preguntas

1. ¿Le dio Dios a Zacarías y Elisabet un bebé como el ángel le había dicho? *Sí. Dios siempre hace lo que dice que hará. Nada es demasiado difícil para Él.*

2. ¿Qué le sucedió a Zacarías cuando escribió el nombre del bebé en la tableta de papel? *Él volvió a hablar.*

3. Puesto que Juan era el mensajero especial de Dios, ¿le dio Dios un montón de dinero y un buen lugar para vivir? *No, Juan vestía ropa tosca y áspera hecha de pelo de camello y comía langostas y miel silvestre.*

4. ¿Qué les dijo Juan a los israelitas que tenían que hacer para preparase para la llegada del Libertador? *Les dijo que cambiaran de opinión y creyeran la verdad. Los israelitas necesitaban saber y creer que eran pecadores separados de Dios, y debían confiar en el Libertador para salvarlos.*

5. ¿El ser bautizado hacia a los judíos aceptables con Dios? *No. El ser bautizado era simplemente una manera para ellos mostrar que estaban de acuerdo con el mensaje de Juan.*

6. ¿Quiénes eran los tres grupos de líderes religiosos de Israel? *Ellos eran los fariseos, los saduceos y los escribas.*

7. ¿Por qué Juan llamó a los líderes religiosos "raza de víboras"? *Juan llamó a los líderes religiosos raza de víboras por su enseñanza venenosa. Si los israelitas creían lo que los líderes religiosos les decían, terminarían siendo separados de Dios para siempre en el lugar terrible de sufrimiento.*

8. ¿Cómo siente Dios acerca del pecado? *Dios odia el pecado; todos los pecadores están separados de Él. Si no cambian la mente estarán separados de Dios para siempre en el lugar terrible de sufrimiento.*

9. La palabra arrepentir quiere decir "cambiar la mente". ¿Acerca de qué quiere Dios que cambies de opinión? *Dios quiere que creas que eres un pecador, separado de Él, y que no hay nada que puedas hacer para salvarte. Dios es el único que te puede rescatar de la muerte.*

10. ¿Qué pasará con aquellos que no confían en el Libertador para salvarlos? *Los que no confían en el Libertador para salvarlos serán separados de Dios para siempre en el lugar terrible de sufrimiento.*

Verdades bíblicas

- Dios puede hacer cualquier cosa, y nada es demasiado difícil para Él.
- Dios siempre hace lo que dice que hará, Él cumple Sus promesas.
- La única manera de agradar a Dios es creerle.
- Dios es un ser personal, se comunica con la gente.
- Dios es perfecto, Él aborrece el pecado. Los pecadores están separados de Dios.
- La paga del pecado es la muerte.
- Todas las personas son pecadoras separadas de Dios, y no pueden agradar a Dios.
- No podemos salvarnos a nosotros mismos. Sólo Dios puede salvarnos.
- Los que están en la familia de Adán están controlados por Satanás.
- Satanás es un mentiroso y un asesino.
- Dios es un Dios de amor, Dios no quiere que nadie este separado de Él.
- Dios salva sólo a los que le creen.
- Aquellos que no creen en Dios serán separados de Él para siempre en el lugar terrible de sufrimiento - un lugar que existe.

Actividad: La palabra "arrepentir"

Suministros

- Papel
- Lápices, crayones, marcadores
- Pegatinas, etc.

Instrucciones

- Escribir "arrepentir = cambiar de opinión" en la hoja de papel y decorar de la manera que le gustaría
- La maestra debe discutir con los estudiantes que para confiar en el Libertador los judíos tenían que cambiar de opinión. Tenían que admitir que eran pecadores, separados de Dios (que es perfecto), y tenían que ver que sólo el Libertador podía hacerlos aceptables con Dios.

Referencias bíblicas

Salmo 5:4-5; Mateo 11:8; Juan 1:6-28, 8:44, 16:5-11; Hechos 19:3-4; Romanos 2:5; Efesios 2:1-3; Colosenses 1:15-17; 1 Timoteo 2:4

52
Buenas noticias para todos
El nacimiento de Jesús

Versículo para memorizar

Que os ha nacido hoy, en la ciudad de David, un Salvador, que es CRISTO el Señor. Lucas 2:11

Lección

No mucho tiempo después de que el bebé Juan naciera a Elisabet y Zacarías, nació el niño Jesús en Belén.

Durante el tiempo que María estaba embarazada, el emperador hizo una ley de que todos en la tierra tenían que estar registrados. Como José era de linaje del rey David, él y María se fueron a la ciudad de David - Belén - para ser registrados allí.

Aconteció en aquellos días, que se promulgó un edicto de parte de Augusto César, que todo el mundo fuese empadronado. Este primer censo se hizo siendo Cirenio gobernador de Siria. E iban todos para ser empadronados, cada uno a su ciudad. Y José subió de Galilea, de la ciudad de Nazaret, a Judea, a la ciudad de David, que se llama Belén, por cuanto era de la casa y familia de David; para ser empadronado con María su mujer, desposada con él, la cual estaba encinta.

Y aconteció que estando ellos allí, se cumplieron los días de su alumbramiento. Y dio a luz a su hijo primogénito, y lo envolvió en pañales, y lo acostó en un pesebre, porque no había lugar para ellos en el mesón. Lucas 2:1-7

Mientras estaban en Belén, llegó el momento de María de dar a luz. Dado que todas las posadas estaban llenas debido a la inscripción, el único lugar que encontraron María y José para pasar la noche era en un granero.

Esa noche, en un granero solitario y sucio, Dios el Hijo, el Creador de todo, vino a este mundo. Nadie estuvo presente para celebrar este gran acontecimiento excepto María y José.

Recuerda, la mayoría de los israelitas no estaban interesados en la promesa de Dios de enviar el Libertador. Ya que no creían que su pecado los separaba de Dios, ellos no veían la necesidad de un Libertador.

Había pastores en la misma región, que velaban y guardaban las vigilias de la noche sobre su rebaño. Y he aquí, se les presentó un ángel del Señor, y la gloria del Señor los rodeó de resplandor; y tuvieron gran temor. Pero el ángel les dijo: No temáis; porque he aquí os doy nuevas de gran gozo, que será para todo el pueblo: que os ha nacido hoy, en la ciudad de David, un Salvador, que es CRISTO el Señor. Esto os servirá de señal: Hallaréis al niño envuelto en pañales, acostado en un pesebre. Y repentinamente apareció con el ángel una multitud de las huestes celestiales, que alababan a Dios, y decían: ¡Gloria a Dios en las alturas, Y en la tierra paz, buena voluntad para con los hombres!
Lucas 2:8-14

Como nadie en Israel se dio cuenta del maravilloso evento que acababa de ocurrir, Dios envió un ángel para hacer el anuncio a unos pastores que cuidaban sus rebaños en los campos cerca de Belén.

Cuando el cielo de pronto se iluminó con el brillante resplandor de Dios, los pastores tuvieron miedo. Pero el ángel les trajo buenas noticias. Ese mismo día, en la ciudad de Belén, nació el Salvador. Los pastores lo encontrarían envuelto en pañales y acostado en un pesebre.

De repente, una gran multitud de ángeles apareció, alabando a Dios por Su bondad maravillosa para con la humanidad y después regresaron al cielo. Entonces los pastores se apresuraron a ir a encontrar al bebé recién nacido.

Sucedió que cuando los ángeles se fueron de ellos al cielo, los pastores se dijeron unos a otros: Pasemos, pues, hasta Belén, y veamos esto que ha sucedido, y que el Señor nos ha manifestado. Vinieron, pues, apresuradamente, y hallaron a María y a José, y al niño acostado en el pesebre. Lucas 2:15-16

Mientras tanto, en un país en el lejano oriente, unos hombres sabios descubrieron una estrella inusual. Sabían que esa era la estrella del recién nacido Rey de los judíos, por lo que se pusieron en marcha para ir a encontrarlo.

Cuando Jesús nació en Belén de Judea en días del rey Herodes, vinieron del oriente a Jerusalén unos magos, diciendo: ¿Dónde está el rey de los judíos, que ha nacido? Porque su estrella hemos visto en el oriente, y venimos a adorarle.

Oyendo esto, el rey Herodes se turbó, y toda Jerusalén con él. Y convocados todos los principales sacerdotes, y los escribas del pueblo, les preguntó dónde había de nacer el Cristo.

Ellos le dijeron: En Belén de Judea; porque así está escrito por el profeta: Y tú, Belén, de la tierra de Judá, no eres la más pequeña entre los príncipes de Judá; porque de ti saldrá un guiador, que apacentará a mi pueblo Israel. Mateo 2:1-6

El "rey de los judíos" fue el Libertador que los profetas predijeron en el Antiguo Testamento. Herodes estaba molesto de que los sabios buscaran al "rey de los judíos". Herodes no quería que otro rey lo sustituyera. Él llamó a los escribas para averiguar lo que los profetas habían predicho acerca de donde este rey iba a nacer. Los escribas eran los que hacían copias del Antiguo Testamento, así que ellos sabían que la Biblia decía que el Cristo (el Escogido de Dios) iba a nacer en Belén.

Entonces Herodes, llamando en secreto a los magos, indagó de ellos diligentemente el tiempo de la aparición de la estrella; y enviándolos a Belén, dijo: Id allá y averiguad con diligencia acerca del niño; y cuando le halléis, hacédmelo saber, para que yo también vaya y le adore.

Ellos, habiendo oído al rey, se fueron; y he aquí la estrella que habían visto en el oriente iba delante de ellos, hasta que llegando, se detuvo sobre donde estaba el niño. Y al ver la estrella, se regocijaron con muy grande gozo. Y al entrar en la casa, vieron al niño con Su madre María, y postrándose, lo adoraron; y abriendo sus tesoros, le ofrecieron presentes: oro, incienso y mirra. Pero siendo avisados por revelación en sueños que no volviesen a Herodes, regresaron a su tierra por otro camino.

Después que partieron ellos, he aquí un ángel del Señor apareció en sueños a José y dijo: Levántate y toma al niño y a Su madre, y huye a Egipto, y permanece allá hasta que yo te diga; porque acontecerá que Herodes buscará al niño para matarlo.

Y él, despertando, tomó de noche al niño y a Su madre, y se fue a Egipto, y estuvo allá hasta la muerte de Herodes; para que se cumpliese lo que dijo el Señor por medio del profeta, cuando dijo: De Egipto llamé a mi Hijo.

Herodes entonces, cuando se vio burlado por los magos, se enojó mucho, y mandó matar a todos los niños menores de dos años que había en Belén y en todos sus alrededores, conforme al tiempo que había inquirido de los magos. Mateo 2:7-16

El rey Herodes podría haber engañado a los magos, pero no podía engañar a Dios. Dios sabía que el rey Herodes planeaba matar al niño Jesús, y por eso advirtió a los hombres sabios no regresar por Jerusalén.

Cuando los magos no regresaron, el rey Herodes envió soldados a Belén para matar a todos los bebés varones de dos años o menos. Por supuesto, para cuando llegaron los soldados, María, José y Jesús habían huido a Egipto.

El rey Herodes fue dirigido por Satanás. En el Jardín del Edén Dios predijo que algún día Satanás trataría de destruir al Hijo de la mujer, el Libertador.

Satanás no quería que el Libertador rescatara a la gente de su control. Pero Satanás no pudo detener el plan de Dios. Dios es mucho más poderoso que Satanás.

Cientos de años antes, Dios predijo - a través de los profetas - muchos detalles de la vida de Jesús en la tierra. El profeta Oseas profetizó que el Hijo de Dios iría a Egipto. Y el profeta Jeremías profetizó acerca de los bebés varones que serían asesinados.

El profeta Miqueas profetizó que el rey de Israel sería el Dios eterno, y que Él iba a nacer en Belén.

Dios estaba en control de la vida de Jesús. Todo sucedió exactamente como los profetas predijeron.

Después que el Rey Herodes murió, Dios le dijo a José que se llevara de nuevo a Jesús a Israel.

Lo que escribió el profeta Oseas:

...y de Egipto llamé a mi hijo. Oseas 11:1

Lo que escribió el profeta Jeremías:

Así ha dicho Jehová: Voz fue oída en Ramá, llanto y lloro amargo; Raquel que lamenta por sus hijos, y no quiso ser consolada acerca de sus hijos, porque perecieron. Jeremías 31:15

Lo que el profeta Mica escribió:

Pero tú, Belén Efrata, pequeña para estar entre las familias de Judá, de ti me saldrá el que será Señor en Israel; y sus salidas son desde el principio, desde los días de la eternidad. Miqueas 5:2

Pero después de muerto Herodes, he aquí un ángel del Señor apareció en sueños a José en Egipto, diciendo: Levántate, toma al niño y a Su madre, y vete a tierra de Israel, porque han muerto los que procuraban la muerte del niño. Entonces él se levantó, y tomó al niño y a Su madre, y vino a tierra de Israel. Mateo 2:19-21

Cuando María y José regresaron a Israel, se trasladaron a su ciudad natal de Nazaret. Aquí José trabajó como carpintero, y les nacieron más niños a él y María.

Después de haber cumplido con todo lo prescrito en la ley del Señor, volvieron a Galilea, a su ciudad de Nazaret. Y el niño crecía y se fortalecía, y se llenaba de sabiduría; y la gracia de Dios era sobre él. Lucas 2:39, 40

Jesús creció en Nazaret y se convirtió en un carpintero como Su padre.

¿No es éste el carpintero, hijo de María, hermano de Jacobo, de José, de Judas y de Simón? ¿No están también aquí con nosotros sus hermanas? Marcos 6:3a

La Biblia dice que Jesús era un niño bueno y sabio. Por supuesto, ya que Jesús es Dios, Él nunca hizo nada malo. Nunca trató mal a los otros niños, ni llegó a decir una mentira. Jesús siempre hizo felizmente lo que Sus padres le pedían que hiciera. Incluso cuando llegó a ser un hombre joven, ¡Él era perfecto y bueno en todos sus caminos!

Preguntas

1. ¿Por qué José y María fueron a Belén? *Fueron a Belén a causa de la nueva ley que requería que todos los ciudadanos fuesen registrados en la ciudad de su linaje familiar.*

2. ¿De cuál familia era el linaje de José? *Él era de linaje del rey David.*

3. ¿Qué evento importante ocurrió cuando José y María fueron a Belén? *El acontecimiento más importante de toda la historia: Jesús, el Hijo de Dios, nació en el mundo.*

4. ¿Esperaba el pueblo de Israel que naciera el Libertador? *No. Los israelitas no creían que fueran pecadores separados de Dios. Ellos pensaban que eran aceptados por Dios por ser judíos. No pensaron que necesitaban un libertador para salvarlos de la pena de muerte.*

5. ¿Quién les dijo a los pastores acerca del nacimiento del Salvador? *Un ángel anuncio el nacimiento del Salvador a los pastores.*

6. ¿Nació el niño Jesús en un hospital? *No, Él nació en un establo. Su cama era un pesebre.*

7. ¿Cómo sabían los escribas dónde nacería el Rey de los judíos? *Lo leyeron en el Antiguo Testamento. El profeta Miqueas predijo que el Mesías nacería en Belén.*

8. ¿Estaba el rey Herodes feliz de que un rey había nacido en Belén? *No. Él no quería que otro rey lo sustituyera.*

9. ¿Qué hizo el rey Herodes a todos los bebés de Belén? *Todos los niños de dos años o menos fueron asesinados.*

10. ¿Cómo escaparon María y José con el bebé Jesús? *Así como Dios advirtió a los reyes magos en sueños que no volvieran a Herodes, Dios también advirtió a José. Le dijo que tomara el bebé, y huyera a Egipto.*

11. ¿Sabía Dios que Satanás intentaría hacer daño a Jesús? *Sí, en el Jardín del Edén cuando dijo que Satanás heriría el talón del niño de la mujer, estaba prediciendo que Satanás trataría de matar a Jesucristo, el hijo de María, el futuro Libertador.*

12. ¿Sucedió todo lo que los profetas predijeron acerca de Jesús? *Sí, todo aconteció exactamente como los profetas dijeron que sucedería.*

13. ¿Quién estaba en control de la vida de Jesús? *Dios estaba en control. Nada le pasó a Jesús que Dios no permitió.*

14. ¿Dónde creció Jesús? *En una ciudad que se llama Nazaret en Israel.*

15. ¿Jesús alguna vez hizo o dijo algo malo cuando era niño? *No. Él nunca hizo nada malo. Él era siempre bueno.*

Verdades bíblicas

- Dios tiene un plan para el mundo, todo sucede de acuerdo con Su plan.
- Dios es un Dios de amor, Él mismo vino para librarnos de la muerte y hacernos aceptos a Él.
- Dios lo sabe todo, sabe lo que la gente piensa y sabe lo que pasará en el futuro.
- Satanás es un asesino, no quería que el Libertador rescatara a la humanidad de la muerte.
- Satanás no puede vencer a Dios.
- Dios es un ser personal, se comunica con la gente.
- Todas las personas son pecadoras.
- Jesucristo es perfecto.
- Jesucristo es Dios y es completamente humano al mismo tiempo.

Actividad: Hacer un dibujo

Suministros

- Lápiz, lápices de colores, y papel blanco
- Copias para cada niño de los versículos de memoria

> *Porque os ha nacido hoy, en la ciudad de David, un Salvador, que es CRISTO el Señor. Lucas 2:11*

Instrucciones

- Hacer que los estudiantes dibujen y coloreen un dibujo de la escena del pesebre
- O hacer un dibujo de la casa en Belén, donde Jesús vivió como un bebé y dibujar una estrella por encima de la casa
- Pegar el recorte del versículo de memoria por encima o por debajo del dibujo.
- O los estudiantes pueden escribir el versículo de memoria en sus dibujos

Referencias bíblicas

Génesis 3:15; Mateo 13:55; Lucas 1:39-56; Hebreos 1:6

53
El cordero de Dios
Jesús bautizado por Juan

Versículo para memorizar

El siguiente día vio Juan a Jesús que venía a él, y dijo: He aquí el Cordero de Dios, que quita el pecado del mundo. Juan 1:29

Lección

Cuando Jesús tenía unos treinta años de edad, salió de Su casa en Nazaret, en Galilea, para comenzar la obra que Dios le envió a hacer.

Jesús mismo al comenzar Su ministerio era como de treinta años... Lucas 3:23a

Jesús fue al desierto de Judea, donde Juan el Bautista estaba enseñando y bautizando.

Entonces Jesús vino de Galilea a Juan al Jordán, para ser bautizado por él... Y Jesús, después que fue bautizado, subió luego del agua; y he aquí los cielos le fueron abiertos, y vio al Espíritu de Dios que descendía como paloma, y venía sobre él. Y hubo una voz de los cielos, que decía: Este es mi Hijo amado, en quien tengo complacencia. Mateo 3:13, 16-17

Jesús quería que Juan lo bautizara porque quería que el pueblo de Israel viera que Él estaba de acuerdo con la enseñanza de Juan.

Cuando Jesús salió del agua, Dios el Espíritu Santo vino a estar con Él. A pesar de que Jesús es Dios, Él también era totalmente humano. Como ser humano, Jesús, el Hijo de Dios, eligió depender de Dios el Espíritu Santo. El Espíritu Santo iba a dar a Jesús el poder y la sabiduría que necesitaba para hacer el trabajo que Dios había planeado que Él hiciera en la tierra.

Cuando el Espíritu Santo descendió sobre Jesucristo, Dios el Padre habló desde el cielo anunciando que Jesús era Su Hijo. Dios Padre dijo que amaba a Jesús y que estaba contento con Él.

Tú y yo nacimos pecadores. No le somos agradables a Dios, pero Jesús era completamente perfecto, Él no tenía ningún pecado. Es por eso que Dios el Padre estaba complacido con Él; Jesús era aceptable con Dios.

Jesús era un ser humano, Él se parecía a cualquier otro hombre. Cuando Juan vio al Espíritu Santo descender sobre Jesucristo, Juan supo que Jesús era el Hijo de Dios, el Libertador prometido. Anunció a los judíos que Jesús era, "el Cordero de Dios que quita el pecado del mundo".

El siguiente día vio Juan a Jesús que venía a él, y dijo: He aquí el Cordero de Dios, que quita el pecado del mundo.

También dio Juan testimonio, diciendo: Vi al Espíritu que descendía del cielo como paloma, y permaneció sobre él. Y yo no le conocía; pero el que me envió a bautizar con agua, aquél me dijo: Sobre quien veas descender el Espíritu y que permanece sobre él, ése es el que bautiza con el Espíritu Santo. Y yo le vi, y he dado testimonio de que éste es el Hijo de Dios. Juan 1:29, 32-34

Los judíos sabían todo acerca de los corderos. Ellos sabían que a lo largo de la historia, desde Caín y Abel en adelante, la única manera para que una persona pudiese acercarse a Dios era trayendo un cordero perfecto y matarlo. Ellos sabían que sus antepasados en Egipto habían rociado la sangre de los corderos en los marcos de las puertas de sus casas para salvar a sus hijos primogénitos de la muerte. Todo el mundo sabía de Abraham e Isaac, y cómo Dios proveyó un carnero perfecto para morir en lugar de Isaac.

Entonces alzó Abraham sus ojos y miró, y he aquí a sus espaldas un carnero trabado en un zarzal por sus cuernos; y fue Abraham y tomó el carnero, y lo ofreció en holocausto en lugar de su hijo. Génesis 22:13

Los israelitas conocían las instrucciones de Dios a Moisés. Dios había dicho que si un israelita quebrantaba uno de Sus mandamientos, él debía traer un cordero perfecto al altar de bronce delante del tabernáculo, poner su mano sobre su cabeza, y luego apuñalarlo con un cuchillo. A pesar de que era la persona quien merecía morir por su pecado, Dios aceptaba la muerte del cordero en su lugar.

De hecho, los israelitas seguían sacrificando corderos en el altar de bronce en el templo. Ellos entendían que el castigo por el pecado es la muerte, y que Dios aceptaba la muerte de los corderos en lugar de su propia muerte.

La gente debe haberse preguntado por qué Juan llamó a Jesús "el Cordero de Dios, que quita el pecado del mundo". ¿Cómo era Jesús como un cordero? ¿Y cómo pudo Él quitar el pecado del mundo?

Recuerda

Juan estaba hablando de Jesucristo el Libertador. Jesús, el Hijo de Dios, vino a la tierra para hacer un camino para que la gente se salvara de la pena de muerte que se merecían por sus pecados.

Como tú naciste en la familia de Adán, naciste un pecador, separado de Dios.

Ciertamente no hay hombre justo en la tierra, que haga el bien y nunca peque. Eclesiastés 7:20

A causa de tu pecado mereces ser separado de Dios para siempre en el lugar terrible de sufrimiento.

El alma que pecare, esa morirá. Ezequiel 18:4b

Pero en Su misericordia, Dios envió a Jesucristo a la tierra para ser tu Salvador. Jesús vino como el Cordero perfecto de Dios. Él vino a quitar tu pecado y librarte de la pena de muerte.

Preguntas

1. ¿Por qué quiso Jesús que Juan el Bautista lo bautizara? *Jesús quería mostrar a los judíos que estaba de acuerdo con la enseñanza de Juan el Bautista.*

2. ¿Quién vino para estar con Jesús y darle la fuerza y la sabiduría necesaria para llevar a cabo la obra de Dios en la tierra? *Dios el Espíritu Santo vino a estar con Jesús.*

3. ¿Qué dijo Dios el Padre sobre Jesús cuando Él salió del agua después de que Juan lo bautizó? *Dijo que Jesucristo era Su Hijo a quien Él amaba y que estaba contento con Él.*

4. ¿Alguna vez ha habido otra persona como Jesús que agradara a Dios? *No. Todos nosotros nacemos separados de Dios. Todos somos pecadores. La única persona que ha vivido una vida perfecta es Jesús. El único que ha sido aceptable con Dios es Jesús.*

5. ¿Cómo reconoció Juan que Jesús era el Libertador prometido? *Juan reconoció a Jesús porque Dios el Padre le había dicho a Juan que el hombre sobre quien viera descender el Espíritu Santo, era Dios el Hijo, el Libertador prometido.*

6. ¿Qué le dijo Juan el Bautista a Jesús? *Él lo llamó "el Cordero de Dios que quita el pecado del mundo".*

7. ¿Cuál es la pena por violar los mandamientos de Dios? *La pena es la muerte.*

8. ¿Cómo mostró Dios a los israelitas que podían escapar de la muerte que merecían por romper Sus reglas? *Dijo que si mataban un cordero perfecto y se lo ofrecían como un sacrificio, Él aceptaría la muerte del cordero en lugar de su muerte.*

9. ¿A quién ha provisto Dios para librarte de la pena de muerte que mereces? *Dios ha provisto al Libertador, el cual es Jesucristo, Dios el Hijo. Jesucristo es el Cordero perfecto de Dios. Él es el único que puede salvarte de la muerte y hacerte agradable con Dios.*

Verdades bíblicas

*   Dios hace todas las cosas según Su plan.
*   Sólo hay un Dios que existe como Dios el Padre, Dios el Hijo y Dios el Espíritu Santo.
*   Todas las personas nacemos en la familia de Adán, todos somos pecadores, separados de Dios.
*   La paga del pecado es la muerte.
*   Jesucristo es Dios, Jesucristo es perfecto.
*   Dios es un Dios personal, se comunica con la gente.
*   Dios es un Dios de amor, Dios no es egoísta.

Actividad 1: El cordero de Dios

Suministros

*   Hojas de Papel o cartulina o papel de construcción
*   Lápices, lápices de colores
*   Perforador
*   Hilo

Instrucciones

*   Escribir: "He aquí el Cordero de Dios, que quita el pecado del mundo"
*   Los niños pequeños pueden dibujar un cordero
*   Perforar los dibujos y poner los hilos para guindarlos.

Actividad 2: Borla

Suministros

*   Tres hebras de hilados de tejer de diferentes colores (cada hebra debe ser de 1 metro de largo)

Instrucciones

*   Atar los tres cabos. Un niño sostiene un extremo y otro da unos pasos hacia atrás, sosteniendo el otro extremo.
*   Girar los hilos hasta que no pueda girar más y luego atarlos. Ahora tienes una colgante para tu dibujo.

Referencias bíblicas

Isaías 11:2; Juan 1:12, 5:18; Hechos 16:31

54
Satanás trata de engañar a Jesús
Jesús tentado en el desierto

Versículo para memorizar

El siguiente día vio Juan a Jesús que venía a él, y dijo: He aquí el Cordero de Dios, que quita el pecado del mundo. Juan 1:29

Lección

Después de que Jesús fue bautizado, el Espíritu Santo le llevó al desierto.

Jesús, lleno del Espíritu Santo, volvió del Jordán, y fue llevado por el Espíritu al desierto por cuarenta días, y era tentado por el diablo. Lucas 4:1-2a

¿Recuerdas que en el principio el hermoso ángel Lucifer se rebeló contra Dios? Lucifer quería ser el que estaba a cargo, quería ocupar el lugar de Dios. Muchos ángeles siguieron a Lucifer en su rebelión contra Dios, pero, por supuesto, Dios no permitiría que nadie tomara Su lugar. Dios echó a Lucifer y a sus seguidores fuera del cielo.

El nombre de Lucifer cambió a Satanás. Los ángeles que lo siguieron son conocidos como demonios. A partir de ese momento, Satanás ha sido el gran enemigo de Dios. Él y sus demonios siempre tratan de arruinar todo lo que Dios hace. La Biblia llama a Satanás un mentiroso y un asesino.

Cuando Dios creó a Adán y Eva, Satanás estaba allí para causar problemas. Él quería arruinar la relación de Adán y Eva con Dios. Satanás quería que Adán y Eva se pusieran de su lado y así estar para siempre separados de su amoroso Creador.

A pesar de que Satanás fue arrojado del cielo, él todavía quiere estar a cargo. Él todavía quiere tomar el lugar de Dios y controlar a todas las personas del mundo.

Satanás sabía que Jesús era el Hijo de Dios, el Libertador prometido. Satanás no quería que Jesucristo rescatara a la humanidad de su poder y de la pena de muerte, por eso intentó todo lo posible para detener el plan de Dios.

La Biblia dice que Jesús se quedó en el desierto más que un mes sin nada que comer. Por cuanto que Él era un ser humano, Jesús tenía mucha hambre.

Y después de haber ayunado cuarenta días y cuarenta noches, tuvo hambre. Mateo 4:2

Satanás vio esto como su oportunidad de hacer caer a Jesús en una trampa. Si pudiera conseguir que Jesús, el Hijo de Dios, obedeciera sus órdenes, finalmente el sería el jefe.

Y vino a él el tentador, y le dijo: Si eres Hijo de Dios, di que estas piedras se conviertan en pan. Mateo 4:3

Si Jesús obedecía a Satanás, Jesús se convertiría en un pecador. Entonces ya no podría ser el Libertador.

Jesús le dijo a Satanás lo que la Biblia dice: La Palabra de Dios es más importante que la comida. Alimentos nos mantienen con vida por un tiempo, pero la Palabra de Dios nos dice cómo podemos tener la vida con Dios para siempre.

El respondió y dijo: Escrito está: No sólo de pan vivirá el hombre, sino de toda palabra que sale de la boca de Dios. Mateo 4:4

Puesto que Jesús es Dios, Él tenía el poder de convertir las piedras en pan, pero a pesar de que la parte humana de Él tenía hambre, Jesús no haría lo que Satanás le propuso hacer.

Satanás lo intentó de nuevo.

Entonces el diablo le llevó a la santa ciudad, y le puso sobre el pináculo del templo, y le dijo: Si eres Hijo de Dios, échate abajo; porque escrito está: A sus ángeles mandará acerca de ti, y, En sus manos te sostendrán, para que no tropieces con tu pie en piedra. Mateo 4:5-6

Satanás sabe lo que la Biblia dice. Él sabía que en el libro de los Salmos, Dios el Padre, prometió mantener seguro a Dios El Hijo durante Su vida en la tierra.

Satanás desafió a Jesús a saltar desde el tejado del temple, para ver si Dios realmente haría lo que Él había dicho que haría. Pero Jesús no necesitaba saltar del templo para probar que Dios estaba diciendo la verdad. Jesús creyó la Palabra de Dios.

Jesús le dijo a Satanás que la Biblia dice no tentar a Dios.

> Pues a sus ángeles mandará acerca de ti, que te guarden en todos tus caminos. En las manos te llevarán, para que tu pie no tropiece en piedra. Salmo 91:11-12

📖 Jesús le dijo: Escrito está también: No tentarás al Señor tu Dios. Mateo 4:7

Tentar a Dios significa poner a prueba a Dios para ver si Él está diciendo la verdad. No se debe poner a prueba a Dios. No es correcto decir: "Yo no voy a creer en la Biblia hasta que Dios me pruebe que Él es real".

Dios siempre dice la verdad. Él desea que tú simplemente creas lo que dice la Biblia, sin exigir prueba. Cuando tú crees en Dios, le honras, pero cuando tu no crees lo que Dios dice le estás llamando mentiroso.

📖 Pero sin fe es imposible agradar a Dios... Hebreos 11:6

Satanás trató una vez más de que Jesús pecara.

📖 Otra vez le llevó el diablo a un monte muy alto, y le mostró todos los reinos del mundo y la gloria de ellos, y le dijo: Todo esto te daré, si postrado me adorares. Mateo 4:8-9

¿Cómo puede Satanás ofrecer a Jesús todos los reinos del mundo? ¿No es que todo el mundo pertenece a Dios? Sí, a pesar de que todo el mundo le pertenece a Dios, Satanás es el gobernante del mundo en estos momentos.

Cuando Adán y Eva creyeron en Satanás en lugar de creer a Dios, se unieron al lado de Satanás. Debido a que todo el mundo nace en la familia de Adán, todos nacen bajo el control de Satanás. Y así es que todos los reinos pertenecen a Satanás.

Satanás prometió a Jesús todos los reinos del mundo si Jesús le adoraba. Por supuesto que Jesús quería despojar a Satanás y rescatar a la gente de su poder, pero Él no lo haría por el camino de Satanás. Jesús no obedecería a Satanás.

Desde el principio, Dios tenía un plan para librar a la gente de Satanás. Cuando estaban en el Jardín del Edén, Dios le dijo a Satanás que enviaría el Hijo de una mujer que aplastará la cabeza de Satanás.

Jesús sabía que en el tiempo y modo que Dios quisiera, Él destruiría el poder de Satanás sobre los reinos del mundo, y entonces Él gobernaría como rey para siempre. Jesús sabía que algún día todas las naciones del mundo le pertenecerían.

...te daré por herencia las naciones, Y como posesión tuya los confines de la tierra. Salmo 2:8b

Jesucristo se negó a adorar a Satanás. Esperaría a Dios que le diera los reinos del mundo. Jesús le dijo a Satanás que la Biblia dice que se debe adorar a Dios solamente.

Entonces Jesús le dijo: Vete, Satanás, porque escrito está: Al Señor tu Dios adorarás, y a él sólo servirás. Mateo 4:10

Jesús podía dar órdenes a Satanás, porque Jesús, el Hijo de Dios, creó a Lucifer en el principio. Jesús fue el que lanzó a Lucifer y a sus seguidores fuera del cielo, y un día Jesús arrojará a Satanás y sus demonios en el lago de fuego donde sufrirán por siempre y para siempre.

Y el diablo que los engañaba fue lanzado en el lago de fuego y azufre... y...serán atormentados día y noche por los siglos de los siglos. Apocalipsis 20:10

Satanás finalmente dejó a Jesús solo, pero sólo por un tiempo.

Y cuando el diablo hubo acabado toda tentación, se apartó de él por un tiempo. Lucas 4:13

Durante la vida de Jesucristo en la tierra, Satanás trató muchas veces de que Él pecara, pero Jesús nunca cedió a Satanás.

...porque...Cristo...no hizo pecado... 1 Pedro 2:21-22

Jesús nunca hizo lo que Satanás le dijo que hiciera, Él hizo solamente lo que Dios el Padre le dijo que hiciera.

Porque el que me envió, conmigo está; no me ha dejado solo el Padre, porque yo hago siempre lo que le agrada. Juan 8:29

Jesucristo es el único ser humano perfecto que jamás haya vivido en la tierra, Él es el único ser humano que ha sido aceptable con Dios.

Recuerda

Satanás es un mentiroso. Él quiere que tú creas que Dios no te ama. Satanás quiere que tú creas que lo que Dios dice en la Biblia no es verdad.

📖 ... el diablo... ha sido homicida desde el principio, y no ha permanecido en la verdad, porque no hay verdad en él... porque es mentiroso, y padre de mentira. Juan 8:44

Satanás trata de convencerte de creer sus mentiras con el fin de destruirte. Él quiere que tú estés separado de Dios para siempre en el lugar terrible de sufrimiento.

La única manera para que tú no te dejes engañar por las mentiras de Satanás es sabiendo la verdad. ¿Recuerda lo que Jesús le dijo a Satanás cada vez que Satanás trató de engañarlo? Jesús le dijo a Satanás lo que dice Dios en la Biblia.

📖 En mi corazón he guardado tus dichos, Para no pecar contra ti. Salmo 119:11

Preguntas

1. ¿Por qué Jesús no convirtió las piedras en pan como Satanás le sugirió? *A pesar de que Jesús tenía hambre y tenía el poder de convertir las piedras en pan, Él nunca obedecería a Satanás.*

2. ¿Qué cosa, dijo Jesús, es aún más importante que la comida? *Jesús dijo que la Palabra de Dios es más importante que la comida.*

3. ¿Por qué es la Biblia más importante que la comida? *Los alimentos que comemos todos los días mantienen a nuestros cuerpos con vida en esta tierra, pero por medio de la Palabra de Dios podemos tener vida eterna.*

4. ¿Sabía Satanás que en el libro de los Salmos Dios el Padre había prometido cuidar a Jesucristo durante Su vida en la tierra? *Sí, Satanás sabía que Dios había prometido mandar a Sus ángeles a cuidar de Jesucristo durante Su tiempo en la tierra.*

5. ¿Por qué Satanás desafío a Jesús para saltar desde el tejado del templo? *Satanás quería que Jesús probara que la Biblia dice la verdad, y que Dios realmente cumpliría lo que dijo que haría en el libro de los salmos.*

6. ¿Por qué es malo poner a prueba a Dios para ver si Él está diciendo la verdad? *Al pedir a Dios que haga algo para probar que es real y que Su Palabra es verdad, uno muestra que no cree lo que Dios dice. La única manera de agradar a Dios es creer lo que dice la Biblia. No creerle a Dios es pecado.*

7. ¿Por qué los reinos del mundo pertenecen a Satanás? *Cuando Adán y Eva pecaron, se unieron al lado de Satanás. Todas las personas nacen en la familia de Adán y bajo el control de Satanás. Por esa razón Satanás es dueño de todos los reinos del mundo.*

8. ¿De quién estaba hablando Dios cuando Él prometió que un día el Hijo de una mujer aplastaría la cabeza de Satanás? *Dios estaba hablando de Jesucristo, Dios el Hijo, que nació de María. Jesús, el Libertador, iba a destruir el dominio de Satanás sobre la humanidad.*

9. Cada vez que Satanás desafiaba a Jesús a pecar, ¿cómo le respondía Jesús? *Él le dijo a Satanás lo que Dios dice en la Biblia.*

10. ¿Alguna vez Jesús hizo lo que Satanás le dijo que hiciera? *No. Jesús sólo obedeció a Dios el Padre. Jesús nunca pecó, era perfecto en todos los sentidos.*

Verdades bíblicas

- Satanás es el enemigo de Dios, es un mentiroso y un asesino, él odia a la gente.
- Dios creó a Lucifer y a todos los ángeles, Él es más grande que Satanás y sus demonios.
- Jesucristo es Dios, Él es más poderoso que todos.
- Jesucristo es un ser humano.
- Dios siempre dice la verdad, todo lo escrito en la Biblia es verdad.
- La única manera de agradar a Dios es creer lo que Él dice en la Biblia.
- Todas las personas nacen en la familia de Adán, y por lo tanto bajo el control de Satanás.
- Satanás controla a las naciones del mundo.
- Dios tiene un plan para rescatar a la humanidad de Satanás y de la muerte.
- Algún día Dios derrotará completamente a Satanás, y Jesús será para siempre el rey del mundo.
- Jesucristo es perfecto, Él nunca pecó, él nunca obedeció a Satanás.
- Jesucristo es el Libertador.

Actividad 1: Memorizar versículo con pelota

Suministros:

- Una o más pelotas de tamaño mediano
- Copia de un versículo a memorizar

   El siguiente día vio Juan a Jesús que venía a él, y dijo: He aquí el Cordero de Dios, que quita el pecado del mundo. Juan 1:29

Instrucciones

- Dividir a los alumnos en equipos o formar un círculo, dependiendo del número de alumnos en su grupo. Practicar el versículo a memorizar lanzando la pelota unos a otros y cogiéndola.

- **Por ejemplo**: El profesor dice la primera parte del versículo a memorizar. Una vez que el profesor lo dice correctamente, él lanza la pelota a uno de los alumnos, el que también debe tratar de decirlo correctamente y luego lanzar la pelota a otro alumno. Una vez que todos han cogido la pelota y han dicho la primera parte del versículo, hacer lo mismo con la segunda parte del versículo. Finalmente se puede decir todo el versículo agregando también la referencia.
- Si los alumnos han estado trabajando en grupos pequeños, puedes juntarlos en un círculo y hacer que lo digan frente a la clase con o sin las pelotas.

Actividad 2: Actuar el relato de la tentación

Suministros

- Dos voluntarios que hacen el papel de Jesús y Satanás
- Un voluntario para ser el narrador
- Tres copias del guion
- o tres títeres

Instrucciones

- Actuar la escena, siguiendo el guion
- O tres estudiantes la actúan usando títeres

TENTACIÓN LIBRETO (guion)

Narrador: Después de que Jesús fuera bautizado por Juan el Bautista, se fue al desierto. Después de no tener nada que comer durante cuarenta días, Satanás vino a él.

Satanás: "Si eres Hijo de Dios, di que estas piedras se conviertan en pan". Mateo 4:3

Jesús: La Biblia dice: "El hombre no vive sólo de pan, sino de toda palabra que sale de la boca de Dios". ¡La Palabra de Dios es más importante que la comida!

Narrador: Ya que Jesús no iba convertir las piedras en pan, Satanás intentó otro truco. Él llevó a Jesús a la azotea del templo en Jerusalén.

Satanás: "Si tú eres el Hijo de Dios, échate abajo". Después de todo, la Biblia dice que Dios enviará a Sus ángeles para cuidar de ti para que no te hagas daño.

Jesús: La Biblia dice no tentar a Dios.

Narrador: Tentar a Dios significa demandar una prueba para ver si Dios está diciendo la verdad. Pero Jesucristo creyó lo que Dios dijo. Él no tenía necesidad de probar a Dios, y Jesús no saltó del templo. Por lo tanto, Satanás trató un truco más: Él llevó a Jesús a la cima de una alta montaña para mostrarle todos los reinos del mundo.

Satanás: Yo te dejará ser rey de todo el mundo si te arrodillas y me adoras.

Narrador: Jesús se negó a adorar a Satanás.

Jesús: "¡Vete, Satanás! Porque está escrito: Adorarás al Señor, tu Dios, y a él solo servirás. (Mateo 4:10)

Narrador: Finalmente Satanás se fue, pero luego trató de que Jesús pecara otra vez. Jesús nunca hizo lo que Satanás dijo. Él sólo obedeció a Dios.

Referencias bíblicas

Génesis 3:1-8; Levítico 22:21; Salmo 2:1-12, 12:6; Isaías 14:13-14, 53:9;
Ezequiel 28:15,17; 25:41; Lucas 22:42; Juan 5:30; 6:38; 8:28-29, 44; 12:31;
2 Corintios 4:4, 5:21; Efesios 2:1-3; Filipenses 2:9-11; Colosenses 1:16;
Hebreos 4:15, 10:7; Apocalipsis 1:18, 20:10

55
Jesús enseña y cura
Jesús comienza Su ministerio y escoge discípulos

Versículo para memorizar

Y en ningún otro hay salvación; porque no hay otro nombre bajo el cielo, dado a los hombres, en que podamos ser salvos. Hechos 4:12

Lección

Un día, el rey Herodes puso a Juan el Bautista en la cárcel. El rey Herodes era hijo de aquel rey que mató a todos los niños varones en Belén después del nacimiento de Jesús, y él era tan malo como su padre. Cuando Juan le dijo que su comportamiento le desagradaba a Dios, el rey Herodes puso a Juan en la cárcel. Y finalmente, Juan fue decapitado. Sin embargo, Dios estaba en control. No permitió que Juan muriera antes que su obra fuese terminada.

La enseñanza de Juan había ayudado a preparar a los israelitas para la llegada del Libertador. Muchos de ellos entendían ahora que eran pecadores y que necesitaban ser rescatados de la pena de muerte. Por supuesto, muchos otros, como los fariseos y otros líderes religiosos, no creyeron el mensaje de Juan. Seguían pensando que eran aceptados por Dios y que no necesitaban al Salvador para salvarlos de la muerte.

Después que Juan fue encarcelado, Jesús vino a Galilea predicando el evangelio del reino de Dios, diciendo: El tiempo se ha cumplido, y el reino de Dios se ha acercado; arrepentíos, y creed en el evangelio. Marcos 1:14-15

Recuerda que Jesús era el Cristo, el Escogido de Dios. Jesús vino al mundo para ser profeta, sacerdote y rey.

Después de que Juan fue encarcelado, Jesucristo empezó a hacer la obra de profeta, empezó a ensenar las palabras de Dios a la gente. Jesucristo también fue escogido para ser sacerdote y rey. Como sacerdote, Jesús iba a ofrecer un sacrificio a Dios para los pecados del mundo. Últimamente, Jesús vino a ser rey. Jesucristo era el rey prometido del linaje familiar del rey David que iba a reinar sobre Israel para siempre.

Después de Juan, Jesús continuó diciendo a los israelitas que debían cambiarse la mente porque el reino de Dios se había acercado. Si por fe los israelitas aceptarían a Jesucristo como su Salvador, Él establecería Su reino ahora.

Muchos de los israelitas todavía necesitaban arrepentirse y creer. La única manera de entrar en el reino de Dios era que ellos cambiaran de opinión acerca de su pecado y confiaran en el Libertador para salvarlos. El Libertador era el único que podía hacerlos aceptables a Dios para que pudieran entrar en el reino de Dios.

A pesar de que Jesús explicó la Palabra de Dios a todos los judíos, Él escogió a doce hombres para que fueran Sus alumnos especiales. Estos doce discípulos siguieron a Jesús dondequiera que iba. Día tras día, mientras andaban con Jesús por los caminos polvorientos de pueblo en pueblo en Israel, Jesús les enseñaba.

Al observar la obra de Jesús y escucharle explicar la Palabra de Dios, los discípulos aprendieron a ser obreros de Dios. El plan de Jesús era que algún día estos doce discípulos fueran los representantes de Él en el mundo.

Y estableció a doce, para que estuviesen con él, y para enviarlos a predicar...: a Simón, a quien puso por sobrenombre Pedro; a Jacobo hijo de Zebedeo, y a Juan hermano de Jacobo...a Andrés, Felipe, Bartolomé, Mateo, Tomás, Jacobo hijo de Alfeo, Tadeo, Simón el cananista, y Judas Iscariote, el que le entregó... Mark 3:14-19

> Los doce discípulos llegaron a ser conocidos como los doce apóstoles.

Los hombres que Jesús escogió para ser Sus discípulos no eran ricos o educados, eran sólo hombres comunes.

De hecho, cuatro de los discípulos de Jesús eran pescadores. Jesús les dijo a estos pescadores que les iba a enseñar a pescar personas en lugar de pescado. En vez de sacar los peces del mar, quiso utilizarlos para sacar a la gente del control de Satanás y traerlos a la familia de Dios.

Andando junto al mar de Galilea, vio a Simón y a Andrés su hermano, que echaban la red en el mar; porque eran pescadores. Y les dijo Jesús: Venid en pos de mí, y haré que seáis pescadores de hombres. Y dejando luego sus redes, le siguieron.

Pasando de allí un poco más adelante, vio a Jacobo hijo de Zebedeo, y a Juan su hermano, también ellos en la barca, que remendaban las redes. Y luego los llamó; y dejando a su padre Zebedeo en la barca con los jornaleros, le siguieron. Marcos 1:16-20

Un día Jesús y Sus discípulos llegaron a un pueblo llamado Capernaum.

📖 Y entraron en Capernaum; y los días de reposo, entrando en la sinagoga, enseñaba. Marcos 1:21

Como recordarás, había sinagogas en cada ciudad importante en Israel. Todos los sábados, muchos de los judíos iban a la sinagoga de su ciudad para escuchar a los maestros de la ley leer los libros del Antiguo Testamento, escritos por Moisés y los profetas.

El sábado después de que Jesús llegó a Capernaum, Él y Sus discípulos fueron a la sinagoga con los otros judíos para escuchar la Palabra de Dios. Después de un tiempo, Jesús se levantó y comenzó a enseñar.

📖 Y se admiraban de Su doctrina; porque les enseñaba como quien tiene autoridad, y no como los escribas. Marcos 1:22

La gente se asombró de lo que Jesús enseñaba. La enseñanza de Jesús era diferente de la enseñanza de los escribas.

Los escribas, quienes hicieron copias de los escritos del Antiguo Testamento, sabían lo que estaba escrito en la Biblia, pero porque no le creían a Dios, no entendían el verdadero significado de la Palabra de Dios.

Cuando Jesús hablaba, la gente notaba que Su enseñanza era diferente. Definitivamente Jesús entendía el verdadero significado de la Biblia. Jesucristo podía explicar el verdadero significado de la Biblia porque Él era el autor de la Biblia.

En la sinagoga donde Jesús estaba enseñando, había un hombre que tenía un demonio dentro de él.

📖 Pero había en la sinagoga de ellos un hombre con espíritu inmundo, que dio voces, diciendo: ¡Ah! ¿Qué tienes con nosotros, Jesús nazareno? ¿Has venido para destruirnos? Sé quién eres, el Santo de Dios. Marcos 1:23-24

Puesto que Jesús es Dios el Hijo, Él creó a los ángeles en el principio. Jesús fue el que arrojó del cielo a Lucifer y a los ángeles que le siguieron, e hizo el lago de fuego para ellos. El espíritu inmundo dentro del hombre reconoció quién era Jesús. Él sabía que Jesús tenía el poder para arrojarlo al lago de fuego en cualquier momento.

📖 Pero Jesús le reprendió, diciendo: ¡Cállate, y sal de él! Y el espíritu inmundo, sacudiéndole con violencia, y clamando a gran voz, salió de él. Marcos 1:25-26

Como Su creador, Jesús tenía autoridad sobre los espíritus inmundos. El espíritu inmundo obedeció el mandato de Jesucristo.

📖 Y todos se asombraron, de tal manera que discutían entre sí, diciendo: ¿Qué es esto? ¿Qué nueva doctrina es esta, que con autoridad manda aun a los espíritus inmundos, y le obedecen? Y muy pronto se difundió Su fama por toda la provincia alrededor de Galilea. Marcos 1:27-28

La gente podía ver que Jesús no era un hombre común. Ellos podían ver que Jesús tenía un gran poder.

📖 Jesús recorría toda la región de Galilea sanando a los enfermos y enseñando en las sinagogas. Y sanó a muchos que estaban enfermos de diversas enfermedades, y echó fuera muchos demonios; y no dejaba hablar a los demonios, porque le conocían. Y predicaba en las sinagogas de ellos en toda Galilea, y echaba fuera los demonios. Marcos 1:34-39

Jesús no se fiaba de los espíritus malignos. Los espíritus malignos son enemigos de Dios. Son unos mentirosos al igual que su maestro, Satanás. Es por eso que Él no quería que anunciaran quién era.

Un día, un hombre con lepra se acercó a Jesús, pidiendo a Jesús que lo sanara.

📖 Vino a él un leproso, rogándole; e hincada la rodilla, le dijo: Si quieres, puedes limpiarme. Marcos 1:40

La lepra es una enfermedad que deforma el cuerpo. En tiempos de Jesús, la lepra era incurable. También se pensaba que era muy contagiosa. La gente no se acercaba a los leprosos por causa de su enfermedad, llamaban a los leprosos "inmundos".

El hombre que vino a Jesús sabía que Jesús era el único que podía ayudarle.

📖 Y Jesús, teniendo misericordia de él, extendió la mano y le tocó, y le dijo: Quiero, sé limpio. Y así que él hubo hablado, al instante la lepra se fue de aquél, y quedó limpio. Marcos 1:41-42

Jesús amó a los leprosos, Él no los rechazó como todos los demás. Jesús no tenía miedo de tocarlos. Cuando Jesús habló, ¡el hombre leproso fue sanado!

Desde el comienzo de Su trabajo en la tierra, Jesús mostró de muchas maneras que Él en realidad era Dios. Él era el único que entendió claramente el significado de los escritos del Antiguo Testamento. Él era el único que tenía poder sobre los demonios y el único que podía sanar enfermedades incurables.

Recuerda

A causa de tu pecado te pareces mucho al leproso de esta historia real. En la misma manera que el leproso era "inmundo", tu pecado te hace a ti impuro. Tu pecado te hace inaceptable con Dios de manera que no puedes vivir cerca de Él.

📖 Porque tú no eres un Dios que se complace en la maldad; El malo no habitará junto a ti. Salmo 5:4

De la misma manera que la lepra era incurable, ninguna persona te puede sanar de tu pecado o salvarte de la muerte. Tú no puedes salvarte.

Jesús es el único que puede curarte. A pesar de que estás sucio por el pecado, Jesús te ama tal como Él amó al leproso inmundo. Si confías en Él como el leproso lo hizo, Él te hará limpio y agradable a Dios. Él te salvará de la muerte.

Preguntas

1. ¿Qué le hizo el rey Herodes a Juan el Bautista? *El rey Herodes puso a Juan el Bautista en la cárcel y luego lo decapitó.*

2. El nombre Cristo, o Mesías, quiere decir el Escogido. Jesucristo fue escogido para cumplir tres oficios. ¿Qué fueron esos tres oficios? *Dios escogió a Jesús para ser profeta, sacerdote y rey.*

3. ¿Qué quiso decir Jesús cuando dijo que los discípulos se hicieran pescadores de hombres? *Él quiso decir que en vez de sacar los peces del mar, Él iba a enseñarles a sacar a la gente del control de Satanás y traerlos a la familia de Dios.*

4. ¿Los escribas sabían lo que estaba escrito en la Palabra de Dios? *Sí.* ¿Los escribas creían lo que estaba escrito en la Palabra de Dios? *No, ellos no creían lo que Dios decía.*

5. ¿Por qué la gente se asombraba cuando Jesús enseñaba en la sinagoga? *Ellos se sorprendían porque podían ver que Su enseñanza era diferente a la manera en que enseñaban los escribas. Era obvio que Jesús entendía la Palabra de Dios.*

6. ¿Por qué podía Jesús explicar tan bien la Palabra de Dios? *Jesús es Dios, Él es el autor verdadero de la Biblia.*

7. ¿Cómo tenía Jesús el poder de hacer salir los demonios de la gente? *Jesús es Dios. Hizo a todos los ángeles en el principio. A pesar de que los demonios ya no vivían en el cielo, Jesús todavía tenía el poder para decirles qué hacer.*

8. ¿Quién era el único que podía curar al hombre con lepra? *Sólo Jesús tenía el poder para sanarlo.*

9. ¿Jesucristo se mantuvo alejado del hombre con lepra como el resto del mundo lo hizo? *No, Jesús amó al hombre. Se acercó a él, lo tocó y el hombre fue sanado.*

10. ¿De qué manera eres tú como el hombre que tenía lepra? *Eres inmundo para Dios a causa de tu pecado. Tu enfermedad, el pecado, va a resultar en la muerte. El único que puede salvarte de la muerte es Jesucristo, el Libertador.*

Verdades bíblicas

- Dios está en control de todo lo que sucede.
- Los demonios son los seguidores de Satanás, odian a la gente al igual que Satanás lo hace.
- Dios creó a los ángeles, Él tiene el poder sobre Satanás y los demonios.
- Jesús es Dios y tiene todo el poder.
- Jesús es Dios y lo sabe todo.
- Dios es un Dios de amor.
- Todas las personas son pecadoras.
- La paga del pecado es la muerte.
- No podemos salvarnos a nosotros mismos. Sólo Dios puede salvarnos.

Actividad: El juego bíblico del ahorcado

Suministro

- Pizarrón
- Tiza

Instrucciones

- El objetivo del juego ahorcado es adivinar la frase clave. Para comenzar el juego la maestra dibuja una horca simple. Debajo del dibujo la maestra hace unas rayas en lugar de cada letra de la frase clave (dejando los espacios que corresponden).

- Entonces la maestra repasa las preguntas que se encuentran al final de la lección. Los estudiantes, o grupos de estudiantes, en turno, dan las respuestas. Si el grupo que le toca da la respuesta correcta, ese grupo puede adivinar una letra que contiene la frase. Si aciertan, la maestra, o su ayudante, escribe todas las letras coincidentes. Si la letra no está, se escribe la letra arriba y se agrega una parte al cuerpo (cabeza, brazo, etc.) del colgado.
- Si un grupo piensa saber la frase clave, puede tratar de resolverla cuando llegue su turno. El juego termina cuando un grupo resuelva el secreto o cuando la maestra dibuja todas las partes del hombre de palitos.

Frase clave: Jesús explicaba la Biblia, tenía autoridad sobre los demonios, y sanó a los enfermos.

Para los niños pequeños. Jesús sanó a los enfermos.

Referencias bíblicas

Salmo 145:8; Isaías 61:1; Mateo 14:1-12; Lucas 8:28; Juan 12:31; Colosenses 1:16

56
Un visitante en la noche
Nicodemo

Versículo para memorizar

Y en ningún otro hay salvación; porque no hay otro nombre bajo el cielo, dado a los hombres, en que podamos ser salvos. Hechos 4:12

Lección

Una noche, un fariseo, vino a Jesús en secreto.

Había un hombre de los fariseos que se llamaba Nicodemo, un principal entre los judíos. Este vino a Jesús de noche, y le dijo: Rabí, sabemos que has venido de Dios como maestro; porque nadie puede hacer estas señales que tú haces, si no está Dios con él. Juan 3:1-2

Los fariseos habían añadido sus propias reglas a las que Dios dio en el monte Sinaí. La mayoría de los fariseos no querían a Jesús. No les gustaba lo que Él enseñaba, pero Nicodemo creía que Jesús fue enviado por Dios. Él lo llamó "Rabí". Rabí significa maestro.

...Jesús le dijo: De cierto, de cierto te digo, que el que no naciere de nuevo, no puede ver el reino de Dios.

Nicodemo le dijo: ¿Cómo puede un hombre nacer siendo viejo? ¿Puede acaso entrar por segunda vez en el vientre de su madre, y nacer? Respondió Jesús: De cierto, de cierto te digo, que el que no naciere de agua y del Espíritu, no puede entrar en el reino de Dios. Lo que es nacido de la carne, carne es; y lo que es nacido del Espíritu, espíritu es. Juan 3:3-6

Nicodemo no entendió de lo que estaba hablando Jesús, así que Jesús se lo explicó.

Los fariseos pensaban que Dios los aceptaba porque eran israelitas. Creían que por haber nacido en la familia de Abraham estaban aceptados por Dios, pero eso no era cierto. Lo que los fariseos no entendían era que todos los descendientes de Abraham nacen en la familia de Adán y son separados de Dios.

A pesar de que Nicodemo pensaba que había nacido en la familia correcta, él nació realmente en la familia equivocada. Jesús le explicó a Nicodemo que la única manera para él entrar en el reino de Dios era nacer por segunda vez.

Jesús dijo: "Lo que es nacido de la carne, carne es". Él quiso decir que cada niño que nace de padres humanos nace un ser humano. Cada ser humano nace en la familia de Adán y su espíritu está muerto para con Dios.

Al contrario, "lo que es nacido del Espíritu, espíritu es". Sólo Dios el Espíritu Santo puede dar vida al espíritu de una persona para hacerle vivo para con Dios. Solo Dios el Espíritu Santo podía dar vida al espíritu de Nicodemo; sólo Dios el Espíritu Santo podría hacer a Nicodemo nacer en la familia de Dios para que pudiera entrar en el reino de Dios. De la misma manera, solamente el Espíritu de Dios puede hacerte a ti nacer de nuevo en la familia de Dios.

Jesús dijo que cada persona que cree en Él no morirá sino que tendrá vida eterna. Cada persona que cree en Jesús será sacado de la familia de Adán y nacerá la segunda vez en la familia de Dios.

> Y como Moisés levantó la serpiente en el desierto, así es necesario que el Hijo del Hombre sea levantado, para que todo aquel que en él cree, no se pierda, más tenga vida eterna. Juan 3:14-15

¿Recuerda cómo Dios envió serpientes venenosas para que mordieran a los israelitas, ya que se quejaban mucho contra Dios? Muchos israelitas murieron a causa de las mordeduras de las serpientes, por lo que pidieron a Moisés que orara a Dios por ellos.

> Y Jehová dijo a Moisés: Hazte una serpiente ardiente, y ponla sobre un asta; y cualquiera que fuere mordido y mirare a ella, vivirá. Y Moisés hizo una serpiente de bronce, y la puso sobre una asta; y cuando alguna serpiente mordía a alguno, miraba a la serpiente de bronce, y vivía. Números 21:8-9

No había nada que los israelitas podían hacer para no morir a causa de las mordeduras de serpiente. Ellos no tenían medicina anti-veneno. No había hospitales o médicos que podían ayudarles. Así que Dios era el único que podía salvar a los israelitas de la muerte.

En Su misericordia, Dios proveyó un camino para que las personas se salvaran. La Biblia dice que "cuando alguna serpiente mordía a alguno, miraba a la serpiente de bronce, y vivía". Para ser curado de la mordedura de la serpiente todo lo que una persona tenía que hacer era creerle a Dios y simplemente mirar a la serpiente en el poste.

Al igual que los israelitas que fueron mordidos por las serpientes estaban condenados a morir, así todas las personas que nacen en la familia de Adán están condenadas a la muerte a causa de la mordedura venenosa del pecado. Nadie puede salvarse a sí mismo, o a cualquier otra persona, de la muerte. Sólo Dios puede salvar a la gente de la muerte eterna.

Jesús le dijo a Nicodemo que al igual que Moisés colgó la serpiente en el poste, Él también iba a ser colgado en un madero. Y de la misma manera que los israelitas que creyeron a Dios se salvaron de la muerte, Jesús prometió que todos los que creen en Él recibirán la vida eterna.

> Porque de tal manera amó Dios al mundo, que ha dado a Su Hijo unigénito, para que todo aquel que en él cree, no se pierda, mas tenga vida eterna. Juan 3:16

Dios ama a todos en el mundo. De hecho, Él nos amó tanto que dio a Su único Hijo para ser el Libertador.

> De cierto, de cierto os digo: Él que oye mi palabra, y cree al que me envió, tiene vida eterna; y no vendrá a condenación, mas ha pasado de muerte a vida. Juan 5:24

Todo el mundo que nace en la familia de Adán está muerto para Dios y será separado de Él para siempre. Pero Dios el Espíritu Santo da vida a todos los que confían en Jesucristo, el Libertador.

> Porque no envió Dios a Su Hijo al mundo para condenar al mundo, sino para que el mundo sea salvo por él. Él que en él cree, no es condenado; pero el que no cree, ya ha sido condenado, porque no ha creído en el nombre del unigénito Hijo de Dios. Juan 3:17-18

Jesús vino al mundo para salvar a las personas del pecado y de la muerte. Él es el único Salvador.

El que cree en Jesús, es rescatado de la familia de la muerte, pero el que no cree permanece en la familia de Adán. Los que se quedan en la familia de Adán serán separados de Dios para siempre en el lugar terrible de sufrimiento.

> Y esta es la condenación: que la luz vino al mundo, y los hombres amaron más las tinieblas que la luz, porque sus obras eran malas. Porque todo aquel que hace lo malo, aborrece la luz y no viene a la luz, para que sus obras no sean reprendidas. Juan 3:19-20

Jesús es la luz que vino al mundo. Pero la gente rechazó a Jesús. No les gustaba que la luz de Jesús brillara en ellos, preferían caminar en la obscuridad. No querían que Jesús les mostrara que eran pecadores porque les gustaban sus caminos pecaminosos y querían continuar en ellos.

La razón por la que la gente está condenada a la muerte es porque no quiere admitir su pecado. Si la gente no está de acuerdo con Dios en cuanto al pecado no va a confiar en el Salvador y va a terminar separada de Dios para siempre.

Recuerda

No le importa a Dios si eres alto o bajo, rico o pobre, inteligente o no tan inteligente. Cuando Dios mira hacia abajo a este mundo, no ve más que dos clases de personas - aquellos que han nacido una sola vez y los que han nacido dos veces. Los que han nacido sólo una vez aún se encuentran en la familia de Adán, pero los que han nacido por segunda vez, se encuentran en la familia de Dios.

Deja que la luz de Dios brille en ti. Admite tu pecado y mira a Jesucristo el Libertador para la salvación. Él es el único que te puede salvar de la muerte eterna. Si confías en Jesucristo para salvarte, Dios el Espíritu Santo te sacará de la familia de Adán y te pondrá en la familia de Dios. Si confías en el Salvador, no te perderás, sino que tendrás vida con Dios para siempre.

Preguntas

1. ¿Por qué crees que Nicodemo vino a Jesús de noche? *Nicodemo vino probablemente en la noche para que los fariseos no lo vieran. Los fariseos no querían a Jesús.*

2. ¿Porque los fariseos se creían aceptados por Dios? *Ellos pensaban que Dios los aceptó por haber nacido en la familia de Abraham.*

3. ¿A cuál familia pertenecían realmente los fariseos? *A pesar de que los fariseos vinieron de Abraham, nacieron en la familia de Adán.*

4. ¿En qué familia naciste tú? *Tú naciste en la familia de Adán.*

5. Si naciste en la familia de Adán, ¿tu espíritu está vivo o muerto para Dios? *Todos en la familia de Adán están muertos para Dios.*

6. ¿Cómo puede una persona nacer en la familia de Dios? *La Biblia dice que cada persona que cree en Jesucristo nacerá de nuevo. El Espíritu Santo pone la persona que cree en Jesucristo como su Salvador en la familia de Dios.*

7. ¿Cómo dijo Jesús que Él era como la serpiente de bronce que Moisés puso en el poste en el desierto? *Jesús dijo que Él también sería puesto sobre un madero para que todos los que confiaran en Él se salven de la muerte.*

8. ¿Cómo era Jesús una luz? *Jesús era la luz que brillaba para mostrarle a la gente su pecado.*

9. ¿Les gustaba a las personas que la luz de Jesús brillara en sus vidas? *No, no les gustaba. Querían seguir viviendo en la oscuridad porque les gustaba su pecado.*

10. Cuando Dios mira a la humanidad, ¿Cuáles dos clases de personas ve? *Las dos clases de personas que Dios ve son las que han nacido una vez y todavía se encuentran en la familia de Adán, y las que han nacido dos veces y están en la familia de Dios.*

Verdades bíblicas

- Todas las personas nacemos en la familia de Adán.
- Todos en la familia de Adán son pecadores y su espíritu está muerto para Dios.
- Para entrar en la familia de Dios hay que nacer de nuevo por el Espíritu de Dios.
- La manera de nacer de nuevo es confiar en Jesucristo el Salvador.
- Nadie se puede salvar a sí mismo, sólo Dios puede salvar.
- Dios ama a todos, Él no discrimina.

Actividad: Serpiente en un poste

Suministros

- Palitos de afuera
- Plastilina
- Cuerda
- Serpientes de plástico

Instrucciones

- Buscar palitos
- Hacer una cruz con los palitos y la cuerda
- Hacer una base para la cruz con la plastilina
- Colgar la serpiente en la cruz.
- Opción: Hacer la serpiente de papel u otra materia
- La maestra puede animar a los niños a acordarse de lo que Jesucristo dijo: como Moisés levantó la serpiente en el desierto, así Él iba a ser levantado también. Más tarde entenderán lo que quería decir Jesús cuando dijo esto.

Adicionales Referencias bíblicas

Juan 12:32-33, 14:6; Hechos 4:12, 10:34; Romanos 5:12, 6:23; 1 Corintios 15:22, 44-55; 1 Timoteo 2:4; 1 Pedro 1:23

57
El médico de verdad
Una apertura en el techo y Leví, el cobrador de impuestos

Versículo para memorizar

En el principio era el Verbo, y el Verbo era con Dios, y el Verbo era Dios. Juan 1:1

Lección

A pesar de que a los judíos no les gustaba que Jesús hiciera brillar Su luz sobre su pecado, muchos igual lo siguieron. No porque querían que Jesús los salvara del pecado y de la muerte, sino porque ellos querían que Él les protegiera del cruel gobierno romano y para que los sanara de sus enfermedades.

Los líderes religiosos tenían otro motivo para seguir a Jesús. Ellos seguían a Jesús porque buscaban un motivo para acusarlo. Los líderes religiosos deseaban atrapar a Jesús haciendo algo malo para así poder arrestarlo. Ellos estaban celosos de Jesús por las multitudes que le seguían, y también porque Jesús era más famoso que ellos.

Sólo unos pocos judíos siguieron a Jesús por el motivo correcto, sólo algunos israelitas creían que Jesús era el Libertador prometido que había venido a rescatarlos del pecado y de la muerte.

Un día cuando Jesús estaba de nuevo en la ciudad de Capernaum, una gran multitud se reunió con Él en la casa donde estaba enseñando.

> Entró Jesús otra vez en Capernaum después de algunos días; y se oyó que estaba en casa. E inmediatamente se juntaron muchos, de manera que ya no cabían ni aun a la puerta; y les predicaba la palabra. Marcos 2:1-2

Como profeta elegido por Dios, Jesús enseñó la Palabra de Dios al pueblo, les explicó el significado de lo que Moisés y los profetas habían escrito hace mucho tiempo.

Mientras Jesús estaba enseñando, cuatro hombres trajeron a su amigo a ver a Jesús.

> Entonces vinieron a él unos trayendo un paralítico, que era cargado por cuatro. Y como no podían acercarse a él a causa de la multitud, descubrieron el techo de donde estaba, y haciendo una abertura, bajaron el lecho en que yacía el paralítico. Marcos 2:3-4

El paralítico no podía moverse, lo único que podía hacer era recostar en su cama todo el día. Ningún médico en Israel podía sanarlo. No había esperanza para él. Pero sus amigos habían oído hablar de Jesús. Ellos creían que Jesús podía sanarlo.

En estos días la mayoría de las casas tenían techos planos hechos de palos y barro. Por lo general, una escalera en el exterior dirigía a la azotea.

Como no podían entrar por la puerta debido a la multitud, los amigos del hombre lo llevaron por la azotea. Entonces hicieron una apertura en el techo, por encima de la cabeza de Jesús y bajaron al hombre justo en frente de Jesús.

Al ver Jesús la fe de ellos, dijo al paralítico: Hijo, tus pecados te son perdonados.

Estaban allí sentados algunos de los escribas, los cuales cavilaban en sus corazones: ¿Por qué habla éste así? Blasfemias dice. ¿Quién puede perdonar pecados, sino sólo Dios? Marcos 2:5-7

Los escribas tenían razón acerca de que Dios es el único capaz de perdonar los pecados. Todas las personas, incluso los sacerdotes y pastores, son pecadores desde que nacen. Una persona pecadora no puede perdonar el pecado. Pero los escribas no entendían quién era Jesús. Jesús no era un hombre común, Él era Dios. Jesús podía perdonar los pecados. No estaba blasfemando cuando le dijo al hombre que sus pecados fueron perdonados.

> Blasfemo = faltarle el respeto a Dios.
>
> Si una persona dice hacer lo que solamente Dios puede hacer, se está comparando con Dios. Eso es ser blasfemo.

Jesús sabía que, más que necesitar un cuerpo sano, el hombre necesitaba que sus pecados fueran perdonados. La razón por la que Jesucristo vino a la tierra fue para perdonar a la gente sus pecados para que pudieran ser salvados de la muerte y vivir con Él para siempre. Pero los líderes religiosos no creían que Jesús era Dios, el Salvador.

Jesús conocía sus pensamientos.

Y conociendo luego Jesús en Su espíritu que cavilaban de esta manera dentro de sí mismos, les dijo: ¿Por qué caviláis así en vuestros corazones? ¿Qué es más fácil, decir al paralítico: Tus pecados te son perdonados, o decirle: Levántate, toma tu lecho y anda? Pues para que sepáis que el Hijo del Hombre tiene potestad en la tierra para perdonar pecados (dijo al paralítico): A ti te digo: Levántate, toma tu lecho, y vete a tu casa.

Entonces él se levantó en seguida, y tomando su lecho, salió delante de todos, de manera que todos se asombraron, y glorificaron a Dios, diciendo: Nunca hemos visto tal cosa. Marcos 2:8-12

Cuando Jesús sanó a este hombre simplemente con una palabra, comprobó que Él era Dios. Nadie más podía sanar a un paralítico con sólo decir las palabras. Jesús no estaba blasfemando, Él era Dios y tenía el poder de perdonar los pecados.

Después, Jesús se fue al mar.

Después volvió a salir al mar; y toda la gente venía a él, y les enseñaba. Y al pasar, vio a Leví hijo de Alfeo, sentado al banco de los tributos públicos, y le dijo: Sígueme. Y levantándose, le siguió. Marcos 2:13-14

Los judíos no querían a los cobradores de impuestos. Los cobradores de impuestos eran israelitas que trabajaban para el gobierno romano. Ellos eran deshonestos, cobraban más impuestos que lo que requería el gobierno y se quedaron con lo que sobraba. Así se enriquecían engañando a su propio pueblo.

Pero Jesús ama a todos los pecadores. Él vino a salvar a todos, aun los cobradores de impuestos.

Cuando Jesús llamó a Levi, Levi salió de su puesto de trabajo y le siguió. Después invitó a Jesús a su casa.

Aconteció que estando Jesús a la mesa en casa de él, muchos publicanos y pecadores estaban también a la mesa juntamente con Jesús y sus discípulos; porque había muchos que le habían seguido. Y los escribas y los fariseos, viéndole comer con los publicanos y con los pecadores, dijeron a los discípulos: ¿Qué es esto, que él come y bebe con los publicanos y pecadores? Marcos 2:15-16

Los fariseos no comían con los cobradores de impuestos. No se juntaban con personas que ellos pesaban que estaban mal. Pero ese fue exactamente el tipo de persona que Jesús vino a salvar.

Al oír esto Jesús, les dijo: Los sanos no tienen necesidad de médico, sino los enfermos. No he venido a llamar a justos, sino a pecadores. Marcos 2:17

Si piensas que estás sano no vas al médico. ¿No es verdad? Solo los que piensan que son enfermos van al médico. Los fariseos no creían que eran pecadores y que iban a morir. Como no pensaron que fueron enfermos, no pensaron que necesitaban ser sanados.

Sin embargo, los cobradores de impuestos y la gente mala sabían que estaban enfermos. Ellos sabían que eran pecadores. Ellos sabían que necesitaban al Salvador para sanarlos y salvarlos de la muerte.

Debido a que los fariseos no admitían que estaban enfermos, Jesús no podía curarlos. Sólo podía ayudar a aquellos que admitían que estaban enfermos de pecado y venían a Él para ser sanados.

Levi también se llamó Mateo. Levi confió en Jesús para salvarlo de la pena de muerte que merecía por su pecado. Más tarde, Jesús lo escogió para ser uno de Sus doce discípulos. Mateo escribió el primer libro del Nuevo Testamento.

Recuerda

Los fariseos se negaron a creer la verdad sobre sí mismos, no creían que estaban enfermos de pecado y muerto para Dios.

Engañoso es el corazón más que todas las cosas, y perverso; ¿quién lo conocerá? Jeremías 17:9

La Biblia dice que nuestros corazones nos engañan fácilmente. Como los fariseos, a veces creemos que no somos tan malos después de todo.

Pero Dios puede ver el interior de nosotros, Él sabe que en nuestros corazones hay mucha malicia. Cuando la Biblia dice que nuestros corazones son perversos, quiere decir que estamos terriblemente enfermos del pecado. Necesitamos un médico para que nos cure de no morir.

Jesús es el Cristo, el enviado por Dios para ser el Libertador. Jesucristo es el único que puede curarte de tu enfermedad, el pecado, para que no mueras. Sé cómo Levi. Admite tu enfermedad de pecado y confía en Jesús para sanarte.

Preguntas

1. ¿Por qué la mayoría de los israelitas no creyeron en Jesús como su Salvador? *No creyeron en Jesús como su Salvador, porque no creían que eran pecadores. Como no creían que estaban separados de Dios, no pensaron que necesitaban un Salvador.*

2. A pesar de que la mayoría de los judíos no querían creer en Jesús como su Libertador, ¿qué querían que hiciera? *Ellos querían que Jesús los salvará del cruel gobierno romano y que los curara de sus enfermedades.*

3. ¿Por qué estuvieron los fariseos y los líderes religiosos celosos de Jesús? *Ellos estaban celosos de las grandes multitudes que seguían a Jesús.*

4. ¿Qué significa blasfemar? *Significa hablar irrespetuosamente de Dios. Si dices que eres tan grande como Dios, entonces tú estás blasfemando.*

5. ¿Tenían razón los escribas cuando dijeron que sólo Dios puede perdonar los pecados? *Sí, ellos tenían toda la razón.*

6. ¿Por qué no estaba mal que Jesús dijera al hombre que sus pecados habían sido perdonados? *Jesús podía perdonar los pecados del hombre, porque Jesús es Dios.*

7. ¿Cómo pudo Jesús sanar al hombre paralítico sólo con hablar? *Jesús es Dios. Él creó el mundo entero sólo con Su voz y tenía el poder de curar a este hombre con sólo decir las palabras.*

8. ¿Por qué los judíos no querían a los cobradores de impuestos? *No querían a los cobradores de impuestos porque se robaban el dinero de ellos, al recoger más dinero que lo que pedía el gobierno y embolsándose ellos mismos el cargo extra.*

9. ¿Qué tipo de personas, dijo Jesús, necesitaban un médico? *Los enfermos necesitan un médico.*

10. ¿En qué sentido estás enfermo tú? *Tú estás enfermo de pecado. A causa de tu pecado vas a morir y vas a estar separado de Dios para siempre.*

11. ¿Quién es el único que puede curarte para no morir? *Jesús es el único que puede salvarte de la muerte. Él es el único Salvador.*

Verdades bíblicas

- Jesucristo es Dios, Él es el Creador del mundo.
- Jesucristo puede hacer cualquier cosa.
- Dios lo sabe todo.
- Todas las personas son pecadoras.
- Sólo Dios puede perdonar los pecados.
- No podemos salvarnos a nosotros mismos. Sólo Jesús, el Libertador, nos puede salvar.
- Dios salva sólo a los que creen en Él.
- Dios es un Dios de amor, Él ama a todos.

Actividad 1: Actuar el relato del paralítico

Suministros

- Voluntarios para ser paralítico, cuatro amigos, Jesús, la muchedumbre y los fariseos
- Objetos: manta y una almohada, opcional

Instrucciones

- Haga que cuatro estudiantes agarren las cuatro esquinas de la manta para llevar a un estudiante menor. Luego pídales que representen la historia del paralítico.

Actividad 2: Bingo bíblico

Suministros

- Tarjetas Bingo y fichas de juego – cualquier juego de tarjetas sirve. También se puede adquirir a bajo precio en algún negocio.

Instrucciones

- Dar a cada alumno una tarjeta bingo y algunas fichas.
- Hacer una de las preguntas de repaso y pedir a uno de los alumnos que conteste. Si el alumno contesta correctamente, puede llamar a llenar la casilla que quiera del bingo. Todo el que tenga esa casilla puede también llenarla.
- Continuar haciendo las preguntas. Dar a cada niño la oportunidad de contestar al menos una pregunta y escoger una casilla del bingo.
- El juego termina cuando el primer alumno grita BINGO por haber completado una línea con fichas, horizontal, vertical, o diagonalmente.
- Jugar el juego varias veces hasta que cada uno haya contestado una pregunta o hasta que todas las preguntas de repaso hayan sido hechas y contestadas.

Referencias bíblicas

Mateo 23:1-39; Colosenses 1:16; 1 Timoteo 2:4

58
Hipócritas
Jesús reprende a los fariseos

Versículo para memorizar

En el principio era el Verbo, y el Verbo era con Dios, y el Verbo era Dios. Juan 1:1

Lección

Un día de reposo cuando Jesús fue a la sinagoga, se encontró con un hombre con una mano discapacitada.

Otra vez entró Jesús en la sinagoga; y había allí un hombre que tenía seca una mano. Y le acechaban para ver si en el día de reposo le sanaría, a fin de poder acusarle. Marcos 3:1-2

Uno de los diez mandamientos que Dios dio a Moisés en el monte Sinaí fue que los israelitas debían descansar en el día de reposo, que es el sábado. Los fariseos, a quienes les gustaba añadir reglas a las que Dios les había dado, añadieron que era malo curar a una persona en sábado, el día de reposo.

Jesús obedeció las leyes de Dios, pero Él no siguió las reglas inventadas por los fariseos. De hecho, le dijo a la multitud que los fariseos eran hipócritas. Los fariseos eran como un plato que se lava en el exterior, pero aún está sucio por dentro. Debido a todas sus reglas, los fariseos se miraban religiosos en el exterior, pero Jesús conocía la maldad de sus corazones.

> Un hipócrita es alguien quien pretende amar a Dios, pero en realidad no le importa Dios. A los hipócritas solamente les importa lo que la gente piense de ellos. Quieren que el mundo piense que ellos son muy buenos, pero son igual de malos que el resto de la gente.

¡Ay de vosotros, escribas y fariseos, hipócritas! porque limpiáis lo de fuera del vaso y del plato, pero por dentro estáis llenos de robo y de injusticia. Mateo 23:25

Jesús dijo que en su interior los fariseos eran codiciosos y egoístas. Él advirtió a los israelitas a no ser hipócritas como los fariseos.

📖 Y cuando ores, no seas como los hipócritas; porque ellos aman el orar en pie en las sinagogas y en las esquinas de las calles, para ser vistos de los hombres;... Mateo 6:5a

A los fariseos les gustaba orar en público para que todos pudieran verlos. Ellos querían que los israelitas pensaran que ellos fueran muy religiosos. Cuando Jesús hizo brillar Su luz sobre ellos, los fariseos se enojaron. No querían que todos supieran lo que estaban realmente en su corazón.

Jesús preguntó a los fariseos si pensaban que era un error hacer una buena obra en el día sábado.

📖 Entonces dijo al hombre que tenía la mano seca: Levántate y ponte en medio. Y les dijo: ¿Es lícito en los días de reposo hacer bien, o hacer mal; salvar la vida, o quitarla? Pero ellos callaban. Marcos 3:3-4

Los fariseos no sabían qué decir. Pero sabían que no estaba mal ser amable.

La dureza de los corazones de los fariseos entristeció a Jesús.

📖 Entonces, mirándolos alrededor con enojo, entristecido por la dureza de sus corazones, dijo al hombre: Extiende tu mano. Y él la extendió, y la mano le fue restaurada sana. Marcos 3:5

Los fariseos estaban conduciendo a los israelitas a creer una mentira. Ellos enseñaban que seguir las reglas les hacía aceptables para con Dios, pero eso no es cierto.

Todas las personas están separadas de Dios a causa del pecado. No es posible hacerse aceptable con Dios haciendo buenas obras. Jesús el Libertador es el único que puede salvarnos.

Si el pueblo judío creía la mentira de los fariseos, nunca confiaría en Jesucristo para la salvación y estaría separado de Dios para siempre en el lugar terrible de sufrimiento. Jesús estaba enojado con los fariseos porque llevaban al pueblo a la separación eterna de Dios.

Aunque Jesús sabía que los fariseos estaban buscando una razón para arrestarlo, se negó a obedecer sus reglas. Jesús le dijo al hombre que extendiera su mano y lo sanó.

Una vez más, Jesús curó a un enfermo por simplemente decir las palabras. ¡Sólo el Creador del mundo podría hacer eso! Los fariseos se debían haber dado cuenta de que Jesús era Dios.

Los fariseos eran muy parecidos al faraón de Egipto. No importaba cuántas plagas terribles Dios enviara sobre Egipto, el faraón se negaba a escuchar a Dios. Así eran los fariseos. No importaba cuántos milagros increíbles y sorprendentes Jesús realizaba, los fariseos se negaban a creer que Jesús era Dios. También, al igual que el faraón, su corazón se endurecía más y más hasta que finalmente decidieron que Jesús debía ser asesinado.

Y salidos los fariseos, tomaron consejo con los herodianos contra él para destruirle. Marcos 3:6

Los fariseos odiaban tanto a Jesús que estaban dispuestos a unirse a los malos seguidores del rey Herodes, los herodianos, con el fin de deshacerse de Jesús.

Más Jesús se retiró al mar con sus discípulos, y le siguió gran multitud de Galilea... Y dijo a sus discípulos que le tuviesen siempre lista la barca, a causa del gentío, para que no le oprimiesen. Porque había sanado a muchos; de manera que por tocarle, cuantos tenían plagas caían sobre él. Marcos 3:7-10

Debido a que los fariseos estaban dispuestos a matarlo, Jesús salió y se fue a la costa. Una gran multitud lo siguió. Todos querían ser sanados de sus enfermedades. Jesús tuvo compasión de la gente, y los sanó; incluso los que tocaron a Jesús fueron sanados.

Jesús era obviamente Dios, hasta los demonios lo sabían. En el principio vivieron con Dios en el cielo, y sabían que Jesús era el Hijo de Dios.

Y los espíritus inmundos, al verle, se postraban delante de él, y daban voces, diciendo: Tú eres el Hijo de Dios. Más él les reprendía mucho para que no le descubriesen. Marcos 3:11-12

Jesús no quería que los demonios anunciaran quién era.

Recuerda

No puedes hacerte aceptable con Dios guardando los Diez Mandamientos. Las buenas acciones como ir a la iglesia, leer la Biblia, orar, o ser amable, no te harán aceptable con Dios, tampoco.

A pesar de que otras personas pueden llamarte una buena persona, Dios ve el corazón. Él sabe lo que eres por dentro y eso es lo que le importa a Él.

...porque Jehová no mira lo que mira el hombre; pues el hombre mira lo que está delante de sus ojos, pero Jehová mira el corazón.
1 Samuel 16:7b

El castigo por el pecado en tu corazón es la muerte. Sólo Jesucristo puede salvarte de la muerte. Sólo Cristo, el Libertador, puede hacerte aceptable con Dios. ¡Hay que confiar en Él y no en ti mismo!

Preguntas

1. ¿Cuál fue una de las reglas de los fariseos? *Los fariseos decían que estaba mal sanar a alguien en el día sábado.*

2. ¿Jesús obedeció las leyes de los fariseos? *No. Él sólo obedecía las reglas de Dios.*

3. ¿Qué es un hipócrita? *Un hipócrita es alguien que hace como ama a Dios, pero en su interior Dios no le importa.*

4. ¿De qué manera eran los fariseos como un plato que se lava en el exterior, pero todavía estaba sucio por dentro? *Los fariseos tenían muchas reglas y actuaban muy religiosos, pero en su interior eran egoístas y codiciosos. Los judíos pensaban que los fariseos eran buenas personas, pero Dios conocía sus corazones.*

5. ¿Porque se enojaron los fariseos con Jesús? *Los fariseos se enojaron con Jesús por decirle a la gente cuán pecadores realmente eran en su interior. Querían que los judíos pensaran que eran muy buenos.*

6. ¿Cómo pudo Jesús sanar la mano del hombre sólo por hablar? *Jesús podía sanar la mano del hombre sólo por hablar, porque Jesús es Dios. En el principio, hizo el universo entero sólo por hablar.*

7. ¿Por qué estaba enojado Jesús con los fariseos? *Jesús se enojó con los fariseos porque ellos eran los líderes religiosos, pero en vez de enseñar la verdad, ellos enseñaban mentiras al pueblo de Israel. Los fariseos enseñaban a los israelitas que mantener las reglas les hacía aceptable con Dios. Esta era una mentira que causaba que muchos judíos no creyeran en Jesús. Como no confiaban en Jesús para salvarlos iban a estar separados de Dios para siempre. Esto hizo que Jesús se enojara.*

8. ¿En qué sentido eran los fariseos, como el faraón de Egipto? *Al igual que el faraón se negó a creer en Dios a pesar de que vio los milagros que Dios hizo, los fariseos se negaron a creer que Jesús era Dios, aunque veían las señales maravillosas e increíbles que Él hizo.*

9. ¿Qué querían hacer los fariseos y los herodianos con Jesús? *Ellos querían matar a Jesús.*

10. ¿Cómo los demonios sabían quién era Jesús? *Ellos vivían con Dios en el cielo en el principio.*

11. ¿Puede hacerte aceptable con Dios guardar los Diez Mandamientos, la lectura de la Biblia, o hacer buenas obras? *No, no puedes hacerte aceptable con Dios por hacer cosas buenas, porque a pesar de estar bien por fuera, tu corazón sigue siendo pecador.*

12. ¿Quién es el único que puede hacerte aceptable con Dios? *Sólo Jesucristo, el Liberador, puede hacerte aceptable con Dios.*

Verdades bíblicas

- Sólo Dios tiene la autoridad para hacer las reglas.
- Dios sabe cómo somos por dentro.
- Todas las personas son pecadoras.
- La paga del pecado es la muerte.
- No hay nada que podamos hacer para hacernos aceptables con Dios.
- Jesucristo es el único Salvador, y sólo Él nos puede salvar de la muerte y hacernos agradables con Dios.
- Jesús salva sólo a aquellos que confían en Él.
- Jesucristo es Dios el Hijo.
- Jesús puede hacer todo, nada es demasiado difícil para Él.
- Jesús es el Creador del mundo.
- Jesús creó a los ángeles que se convirtieron en demonios.
- Jesús ama a las personas.
- Aquellos que creen en Dios van a vivir con Él en el cielo para siempre, pero aquellos que no creen en Dios serán separados de Él para siempre en el lugar terrible de sufrimiento.

Actividad: Juego al gato/cero y cruz

Suministros

- Pizarrón o pizarra blanca o un pedazo grande de papel de tamaño póster
- tiza o marcadores

Instrucciones

- Se juega entre dos equipos. El objetivo es ser el primero en completar una línea de tres casilleros.
- Dibujar un rectángulo con 9 posiciones ordenadas y vacías como indica la figura:

- Dividir los estudiantes en dos equipos

- Hacerles - por turno - las preguntas de la lección. Si el equipo de turno responde a la pregunta correctamente, selecciona una casilla vacía y la marca con un "X". Si no responde correctamente, pierde el turno.
- A continuación hacerle una pregunta al segundo equipo. Si responde bien selecciona una casilla vacía y la marca con un "O".
- Continuar así hasta que alguno de los dos equipos marca 3 casillas que estén en línea (puede ser en diagonal), si ninguno de los equipos logra este objetivo y no hay más casillas vacías, el juego se declara en empate.
- Jugar varias veces hasta que haya usado todas las preguntas.

Referencias bíblicas

1 Reyes 8:39; Mateo 6:2, 5, 16; 15:18-20; Lucas 16:15; Colosenses 1:16

59
Poder sobrenatural

Jesús calma la tormenta y envía los demonios a los cerdos

Versículo para memorizar

> *Yo soy el pan vivo que descendió del cielo; si alguno comiere de este pan, vivirá para siempre... Juan 6:51a*

Lección

Jesús vino a la tierra como profeta de Dios, Él vino a enseñar al pueblo de Israel la verdad de la Palabra de Dios. Dado que muchos israelitas vivían cerca del Mar de Galilea, y que muchos más llegaban a la mar para pescar, este era el lugar perfecto para que Jesús enseñara a los israelitas el mensaje de Dios.

Otra vez comenzó Jesús a enseñar junto al mar, y se reunió alrededor de él mucha gente, tanto que entrando en una barca, se sentó en ella en el mar; y toda la gente estaba en tierra junto al mar. Aquel día, cuando llegó la noche, les dijo: Pasemos al otro lado. Y despidiendo a la multitud, le tomaron como estaba, en la barca; y había también con él otras barcas. Pero se levantó una gran tempestad de viento, y echaba las olas en la barca, de tal manera que ya se anegaba. Y él estaba en la popa, durmiendo sobre un cabezal; y le despertaron, y le dijeron: Maestro, ¿no tienes cuidado que perecemos?

Y levantándose, reprendió al viento, y dijo al mar: Calla, enmudece. Y cesó el viento, y se hizo grande bonanza. Y les dijo: ¿Por qué estáis así amedrentados? ¿Cómo no tenéis fe?

Entonces temieron con gran temor, y se decían el uno al otro: ¿Quién es éste, que aun el viento y el mar le obedecen? Marcos 4:1, 35-41

La parte humana de Jesús le pedía reposo ya que se sentía cansado después de un largo día de enseñanza. Cuando subió al barco se quedó dormido.

Después de un rato, una terrible tormenta se desató sobre ellos. El barco comenzó a llenarse de agua y los discípulos se asustaron. ¡No podían creer que Jesús estuviera durmiendo!

Cuando los discípulos despertaron a Jesús, Él habló al viento y al mar furioso que se calmaran. Inmediatamente el viento se calmó y el mar estuvo tranquilo.

Los discípulos se asombraron en gran medida del poder de Jesús. Ellos todavía no habían entendido que Jesús era Dios, el Creador del mundo.

Porque en él fueron creadas todas las cosas, las que hay en los cielos y las que hay en la tierra, visibles e invisibles; todo fue creado por medio de él y para él. Colosenses 1:16

Si los discípulos hubieran entendido que Jesús era Dios, no habrían tenido miedo de la tormenta. Dios siempre hace lo que se propone hacer. Cuando Jesús dijo: "Pasemos a la otra orilla", deberían haber sabido que llegarían a salvo al otro lado, no importa lo que pasara.

Tan pronto como el barco llegó al otro lado, un loco se acercó a Jesús.

Y cuando salió él de la barca, en seguida vino a su encuentro, de los sepulcros, un hombre con un espíritu inmundo, que tenía su morada en los sepulcros, y nadie podía atarle, ni aun con cadenas. Porque muchas veces había sido atado con grillos y cadenas, más las cadenas habían sido hechas pedazos por él, y desmenuzados los grillos; y nadie le podía dominar. Y siempre, de día y de noche, andaba dando voces en los montes y en los sepulcros, e hiriéndose con piedras. Marcos 5:2-5

Satanás ha sido un asesino desde el principio. ¿Se acuerdan de que quería que Adán y Eva murieran y estuviesen separados de Dios para siempre? Los seguidores de Satanás, los demonios, también odian a la gente y tratan de hacerles daño.

El hombre que vino a Jesús era controlado por los demonios de Satanás. Él estaba sin hogar y no muy bien de su mente. Vivía en un cementerio. Día y noche gritaba alrededor del cementerio y se hería con piedras. Los demonios lo estaban destruyendo, y nadie tenía fuerza para ayudarlo.

Cuando vio, pues, a Jesús de lejos, corrió, y se arrodilló ante él. Y clamando a gran voz, dijo: ¿Qué tienes conmigo, Jesús, Hijo del Dios Altísimo? Te conjuro por Dios que no me atormentes.

Porque le decía: Sal de este hombre, espíritu inmundo. Y le preguntó: ¿Cómo te llamas?

Y respondió diciendo: Legión me llamo; porque somos muchos. Y le rogaba mucho que no los enviase fuera de aquella región.
Marcos 5:6-10

A pesar de que los demonios eran fuertes, le tenían miedo a Jesús.

Jesús es Dios, Él es la máxima autoridad. Él creó a los ángeles en el principio. Cuando Lucifer y sus seguidores trataron de luchar contra Dios, Él los echó del cielo. Algún día les va a enviar al lago de fuego donde permanecerán para siempre, para nunca más salir.

> Y el diablo que los engañaba fue lanzado en el lago de fuego y azufre, donde estaban la bestia y el falso profeta; y serán atormentados día y noche por los siglos de los siglos...
> Apocalipsis 20:10

Los demonios sabían quién era Jesús. Ellos sabían que los podía arrojar al lago de fuego en cualquier momento. Sabían que no podían hacer nada sin el permiso de Jesús. Le rogaron a Jesús que les enviara a la manada de cerdos que estaba cerca.

> Estaba allí cerca del monte un gran hato de cerdos paciendo. Y le rogaron todos los demonios, diciendo: Envíanos a los cerdos para que entremos en ellos. Y luego Jesús les dio permiso. Y saliendo aquellos espíritus inmundos, entraron en los cerdos, los cuales eran como dos mil; y el hato se precipitó en el mar por un despeñadero, y en el mar se ahogaron. Marcos 5:11-13

A pesar de que los cerdos murieron, los demonios se mantuvieron con vida. Los demonios son espíritus. Ellos no tienen cuerpos físicos que mueren. Después de que los cerdos se ahogaron, los demonios se fueron a otro lugar para continuar su obra perversa.

Cuando la gente vio que Jesús tenía autoridad sobre los demonios, tuvieron miedo.

> Y los que apacentaban los cerdos huyeron, y dieron aviso en la ciudad y en los campos. Y salieron a ver qué era aquello que había sucedido. Vienen a Jesús, y ven al que había sido atormentado del demonio, y que había tenido la legión, sentado, vestido y en su juicio cabal; y tuvieron miedo. Y les contaron los que lo habían visto, cómo le había acontecido al que había tenido el demonio, y lo de los cerdos. Y comenzaron a rogarle que se fuera de sus contornos. Marcos 5:14-17

Mientras el hombre se encontraba bajo el dominio de Satanás, él estaba sin hogar y loco. Continuamente se lastimaba. No podía librarse del poder de Satanás. Nadie tampoco podía liberarlo. El hombre tenía que hacer lo que los demonios querían.

Jesús es el único que tiene el poder de liberar al hombre de los demonios y ponerlo a la familia de Dios. Jesús amaba al hombre, Él hizo un cambio maravilloso y hermoso en él.

El hombre estaba tan feliz que le rogó a Jesús que le permitiera ir con Él.

> Al entrar él en la barca, el que había estado endemoniado le rogaba que le dejase estar con él. Mas Jesús no se lo permitió, sino que le dijo: Vete a tu casa, a los tuyos, y cuéntales cuán grandes cosas el Señor ha hecho contigo, y cómo ha tenido misericordia de ti. Y se fue, y comenzó a publicar en Decápolis cuán grandes cosas había hecho Jesús con él; y todos se maravillaban. Marcos 5:18-20

Jesús quería que este hombre compartiera con sus amigos y familiares el gran cambio que Dios había hecho en su vida, quería que les dijera a los demás como Dios lo había rescatado del dominio de Satanás. Jesús quería que este hombre fuera Su mensajero y les dijera a otros acerca del amor de Dios.

Recuerda

Debido a que todas las personas nacen en la familia de Adán, todas las personas nacen en el lado de Satanás y están bajo su control. Satanás induce a la gente a lastimarse y a destruirse a sí mismos y a los demás.

Al igual que el hombre poseído por el demonio, no puedes salvarte de control de Satanás. Nadie tampoco puede salvarte. Sólo Jesucristo puede liberarte de Satanás.

> Y en ningún otro hay salvación; porque no hay otro nombre bajo el cielo, dado a los hombres, en que podamos ser salvos. Hechos 4:12

A pesar de que naciste en el lado de Satanás, Dios te ama. Por eso Él envió al Libertador para liberarte de Satanás y crear una forma de entrar en la familia de Dios.

Preguntas

1. Si Jesús es Dios, ¿por qué Jesús se cansa al final del día? *Jesús se cansó porque era un ser humano.*

2. ¿Por qué los discípulos se sorprendieron cuando el viento y el mar obedecieron a Jesús? *Se sorprendieron porque no entendían que Jesús era Dios, el Creador del mundo.*

3. ¿Quién era el único que podía rescatar al hombre poseído por un demonio? *Sólo Jesús, el Hijo de Dios podía liberarlo de los demonios.*

4. ¿Cómo controlaban los demonios las acciones del hombre? *Lo llevaban a hacer locuras y a hacerse daño.*

5. ¿Los demonios sabían quién era Jesús? *Sí, ellos reconocieron a Jesús, sabían que era Dios. Ellos sabían que Él era el que los echó del cielo e hizo el lago de fuego para ellos.*

6. ¿Por qué los demonios tienen que pedir permiso a Jesús para entrar en los cerdos? *Tuvieron que pedir permiso, porque Jesús es Dios, el Creador del mundo. Él es la máxima autoridad.*

7. Después de que Jesús liberó al hombre de los demonios, ¿qué quería Jesús que hiciera el hombre? *Jesús quería que el hombre les dijera a sus amigos y a su familia todo lo que Jesús había hecho por él.*

8. ¿A quién envió Dios para aplastar la cabeza de Satanás? *Dios envió a Jesucristo el Liberador para aplastar la cabeza de Satanás y liberar a la humanidad del dominio de Satanás.*

9. ¿Quién es el único que te puede librar de control de Satanás y ponerte a la familia de Dios? *Sólo Jesús tiene el poder para librarte de Satanás y ponerte a la familia de Dios.*

Verdades bíblicas

- Jesucristo es un ser humano.
- Jesucristo es Dios.
- Dios siempre hace lo que dice que hará.
- Jesucristo es el Creador del mundo.
- Satanás y sus demonios hieren y destruyen a las personas.
- Jesucristo es más poderoso que Satanás y sus demonios, Él tiene autoridad sobre ellos.
- Dios creó el lago de fuego para Satanás y sus demonios.
- Jesucristo ama a la gente.
- Jesucristo es el único Salvador, Él es el único que puede liberar a la gente de Satanás y ponerlos a la familia de Dios.

Actividad 1: Dibujar y colorear

Suministros

- Lápices, lápices de color y crayones
- Papel de construcción
- Perforadora
- Hilo o cuerda

Instrucciones

- Hacer un dibujo de Jesús en el barco y la terrible tormenta.
- Colorear el dibujo
- Perforar dos agujeros en el papel
- Pasar la cuerda a través de los agujeros para colgar el dibujo

Actividad 2: Memorizar el versículo con pelota

Suministros

- Una o más pelotas de tamaño mediano
- Copia del versículo a memorizar:

  Yo soy el pan vivo que descendió del cielo; si alguno comiere de este pan, vivirá para siempre... Juan 6:51a

Instrucciones

- Dividir a los alumnos en dos equipos o formar un gran círculo, depende del número de alumnos en el grupo. Practicar el versículo a memorizar lanzando y cogiendo la pelota unos a otros.
- Por ejemplo: El profesor dice la primera parte del versículo a memorizar. Una vez que lo dice correctamente, lanza la pelota a uno de los alumnos quien también debe decirlo correctamente y lanzar la pelota a otro alumno. Hacer la ronda hasta que cada uno haya tenido la oportunidad de coger la pelota y decir la primera parte del versículo. Luego se puede agregar la segunda parte y hacer lo mismo. Finalmente se puede decir todo el versículo más la referencia bíblica.
- Si los alumnos han trabajado en grupos pequeños, juntarlos ahora en un círculo más amplio y hacer recitar el versículo delante de todos sin las pelotas.

Adicionales referencias bíblicas

Deuteronomio 18:18-19; Jeremías 32:27; Job 1:12, Salmo 24:1-2; 95:1-7; 107:23-30; Salmo 148:1-5; Mateo 25:41; Juan 4: 25; 8:44; Efesios 6:12, Hebreos 1:2-3, Apocalipsis 20:10

60
Pan que da la vida eterna
Jesús alimenta a la multitud y camina sobre el agua

Versículo para memorizar

Yo soy el pan vivo que descendió del cielo; si alguno comiere de este pan, vivirá para siempre... Juan 6:51a

Lección

Siempre había grandes multitudes reunidas alrededor de Jesús. Ellos seguían a Jesús por los milagros que Él hacía.

Y le seguía gran multitud, porque veían las señales que hacía en los enfermos...Cuando alzó Jesús los ojos, y vio que había venido a él gran multitud, dijo a Felipe: ¿De dónde compraremos pan para que coman éstos? Pero esto decía para probarle; porque él sabía lo que había de hacer. Felipe le respondió: Doscientos denarios de pan no bastarían para que cada uno de ellos tomase un poco. Juan 6:2, 5-7

Felipe era uno de los doce discípulos de Jesús. Jesús estaba poniendo a prueba a Felipe para ver si el realmente creía que Jesús era Dios. Si Felipe creía que Jesús era Dios, él sabría que sería fácil para Jesús alimentar a toda esa gente. Pero Felipe todavía no entendía quién era Jesús, no entendió que Jesús era el Creador del mundo y que nada es demasiado difícil para Él.

Jesús les dijo a los discípulos que hicieran que la gente se sentara sobre la hierba.

Uno de sus discípulos, Andrés, hermano de Simón Pedro, le dijo: Aquí está un muchacho, que tiene cinco panes de cebada y dos pececillos; mas ¿qué es esto para tantos? Entonces Jesús dijo: Haced recostar la gente. Y había mucha hierba en aquel lugar; y se recostaron como en número de cinco mil varones. Y tomó Jesús aquellos panes, y habiendo dado gracias, los repartió entre los discípulos, y los discípulos entre los que estaban recostados; asimismo de los peces, cuanto querían. Y cuando se hubieron saciado, dijo a sus discípulos: Recoged los pedazos que sobraron, para que no se pierda nada. Recogieron, pues, y llenaron doce cestas de pedazos, que de los cinco panes de cebada sobraron a los que habían comido. Juan 6:8-13

417

¿Cuántas personas podrían alimentarse con un bocadillo? ¿Podrías con eso alimentar a tu familia entera? ¿Podrías alimentar a toda la gente de tu calle? No, un sándwich es sólo suficiente para una persona, o tal vez dos.

Pero Jesús es Dios. Podía hacer lo imposible. Él fácilmente podía alimentar a cinco mil personas con el almuerzo de un niño. Después de que todos comieron, los discípulos reunieron doce canastas llenas de migas del suelo. ¡Sólo Jesús podía hacer eso!

Cuando la gente vio lo que Jesús hizo, creyeron que Él era el Mesías, el Elegido que fue anunciado por los profetas del Antiguo Testamento.

Aquellos hombres entonces, viendo la señal que Jesús había hecho, dijeron: Este verdaderamente es el profeta que había de venir al mundo. Pero entendiendo Jesús que iban a venir para apoderarse de él y hacerle rey, volvió a retirarse al monte él solo. Juan 6:14-15

Los judíos tenían conocimiento del Libertador prometido por las Escrituras del Antiguo Testamento. Ellos sabían que Dios dijo que el Libertador sería un profeta y un rey. Cuando Jesús alimentó a cinco mil personas con tan sólo cinco rebanadas de pan y dos peces, ellos estaban listos para hacerle rey en ese mismo instante. Ellos querían que Jesús siguiera sanando sus enfermedades y que siguiera alimentándolos. Querían que Jesús los rescatara del cruel gobierno romano.

Pero este no era la manera que Dios planificada para que Jesús llegara a ser rey, así que Jesús subió a la montaña para escapar.

Por la noche, los discípulos de Jesús se fueron en un barco, pero Jesús se quedó atrás.

Al anochecer, descendieron sus discípulos al mar, y entrando en una barca, iban cruzando el mar hacia Capernaum. Estaba ya oscuro, y Jesús no había venido a ellos. Y se levantaba el mar con un gran viento que soplaba. Cuando habían remado como veinticinco o treinta estadios, vieron a Jesús que andaba sobre el mar y se acercaba a la barca; y tuvieron miedo. Mas él les dijo: Yo soy; no temáis. Ellos entonces con gusto le recibieron en la barca, la cual llegó en seguida a la tierra adonde iban. Juan 6:16-21

Mientras remaban por el agitado mar, los discípulos vieron que alguien venía caminando hacia ellos encima de las olas. Al principio tuvieron miedo, pero luego se dieron cuenta de que era Jesús. En el instante en que Jesús subió a la barca, ¡llegaron a su destino al otro lado del mar!

Jesús hizo muchas grandes obras que probaban que Él era Dios. Nadie más que Dios podía hacer las obras que Jesús hizo.

Cuatro profetas escribieron sobre la vida de Jesús en la tierra, Estos fueron Mateo, Marcos, Lucas y Juan. Estos hombres escribieron los primeros cuatro libros del Nuevo Testamento. Mateo y Juan eran discípulos de Jesús, que más tarde se convirtieron en apóstoles.

El apóstol Juan dijo que si hubiera anotado todo lo que Jesús hizo, ¡no habría espacio suficiente en el mundo para contener todos los libros! Durante la vida de Jesús en la tierra, Él sorprendía continuamente a sus discípulos con Su gran poder y sabiduría.

Y hay también otras muchas cosas que hizo Jesús, las cuales si se escribieran una por una, pienso que ni aun en el mundo cabrían los libros que se habrían de escribir. Amén. Juan 21:25

El día después de que Jesús alimentó a los cinco mil, la multitud lo alcanzó al otro lado del mar.

El día siguiente...hallándole al otro lado del mar, le dijeron: Rabí, ¿cuándo llegaste acá? Respondió Jesús y les dijo: De cierto, de cierto os digo que me buscáis, no porque habéis visto las señales, sino porque comisteis el pan y os saciasteis. Juan 6:22-26

Puesto que Jesús era Dios, Él sabía la verdadera razón del porque la multitud le buscaba. Él sabía que le buscaban porque querían más comida.

Pero Jesús explicó que hay algo mucho más importante que la comida.

Trabajad, no por la comida que perece, sino por la comida que a vida eterna permanece, la cual el Hijo del Hombre os dará; porque a éste señaló Dios el Padre.

Porque el pan de Dios es aquel que descendió del cielo y da vida al mundo.

Jesús les dijo: Yo soy el pan de vida; el que a mí viene, nunca tendrá hambre; y el que en mí cree, no tendrá sed jamás. Juan 6:27, 33, 35

En lugar de desear la comida que sólo da vida temporal, Jesús aconsejó a los judíos a buscar el alimento que da vida eterna. Jesús es el "pan de Dios". Él vino a la tierra para dar vida a todos los que creen en Él. La vida que ofrece Jesús es para siempre. Esa es la vida que los judíos debería haber estado buscando.

Recuerda

¿Recuerdas a Jacob y Esaú? ¿Recuerdas que Esaú se preocupaba más por la comida que por su primogenitura? La promesa del Libertador no era importante para Esaú.

Los israelitas eran muy parecidos a Esaú. Se preocupaban solamente por su situación actual. Querían que Jesús les proporcionara alimentos y que los rescatara del actual gobierno. La mayoría de ellos no querían que Jesús fuera su Salvador. Ellos no pensaban que su pecado los separaba de Dios, sino que pensaban que Dios los aceptaba tal cual eran.

¿Qué hay de ti? ¿Es que divertirte, jugar con tus amigos, ver películas, o conseguir el juego más novedoso del mercado es más importante para ti que la verdad de la Palabra de Dios? La Biblia dice que la vida en esta tierra es sólo temporal, que sólo dura muy poco tiempo.

... las cosas que se ven son temporales, pero las que no se ven son eternas. 2 Corintios 4:18b

Después de morir, tu alma seguirá viviendo por siempre y para siempre. Dependiendo de la decisión que tomes durante tu vida en la tierra, vas a estar separado de Dios para siempre en el lugar de sufrimiento, o bien, vas a vivir con Él para siempre en el cielo.

De cierto, de cierto os digo: Él que oye mi palabra, y cree al que me envió, tiene vida eterna; y no vendrá a condenación, más ha pasado de muerte a vida. Juan 5:24

¡Cree en Jesús! Eso es lo único que realmente importa.

Preguntas

1. ¿Por qué las multitudes seguían a Jesús? *Porque querían comida, querían ser sanados de sus enfermedades, y querían ser salvados del cruel gobierno romano.*

2. ¿Por qué le preguntó Jesús a Felipe cómo iban a alimentar a la multitud? *Jesús estaba probando para ver si Felipe creía que Él era Dios. Jesús quería ver si Felipe comprendía que Él era el Creador del mundo que podía hacer cualquier cosa.*

3. ¿Puedes nombrar algunas de las cosas que hizo Jesús para demostrar que Él era Dios? *Él alimentó a cinco mil personas con sólo cinco panes y dos peces, caminó sobre el agua, e hizo que el barco llegara a la orilla en una fracción de segundo.*

4. ¿Qué dijo el apóstol Juan acerca de todos los milagros que hizo Jesús? *Juan dijo que si todo lo que Jesús hizo se hubiera escrito, el mundo no podría contener los libros que se habrían de escribir.*

5. Cuando la gente vio los grandes milagros que Jesús hizo, ¿quién pensaban que era Jesús? *Ellos pensaban que Jesús era el Mesías de quien los profetas escribieron en el Antiguo Testamento, y querían que Jesús fuera su rey.*

6. ¿Querían los judíos que Jesús los rescatara del control de Satanás y de la pena de muerte que merecían por sus pecados? *No. La mayoría de los judíos creían que eran aceptables a Dios, no creían que tenían que ser salvados de Satanás y de la muerte.*

7. ¿Qué tipo de comida les dijo Jesús a los israelitas deberían buscar? *Jesús les dijo que deberían buscar el alimento que da vida eterna.*

8. ¿Quién es el pan de vida que descendió del cielo? *Jesucristo, el Libertador prometido, Él es el único que puede dar la vida que dura para siempre.*

9. ¿De qué manera no debes ser como Esaú, y los israelitas? *No debes preocuparte más por tu vida en la tierra que por la vida eterna con Dios. Tienes que confiar en Jesús como tu Salvador, mientras que todavía estás vivo, para que después de tu muerte vivas para siempre con Dios. Si no confías en Jesús, mientras tengas vida, entonces cuando mueras estarás separado de Dios para siempre.*

Verdades bíblicas

- Jesucristo es Dios.
- Jesús Cristo ama a la gente, Él se preocupaba por las multitudes.
- Jesucristo puede hacer todo. Nada es demasiado difícil para Él.
- Jesucristo es el Creador del mundo, Él tiene poder sobre la naturaleza.
- Jesucristo sabe todo, sabía por qué los judíos querían hacerlo rey.
- Dios está en control, Él hace que todo suceda a Su tiempo.
- Jesús salva sólo a aquellos que creen en Él.
- Jesús Cristo da la vida eterna.
- El momento en que uno muere, o bien va al lugar de sufrimiento o irá para siempre con Dios.

Actividad 1: Pan de vida

Suministros

- Papel
- Lápices, lápices de colores

Instrucciones

- Dibujar un hombre con un globito que dice: Él que cree en Mi nunca morirá.
- Al lado, dibujar un pan.
- Dentro del pan escribir: Él que come de mí, un día morirá.
- Colorear el dibujo.
- Discutir como el Pan de Vida es mejor que el pan diario. Comemos del Pan de Vida por creer en Jesucristo como nuestro Salvador.

Actividad 2: Juego al gato/cero y cruz

Suministros

- Pizarrón o pizarra blanca o un pedazo grande de papel de tamaño póster
- Tiza o marcadores

Instrucciones

- Se juega entre dos equipos. El objetivo es ser el primero en completar una línea de tres casilleros.
- Dibujar un rectángulo con 9 posiciones ordenadas y vacías como indica la figura:

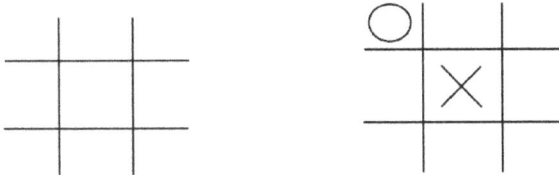

- Dividir los estudiantes en dos equipos
- Hacerles - por turno - las preguntas de la lección. Si el equipo de turno responde a la pregunta correctamente, selecciona una casilla vacía y la marca con un "X". Si no responde correctamente, pierde el turno.
- A continuación hacerle una pregunta al segundo equipo. Si responde bien selecciona una casilla vacía y la marca con un "O".
- Continuar así hasta que alguno de los dos equipos marca 3 casillas que estén en línea (puede ser en diagonal), si ninguno de los equipos logra este objetivo y no hay más casillas vacías, el juego se declara en empate.
- Jugar varias veces hasta que haya usado todas las preguntas.

Referencias bíblicas

Daniel 12:2; Mateo 25:46; Lucas 12:22-23; Juan 5:29; Hechos 7:37; Colosenses 1:16

61
Sucio en el interior

Parábola de dos oraciones: la del fariseo y la del cobrador de impuestos

Versículo para memorizar

Ellos dijeron: Cree en el Señor Jesucristo, y serás salvo... Hechos 16: 31

Lección

¿Recuerdas cómo los fariseos agregaron sus propias reglas a las reglas que Dios había dado en el Monte Sinaí? Los fariseos, en realidad, comenzaron a creer que sus reglas y tradiciones eran más importantes que las reglas de Dios.

Se juntaron a Jesús los fariseos, y algunos de los escribas, los cuales, viendo a algunos de los discípulos de Jesús comer pan con manos...no lavadas, los condenaban. Porque los fariseos y todos los judíos, aferrándose a la tradición de los ancianos, si muchas veces no se lavan las manos, no comen. Y volviendo de la plaza, si no se lavan, no comen. Y otras muchas cosas hay que tomaron para guardar...

Le preguntaron, pues, los fariseos y los escribas: ¿Por qué tus discípulos no andan conforme a la tradición de los ancianos, sino que comen pan con manos inmundas? Marcos 7:1-5

Una de las reglas de los fariseos era que una persona siempre debía lavarse las manos antes de comer, especialmente si acababa de regresar de compras en el mercado. Los fariseos también tenían reglas sobre el lavado de los platos.

Cuando los fariseos y los escribas, vieron que los discípulos de Jesús no se lavaban las manos antes de comer, se molestaron. Ellos pensaron que los discípulos de Jesús debían seguir las reglas de ellos.

Respondiendo él, les dijo: Hipócritas, bien profetizó de vosotros Isaías...Este pueblo de labios me honra, más su corazón está lejos de mí...Enseñando como doctrinas mandamientos de hombres. Porque dejando el mandamiento de Dios, os aferráis a la tradición de los hombres: los lavamientos de los jarros y de los vasos de beber; y hacéis otras muchas cosas semejantes.

> Les decía también: Bien invalidáis el mandamiento de Dios para guardar vuestra tradición. Marcos 7:6-9

Jesús dijo a los fariseos que ellos eran como dijo el profeta Isaías - parecían amar a Dios, pero en sus corazones no se preocupan por Él en absoluto. Se preocupaban más por sus propias tradiciones que por los mandamientos de Dios.

Acuérdate de los Diez Mandamientos que Dios le dio a Israel. Los primeros cuatro se refieren al amor a Dios.

No tendrás dioses ajenos delante de mí.

No te harás imagen...

No tomarás el nombre de Jehová tu Dios en vano...

Acuérdate del día de reposo para santificarlo. Éxodo 20:3-8

Si amas a Dios no vas a utilizar Su nombre como una mala palabra o maldición. Si amas a Dios, le adorarás solamente a Él; no adorarás ni te inclinarás ante los dioses falsos. Lo glorificarás como el Creador del mundo.

Los próximos seis mandamientos tratan sobre amar a otras personas.

Honra a tu padre y a tu madre...

No matarás.

No cometerás adulterio.

No hurtarás.

No hablarás contra tu prójimo falso testimonio.

No codiciarás... cosa alguna de tu prójimo. Éxodo 20:12-17

Si amas a tus padres los vas a honrar. Si amas a los demás no les vas a matar o robar, no mentirás acerca de ellos, y no les envidiarás por lo que tienen.

Los fariseos no entendieron que los mandamientos de Dios tienen que ver con el amor, tratan con amar a Dios y amar a los demás.

Jesús dijo:

...amarás al Señor tu Dios con todo tu corazón, y con toda tu alma, y con toda tu mente y con todas tus fuerzas...Y...Amarás a tu prójimo como a ti mismo. No hay otro mandamiento mayor que éstos. Marcos 12:30-31

Los fariseos pensaban que Dios los aceptaba por todas las reglas que ellos seguían, pero ciertamente, ellos no seguían las reglas de Dios. ¡Ellos no amaban a Dios ni a la gente! ¿Recuerdas lo enojados que estaban cuando Jesús sanó a un hombre en sábado? Los fariseos se preocupaban más por mantener sus propias reglas inventadas, en vez de mostrar amor a su prójimo.

Jesús le explicó al pueblo de Israel de que una persona no se vuelve limpia por dentro, por el hecho de comer en platos limpios o lavándose las manos antes de comer. La comida contaminada no hace que una persona sea inmunda, sino que el corazón pecaminoso es lo que hace inaceptable a una persona ante Dios.

Y llamando a sí a toda la multitud, les dijo: Oídme todos, y entended: Nada hay fuera del hombre que entre en él, que le pueda contaminar; pero lo que sale de él, eso es lo que contamina al hombre. Porque de dentro, del corazón de los hombres, salen los malos pensamientos...las maldades, el engaño...la envidia.... Todas estas maldades de dentro salen, y contaminan al hombre. Marcos 7:14-15, 21-23

> Una parábola es una historia fabricada sobre la vida cotidiana para enseñar una lección importante.

Para ayudar a los judíos a entender que una persona no puede ser aceptable con Dios siguiendo las reglas, Jesús les contó una parábola.

A unos que confiaban en sí mismos como justos, y menospreciaban a los otros, dijo también esta parábola: Dos hombres subieron al templo a orar: uno era fariseo, y el otro publicano. El fariseo, puesto en pie, oraba...Dios, te doy gracias porque no soy como los otros hombres, ladrones, injustos, adúlteros, ni aun como este publicano; ayuno dos veces a la semana, doy diezmos de todo lo que gano.

> Más el publicano, estando lejos, no quería ni aun alzar los ojos al cielo,
> sino que se golpeaba el pecho, diciendo: Dios, sé propicio a mí, pecador.
> Os digo que éste descendió a su casa justificado antes que el otro;
> porque cualquiera que se enaltece, será humillado; y el que se humilla
> será enaltecido. Lucas 18:9-14.

Los recaudadores de impuestos trabajaban para el gobierno romano. Ellos se hacían ricos robando a su propio pueblo.

En la historia de Jesús, el cobrador de impuestos se dio cuenta de que era un pecador que merecía ser separado de Dios para siempre. Él le pidió a Dios que tuviera misericordia de él. Pero el fariseo se acercó a Dios con una lista de sus buenas obras. Él estaba agradecido que no era tan malo como otras personas, especialmente como el cobrador de impuestos.

¿Suena como Caín y Abel? Tal como los fariseos pensaban que podían hacerse aceptables a Dios por seguir sus propias reglas inventadas, Caín trató de acercarse a Dios de acuerdo con sus propias ideas. En vez de venir a Dios de la manera que Dios había mostrado, Caín trajo a Dios un regalo. Le trajo algo que le había costado duro trabajo para producir.

Abel, por su parte, era como el publicano, él sabía que era un pecador que merecía morir, pero él confiaba en Dios para salvarlo.

Jesús dijo que el publicano de la parábola fue justificado delante de Dios, no el fariseo. Dios aceptó al recaudador de impuestos, ya que admitió que era un pecador y tenía confianza en que Dios lo salvara. Pero Dios no aceptó al fariseo, porque el fariseo no confiaba en el Salvador.

> **Ser justificado significa ser declarado justo.**

Recuerda

Tanto Caín como los fariseos eran religiosos, y ambos trataron de hacerse aceptables a Dios según sus propias ideas.

Los fariseos pensaban que eran aceptables a Dios por cumplir sus propias reglas. Caín trató de ganar la aceptación de Dios al traer un regalo para Dios.

Pero no te puedes hacer aceptable con Dios según tus propias ideas o creencias o según las creencias de otras personas. La religión no te puede salvar.

Lo que le importa a Dios no está por fuera, sino por dentro. La Biblia dice que nuestro interior está lleno de maldad.

Porque de dentro, del corazón de los hombres, salen los malos pensamientos... los homicidios...las maldades, el engaño.... Todas estas maldades de dentro salen, y contaminan al hombre. Marcos 7:21-23

El castigo por el pecado que hay en tu corazón es la muerte. Tú no puedes pagar por tu pecado aunque ores, o seas bautizado, o vayas a la iglesia, o seas amable con los demás. La religión y las buenas obras no pueden limpiarte por dentro.

Sólo Jesús, el Libertador puede hacerte aceptable con Dios. Si tú procuras acercarte a Dios haciendo buenas obras o siendo religioso, como hicieron Caín y los fariseos, entonces tú serás separado de Dios para siempre. Pero si tú vienes a Dios como hicieron Abel y el cobrador de impuestos, entonces Dios te aceptará.

Jesús vino a salvar a todos los que admiten que son pecadores y confían sólo en Él para librarlos de la pena de muerte que se merecen.

Preguntas

1. ¿Por qué estaban los fariseos molestos con los discípulos de Jesús? *Estaban molestos con los discípulos de Jesús, porque no seguían sus reglas sobre lavarse las manos antes de comer.*

2. ¿Qué cosa era más importante para los fariseos que amar a Dios y a la gente? *Para los fariseos era más importante cumplir con sus reglas inventadas, que guardar el mandamiento de amar a Dios y a los demás.*

3. ¿Podían los fariseos limpiar su interior lavándose las manos antes de comer? *No, ellos no podían limpiarse por dentro lavándose las manos.*

4. ¿Podían los fariseos hacerse aceptables a Dios por mantener sus reglas? *No, ellos no podían hacerse aceptables a Dios por cumplir reglas de hombres.*

5. ¿Qué hace a una persona impura en el interior? *Nuestros corazones pecadores y sucios nos hacen impuros e inaceptables con Dios.*

6. ¿En qué se parecían los fariseos a Caín? *Ni Caín ni los fariseos creían que eran pecadores que merecían la muerte. Al igual que Caín, los fariseos trataron de obtener la aprobación de Dios a su manera y según sus propias ideas.*

7. ¿En que se parecía el publicano que oraba en el templo a Abel? *Él era humilde. Sabía que merecía morir por su pecado, pero él confiaba en Dios para salvarlo.*

8. ¿Puedes hacerte agradable a Dios yendo a la iglesia, orando, siendo bautizado, o haciendo buenas obras? *No, no hay nada que puedas hacer para hacerte agradable con Dios.*

9. ¿Cómo dice Dios que somos todas las personas en nuestro interior? *La Biblia dice que todos estamos llenos de maldad en nuestro interior.*

10. ¿Quién es el único que puede hacerte aceptable con Dios? *Jesucristo, el Salvador es el único que puede hacerte aceptable ante Dios.*

Verdades bíblicas

- No hay nada que puedas hacer para hacerte aceptable con Dios.
- Buenas obras, religión y ser bueno no te hará aceptable ante Dios.
- Todas las personas están llenas de pecado en el interior.
- Sólo Dios puede proporcionar una manera para que puedas ser aceptable para con Él.
- Jesucristo es el único Salvador.
- Dios salva sólo a los que le creen.

Actividad 1: Actuar el relato de la oración en el templo

Suministros

- Tres voluntarios para ser fariseo, recaudador de impuestos, y el narrador

Instrucciones

- Pida a los estudiantes leer y presentar:

Narrador: "Dos hombres subieron al templo a orar: uno era fariseo y el otro publicano".

Fariseo: (Muy orgulloso) "Dios, te doy gracias porque no soy como los otros hombres". Nombrar los pecados que no haces y todas las buenas obras que haces.

Recaudador de impuestos: (pararte lejos, la cabeza inclinada, y golpeando pecho con angustia) "Dios, sé misericordioso conmigo, soy un pecador".

- O los estudiantes pueden realizar el relato usando su propia versión de la historia
- Analice por qué Dios aceptó al recaudador de impuestos y no al fariseo

Actividad 2: El juego bíblico del ahorcado

Suministro

- Pizarrón
- Tiza

Instrucciones

- El objetivo del juego ahorcado es adivinar la frase clave. Para comenzar el juego la maestra dibuja una horca simple. Debajo del dibujo la maestra hace unas rayas en lugar de cada letra de la frase clave (dejando los espacios que corresponden).

- Entonces la maestra repasa las preguntas que se encuentran al final de la lección. Los estudiantes, o grupos de estudiantes, en turno, dan las respuestas. Si el grupo que le toca da la respuesta correcta, ese grupo puede adivinar una letra que contiene la frase. Si aciertan, la maestra, o su ayudante, escribe todas las letras coincidentes. Si la letra no está, se escribe la letra arriba y se agrega una parte al cuerpo (cabeza, brazo, etc.) del colgado.

- Si un grupo piensa saber la frase clave, puede tratar de resolverla cuando llegue su turno. El juego termina cuando un grupo resuelva el secreto o cuando la maestra dibuja todas las partes del hombre de palitos.

   Frase clave: Rezar, ser bautizado, ser amable con los demás, o ser religioso no te hacen limpio por dentro.

   Para los niños pequeños: Sólo Jesús puede hacerte aceptable con Dios.

Referencias bíblicas

Salmo 143:2; Eclesiastés 7:20; Isaías 29:13; Jeremías 9:23-24; Mateo 6:1-18, 22:36-40, Mateo 23:1-39; Romanos 3:9-31, 13: 9; Gálatas 5:14; Hebreos 4

62
¿Quién es Jesús?
La Transfiguración

Versículo para memorizar

Ellos dijeron: Cree en el Señor Jesucristo, y serás salvo... Acts16: 31

Lección

Cuando el pueblo de Israel vio las grandes cosas que hizo Jesús, algunos de ellos pensaban que era Juan el Bautista. Ellos sabían que el rey Herodes había matado a Juan el Bautista, pero pensaron que debía de haber vuelto a la vida.

Otras personas pensaban que Jesús era Elías. Elías era uno de los profetas de Israel que nunca murió, porque Dios se lo llevó al cielo en un torbellino. Algunas personas pensaban que Elías había vuelto a la tierra como Jesús.

Otros pensaban que Jesús era uno de los profetas del Antiguo Testamento que resucitó de entre los muertos.

Todo el mundo sabía que Jesús era único. Sólo alguien muy poderoso podía curar las enfermedades de la gente y alimentar a miles de personas con el almuerzo un niño. Sólo alguien poderoso podría hacer salir los demonios de las personas. Sin embargo, a pesar de que sabían que Jesús era especial, la mayoría de los judíos no creían que Jesús era el Hijo de Dios que vino a la tierra para salvar a la gente de Satanás y de la muerte.

Muchas personas hoy piensan como los judíos. Creen que Jesús fue un buen hombre que vivió hace mucho tiempo e hizo grandes cosas. Ellos piensan que es bueno tratar de ser como Jesús, pero ellos no creen que Jesús es quien dijo ser, no creen que Jesús es el Hijo de Dios, el único Salvador.

Este tipo de pensamiento no tiene sentido. Jesús no sería un hombre bueno si mintió acerca de quién Él era. Si Jesús dijo que Él era Dios, cuando en realidad era sólo otro ser humano, Él no es alguien a quien debes tratar de imitar.

Otras personas simplemente no se preocupan en absoluto por Jesús, pues no piensan que es importante lo que ellos creen acerca de Dios.

Un día Jesús preguntó a Sus doce discípulos lo que ellos pensaban sobre quién era Él

📖 Salieron Jesús y sus discípulos por las aldeas...Y en el camino preguntó a sus discípulos... ¿Quién dicen los hombres que soy yo?

Ellos respondieron: Unos, Juan el Bautista; otros, Elías; y otros, alguno de los profetas.

Entonces él les dijo: Y vosotros, ¿quién decís que soy?

Respondiendo Pedro, le dijo: Tú eres el Cristo. Marcos 8:27-29

Recuerda que los nombres "Cristo" y "Mesías" significan Elegido de Dios. Pedro creía que Jesús era el Cristo anunciado por los profetas del Antiguo Testamento. Él creyó que Jesús era el que Dios escogió para ser un profeta, sacerdote y rey. Él creyó que Jesús era Dios el Salvador.

La Biblia dice que cuando los discípulos finalmente entendieron quién era Jesús...

📖 ...él les mandó que no dijesen esto de él a ninguno. Marcos 8:30

Jesús no quería que la gente creyera en Él tan solo por lo que Sus discípulos dijeran, o porque alguien los convenció para creer en Él. Jesús quería que el pueblo de Israel decidiera por sí mismo si creían o no creían que Él era el Hijo de Dios, el Mesías prometido.

Ahora que los discípulos comprendieron que Jesús era el Cristo, Jesús comenzó a explicarles lo que le iba a suceder. Empezó diciéndoles lo que iba a sufrir para salvar a la gente de Satanás y de la pena de muerte.

> 📖 Despreciado y desechado entre los hombres, varón de dolores, experimentado en quebranto; y como que escondimos de él el rostro, fue menospreciado, y no lo estimamos. Isaías 53:3
>
> 📖 Porque perros me han rodeado; Me ha cercado cuadrilla de malignos; Horadaron mis manos y mis pies. Salmo 22: 16
>
> 📖 Porque no dejarás mi alma en el Seol; Ni permitirás que tu santo vea corrupción. Salmo 16:10

📖 Y comenzó a enseñarles que le era necesario al Hijo del Hombre padecer mucho, y ser desechado por los ancianos, por los principales sacerdotes y por los escribas, y ser muerto, y resucitar después de tres días. Marcos 8:31

¿Recuerdas lo que los profetas escribieron sobre el Libertador? Hace cientos de años se había predicho que el Salvador sería odiado y acusado falsamente. Los profetas predijeron que iba a morir y luego resucitar.

Jesús sabía todo lo que los profetas habían dicho que sucedería. Él sabía que Satanás iba a usar a los líderes religiosos judíos para que lo mataran. También sabía que después de tres días resucitaría de entre los muertos.

Un día, Jesús tomó consigo a Pedro, a Santiago y a Juan a una montaña.

...Jesús tomó a Pedro, a Jacobo y a Juan, y los llevó aparte solos a un monte alto; y se transfiguró delante de ellos. Y sus vestidos se volvieron resplandecientes, muy blancos, como la nieve, tanto que ningún lavador en la tierra los puede hacer tan blancos. Marcos 9:2-3

Cuando la Biblia dice que Jesús "se transfiguró", quiere decir que Jesús fue transformado, la manera en que se veía por fuera fue cambiada.

¿Recuerdas el tabernáculo - la tienda de campaña donde vivía Dios entre los israelitas en el desierto? A pesar de que Dios vivía en el interior del tabernáculo, todo lo que se podía ver desde el exterior era la cubierta de pieles de animales. Los israelitas no podían ver la luz brillante de la presencia de Dios dentro del Lugar Santísimo.

El cuerpo humano de Jesucristo era algo así como la cubierta de pieles de animales que ocultaba de los israelitas la luz de la presencia de Dios. Por fuera, Jesús tenía el mismo aspecto que cualquier otro hombre, nadie podría ver que era Dios. Pero cuando Jesús tomó consigo a Pedro, a Santiago y a Juan al monte, vieron el lado de Él que es Dios.

Y se transfiguró delante de ellos, y resplandeció Su rostro como el sol, y Sus vestidos se hicieron blancos como la luz. Mateo 17:2

Jesucristo es el todopoderoso y omnisciente Creador del mundo. Él es el que mantiene las estrellas y los planetas en su lugar. Él es el rey más sublime. Jesús es más majestuoso y sorprendente de lo que jamás podrías imaginar. En el monte, Dios permitió que Pedro, Santiago y Juan echaran sólo un pequeño vistazo a la grandeza de Jesucristo.

Y he aquí dos varones que hablaban con él, los cuales eran Moisés y Elías; quienes aparecieron rodeados de gloria, y hablaban de Su partida, que iba Jesús a cumplir en Jerusalén. Lucas 9:30-31

Al igual que Abel, Abraham, Sara, Isaac, Noé, Josué, el rey David, y muchos otros, Moisés y Elías creían en Dios. Ellos creían que eran pecadores separados de Dios. Mientras estaban vivos en la tierra creían que Dios algún día enviaría al Libertador para hacer un camino para que ellos fueran aceptos a Dios. Debido a que todas estas personas confiaron en Dios mientras vivían en la tierra, al morir Dios se los llevó con Él al cielo.

En la montaña, Moisés y Elías bajaron del cielo y hablaron con Jesús acerca de lo que le iba a suceder. Ellos sabían que Jesús era el Libertador prometido que habían estado esperando desde hacía mucho tiempo cuando vivieron en la tierra.

Entonces vino una nube que les hizo sombra, y desde la nube una voz que decía: Este es mi Hijo amado; a él oíd. Y luego, cuando miraron, no vieron más a nadie consigo, sino a Jesús solo. Marcos 9:7-8

En la montaña, cuando Jesús se transfiguró, Dios el Padre llamó a Jesús Su Hijo. Esta fue la comprobación de que lo que Pedro creía acerca de Jesús era verdad. Jesús era realmente el Hijo de Dios, el Libertador prometido.

Muchos años más tarde, Pedro habló de lo que él y Santiago y Juan vieron.

Porque no os hemos dado a conocer el poder y la venida de nuestro Señor Jesucristo siguiendo fábulas artificiosas, sino como habiendo visto con nuestros propios ojos Su majestad. Pues cuando él recibió de Dios Padre honra y gloria, le fue enviada desde la magnífica gloria una voz que decía: Este es mi Hijo amado, en el cual tengo complacencia. Y nosotros oímos esta voz enviada del cielo, cuando estábamos con él en el monte santo. 2 Pedro 1:16-18

Además del hecho de que Pedro **oyó a Dios decir que Jesús era Su Hijo**, hay otras pruebas de que Jesucristo era quien decía que era.

Los que estuvieron con Jesús mientras que Jesús vivió en la tierra eran testigos de todo lo que Jesús dijo e hizo. Ellos vieron a Jesús caminar sobre el agua y calmar el mar simplemente con la voz. Ellos lo vieron echar fuera demonios y resucitar a personas que habían muerto. Ningún otro ser humano podría hacer los milagros increíbles que vieron hacer a Jesús.

Mateo, Marcos, Lucas y Juan escribieron lo que vieron estos testigos en los primeros cuatro libros del Nuevo Testamento. **El testimonio de estos testigos** que estuvieron con Jesús es otra prueba de que Jesús es Dios.

Y por último, **todos los detalles que los profetas predijeron**, cientos de años antes de que Jesús naciera, sucedieron exactamente como los profetas habían predicho. Humanamente hablando, sería totalmente imposible que acontecieran todos estos eventos predichos cientos de años antes. Sólo Dios podía hacer que eso sucediera. Esto es sólo una prueba más de que Jesús era realmente Dios, el Mesías prometido.

Recuerda

Lo que creemos acerca de Jesús es importante.

La Biblia dice que Jesús es Dios el Hijo.

Y nosotros hemos visto y testificamos que el Padre ha enviado al Hijo, el Salvador del mundo. Todo aquel que confiese que Jesús es el Hijo de Dios, Dios permanece en él, y él en Dios. I Juan 4:14, 15

La Biblia dice que Jesús es el único Salvador.

Y en ningún otro hay salvación; porque no hay otro nombre bajo el cielo, dado a los hombres, en que podamos ser salvos. Hechos 4:12

La Biblia dice que el único que puede salvarte de la muerte eterna es Dios el Hijo, Jesucristo. Por eso que es importante lo que crees acerca de Jesús. Los que creen en Jesús van a vivir con Él para siempre en el cielo. Pero los que no creen que Jesús es Dios, el único Salvador, serán separados de Él para siempre en el lugar terrible de sufrimiento.

Preguntas

1. Los judíos sabían que Jesucristo era alguien especial debido a los milagros que Él hacía. ¿Quién, creían ellos, que era Jesús? *Ellos pensaban que Jesús era Juan el Bautista, o Elías, o alguno de los profetas del Antiguo Testamento que regresó a la vida.*

2. ¿Quién, dijo Pedro, que era Jesús? *Pedro creía que Jesús era el Hijo de Dios, el Salvador prometido.*

3. ¿Qué dijo Jesús que iba a pasar con Él? *Él dijo que iba a sufrir a manos de los líderes religiosos judíos y que lo matarían, pero después de tres días volvería a la vida.*

4. A pesar de que Jesucristo se parecía a cualquier otro hombre, ¿qué lo hacía diferente? *Jesús era a la vez hombre y Dios, humano y divino al mismo tiempo.*

5. ¿Qué le sucedió a Jesús en la montaña? *Él se transfiguró, Su cuerpo fue cambiado para mostrar que Él era Dios. Su rostro se puso brillante como el sol y sus vestidos se hicieron blancos como la luz.*

6. ¿Por qué estaban Moisés y Elías en el cielo con Dios? *Ellos estaban en el cielo porque mientras vivieron en la tierra hacía mucho tiempo, confiaron en Dios para salvarlos. Durante su vida, creyeron que Dios enviaría al Libertador que los haría aceptos a Dios.*

7. ¿De qué hablaron Jesús, Moisés y Elías, en la montaña? *Estaban hablando sobre el hecho de que Jesús pronto iba a morir.*

8. ¿Qué dijo Dios el Padre sobre Jesucristo cuando Jesús se transfiguró? *Dios Padre dijo que Jesús era Su Hijo amado y que los discípulos debían escucharlo.*

9. ¿Qué pruebas tenemos de que Jesús es quien dijo que era? *1. Pedro, Santiago y Juan oyeron a Dios el Padre que decía que Jesús era Su Hijo. 2. Los seguidores de Jesús fueron testigos de todo lo que Jesús dijo e hizo. 3. Todo lo que los profetas escribieron acerca de Jesús cientos de años antes de que viniera a la tierra ocurrió exactamente como había sido predicho.*

10. ¿Es importante lo que tú crees acerca de Jesús? *Sí. Es muy importante. Si crees que Jesús era solo un hombre bueno, no confiarás en Él como tu Salvador. La Biblia dice que el que no cree en Jesús como el único Salvador, será separado de Dios para siempre en el lugar terrible de sufrimiento.*

Verdades bíblicas
- Jesucristo era algo más que un buen hombre, Jesús era el Hijo de Dios, el único Libertador.
- Jesucristo es un ser humano y Jesucristo es Dios.
- Una prueba de que Jesucristo era Dios, es que Dios el Padre dijo que Él era Su Hijo.
- Los escritos de testigos- los hombres que estaban con Jesús todos los días - dan testimonio del hecho de que Jesús era quien dijo ser.
- Todo lo anunciado por los profetas sobre el Libertador, se cumplió en Jesús, demostrando que Él es quien dijo que era.
- Dios conoce el futuro, Él hace todas las cosas conforme a Sus planes.
- Jesucristo es el único Salvador. Él salva sólo a los que creen en Él.

Actividad: Hoja de pruebas

Suministros
- Hojas de papel blanco
- Lápices y lápices de colores

Instrucciones

- Escribir las tres pruebas que muestran que Jesucristo realmente es Dios e ilustrarlas con un dibujo.
- Para los niños chiquitos solamente hacer un dibujo de las pruebas.
- Discutir las pruebas con la clase.

  -Dios el Padre dijo que Jesucristo era Su Hijo.

  -El testimonio de los que estaban con Jesucristo

  -Todo lo que predijeron los profetas en cuanto al Libertador, sucedió

Referencias bíblicas

Éxodo 36:14-19, 40:34-35; Deuteronomio 34:5-6; 2 Reyes 2:11; Isaías 46:10; Marcos 6:14; Lucas 1:1-4, 24:6-7; Juan 1:1, 14-18; 3:16; 4:25, 26; 5:17-47, 8:58, Juan 10:30, 14:1-9; Colosenses 1:15-18; 1 Timoteo 6:16; Hebreos 11:24-28, 32-40; 1 Pedro 1:10-11; 2 Pedro 1:16-21; 1 Juan 4:1-3

63
El buen pastor
Jesús es como la puerta de las ovejas

Versículo para memorizar

Yo soy el buen pastor; el buen pastor su vida da por las ovejas. Juan 10:11

Lección

En tiempos de Jesús, todos los judíos sabían de ovejas, y muchos de ellos eran pastores. ¿Recuerdas al rey David? Él fue pastor cuando era joven. Fue durante esta etapa de su vida que mató a un león y a un oso porque atacaban a sus ovejas.

A veces los pastores de Israel tenían que llevar a sus ovejas lejos de casa para encontrar para ellas pasto y agua. En estos lugares tan lejanos había ladrones y peligrosos animales salvajes como leones, osos y lobos.

Por la noche, los pastores buscaban un lugar seguro para que durmieran sus ovejas. A veces encontraban una cueva donde pasar la noche, pero otras veces tenían que construir un corral para sus ovejas.

Este corral se llamaba un redil. El pastor construía el redil amontonando piedras para armar las paredes. En la parte superior de las paredes colocaba ramas espinosas.

El pastor dejaba una sola abertura en la pared para que las ovejas pudieran salir. Al llegar la noche y una vez que todas las ovejas estaban seguras dentro del corral, el pastor se acostaba en la puerta. Allí pasaba la noche. Si los animales salvajes o los ladrones intentaban entrar, el pastor luchaba con ellos. Un buen pastor incluso daba la vida por sus ovejas.

Jesús se comparó con el pastor que dormía en la puerta del redil de las ovejas.

Volvió, pues, Jesús a decirles: De cierto, de cierto os digo: Yo soy la puerta de las ovejas. Todos los que antes de mí vinieron, ladrones son y salteadores; pero no los oyeron las ovejas. Yo soy la puerta; el que por mí entrare, será salvo…. El ladrón no viene sino para hurtar y matar y destruir; yo he venido para que tengan vida, y para que la tengan en abundancia. Yo soy el buen pastor; el buen pastor su vida da por las ovejas. Juan 10:7-11

Jesús es la puerta del redil de Dios. Estar en el redil de Dios es estar en el lugar donde estás fuera de peligro de las garras de Satanás y de la muerte. Satanás es el ladrón que viene "para hurtar y matar y destruir". La Biblia dice que Satanás está siempre buscando a quien devorar. La única manera de ser salvo de Satanás y de la muerte es entrar al redil de Dios a través de la única puerta que es Jesús. Jesús dijo que Él iba a morir para salvar a la gente de Satanás y de la muerte eterna. Él vino para que todos los que están separados de Dios puedan tener vida.

¿Te acuerdas de cómo Dios le dijo a Noé que pusiera una sola puerta en el arca? La única manera en que algunos se salvaron del diluvio fue porque entraron en el barco a través de la única puerta que tenía.

De la misma manera, Jesús es la única entrada al lugar seguro de Dios. Los que tratan de llegar a Dios de otra manera morirán y se mantendrán separados de Dios para siempre en el lugar terrible de sufrimiento.

Escucha lo que Jesús le dijo a Tomás, quien era uno de Sus discípulos.

> Jesús le dijo: Yo soy el camino, y la verdad, y la vida; nadie viene al Padre, sino por mí. Juan 14:6

Las personas tienen muchas ideas acerca de cómo ser aceptado en la familia de Dios. Algunas personas dicen que para ser aceptados por Dios uno tiene que hacer buenas obras o ser bautizado. Otras personas dicen que debes rezar una oración, o dar tu vida (o corazón) a Jesús. Otras personas incluso dicen que necesitas poner a Jesús en el trono de tu corazón, pero esto no es lo que la Biblia dice.

La Biblia dice que Jesús es el único camino a Dios. ¿Recuerdas el sueño de Jacob en el Antiguo Testamento? Jacob soñó de una escalera que iba de la tierra al cielo. Esa escalera es Jesús. Sólo a través de Jesús podemos, como pueblo pecador, llegar al cielo.

Jesús es también la verdad. Él es el único que dice la verdad. Cuando dice que todos los hombres son pecadores separados de Dios, Él está diciendo la verdad.

No sólo es Jesús, el Camino y la Verdad, sino que también Él es la Vida. Jesús vino a salvar a la gente de la muerte y darles vida eterna.

> El que cree en el Hijo tiene vida eterna; Juan 3:36a

Jesús vino a darnos vida eterna. Esta vida comienza tan pronto que una persona cree en Jesús.

📖 Y esta es la vida eterna: que te conozcan a ti, el único Dios verdadero, y a Jesucristo, a quien has enviado. Juan 17:3

La vida con Jesús es vida abundante, porque Jesús da paz, gozo, amor y fortaleza a los que están dentro del redil de Dios.

Jesucristo es la verdad y la vida, pero Satanás es un mentiroso y un asesino. Él es un ladrón. ¿Recuerdas cómo Satanás robó a Dios a Adán y Eva? Adán y Eva pertenecían a Dios, pero cuando creyeron la mentira de Satanás, fueron condenados a muerte. Se unieron al lado de Satanás y se separaron de Dios. Todos sus hijos también fueron separados de Dios.

Hasta el día de hoy Satanás trata de mantener a la gente lejos de Dios, porque Satanás no quiere que la gente confíe en el Salvador y sea salva de la muerte. Quiere matar y destruir a todas las ovejas.

Tal como Satanás le dijo a Eva que sus ojos serían "abiertos" si ella iba en contra de Dios, así mismo, sigue tratando de conseguir que la gente crea que es divertido y emocionante ir en contra de Dios. Pero creerle a Satanás sólo trae miedo, tristeza y muerte, igual como sucedió con Adán y Eva.

📖 ...El diablo...ha sido homicida desde el principio, y...no hay verdad en él... porque es mentiroso, y padre de mentira. Juan 8:44

Jesús dijo que como buen pastor, Él moriría para salvar a las ovejas de Satanás y de la muerte.

📖 Yo soy el buen pastor; el buen pastor su vida da por las ovejas. Juan 10:11

Muchos cientos de años antes de que Jesús viniera, el profeta Isaías escribió que el Libertador sería herido y molido por nuestros pecados (los pecados e iniquidades). El profeta Isaías dijo que el Libertador recibiría el castigo (o pena) que nosotros merecemos. ¿Cuál es el castigo que nosotros merecemos? Es la muerte, ¿no es así? Tú y yo merecemos la muerte, pero Jesús vino a morir por nosotros. ¡Él iba a morir para que nosotros pudiéramos vivir!

El profeta Isaías escribió:

📖 Mas él herido fue por nuestras rebeliones, molido por nuestros pecados; el castigo por nuestra paz fue sobre él, y por su llaga fuimos nosotros curados. Isaías 53:5

📖 Mas Dios muestra Su amor para con nosotros, en que siendo aún pecadores, Cristo murió por nosotros. Romanos 5:8

Jesús es el Buen Pastor que estaba dispuesto a dar Su vida por nosotros para salvarnos del ladrón, Satanás. Él iba a morir para salvarnos de la muerte eterna. Nunca antes había habido alguien como Cristo Jesús, el Hijo de Dios.

Jesús es el Creador del universo. Él es el único que mantiene la tierra, el sol, la luna y las estrellas en su lugar en el cielo, para que no se alejen hacia el espacio exterior. Él es quien envía el viento, la lluvia y la luz del sol. Él es el que da vida a todas las personas, plantas y animales. Jesús es Dios, Él es el más grande y más poderoso. Él está a cargo de todo el mundo.

Jesús podría haberse quedado en el cielo, pero Él nos amó tanto que estuvo dispuesto a venir a la tierra como un ser humano y dar Su vida por nosotros.

Jesucristo no iba a morir por nosotros, porque nosotros lo merecemos. No merecemos nada bueno. La única razón por la que Jesús murió por nosotros es porque Él nos ama. Fue a causa de Su amor y Su misericordia que Él estaba dispuesto a dar Su vida por nosotros. ¡No hay amor más grande que el amor del Buen Pastor!

Preguntas

1. ¿Por qué los pastores construían rediles? *Los pastores construían corrales para proteger a sus ovejas de los ladrones y de animales salvajes durante la noche.*

2. ¿Cuántas aberturas o puertas ponía el pastor en el redil de las ovejas? *El pastor ponía sólo una puerta en el redil.*

3. ¿Dónde dormía el pastor en la noche? *Él dormía en la puerta del redil.*

4. ¿Qué pasaba si un animal salvaje o un ladrón intentaba entrar por la puerta del redil? *El pastor luchaba contra el ladrón o animal salvaje. Él estaba dispuesto hasta a morir para proteger a sus ovejas.*

5. ¿En qué se parece el redil de Dios al redil de las ovejas que los pastores construían? *En el redil de Dios hay seguridad y protección del ladrón, Satanás, y de la muerte.*

6. ¿Quién es el ladrón que viene a robar, matar y destruir? *Satanás es el ladrón. Él robó a Adán y Eva (y a todos sus hijos) y los apartó de Dios. Ahora trata de impedir que la gente confíe en el Salvador. Él quiere que la gente muera y esté separada de Dios para siempre en el lugar terrible de sufrimiento.*

7. ¿De qué manera es Jesucristo como el pastor que dormía en la puerta del redil de las ovejas? *Jesucristo es como el pastor porque Jesús iba a dar Su vida para rescatarnos del ladrón, Satanás. Jesús iba a morir para que pudiéramos ser salvos de la muerte eterna.*

8. ¿Cuántas puertas hay en el lugar seguro de Dios? *Sólo hay una puerta y esa es Jesucristo, el Hijo de Dios. Él es el único Salvador.*

9. ¿Jesús vino a darnos vida, paz y alegría o vino a darnos tristeza, miedo y la muerte? *Jesús vino a darnos vida, paz y alegría. Satanás es el que da tristeza, miedo y muerte.*

10. ¿Por qué Jesús es un pastor maravilloso? *Jesús es maravilloso porque a pesar de que Él es Dios, el Creador del mundo, Él estaba dispuesto a dejar el cielo y venir a la tierra para morir por pecadores como nosotros.*

Verdades bíblicas

- Satanás es un mentiroso y un asesino.
- Todas las personas son pecadoras y merecen la muerte.
- Dios es un Dios de amor. Él proporciona una forma para que las personas se salven de Satanás y de la muerte.
- Jesucristo es el único Libertador, Él es el único camino a Dios.
- Jesucristo es el único dador de la vida eterna.
- Jesucristo dice la verdad.
- Jesucristo es Dios, el Creador todopoderoso y el Sustentador de todas las cosas.
- Dios es un Dios de amor. Nadie ha amado más que Jesucristo.
- Jesucristo es completamente bueno. Él es el único que siempre agradó a Dios el Padre.

Actividad: Hacer un redil

Suministros

- Hojas de cartulina, cortadas al tamaño de una hoja de papel, una hojita para cada niño.
- Lápices y lápices de colores
- Bolas de algodón
- Pegamento

Instrucciones

- Ir afuera a recoger palitos pequeños y piedritas
- Con un lápiz delinear un redil grande en la hoja de cartulina
- Pegar las piedritas y los palitos al dibujo para formar el redil, dejando espacio para la abertura
- Dibujar al pastor de las ovejas sentado en la abertura
- Pegar las bolas de algodón al dibujo para ser las ovejitas. Se puede dibujar las cabezas y piernas de las ovejas
- Colorear el dibujo
- Opción: Escribir el versículo de memoria encima del dibujo

Referencias bíblicas

Isaías 43:11, 45:21-22; Juan 3:16, 17:3; Hechos 4:12; Romanos 3:12, 5:6-11; 2 Corintios 11:13-15; Filipenses 2:5-8; Colosenses 1:13-22; 1 Timoteo 2:5-6; 2 Timoteo 1:10; Hebreos 2:14-15; 1 Pedro 1:18-21, 5:8; 1 Juan 5:12, 20; Apocalipsis 20:15

64
Los niños pequeños
El hombre que llamo a Jesús "El buen maestro"

Versículo para memorizar

Respondió Jesús y les dijo: Esta es la obra de Dios, que creáis en el que él ha enviado.
Juan 6:29

Lección

Un día, los niños fueron traídos a Jesús.

Y le presentaban niños para que los tocase; y los discípulos reprendían a los que los presentaban. Viéndolo Jesús, se indignó, y les dijo: Dejad a los niños venir a mí, y no se lo impidáis; porque de los tales es el reino de Dios. De cierto os digo, que el que no reciba el reino de Dios como un niño, no entrará en él. Y tomándolos en los brazos, poniendo las manos sobre ellos, los bendecía. Marcos 10:13-16

Jesús quería que los niños se acercaran a Él. Él estaba molesto con los discípulos por regañar a las personas que los traían. Jesús ama a los niños. Nunca estaba demasiado ocupado para ellos.

De hecho, Jesucristo dijo que a menos que los israelitas se volvieran como niños, no podrían entrar en Su reino. Los niños pequeños son humildes, como el cobrador de impuestos en la parábola de Jesús.

Así que, cualquiera que se humille como este niño, ése es el mayor en el reino de los cielos. Mateo 18:4

La única manera para los israelitas entrar en el reino de Dios era admitir que eran pecadores y que necesitaban que Jesucristo los salvara de Satanás y de la muerte.

Después de que Jesús bendijo a los niños, se fue por Su camino. Mientras caminaba, un hombre corrió hacia Él.

Al salir Él para seguir Su camino, vino uno corriendo, e hincando la rodilla delante de Él, le preguntó: Maestro bueno, ¿qué haré para heredar la vida eterna? Marcos 10:17

Este hombre quería vida eterna, pero no creía que Jesús era el Hijo de Dios. Él llamó a Jesús "Maestro bueno", porque pensaba que Jesús era simplemente un hombre bueno. Él pensó que podía recibir la vida eterna por ser bueno como Jesús. Así que le preguntó a Jesús qué debía hacer para llegar al cielo.

En primer lugar, Jesús explicó que Dios es el único que es bueno, la gente no es buena.

Jesús le dijo: ¿Por qué me llamas bueno? Ninguno hay bueno, sino sólo uno, Dios. Marcos 10:18

Nadie es bueno, nadie puede llegar al cielo por sí mismo.

Para ayudar a que este hombre entendiera que no era lo suficientemente bueno como para ganar la vida eterna, Jesús le mostró como un espejo los Diez Mandamientos. El hombre necesitaba ver su corazón pecaminoso, y necesitaba ver que había quebrantado los mandamientos de Dios.

Los mandamientos sabes: No adulteres. No mates. No hurtes. No digas falso testimonio. No defraudes. Honra a tu padre y a tu madre. Él entonces, respondiendo, le dijo: Maestro, todo esto lo he guardado desde mi juventud. Marcos 10:19-20

Pero incluso después de que Jesús puso el espejo de la ley frente a él, el hombre todavía no creía que él era un pecador. Era orgulloso, él todavía pensaba que era lo suficientemente bueno como para ir al cielo por su cuenta.

Jesús amaba a este hombre. Él quería que él tuviera vida eterna. Pero el hombre no podía recibir la vida eterna por ser bueno. El hombre tenía que ser humilde, tenía que admitir que era un pecador indefenso y debía tener confianza en Dios para salvarlo.

Jesús le dijo que vendiera todo lo que tenía, y lo diera a los pobres, y luego lo siguiera.

Entonces Jesús, mirándole, le amó, y le dijo: Una cosa te falta: anda, vende todo lo que tienes, y dalo a los pobres, y tendrás tesoro en el cielo; y ven, sígueme, tomando tu cruz. Marcos 10:21

¿Recuerdas cómo todos los mandamientos de Dios son acerca de amar a Dios y amar a los demás? A pesar de que el hombre no lo admitiría, Jesús sabía que era un pecador. Jesús sabía que el hombre no amaba a Dios ni a los demás. Cuando Jesús le dijo al hombre que vendiera todas sus posesiones y diera el dinero a los pobres, el hombre se entristeció. Él no quería vender sus bienes. No quería dar dinero a los pobres y seguir a Jesús.

Pero él, afligido por esta palabra, se fue triste, porque tenía muchas posesiones. Entonces Jesús, mirando alrededor, dijo a sus discípulos: ¡Cuán difícilmente entrarán en el reino de Dios los que tienen riquezas! Los discípulos se asombraron de sus palabras; pero Jesús, respondiendo, volvió a decirles: Hijos, ¡cuán difícil les es entrar en el reino de Dios, a los que confían en las riquezas! Marcos 10:22-24

Este hombre amaba sus riquezas más de lo que amaba a Dios. Pensó que su dinero le traería felicidad. Pero él no entendía que algún día tendría que dejar atrás todas sus riquezas. Si él no confiaba en Jesús para darle vida eterna, él estaría separado de Dios para siempre en el lugar terrible de sufrimiento. Sus riquezas no le ayudarían entonces.

Recuerda

La Biblia dice que todos los hombres son pecadores. Nadie es bueno, ni siquiera tú.

No hay quien haga lo bueno, no hay ni siquiera uno. Romanos 3:12

Dios dice que las cosas buenas que haces son como trapos sucios.

Si bien todos nosotros somos como suciedad, y todas nuestras justicias como trapo de inmundicia. Isaías 64:6a

Dios no te acepta por tus buenas obras. Nunca serás lo suficientemente bueno como para ir al cielo.

¿Recuerdas a Caín? Él trató de hacer algo bueno para Dios, pero Dios lo rechazó. Dios no aceptó a Caín ni su ofrenda.

Pero Dios aceptó a Abel. Abel sabía que era un pecador desvalido. Sabía que no podía ser lo suficientemente bueno como para hacerse aceptable con Dios. Así que él confiaba en Dios para salvarlo.

Dios es el único que puede salvarte. Él es el único que puede hacerte aceptable para con Dios. Tienes que ser como un niño pequeño y admitir que eres incapaz de salvarte a ti mismo y confiar en Dios.

Preguntas

1. ¿Jesús se preocupa por los niños? *Sí, Jesús ama a los niños.*

2. ¿En qué sentido debían los israelitas ser como niños para entrar en el reino de Dios? *Para entrar en el reino de Dios debían ser humildes como niños, debían admitir que fueron impotentes para salvarse a sí mismos y confiar en Dios para ser salvos.*

3. ¿Es cierto que algunas personas son buenas y otras son malas? *No, Dios dice que todos somos malos, todos somos pecadores. Nuestras buenas obras son para Dios como trapos de inmundicia.*

4. ¿Quién es el único que es bueno? *Dios es el único que es bueno.*

5. ¿Cómo pensaba el hombre que vino corriendo a Jesús que podía llegar al cielo? *Pensó que podía llegar al cielo por guardar los mandamientos de Dios.*

6. ¿Qué le dijo Jesús al hombre que hiciera? *Jesús le dijo al hombre que vendiera todo lo que tenía, y darlo a los pobres y que lo siguiera.*

7. ¿El hombre quiso vender todas sus posesiones y dar el dinero a los pobres? *No. Él amaba más sus riquezas que a los pobres.*

8. ¿Cómo fue que este hombre quebrantó los mandamientos de Dios? *Todos los mandamientos de Dios se tratan de amar a Dios y amar a los demás. Este hombre no quería a los demás lo suficiente como para vender lo que tenía y dar el dinero a los pobres. Él tampoco amaba a Dios, ya que no quería vender todo lo que tenía para seguir a Jesús.*

9. ¿En qué sentido era orgulloso Caín? *Caín pensó que podía llegar a Dios de acuerdo con sus propias ideas, y pensó que podría agradar a Dios por traerle algo bueno. Caín no creía que él era un pecador incapaz de agradarle a Dios.*

10. ¿Cómo quiere Dios que seas humilde? *Él quiere que admitas que eres un pecador perdido y que confíes solamente en **Él** para salvarte.*

Verdades bíblicas
- Dios ama a los niños.
- Los que confían en sus propias ideas, o en sus buenas obras, no serán aceptados por Dios.
- Dios acepta a los que confían sólo en Él para salvarlos.
- Todas las personas son pecadores.
- Sólo Dios es bueno.

Actividad: Bingo bíblico

Suministros

* Tarjetas Bingo y fichas de juego – cualquier juego de tarjetas sirve. También se puede adquirir a bajo precio en algún negocio.

Instrucciones

* Dar a cada alumno una tarjeta bingo y algunas fichas.
* Hacer una de las preguntas de repaso y pedir a uno de los alumnos que conteste. Si el alumno contesta correctamente, puede llamar a llenar la casilla que quiera del bingo. Todo el que tenga esa casilla puede también llenarla.
* Continuar haciendo las preguntas. Dar a cada niño la oportunidad de contestar al menos una pregunta y escoger una casilla del bingo.
* El juego termina cuando el primer alumno grita BINGO por haber completado una línea con fichas, horizontal, vertical, o diagonalmente.
* Jugar el juego varias veces hasta que cada uno haya contestado una pregunta o hasta que todas las preguntas de repaso hayan sido hechas y contestadas.

Referencias bíblicas

1 Samuel 16:7; Jeremías 17:9-10; Mateo 5:17-28; Juan 3:16; Romanos 3:11-23; 4:2,6; Romanos 13:9; Gálatas 5:14; Efesios 2: 8-9; 1 Timoteo 2:4

65
Las riquezas son engañosas
Lázaro y el hombre rico

Versículo para memorizar

Respondió Jesús y les dijo: "Esta es la obra de Dios, que creáis en el que él ha enviado".
Juan 6:29

Lección

Siempre había enormes multitudes que seguían a Jesús.

Cuando una multitud innumerable de personas se había reunido, de manera que pisoteaban unos a otros, comenzó a decir a sus discípulos: en primer lugar, "Guardaos de la levadura de los fariseos, que es hipocresía".

Y Él les dijo: "Mirad, y guardaos de toda avaricia, porque la vida de uno no consiste en la abundancia de los bienes que posee". Lucas 12:1a,15

¿Recuerdas al hombre que amaba más sus riquezas de lo que él amaba a Dios o a otras personas? Jesús advirtió a los judíos de no ser codiciosos. La codicia es querer más y más riquezas y cosas.

Jesús dijo que la vida es más que hacerse rico. Entonces les dijo una parábola para mostrar cómo el dinero en realidad es inútil.

También les refirió una parábola, diciendo: "La heredad de un hombre rico había producido abundantemente. Y él pensaba dentro de sí, diciendo: ¿Qué haré, porque no tengo dónde guardar mis frutos? Así que él dijo: "Voy a hacer esto: Voy a demoler mis graneros, y los edificaré mayores, y allí se almacenan todos mis frutos y mis bienes. Y diré a mi alma: "Alma, muchos bienes tienes guardados para muchos años; tomar su facilidad, comer, beber y ser feliz". 'Lucas 12:16-19

Jesús utiliza a menudo historias de la vida real, llamadas parábolas, para enseñar a la gente.

El agricultor de la historia de Jesús tuvo mucho éxito. Sus campos habían producido tanta cosecha que tenía que echar abajo los viejos graneros y construir otros más grandes para guardar todo.

Si Jesús estuviera contando la misma historia hoy, podría contar acerca de alguien que ahorra tanto dinero en el banco que nunca tiene que ir a trabajar de nuevo. Él puede comprar lo que quiera y viajar por todo el mundo. Él puede descansar y disfrutar de la vida sin tener que preocuparse de nada.

Es fácil ser envidioso de la gente que tiene dinero y que puede comprar lo que quiera, ¿no? Pero Jesús advirtió a la gente acerca de ser codicioso. Las riquezas son engañosas.

📖 Pero Dios le dijo: ¡Necio! Esta noche vienen a pedirte tu alma; y lo que has provisto, ¿de quién será? Lucas 12:20

Jesús llamó a este hombre necio, porque sus grandes riquezas lo habían engañado, porque pensaba que no tenía nada de qué preocuparse. Pero el dinero no puede impedir que una persona se enferme, o incluso muera. Justo cuando este hombre pensaba que su vida era perfecta, Dios le quitó la vida. Por supuesto, cuando murió dejó todas sus riquezas atrás.

Jesús dijo a la multitud que esto es lo que pasa cuando la gente da más importancia al dinero que a Dios.

📖 "Así es el que atesora para sí y no es rico para con Dios".
Lucas 12:21

La Biblia dice:

📖 ...Los fariseos...eran amantes del dinero... Lucas 16:14

Los fariseos eran hipócritas. Pretendían amar a Dios, cuando lo que realmente amaban era su riqueza. Jesús dijo a la multitud que debían guardarse "de la levadura de los fariseos, que es hipocresía".

Uno de los ingredientes más importantes del pan es la levadura. Cuando los panaderos ponen levadura en la masa del pan, la levadura se extiende a lo largo de la masa para hacerla crecer en un pan grande.

Jesús advirtió al pueblo de Israel de no permitir que la levadura de la hipocresía atestara sus vidas. No quería que los israelitas copiaran las costumbres de los fariseos que se aparentaban como que amaban a Dios, pero que en realidad sólo amaban el dinero y las posesiones.

Jesús habló mucho sobre el peligro de las riquezas. Esto se debe a que es fácil dejarnos engañar por las riquezas. Es fácil pensar que el dinero es más importante que una relación con Dios.

Un día, Jesús contó una historia real acerca de un hombre llamado Lázaro.

Había un hombre rico, que se vestía de púrpura y de lino fino, y hacía cada día banquete con esplendidez. Pero hay también un mendigo llamado Lázaro, lleno de llagas, que estaba echado a la puerta, deseando saciarse de las migajas que caían de la mesa del rico. Y aun los perros venían y le lamían las llagas. Así fue que murió el mendigo, y fue llevado por los ángeles al seno de Abraham. El rico también murió y fue sepultado. Y estando en tormentos en el infierno, levantó los ojos y vio de lejos a Abraham, y a Lázaro en su seno. Lucas 16:19-23

Tanto el hombre rico y Lázaro, el mendigo, murieron. El hombre rico, que siempre tenía buena ropa y vivía cada día como si fuera una fiesta, fue al lugar terrible de sufrimiento, pero el pobre Lázaro se fue a vivir con Dios.

¿Te acuerdas de Abraham? Él también vivía con Dios, porque durante su vida en la tierra él había confiado en el Libertador prometido.

En el lugar de sufrimiento, el hombre rico estaba en miseria y con un terrible dolor. Él pidió a Abraham que le enviara a Lázaro con una gota de agua para refrescar su lengua.

Entonces él, dando voces, dijo: Padre Abraham, ten misericordia de mí y envía a Lázaro para que moje la punta de su dedo en agua y refresque mi lengua, porque estoy atormentado en esta llama. Pero Abraham dijo: Hijo… recuerda que durante tu vida recibiste tus bienes, y Lázaro también males; pero ahora éste es consolado aquí, y tú atormentado. Y además de todo esto, entre nosotros y vosotros se interpone un gran abismo, de modo que los que quieran pasar de aquí a vosotros, no pueden, ni de allá pasar a nosotros. Lucas 16:24-26

Ahora bien, es importante entender que el hombre rico no fue al lugar de sufrimiento porque era rico, No es malo tener dinero. Dios es el que da dinero y posesiones a la gente.

El problema era que el hombre rico permitió que sus riquezas lo engañaran. Él pensaba que la vida consistía en tener dinero. No se dio cuenta de que el dinero no puede comprar lo que es más importante, el dinero no puede comprar la vida eterna. El hombre rico debería haber confiado en Dios y no en sus riquezas.

Y Lázaro no fue al cielo porque era pobre. Lázaro fue al cielo, porque durante el tiempo que vivió en la tierra, él confió en Dios para salvarlo de Satanás y la pena de muerte que merecía por su pecado.

La paga del pecado es la separación de Dios para siempre en el lugar terrible de sufrimiento, llamado el infierno. Todos los que no confían en el Salvador durante su vida en la tierra van a terminar en este lugar, cuando su vida en la tierra haya acabado. Día tras día, por siempre y para siempre, sufrirán una agonía inimaginable. No hay forma de escapar. Una vez que una persona va al lugar de sufrimiento, él o ella estará ahí para siempre, sin fin.

Abraham le dijo al hombre rico que era imposible pasar de donde él estaba al lugar de sufrimiento. Y nadie puede pasar del lugar de sufrimiento al paraíso.

Cuando el rico se dio cuenta de que no había esperanza para él, suplicó a Abraham que enviara a Lázaro para advertir a sus hermanos, que aún vivían en la tierra, para que por lo menos ellos no terminaran en el lugar donde él estaba.

Entonces él dijo: "Te ruego, pues, padre, que le envíes a la casa de mi padre, porque tengo cinco hermanos, para que les testifique a ellos, no vengan ellos también a este lugar de tormento."

Dijo Abraham a él: "Tienen a Moisés y a los profetas tienen; óiganlos".

Y él dijo: "No, padre Abraham; pero si uno va a ellos de entre los muertos, se arrepentirán."

Pero él le dijo: "Si no oyen a Moisés y a los profetas, tampoco se persuadirán aunque alguno se levantare de los muertos."
Lucas 16:27-31

La gente en el lugar de sufrimiento recordará lo que sucedió durante su vida en la tierra. Ellos recuerdan a los seres queridos que dejaron atrás. El hombre rico no quería que sus cinco hermanos, que estaban todavía vivos en la tierra, se unieran a él en su tormento. Pensaba que sus hermanos escucharían a alguien que volvía de entre los muertos.

Pero Abraham le dijo que los hermanos del hombre rico sabían lo que Moisés y los profetas habían escrito. Si ellos no creían lo que estaba escrito en la Biblia, tampoco creerían lo que dijera alguien que hubiera vuelto de entre los muertos.

Recuerda

No permitas que las riquezas y el dinero te engañen. Es fácil imaginar lo feliz que serías si sólo tuvieras mucho dinero. Imagina todos los juguetes que podrías comprar. ¡Y podrías salir a comer todos los días! Pero no te dejes engañar. Dios es mucho más importante que el dinero.

La Biblia dice:

> Sean vuestras costumbres sin avaricia, contentos con lo que tenéis ahora. Porque él ha dicho: "Nunca te dejaré ni te abandonaré". Hebreos 13:5

El dinero no puede comprar una vida larga ni la paz. No puede comprar la vida eterna con Dios en el cielo. Sólo Dios puede dar vida eterna. Sólo la vida con Dios trae paz y felicidad verdadera.

La vida en la tierra es tan corta en comparación con la vida después de la muerte. El cielo y el lugar de sufrimiento son por los siglos de los siglos. Si durante tu vida en la tierra pusiste tu confianza en las riquezas, en vez de confiar en Dios, irás al lugar de sufrimiento donde estarás para siempre. Pero si confías en Dios para salvarte, Él te dará la vida eterna con El.

Debido a que Abel, Noé, Moisés y Abraham confiaron en Dios mientras vivían en la tierra, se fueron al cielo cuando murieron. Ahí es donde están ahora, y ahí es donde van a estar para siempre.

Así que ya ves que es muy importante confiar en Jesús para salvarte mientras aún estás vivo en la tierra. Jesús es más importante que las riquezas. ¿De qué serviría que te haga ser millonario en la tierra, si después terminas separado de Dios para siempre en el lugar terrible de sufrimiento?

> Porque ¿qué aprovechará al hombre si ganare todo el mundo, y perdiere su alma? Marcos 8:36

Preguntas

1. ¿Por qué eran hipócritas los fariseos? *Los fariseos eran hipócritas porque aparentaban amar a Dios, cuando en realidad amaban sus riquezas.*

2. ¿Qué pasó con el exitoso agricultor en la parábola de Jesús? *Justo cuando el granjero pensó que podía disfrutar de la buena vida y retirarse, él murió.*

3. Cuando mueras, ¿podrás llevarte tus riquezas? *No, no podrás llevar tus riquezas contigo cuando mueras.*

4. ¿Por qué es malo confiar en las riquezas? *Es peligroso confiar en las riquezas, porque las riquezas no te pueden dar la vida eterna.*

5. ¿Quién es el único que puede dar la vida eterna? *Sólo Dios puede dar vida eterna.*

6. ¿Se puede comprar la felicidad y la paz con las riquezas? *No, sólo Dios puede dar la verdadera paz y la felicidad.*

7. ¿Por qué el hombre rico en la historia de Jesús fue al lugar de sufrimiento? *Fue al lugar de sufrimiento porque no confió en Dios mientras vivió en la tierra.*

8. ¿Por qué Lázaro fue a vivir con Dios cuando murió? *Lázaro fue al cielo porque mientras vivía en la tierra él había confiado en Dios para salvarlo.*

9. Después de que una persona va al lugar del sufrimiento, ¿hay alguna manera de escapar de allí? *No. Una vez que entras en el lugar del sufrimiento nunca podrás salir.*

10. ¿Por qué Abraham dijo que era inútil enviar a Lázaro a los hermanos del hombre rico para advertirles sobre el lugar terrible de sufrimiento? *Abraham dijo que si ellos no creen lo que dice la Biblia, tampoco creerán si alguien viene de los muertos.*

Verdades bíblicas
- Sólo Dios da vida eterna, verdadera paz y felicidad.
- Todas las personas son pecadoras.
- No podemos salvarnos a nosotros mismos. Sólo Dios puede salvarnos.
- Dios salva sólo los que creen en Él.
- Los que creen que Dios van al cielo cuando mueren; los que no creen en Dios, irán al lugar terrible de sufrimiento.
- Donde una persona llega en el momento de la muerte, allí es donde él o ella permanecerá por siempre y para siempre.

Actividad: Cofre de tesoro

Suministros
- Hojas de papel
- Cajitas de cartón
- Lápices de colores, marcadores
- Calcomanía, botones, joyería de niños, cualquier cosa para decorar la cajita

Instrucciones

* Decorar la cajita para hacer un cofre de tesoro
* La maestra puede darle a cada niño un papelito
* La maestra o los niños pueden escribir el siguiente versículo en el papel:

  Porque ¿qué aprovechará al hombre si ganare todo el mundo, y perdiere su alma? Marcos 8:36

* Poner el versículo dentro del cofre
* Discutir el versículo con la clase

Referencias bíblicas

Salmo 23:14, 31:15, 49:6-20, 139:16; Jeremías 9:23-24; Romanos 6:23, 10:11; 2 Corintios 5:8; Efesios 5:3; 1 Timoteo 3:3, 6:7; Hebreos 11:6-40; Santiago 1:17; 1 Juan 2:15-17; Apocalipsis 20:10, 15

66
Un muerto es resucitado
Jesús levanta a Lázaro de entre los muertos

Versículo para memorizar

Le dijo Jesús: Yo soy la resurrección y la vida; el que cree en mí, aunque esté muerto, vivirá. Juan 11:25

Lección

En el pueblo de Betania, cerca de Jerusalén vivían algunos de los amigos íntimos de Jesús: María, Marta y Lázaro. Este Lázaro no era el mendigo pobre de quien hemos leído antes. Este Lázaro era el hermano de María y Marta.

Un día Jesús se enteró de que Lázaro estaba muy enfermo.

Enviaron, pues, las hermanas para decir a Jesús: Señor, he aquí el que amas está enfermo.

Oyéndolo Jesús, dijo: Esta enfermedad no es para muerte, sino para la gloria de Dios, para que el Hijo de Dios sea glorificado por ella. Y amaba Jesús a Marta, a su hermana y a Lázaro. Cuando oyó, pues, que estaba enfermo, se quedó dos días más en el lugar donde estaba. Juan 11:3-6

Si Jesús realmente amaba a María y Marta, ¿por qué "permaneció dos días más en el lugar donde estaba"? ¿Por qué se tomó Su tiempo para ir a ver a Lázaro? Después de todo, Jesús es Dios. ÉL podría haber sanado a Lázaro.

Pero Jesús se retrasó, porque Él sabía que Dios el Padre tenía un propósito especial para la enfermedad de Lázaro.

Luego, después de esto, dijo a los discípulos: Vamos a Judea otra vez.

Le dijeron los discípulos: Rabí, ahora procuraban los judíos apedrearte, ¿y otra vez vas allá?

Respondió Jesús: ...Nuestro amigo Lázaro duerme; más voy para despertarle.

Dijeron entonces sus discípulos: Señor, si duerme, sanará. Pero Jesús decía esto de la muerte de Lázaro; y ellos pensaron que hablaba del reposar del sueño.

Entonces Jesús les dijo claramente: Lázaro ha muerto; y me alegro por vosotros, de no haber estado allí, para que creáis; más vamos a él.

Dijo entonces Tomás,... a sus condiscípulos: Vamos también nosotros, para que muramos con él. Juan 11:7-16

Después de unos días, Jesús se dispuso a ir a Betania, en Judea. Los discípulos de Jesús sabían que los judíos en Judea querían matar a Jesús. Y ellos se preguntaban por qué Jesús quería ir allí. Pensaban que tal vez Jesús se disponía a morir para ir a estar con Lázaro.

Cuando Jesús y Sus discípulos llegaron a Betania, encontraron que Lázaro había muerto hace ya cuatro días.

Vino, pues, Jesús, y halló que hacía ya cuatro días que Lázaro estaba en el sepulcro. Betania estaba cerca de Jerusalén, como a quince estadios; y muchos de los judíos habían venido a Marta y a María, para consolarlas por su hermano.

Entonces Marta, cuando oyó que Jesús venía, salió a encontrarle; pero María se quedó en casa.

Y Marta dijo a Jesús: Señor, si hubieses estado aquí, mi hermano no habría muerto. Más también sé ahora que todo lo que pidas a Dios, Dios te lo dará. Juan 11:17-22

Marta sabía que Jesús era Dios. Ella sabía que Jesús podría haber sanado a su hermano. Ella aún creía que Dios el Padre haría lo que Jesús le pidiera; ella creía que Jesús podía resucitar a Lázaro de entre los muertos.

Jesús le dijo: Tu hermano resucitará.

Marta le dijo: Yo sé que resucitará en la resurrección, en el día postrero. Juan 11:23-24

Por los escritos de los profetas, los judíos sabían que todas las personas que han muerto, algún día volverán a la vida.

En el final de los tiempos, las almas y los espíritus de los muertos se unirán a sus cuerpos de nuevo. Toda persona que haya vivido resucitará a la vida para ser juzgado por Dios.

> ...vendrá hora cuando todos los que están en los sepulcros oirán Su voz; y los que hicieron lo bueno, saldrán a resurrección de vida; más los que hicieron lo malo, a resurrección de condenación. Juan 5:28-29

Todos aquellos que confiaron en Jesús (que hicieron lo bueno) durante su vida se elevarán a la vida, y van a ir al cielo.

> **El tribunal de Cristo es para creyentes.**
>
> **El juicio del gran trono blanco es para los que no creyeron en Cristo durante su vida en la tierra.**

En el cielo, todos los creyentes se presentarán ante Dios para ser juzgados por la forma en que vivieron sus vidas en la tierra. Ellos recibirán recompensas por las cosas que hicieron que agradaron a Dios y perderán recompensas por todo lo que hicieron que no fue agradable para Dios.

> Porque es necesario que todos nosotros comparezcamos ante el tribunal de Cristo, para que cada uno reciba según lo que haya hecho mientras estaba en el cuerpo, sea bueno o sea malo. 2 Corintios 5:10

Los que no creyeron en el Salvador también serán juzgados por las cosas que hicieron mientras vivieron en la tierra. En ese momento, por fin llegarán a entender que merecen ser separados de Dios para siempre a causa de su pecado. Finalmente se darán cuenta de que deberían haber confiado en Jesucristo para salvarles.

> Y vi un gran trono blanco... y vi a los muertos, grandes y pequeños, de pie ante Dios...y fueron juzgados los muertos por las cosas que estaban escritas en los libros, según sus obras. Y el mar entregó los muertos que había en él; y la muerte y el Hades entregaron los muertos que había en ellos; y fueron juzgados cada uno según sus obras. Y la muerte y el Hades fueron lanzados al lago de fuego. Esta es la muerte segunda. Y el que no se halló inscrito en el libro de la vida fue lanzado al lago de fuego. Apocalipsis 20:11-15

¡Todos aquellos que no confiaron en Jesucristo mientras vivieron en la tierra, serán enviados al lago de fuego para siempre!

Algunas personas no creen que el alma de una persona vivirá para siempre. Ellos creen que cuando el cuerpo muere, la persona deja de existir.

Otras personas creen que cuando una persona muere, vuelve a la tierra en un cuerpo diferente. Pueden volver como ser humano o como un animal o un pájaro. Ellos creen que esto sucede una y otra vez hasta que se llega a una condición perfecta. A esto le llaman rencarnación.

Pero estas son mentiras de Satanás. Satanás no quiere que la gente sepa la verdad, no quiere que la gente sepa que Dios las juzgará. Satanás no quiere que la gente crea que el pago por su pecado es separación de Dios para siempre en el infierno.

Marta sabía que algún día todos los que han creído en el Salvador serán resucitados a la vida.

Le dijo Jesús: Yo soy la resurrección y la vida; el que cree en mí, aunque esté muerto, vivirá. Y todo aquel que vive y cree en mí, no morirá eternamente. ¿Crees esto?

Le dijo: Sí, Señor; yo he creído que tú eres el Cristo, el Hijo de Dios, que has venido al mundo. Juan 11:25-27

Jesús es el único que puede dar vida a los muertos. Es por eso que se le llama "la resurrección". Aunque todas las personas mueren una vez, los que confían en Jesús no morirán por segunda vez y no van a estar separados de Dios para siempre en el lugar de sufrimiento. En cambio, Jesús les dará vida con Dios para siempre.

Marta creyó lo que Jesús dijo. Ella creyó que Jesús es Dios el Hijo, el Salvador prometido. Ella creyó que era una pecadora que merecía la pena de muerte. Ella creyó que Jesús era el único que podía salvarle de la muerte y darle vida eterna.

Habiendo dicho esto, fue y llamó a María su hermana, diciéndole en secreto: El Maestro está aquí y te llama. Ella, cuando lo oyó, se levantó de prisa y vino a él. Jesús todavía no había entrado en la aldea, sino que estaba en el lugar donde Marta le había encontrado.

Entonces los judíos que estaban en casa con ella y la consolaban, cuando vieron que María se había levantado de prisa y había salido, la siguieron, diciendo: Va al sepulcro a llorar allí.

María, cuando llegó a donde estaba Jesús, al verle, se postró a sus pies, diciéndole: Señor, si hubieses estado aquí, no habría muerto mi hermano.

Jesús entonces, al verla llorando, y a los judíos que la acompañaban, también llorando, se estremeció en espíritu y se conmovió, y dijo: ¿Dónde le pusisteis?

Le dijeron: Señor, ven y ve. Jesús lloró.

Dijeron entonces los judíos: Mirad cómo le amaba.

Y algunos de ellos dijeron: ¿No podía éste, que abrió los ojos al ciego, haber hecho también que Lázaro no muriera?

Jesús, profundamente conmovido otra vez, vino al sepulcro. Era una cueva, y tenía una piedra puesta encima. Juan 11:28-38

A pesar de que Jesús es Dios, Él también es un ser humano. Jesús tenía los mismos sentimientos que tú y yo. Cuando vio a María y a los judíos llorando, Él también lloró. Le entristecía ver lo mucho que sufrían a causa de la muerte de Lázaro.

Cuando Dios creó al hombre en el principio, no estaba en Su plan que la gente muriera. De hecho, Él quería que Adán y Eva comieran del árbol de la vida y que vivieran para siempre. Pero Adán y Eva hicieron lo contrario de lo que Dios dijo, y como resultado, murieron. Esto trajo la muerte a todas las personas.

...como el pecado entró en el mundo por un hombre, y por el pecado la muerte, así la muerte pasó a todos los hombres, por cuanto todos pecaron. Romanos 5:12

El pecado y la muerte entristecen a Dios. Por eso, prometió enviar al Libertador. Jesús era el Libertador prometido que vino a salvar a la gente de la segunda muerte.

Finalmente, Jesús llegó a la tumba de Lázaro.

Dijo Jesús: Quitad la piedra.

Marta, la hermana del que había muerto, le dijo: Señor, hiede ya, porque es de cuatro días.

Jesús le dijo: ¿No te he dicho que si crees, verás la gloria de Dios? Entonces quitaron la piedra de donde había sido puesto el muerto.

Y Jesús, alzando los ojos a lo alto, dijo: Padre, gracias te doy por haberme oído. Yo sabía que siempre me oyes; pero lo dije por causa de la multitud que está alrededor, para que crean que tú me has enviado.

Y habiendo dicho esto, clamó a gran voz: ¡Lázaro, ven fuera! Y el que había muerto salió, atadas las manos y los pies con vendas, y el rostro envuelto en un sudario. Jesús les dijo: Desatadle, y dejadle ir.
Juan 11:39-44

El propósito de la muerte de Lázaro era para mostrar a los judíos que Jesucristo era verdaderamente el Hijo de Dios. Jesús oró en voz alta a propósito. Quería que los judíos le escucharan orar a Dios Padre. Él quería que ellos vieran que Él y Dios el Padre estaban unidos.

Dios el Padre escuchó la oración de Jesús. Él le dio a Jesús el poder de resucitar a Lázaro. A pesar de que Lázaro había muerto hace cuatro días, cuando Jesús lo llamó para que saliera de la tumba, lo hizo inmediatamente.

En aquellos días, cuando una persona moría, la envolvían con vendas muy apretadas. Cuando Jesús llamó a Lázaro, Lázaro salió caminando de la tumba con las vendas todavía atadas alrededor de él.

Entonces muchos de los judíos que habían venido para acompañar a María, y vieron lo que hizo Jesús, creyeron en él. Pero algunos de ellos fueron a los fariseos y les dijeron lo que Jesús había hecho. Entonces los principales sacerdotes y los fariseos reunieron el concilio, y dijeron: ¿Qué haremos? Porque este hombre hace muchas señales. Si le dejamos así, todos creerán en él; y vendrán los romanos, y destruirán nuestro lugar santo y nuestra nación. Juan 11:45-48

Sólo Dios tiene el poder de dar vida a los muertos. Jesús es Dios. De la misma manera que Él creó el mundo por medio de Su palabra, Él resucitó a Lázaro a la vida con Su palabra. Los judíos se dieron cuenta de que Jesús verdaderamente era el Hijo de Dios, el Libertador prometido.

Muchos de ellos creyeron, pero otros no. Los que no creyeron fueron donde los fariseos y les comentaron lo que Jesús hizo. Los fariseos tenían miedo de que todos los israelitas llegaran a creer en Jesús. Tenían miedo de que si los israelitas hacían a Jesús su líder, el gobierno romano los culpara y les quitara a ellos sus posiciones de liderazgo.

Recuerda

Algún día, tú también morirás. ¿Qué va a pasar entonces? ¿Vas a ir a vivir con Dios, o vas a estar separado de Él para siempre en el lugar terrible de sufrimiento?

Jesús es el único que te puede rescatar de la segunda muerte. Él es el único que te puede dar la vida después de la muerte.

Confía en Jesús. Los que confían en Él no perecerán, y no van a morir por segunda vez. Todos los que confían en Jesús recibirán la vida eterna.

Porque de tal manera amó Dios al mundo, que ha dado a Su Hijo unigénito, para que todo aquel que en él cree, no se pierda, más tenga vida eterna. Juan 3:16

Preguntas

1. ¿Por qué Jesús no fue a sanar a Lázaro en cuanto oyó que Lázaro estaba enfermo? *Jesús no sanó a Lázaro, porque Él sabía que Dios tenía un propósito para la muerte de Lázaro.*

2. ¿Creyó Marta que Jesús podía resucitar a Lázaro de entre los muertos? *Sí, ella creyó eso.*

3. ¿Sabía Marta que Jesús era Dios el Hijo, el Libertador prometido? *Sí, ella sabía.*

4. Algún día, cuando las almas y los espíritus de los muertos se unan a sus cuerpos, ¿qué pasará? *Las personas serán juzgadas por Dios por lo que hicieron mientras vivían en la tierra.*

5. ¿Dios juzgará a los que confiaron en Jesús como su Salvador por sus pecados? *No, Dios no juzgará a los creyentes por sus pecados, porque Jesús ya pagó por ellos. Los creyentes recibirán recompensas por todo lo que hicieron que agradaba a Dios, pero perderán recompensas si no hicieron lo que agradaba a Dios.*

6. ¿Qué pasará con aquellos que no confiaron en Jesús como su Salvador? *Ellos serán separados de Dios para siempre. Dios los juzgará por todos los pecados que cometieron en la tierra. Él les mostrará que como no confiaron en Jesucristo para salvarlos tendrán que pagar ellos mismos por sus pecados.*

7. ¿Qué es la muerte segunda? *La muerte segunda es la separación de Dios para siempre en el lugar de sufrimiento, en el lago de fuego, llamado infierno.*

8. ¿Qué quiso decir Jesús cuando dijo: "Yo soy la resurrección y la vida"? *Él quiso decir que Él es el único que da la vida.*

9. ¿Qué quiso decir Jesús cuando dijo: "El que cree en mí, aunque esté muerto, vivirá"? *Quería decir que todo aquel que cree en Jesús, no va a morir por segunda vez. Todo el mundo va a morir, pero los que confían en Jesús no irán al infierno para estar separados de Dios para siempre, porque Jesús les dará la vida eterna con Dios en el cielo.*

10. ¿Por qué lloró Jesús? *La tristeza y el llanto causado por la muerte puso a Jesús muy triste. Nunca fue el plan de Dios que las personas enfrentaran la muerte.*

11. ¿Cuál fue el propósito de Dios para la enfermedad y muerte de Lázaro? *Dios usó la muerte de Lázaro para mostrar a los judíos que Jesús es Dios el Hijo. Jesús tenía el poder para resucitar a Lázaro de entre los muertos porque Jesús es Dios.*

Verdades bíblicas

- Dios está en control de todo lo que sucede.
- Jesús siempre hizo lo que Dios quería que hiciera.
- En el momento en que una persona muere, su alma va inmediatamente al cielo o bien al lugar de sufrimiento, que es el infierno.
- Todos los seres humanos resucitarán un día. Unos para vida eterna y otros para condenación.
- Todas las personas son pecadoras.
- La paga del pecado es la muerte.
- Jesús es el único que puede rescatar a la gente de la segunda muerte, Jesús es el único que tiene el poder para dar vida.
- Jesucristo y Dios el Padre son uno; Jesucristo es Dios.
- Jesucristo es un ser humano.
- Dios es un Dios de amor.
- El pecado y la muerte entristecen a Dios. Nunca fue el plan de Dios que las personas murieran.
- Desde el principio, Dios planeó que Jesucristo, el Hijo de Dios, rescatara a la gente de Satanás y de la muerte.

Actividad: Memorizar versículo con pelota

Suministros

- Una o más pelotas de tamaño medio
- Copia del verso de memoria:

  Jesús le dijo: "Yo soy la resurrección y la vida. Él que cree en mí, aunque esté muerto, vivirá". Juan 11:25

Instrucciones

- Los alumnos se dividen en equipos o forman un gran círculo, en función del número de alumnos de su grupo. Practique el verso de memoria, mientras lanzan la pelota el uno al otro y la atrapan.

- **Por ejemplo**: El maestro dice la primera parte del versículo para memorizar. Una vez que el maestro lo dice correctamente, tira la pelota a uno de los estudiantes, quienes también deben tratar de decirlo correctamente y después tirarla a otro estudiante. Dé la vuelta hasta que todos hayan tenido la oportunidad de coger el balón y decir la primera parte del versículo. Ahora se puede añadir la segunda parte del verso y hacer lo mismo. Por último, se puede decir todo el versículo y añadir también la referencia de la escritura.
- Si los estudiantes han estado trabajando en pequeños grupos, ahora puede reunir en un gran círculo y hacer recitar delante de la clase, con o sin el balón.

Referencias bíblicas

Salmo 98:9; Daniel 12:2; Mateo 25:46; Juan 5:24, 28-29; Hechos 17:25, 31; 24:15; Romanos 5:12; 2 Corintios 1:3, 5:9 - 11; Colosenses 1:16; 1 Timoteo 2:4; 2 Timoteo 4:1; 1 Pedro 1:17; 2 Pedro 3:9; Apocalipsis 20:11-15

67
La última pascua

Jesús monta un pollino de asno y come el cordero pascual con sus discípulos

Versículo para memorizar

Todos nosotros nos descarriamos como ovejas, cada cual se apartó por su camino; más Jehová cargó en él el pecado de todos nosotros. Isaías 53:6

Lección

Después de que Jesús resucitó a Lázaro de entre los muertos, Él y sus discípulos siguieron a Jerusalén. Las calles de Jerusalén estaban llenas de judíos que habían llegado de todos los alrededores. Todos habían venido a celebrar la fiesta de la Pascua.

Hace mucho tiempo, Dios les había dicho a los hijos de Israel que celebraran la Pascua todos los años. Dios quería que los israelitas siempre recordaran cómo sus hijos primogénitos habían sido salvados por la sangre del cordero en la noche que los liberó de la esclavitud en Egipto.

Pero los discípulos de Jesús tuvieron miedo, porque sabían que los líderes judíos en Jerusalén querían matar a Jesús.

Iban por el camino subiendo a Jerusalén; y Jesús iba delante, y ellos se asombraron, y le seguían con miedo. Entonces volviendo a tomar a los doce aparte, les comenzó a decir las cosas que le habían de acontecer: He aquí subimos a Jerusalén, y el Hijo del Hombre será entregado a los principales sacerdotes y a los escribas, y le condenarán a muerte, y le entregarán a los gentiles; y le escarnecerán, le azotarán, y escupirán en él, y le matarán; más al tercer día resucitará. Porque el Hijo del Hombre no vino para ser servido, sino para servir, y para dar Su vida en rescate por muchos.
Marcos 10:32-34, 45

La razón por la que Jesús es a veces llamado el Hijo del Hombre en la Biblia es porque Jesús tenía padres humanos. Jesús era a la vez hombre y Dios, ambas cosas al mismo tiempo. Jesús era el Hijo de Dios e Hijo del Hombre.

Puesto que Jesús es Dios, Él sabía todo lo que iba a pasar con él en Jerusalén. Jesús vino al mundo para ser el Salvador. Él sabía que para salvarnos de Satanás y de la muerte Él tendría que sufrir y morir, tal como los profetas del Antiguo Testamento habían predicho hace mucho tiempo. Pero Jesús dijo a sus discípulos que después de tres días resucitaría.

Cuando Jesús y sus discípulos se acercaban a Jerusalén, Jesús envió a sus discípulos a buscar un asno para que él lo montara. Cientos de años antes, el profeta Zacarías escribió que el Salvador iba a montar sobre un pollino de asna. Jesús sabía que esta profecía tenía que cumplirse antes de morir.

Cuando se acercaban a Jerusalén... frente al monte de los Olivos, Jesús envió dos de sus discípulos, y les dijo: Id a la aldea que está enfrente de vosotros, y luego que entréis en ella, hallaréis un pollino atado, en el cual ningún hombre ha montado; desatadlo y traedlo. Y si alguien os dijere: ¿Por qué hacéis eso? decid que el Señor lo necesita, y que luego lo devolverá. Fueron, y hallaron el pollino atado afuera a la puerta, en el recodo del camino, y lo desataron. Y unos de los que estaban allí les dijeron: ¿Qué hacéis desatando el pollino? Ellos entonces les dijeron como Jesús había mandado; y los dejaron.
Marcos 11:1-6

El profeta Zacarías escribió:

Alégrate mucho, hija de Sion; da voces de júbilo, hija de Jerusalén; he aquí tu rey vendrá a ti, justo y Salvador, humilde y cabalgando sobre un asno, sobre un pollino hijo de asna.
Zacarías 9:9

Jesucristo sabía dónde los discípulos podían encontrar un asno que nunca había sido montado. Los discípulos trajeron el pollino a Jesús.

Y trajeron el pollino a Jesús, y echaron sobre él sus mantos, y se sentó sobre él. También muchos tendían sus mantos por el camino, y otros cortaban ramas de los árboles, y las tendían por el camino. Y los que iban delante y los que venían detrás daban voces, diciendo: ¡Hosanna! ¡Bendito el que viene en el nombre del Señor! ¡Bendito el reino de nuestro padre David que viene! ¡Hosanna en las alturas!
Marcos 11:7-10

Los judíos estaban contentos de aceptar a Jesús como el rey prometido de la línea de la familia del rey David, pero no querían aceptarlo como el Libertador prometido. Ellos querían que Jesús los rescatara del gobierno romano, pero no pensaban que tenían que ser rescatados de Satanás y de la pena de muerte.

Pero los líderes religiosos no querían que Jesús fuese rey, ellos querían matarlo.

Dos días después era la pascua, y la fiesta de los panes sin levadura; y buscaban los principales sacerdotes y los escribas cómo prenderle por engaño y matarle. Marcos 14:1

Los sumos sacerdotes y los maestros de la ley sabían lo que estaba escrito en el Antiguo Testamento acerca de la venida del Salvador. Después de todo, ellos eran los líderes religiosos de Israel. Deberían haber reconocido que todo lo que los profetas dijeron acerca del Libertador era verdad en cuanto a Jesús. No tenían ninguna excusa para no creer en Jesucristo como el Mesías, el Libertador prometido y el Elegido de Dios, pero estaban ciegos a la verdad.

Ellos odiaban a Jesucristo porque Él les dijo que eran pecadores. Estaban celosos de ÉL por las grandes multitudes que le seguían.

Hasta que un día tuvieron la oportunidad que estaban esperando.

Entonces Judas Iscariote, uno de los doce, fue a los principales sacerdotes para entregárselo. Marcos 14:10

A pesar de que Judas era uno de los seguidores de Jesús, Judas no creía que Jesús era el Hijo de Dios. Judas nunca confió en Jesús como su Salvador, así que pertenecía a la familia de Adán. Judas estaba controlado por Satanás y su propia naturaleza pecaminosa.

Satanás es el que llevó a Judas y a los líderes religiosos a matar a Jesús. Satanás no quería que Jesús rescatara a la gente de su control. Él quería seguir dominando a las personas y que la gente permaneciera separada de Dios para siempre. Él quería llevar a todos al terrible lugar de sufrimiento que Dios había preparado para él y sus demonios.

Cuando los líderes religiosos se comprometieron a pagarle a Judas, él estuvo dispuesto a traicionar a Jesús.

> **Lo que el Rey David predijo acerca de Judas:**
>
> Aun el hombre de mi paz, en quien yo confiaba, el que de mi pan comía, Alzo contra mí el calcañar. Salmo 41:9
>
> **Lo que dijo el profeta Zacarías:**
>
> ... Y pesaron por mi salario treinta piezas de plata. Zacarías 11:12a

Ellos, al oírlo, se alegraron, y prometieron darle dinero. Y Judas buscaba oportunidad para entregarle. Marcos 14:11

Cada año, durante la fiesta de la Pascua los judíos mataban y comían un cordero, al igual que lo habían hecho la noche en que salieron de Egipto. Los discípulos de Jesucristo le preguntaron dónde quería comer el cordero pascual.

El primer día...cuando sacrificaban el cordero de la pascua, sus discípulos le dijeron: ¿Dónde quieres que vayamos a preparar para que comas la pascua?

Y envió dos de sus discípulos, y les dijo: Id a la ciudad, y os saldrá al encuentro un hombre que lleva un cántaro de agua; seguidle, y donde entrare, decid al señor de la casa: El Maestro dice: ¿Dónde está el aposento donde he de comer la pascua con mis discípulos? Y él os mostrará un gran aposento alto ya dispuesto; preparan para nosotros allí.

Fueron sus discípulos y entraron en la ciudad, y hallaron como les había dicho; y prepararon la pascua. Y cuando llegó la noche, vino él con los doce. Y cuando se sentaron a la mesa, mientras comían, dijo Jesús: De cierto os digo que uno de vosotros, que come conmigo, me va a entregar.

Entonces ellos comenzaron a entristecerse, y a decirle uno por uno: ¿Seré yo? Y el otro: ¿Seré yo?

El, respondiendo, les dijo: Es uno de los doce, el que moja conmigo en el plato. Marcos 14:12-20

En tiempos de Jesús, cuando los judíos se reunían para una comida, por lo general había una hogaza de pan y un poco de salsa de fruta sobre la mesa. Todos alrededor de la mesa desprendían pequeños trozos de pan y los mojaban en la salsa. De esta manera se demostraba que eran amigos. Judas actuó como amigo de Jesús, aunque sabía que iba a traicionarlo.

Era el plan de Dios que Jesús muriera por nosotros, pero fue un error de Judas tomar parte en la muerte de Jesús. La Biblia dice que:

A la verdad el Hijo del Hombre va, según está escrito de él, mas ¡ay! de aquel hombre por quien el Hijo del Hombre es entregado! Bueno le fuera a ese hombre no haber nacido. Y mientras comían, Jesús tomó pan y bendijo, y lo partió y les dio, diciendo: Tomad, esto es mi cuerpo.

> Y tomando la copa, y habiendo dado gracias, les dio; y bebieron de ella todos. Y les dijo: Esto es mi sangre del nuevo pacto, que por muchos es derramada. De cierto os digo que no beberé más del fruto de la vid, hasta aquel día en que lo beba nuevo en el reino de Dios. Cuando hubieron cantado el himno, salieron al monte de los Olivos.
> Marcos 14:20-26

Cuando Jesús partió el pan y lo dio a Sus seguidores era como un cuadro de cómo Su cuerpo estaba a punto de ser partido por ellos. El vino era un cuadro de la sangre que estaba a punto de ser derramada por ellos.

Jesús es Dios, el Creador del mundo. Él nunca hizo nada malo. Él no merecía morir, pero Él murió por ti y por mí. Él murió por los discípulos. Él murió como el Libertador que había venido a ayudar a todas las familias de la tierra.

Preguntas

1. ¿Por qué quería Dios que los judíos celebraran la fiesta de la Pascua? *Dios quería que los israelitas recordaran cómo la sangre de los corderos había salvado a sus hijos primogénitos cuando sus antepasados salieron de Egipto hacía mucho tiempo.*

2. ¿Por qué fue Jesús a veces llamado el Hijo del Hombre? *Jesús fue llamado a veces el Hijo del Hombre, porque los que lo rodeaban lo conocían como el hijo de María y José. Jesús era el Hijo del Hombre y el Hijo de Dios.*

3. ¿Por qué fue Jesús a Jerusalén, cuando Él sabía lo que iba a pasar con él allí? *Jesús sabía que Él era el Libertador prometido. Él sabía que tenía que sufrir y morir para salvar a la gente del control de Satanás y de la segunda muerte.*

4. ¿Quién controlaba a Judas y a los líderes religiosos para matar a Jesús? *Satanás estaba guiando a los líderes religioso, porque no quería que Jesús salvara a la gente de su control y de la pena de muerte.*

5. ¿Cómo sabía Jesús que los discípulos podían encontrar un asno para que Él lo montara? *Jesús es Dios. Él lo sabe todo.*

6. ¿Por qué querían los judíos que Jesús fuera su rey? *Los Judíos querían que Jesús fuera su rey para que pudiera librarlos del cruel gobierno romano.*

7. ¿Por qué los judíos no aceptaban a Jesús como el Libertador prometido? *Los judíos no creían que ellos eran pecadores separados de Dios, no pensaban que necesitaban el Libertador para rescatarlos de la segunda muerte. Ellos pensaban que eran aceptables con Dios. Ellos pensaban que irían al cielo porque venían de Abraham, y porque seguían las leyes de Dios.*

8. ¿Los líderes religiosos sabían lo que estaba escrito en las Escrituras del Antiguo Testamento sobre el Libertador prometido? *Sí, si lo sabían.*

9. ¿Por qué los líderes religiosos estaban enojados con Jesús? *Los líderes religiosos estaban enojados con Jesús porque Él les dijo que eran pecadores. También estaban celosos de Él debido a Su popularidad, debido a las enormes multitudes que le seguían.*

10. ¿Judas confiaba en Jesús como su Salvador? *No. Judas no creía que Jesús era el Hijo de Dios, el Libertador prometido.*

11. ¿Por qué Jesús parte el pan y se lo da a sus discípulos? *El pan partido era un cuadro de cómo el cuerpo de Jesús iba a ser partido por ellos.*

12. ¿La copa de vino era una imagen de qué? *Era una imagen de la sangre que Jesús iba a derramar a fin de pagar por nuestros pecados.*

Verdades bíblicas

- Jesucristo es hombre.
- Jesucristo es Dios.
- Dios lo sabe todo, Jesús sabía todo lo que iba a sucederle a Él.
- Dios se encarga de todo el mundo, todo sucede de acuerdo a Su plan.
- Dios es un Dios de amor, Él envió a Jesús a sufrir y morir por nosotros.
- Jesucristo es el único Libertador.
- Satanás odia a Dios y a la gente.
- Satanás es poderoso, pero no puede vencer a Dios; no puede arruinar los planes de Dios.
- Todas las personas nacen en la familia de Adán. Los que están en la familia de Adán no pueden agradar a Dios, sino que son controlados por Satanás y por su propia naturaleza pecaminosa.
- Jesús salva sólo a aquellos que creen en Él.

Actividad: El juego bíblico del ahorcado

Suministro

- Pizarrón
- Tiza

Instrucciones

- El objetivo del juego ahorcado es adivinar la frase clave. Para comenzar el juego la maestra dibuja una horca simple. Debajo del dibujo la maestra hace unas rayas en lugar de cada letra de la frase clave (dejando los espacios que corresponden).

- Entonces la maestra repasa las preguntas que se encuentran al final de la lección. Los estudiantes, o grupos de estudiantes, en turno, dan las respuestas. Si el grupo que le toca da la respuesta correcta, ese grupo puede adivinar una letra que contiene la frase. Si aciertan, la maestra, o su ayudante, escribe todas las letras coincidentes. Si la letra no está, se escribe la letra arriba y se agrega una parte al cuerpo (cabeza, brazo, etc.) del colgado.
- Si un grupo piensa saber la frase clave, puede tratar de resolverla cuando llegue su turno. El juego termina cuando un grupo resuelva el secreto o cuando la maestra dibuja todas las partes del hombre de palitos.

Frase Clave: Puesto que Jesús es Dios, Él sabía todo lo que le sucedería en Jerusalén

Para los niños pequeños: Jesús es Dios, Él lo sabe todo.

Referencias bíblicas

Éxodo 12:21-27; Deuteronomio 16:1-8; Mateo 21:1-11, 26:1-30; Lucas 3:23-31, 4:22; Lucas 19:28-40, 22:1-23; Juan 12:12-19; 13:1-2, 21-30

68
Condenado

Jesús es acusado y condenado y Pedro niega a Jesús

Versículo para memorizar

Todos nosotros nos descarriamos como ovejas, cada cual se apartó por su camino; más Jehová cargó en él el pecado de todos nosotros. Isaías 53:6

Lección

Después de que Jesús y Sus discípulos comieron la cena de la Pascua, salieron a un olivar cercano. El huerto se llamaba Getsemaní, que estaba en el Monte de los Olivos.

Vinieron, pues, a un lugar que se llama Getsemaní, y dijo a sus discípulos: Sentaos aquí, entre tanto que yo oro. Y tomó consigo a Pedro, a Jacobo y a Juan, y comenzó a entristecerse y a angustiarse. Y les dijo: Mi alma está muy triste, hasta la muerte; quedaos aquí y velad. Yéndose un poco adelante, se postró en tierra, y oró que si fuese posible, pasase de él aquella hora. Y decía: Abba, Padre, todas las cosas son posibles para ti; aparta de mí esta copa; mas no lo que yo quiero, sino lo que tú. Mark 14:32-36.

Y estando en agonía, oraba más intensamente; y era Su sudor como grandes gotas de sangre que caían hasta la tierra. Lucas 22:44

Jesús es Dios. Él sabía lo que iba a pasar, sabía el terrible tormento que tendría que sufrir para pagar la pena de muerte por todas las personas del mundo.

Como ser humano, Jesús no podía soportar la idea de tan terrible agonía, pero al mismo tiempo Él estaba dispuesto a hacer cualquier cosa que Dios el Padre quería que hiciera. Él estaba dispuesto a hacer lo que fuera necesario para liberarnos de Satanás y de la segunda muerte.

Tan pronto como Jesús terminó de orar, llegó Judas.

Vino...y les dijo:...la hora ha venido; he aquí, el Hijo del Hombre es entregado en manos de los pecadores. Levantaos, vamos; he aquí, se acerca el que me entrega. Luego, hablando él aún, vino Judas, que era uno de los doce, y con él mucha gente con espadas y palos, de parte de los principales sacerdotes y de los escribas y de los ancianos.

Y el que le entregaba les había dado señal, diciendo: Al que yo besare, ése es; prendedle, y llevadle con seguridad. Y cuando vino, se acercó luego a él, y le dijo: Maestro, Maestro. Y le besó. Entonces ellos le echaron mano, y le prendieron. Marcos 14:41-46

Judas había sido discípulo de Jesús por un largo tiempo. ¡Fue terrible que él traicionara a Jesús!

Los líderes religiosos habían enviado a una gran multitud de soldados con espadas y palos para acompañar a Judas.

Y respondiendo Jesús, les dijo: ¿Cómo contra un ladrón habéis salido con espadas y con palos para prenderme? Cada día estaba con vosotros enseñando en el templo, y no me prendisteis; pero es así, para que se cumplan las Escrituras. Marcos 14:48-49

Los líderes religiosos enviaron soldados porque sabían que Jesús era extremadamente poderoso. Ningún ser humano había hecho los milagros que Jesús hizo. Ningún ser humano podía controlar demonios, sanar enfermedades sólo con la palabra, o resucitar muertos. Jesús tenía que ser Dios. En vez de arrestar a Jesús, los líderes religiosos deberían haber creído en Él.

Sin embargo, a pesar de que Jesús podría haber destruido a todos con una sola palabra, les dejó que lo arrestaran, porque Él sabía que había llegado el tiempo para que muriera.

Los soldados llevaron a Jesús ante el Sanedrín. El Sanedrín era el tribunal de los judíos. Todos los líderes religiosos importantes formaron parte de este tribunal. El presidente de la corte era el sumo sacerdote. El Sanedrín decidía si un israelita era culpable de violar las leyes de Dios.

Pedro, uno de los discípulos de Jesús, siguió a los soldados hasta el patio del sumo sacerdote.

Trajeron, pues, a Jesús al sumo sacerdote; y se reunieron todos los principales sacerdotes y los ancianos y los escribas. Y Pedro le siguió de lejos hasta dentro del patio del sumo sacerdote... Marcos 14:53-54a

Y habiendo ellos encendido fuego en medio del patio, se sentaron alrededor; y Pedro se sentó también entre ellos. Pero una criada, al verle sentado al fuego, se fijó en él, y dijo: También éste estaba con él.

Pero él lo negó, diciendo: Mujer, no lo conozco.

Un poco después, viéndole otro, dijo: Tú también eres de ellos.

Y Pedro dijo: Hombre, no lo soy.

Como una hora después, otro afirmaba, diciendo: Verdaderamente también éste estaba con él, porque es galileo.

Y Pedro dijo: Hombre, no sé lo que dices. Y en seguida, mientras él todavía hablaba, el gallo cantó. Entonces, vuelto el Señor, miró a Pedro; y Pedro se acordó de la palabra del Señor, que le había dicho: Antes que el gallo cante, me negarás tres veces. Y Pedro, saliendo fuera, lloró amargamente. Lucas 22:55

Pedro negó a Jesús porque tenía miedo. Jesús había advertido a Pedro que él lo negaría, pero Pedro no le creyó a Jesús. Cuando Jesús lo miro, Pedro se dio cuenta de lo que había hecho y se puso muy triste.

Mientras tanto, mucha gente acusaba a Jesús ante el tribunal de crímenes, pero sus historias no concordaban. El Sanedrín no podía encontrar ninguna razón para matar a Jesús.

> Y los principales sacerdotes y todo el concilio buscaban testimonio contra Jesús, para entregarle a la muerte; pero no lo hallaban. Porque muchos decían falso testimonio contra él, más sus testimonios no concordaban. Marcos 14:55-56

La verdad es que Jesús no había hecho nada malo. Nunca había violado ninguna de las reglas de Dios.

> Hace más de mil años a.C., el rey David escribió esto hablando de Cristo:
>
> ...se han levantado contra mí testigos falsos, y los que respiran crueldad. Salmos 27:12b

La Biblia dice que:

> El cual no hizo pecado, ni se halló engaño en Su boca; 1 Pedro 2:22

A pesar de que Jesús no había hecho ninguno de los crímenes de los que le acusaban, Él guardó silencio. Jesús no se enojó, Él no se defendió.

> Entonces el sumo sacerdote, levantándose en medio, preguntó a Jesús, diciendo: ¿No respondes nada? ¿Qué testifican éstos contra ti?

Mas él callaba, y nada respondía. El sumo sacerdote le volvió a preguntar, y le dijo: ¿Eres tú el Cristo, el Hijo del Bendito?

Y Jesús le dijo: Yo soy. Marcos 14:60-62a

Por último, el sumo sacerdote preguntó a Jesús si Él era el Cristo, el Hijo de Dios. El sumo sacerdote quería saber si Jesús testificaba ser el Escogido de Dios, el Libertador prometido que los profetas del Antiguo Testamento habían dicho que vendría.

Entonces Jesús dijo: "Yo soy".

¿Recuerdas cuando Dios le dijo a Moisés Su nombre?

Y respondió Dios a Moisés: YO SOY EL QUE SOY. Y dijo: Así dirás a los hijos de Israel: YO SOY me envió a vosotros. Éxodo 3:14

Los judíos conocían las Escrituras del Antiguo Testamento. Ellos sabían que "YO SOY" es otro nombre para Dios. Cuando Jesús dijo: "Yo soy", todos los líderes religiosos sabían que Jesús estaba diciendo: "Yo soy Dios".

Entonces el sumo sacerdote, rasgando su vestidura, dijo: ¿Qué más necesidad tenemos de testigos? Habéis oído la blasfemia; ¿qué os parece? Y todos ellos le condenaron, declarándole ser digno de muerte. Y algunos comenzaron a escupirle, y a cubrirle el rostro y a darle de puñetazos, y a decirle: Profetiza. Y los alguaciles le daban de bofetadas. Marcos 14:63-65

Cuando Jesús dijo que Él era Dios, los líderes religiosos se enfurecieron. Dijeron que Jesús era culpable de blasfemia al pretender ser Dios cuando era sólo un ser humano. Por este crimen Jesús merecía la pena de muerte.

Pero el Sanedrín no podía ejecutar a un criminal a la muerte sin el permiso del gobernador romano. En ese tiempo, el gobernador romano era Pilato.

Muy de mañana, habiendo tenido consejo los principales sacerdotes con los ancianos, con los escribas y con todo el concilio, llevaron a Jesús atado, y le entregaron a Pilato. Pilato le preguntó: ¿Eres tú el Rey de los judíos?

Respondiendo él, le dijo: Tú lo dices. Marcos 15:1-2

Jesús era el Cristo, Él era el Elegido de Dios para ser Profeta, Sacerdote y Rey. Jesucristo era el rey del linaje del Rey David que Dios había escogido para que reinara para siempre.

A pesar de que Jesús estaba a punto de morir, Satanás no pudo derrotarlo. En el Jardín del Edén Dios había dicho que Satanás heriría el calcañar del Hijo de la mujer, pero que este iba a aplastar la cabeza de Satanás. Satanás estaba a punto de herir a Jesucristo, pero Jesús triunfaría al final. No importa lo que los judíos le hicieran a Jesucristo, Él algún día sería rey para siempre tal como los profetas predijeron.

En la presencia del gobernador romano, los judíos siguieron acusándole de crímenes imaginarios.

Y los principales sacerdotes le acusaban mucho. Otra vez le preguntó Pilato, diciendo: ¿Nada respondes? Mira de cuántas cosas te acusan. Más Jesús ni aun con eso respondió; de modo que Pilato se maravillaba. Marcos 15:3-5

Jesús permaneció en silencio, Él sabía que era el plan de Dios que Él muriera.

Pilato sabía que Jesús no merecía morir. Como era su costumbre durante la fiesta de la Pascua liberar un prisionero judío, Pilato ofreció liberar a Jesús.

Ahora bien, en el día de la fiesta les soltaba un preso, cualquiera que pidiesen. Y había uno que se llamaba Barrabás, preso con sus compañeros de motín que habían cometido homicidio en una revuelta. Y viniendo la multitud, comenzó a pedir que hiciese como siempre les había hecho. Y Pilato les respondió diciendo: ¿Queréis que os suelte al Rey de los judíos? Porque conocía que por envidia le habían entregado los principales sacerdotes. Más los principales sacerdotes incitaron a la multitud para que les soltase más bien a Barrabás. Respondiendo Pilato, les dijo otra vez: ¿Qué, pues, queréis que haga del que llamáis Rey de los judíos?

Y ellos volvieron a dar voces: ¡Crucifícale! Pilato les decía: ¿Pues qué mal ha hecho? Pero ellos gritaban aún más: ¡Crucifícale!

Y Pilato, queriendo satisfacer al pueblo, les soltó a Barrabás, y entregó a Jesús, después de azotarle, para que fuese crucificado. Marcos 15:6-15

Los judíos no querían que Pilato soltara a Jesús, sino querían la pena de muerte para Él. En aquellos días la pena de muerte no era por inyección letal o por la silla eléctrica como muchos países hoy en día lo hacen. Los romanos castigaban a sus peores criminales crucificándolos. La muerte por crucifixión era la más vergonzosa y dolorosa que te puedas imaginar.

Pero antes de ser Jesucristo crucificado, Pilato lo mandó azotar. Cuando los soldados romanos azotaban a un prisionero, le quitaban la ropa y le ataban las manos a un palo sobre Su cabeza. Luego lo golpeaban una y otra vez con un largo látigo de tiras de cuero que tenía pedazos de metal y hueso insertados en los extremos.

Con cada golpe del látigo cortaba más profundo y más profundo en la espalda del prisionero haciendo que la sangre fluyera. A menudo, el prisionero no sobrevivía.

Pero Jesús no murió en ese momento.

Entonces los soldados le llevaron dentro del atrio, esto es, al pretorio, y convocaron a toda la compañía. Y le vistieron de púrpura, y poniéndole una corona tejida de espinas, comenzaron luego a saludarle: ¡Salve, Rey de los judíos! Y le golpeaban en la cabeza con una caña, y le escupían, y puestos de rodillas le hacían reverencias. Marcos 15:16-19

Como púrpura era el color usado por los reyes, los soldados pusieron un manto de color púrpura en Jesús. Pusieron una corona de espinas sobre la cabeza de Jesús y le pegaron con palos para que una vez más la sangre fluyera. Entonces le escupieron a Jesús y se burlaron de Él por hacerse llamar a sí mismo el Rey de los judíos.

Así trataron a Cristo Jesús, el Hijo perfecto de Dios y el Creador del mundo. Es difícil de imaginar, pero es exactamente lo que Jesús les dijo a Sus discípulos que sucedería. Este había sido el plan de Dios desde el comienzo. Desde el principio del tiempo, Dios decidió que Él mismo vendría a la tierra a morir en nuestro lugar para librarnos del dominio de Satanás y de la pena de muerte. Debido a Su gran amor por nosotros, Jesús estaba dispuesto a sufrir vergüenza y pasar por una tortura increíble.

Ya destinado desde antes de la fundación del mundo...
1 Pedro 1:20a

Preguntas

1. ¿Cómo sabía Jesús todo lo que iba a pasar con él? *Jesús es Dios. Él lo sabe todo. Jesús vino al mundo para ser el Libertador prometido. Todo el tiempo, Jesús sabía que tendría que sufrir de esta manera.*

2. ¿Qué quiso decir Jesucristo cuando le pidió a Dios el Padre que le quitara "esta copa" de Él? *Jesús estaba pidiendo a Dios que le evitara de tener que pasar por el terrible sufrimiento que estaba a punto de enfrentar.*

3. ¿Estaba Jesús dispuesto a hacer cualquier cosa que Dios el Padre le pidiera hacer? *Sí. Él estaba dispuesto.*

4. ¿Hizo Jesús algo malo? *No. Jesús no rompió ninguna de las leyes de Dios. Ni siquiera tuvo un mal pensamiento.*

5. ¿Qué dijo Jesús cuando Pilato le preguntó si Él era el Cristo? *Él dijo, "Yo soy".*

6. ¿Por qué los judíos se enojaron cuando Jesús dijo: "Yo soy"? *Los judíos sabían la historia de Moisés y la zarza ardiente. Sabían que "Yo soy" es el nombre de Dios. Ellos pensaban que Jesús era solamente un hombre y que blasfemó al igualarse con Dios.*

7. ¿Qué decían los líderes religiosos que Jesús merecía, por llamarse Dios el mismo? *Dijeron que merecía morir.*

8. ¿Qué hizo Jesús cuando Él fue acusado de cosas que nunca hizo? *Se quedó callado. No se enojó ni se defendió.*

9. ¿Es cierto que Jesucristo era el Rey de los judíos? *Sí, lo fue. Dios nombró a Jesús para ser el escogido de la familia del rey David que sería rey para siempre.*

10. ¿Podría Satanás destruir los planes de Dios? *No. Aunque puede parecer como si Satanás ganó, al final, Jesús va aplastar la cabeza de Satanás. Algún día Jesucristo destruirá el poder de Satanás y llegara a ser el rey del mundo para siempre.*

11. ¿Se volvió realidad todo los que los profetas del Antiguo Testamento escribieron sobre el Libertador? *Sí, todos los detalles de lo que dijeron acerca del Salvador se cumplieron realmente en Jesús.*

Verdades bíblicas
- Jesucristo es un ser humano.
- Jesucristo es Dios.
- Jesucristo sabe todo, Él sabía lo que iba a pasar con Él.
- Jesucristo hizo lo que Dios el Padre quería que hiciera.
- Todas las personas son pecadoras.
- Jesucristo es todopoderoso.
- Jesucristo es perfecto.

- Satanás no puede ganar contra Dios.
- Dios siempre lleva a cabo Sus planes.
- Jesucristo es el único Libertador.
- Dios es un Dios de amor.

Actividad: Memorizar versículo con pelota

Elementos:
- Una o más pelotas de tamaño mediano
- Copia de un versículo a memorizar: Salmo 9:10

   En ti confiarán los que conocen tu nombre, por cuanto tú, oh Jehová, no desamparaste a los que te buscaron. Salmo 9:10

Instrucciones
- Dividir a los alumnos en equipos o formar un círculo, dependiendo del número de alumnos en su grupo. Practicar el versículo a memorizar lanzando la pelota unos a otros y cogiéndola.
- **Por ejemplo**: El profesor dice la primera parte del versículo a memorizar. Una vez que el profesor lo dice correctamente, él lanza la pelota a uno de los alumnos, el que también debe tratar de decirlo correctamente y luego lanzar la pelota a otro alumno. Una vez que todos han cogido la pelota y han dicho la primera parte del versículo, hacer lo mismo con la segunda parte del versículo. Finalmente se puede decir todo el versículo agregando también la referencia.
- Si los alumnos han estado trabajando en grupos pequeños, puedes juntarlos en un círculo y hacer que lo digan frente a la clase con o sin las pelotas.

Referencias bíblicas

   Génesis 3:15, 17-18; Zacarías 13:7; Mateo 26:36-27:30; Lucas 22:39-23:4; Juan 13:26-27, 18:1-19:15, 20:9; Filipenses 2: 5-8; 1 Pedro 2:21-24

69
Ejecutado
Jesús crucificado

Versículo para memorizar

Cristo nos redimió de la maldición de la ley, hecho por nosotros maldición porque está escrito: Maldito todo el que es colgado en un madero, Gálatas 3:13

Lección

Después de que Jesús fue azotado y que se burlaron de Él, los soldados llevaron a Jesús para ser crucificado.

Después de haberle escarnecido, le desnudaron la púrpura, y le pusieron sus propios vestidos, y le sacaron para crucificarle. Y le llevaron a un lugar llamado Gólgota, que traducido es: Lugar de la Calavera. Y le dieron a beber vino mezclado con mirra; más él no lo tomó. Marcos 15:20, 22-23

Cuando llegaron a la colina del Gólgota, los soldados clavaron los brazos de Jesús y sus piernas a la cruz. Luego pararon la cruz en el suelo. Allí junto a dos criminales, Jesús colgaba en agonía hasta que murió. Se negó el vino que le ofrecieron para quitarle el dolor.

Cuando le hubieron crucificado, repartieron entre sí sus vestidos, echando suertes sobre ellos para ver qué se llevaría cada uno. Marcos 15:24

Cada detalle anunciado por los profetas acerca del Salvador en el Antiguo Testamento, se hizo realidad. Todo lo que le pasó a Jesús fue tal como Dios lo había predicho.

> Porque perros me han rodeado; me ha cercado cuadrilla de malignos; horadaron mis manos y mis pies. Contar puedo todos mis huesos; entre tanto, ellos me miran y me observan. Repartieron entre sí mis vestidos, y sobre mi ropa echaron suertes. Salmos 22:16-18

Muchos, muchos años antes de que el gobierno romano existiera, y mucho antes de que alguien pensara en la crucifixión, el rey David profetizó acerca de la perforación de las manos y pies de Jesús. Incluso profetizó acerca de los soldados que "echaron suertes", o jugaron al azar, para repartir la ropa de Jesús.

¿Recuerdas cuando Jesús le dijo a Nicodemo que de la misma manera que Moisés puso la serpiente de bronce en un asta en el desierto, Él también seria levantado en un madero? Jesús sabía que sería colocado en una cruz de madera con el fin de salvarnos de la muerte.

> Y como Moisés levantó la serpiente en el desierto, así es necesario que el Hijo del Hombre sea levantado, Juan 3:14

Los romanos normalmente colgaban un letrero sobre la cruz que decía por qué el criminal era crucificado.

> ...y le crucificaron. Y el título escrito de Su causa era: EL REY DE LOS JUDÍOS. Marcos 15:25-26

Jesús no era un criminal, Él nunca hizo nada malo. Jesús no merecía morir.

El letrero, colgado por Pilato, en la cruz de Jesús simplemente decía: "EL REY DE LOS JUDIOS".

Pero a los judíos no les gustó lo que estaba escrito en el letrero.

> Y muchos de los judíos leyeron este título; porque el lugar donde Jesús fue crucificado estaba cerca de la ciudad, y el título estaba escrito en hebreo, en griego y en latín. Dijeron a Pilato los principales sacerdotes de los judíos: No escribas: Rey de los judíos; sino, que él dijo: Soy Rey de los judíos.
>
> Respondió Pilato: Lo que he escrito, he escrito. Juan 19:20-22

A pesar de que los líderes religiosos judíos crucificaron a Jesús, Dios estaba en control. Fue Dios el que asignó al gobernador romano para que pusiera el letrero - escrito en tres idiomas - por encima de la cruz de Jesús. Dios quería que todos supieran que Jesús verdaderamente era el Rey de los judíos.

Jesús era el Cristo, el Escogido especial de Dios. Él vino al mundo para ser profeta, sacerdote y rey. Como profeta, Jesús había enseñado a los judíos el verdadero significado del Antiguo Testamento. Como sacerdote, Jesús iba a ofrecer el último sacrificio para el pecado.

Jesús vino también como el Rey de los judíos. Él vino para establecer el Reino de Dios en la tierra, pero el pueblo judío lo rechazó. Como ellos no creyeron que Jesús era Dios y no creían en Él cómo su Salvador, Jesús no pudo establecer Su reino.

Pero por medio del letrero en la cruz, sobre la cabeza de Jesús, Dios estaba diciendo que aunque mataron a Jesús, Él todavía era el Rey de los judíos del linaje de David. Un día Jesucristo va a reinar sobre Israel tal como Dios le prometió al rey David. Nadie puede detener los planes de Dios.

Había dos criminales crucificados a ambos lados de Jesús.

Crucificaron también con él a dos ladrones, uno a Su derecha, y el otro a Su izquierda. Y se cumplió la Escritura que dice: Y fue contado con los inicuos. Marcos 15:27-28

Aun cuando Jesús estaba en la cruz, los judíos siguieron burlándose de Él.

Y los que pasaban le injuriaban, meneando la cabeza y diciendo,...sálvate a ti mismo, y desciende de la cruz. De esta manera también los principales sacerdotes, escarneciendo, se decían unos a otros, con los escribas: A otros salvó, así mismo no se puede salvar. El Cristo, Rey de Israel, descienda ahora de la cruz, para que veamos y creamos. También los que estaban crucificados con él le injuriaban. Marcos 15:29-32

Es difícil imaginar que los líderes religiosos de Israel se burlaran de Jesucristo, el Hijo de Dios, pero ellos no creían que Jesucristo era el Elegido, el Libertador prometido. Ellos fueron cegados a la verdad por la mentira de Satanás.

Jesucristo pudo haber bajado de la cruz, pero Él vino a la tierra para ser el Libertador. Eligió morir para pagar la pena de muerte que nosotros merecíamos.

De repente, justo a la mitad del día cuando Jesús colgaba en la cruz, se hizo oscuro como en la noche.

El profeta Isaías escribió que Jesús iba a ser tratado como criminal.

...por cuanto derramó su vida hasta la muerte, y fue contado con los pecadores, habiendo él llevado el pecado de muchos, y orado por los transgresores. Isaías 53:12

El Rey David escribió que se iban a burlar de Jesús.

Mas yo soy gusano, y no hombre; oprobio de los hombres, y despreciado del pueblo.

Todos los que me ven me escarnecen; estiran la boca, menean la cabeza, diciendo: Se encomendó a Jehová; líbrele él; sálvele, puesto que en él se complacía. Salmos 22:6-8

Cuando vino la hora sexta, hubo tinieblas sobre toda la tierra hasta la hora novena. Y a la hora novena Jesús clamó a gran voz, diciendo: Eloi, Eloi, ¿lama sabactani? que traducido es: Dios mío, Dios mío, ¿por qué me has desamparado? Marcos 15:33-34

¿Sabes por qué se hizo de noche por tres horas a la mitad del día? Fue porque Dios el Padre le dio la espalda a Jesús. En la cruz Jesús llevó sobre sí los pecados del mundo entero.

Al que no conoció pecado, por nosotros lo hizo pecado... 2 Corintios 5:21a

Es nuestro pecado lo que nos separa de Dios.

Pero vuestras iniquidades han hecho división entre vosotros y vuestro Dios, y vuestros pecados han hecho ocultar de vosotros Su rostro para no oír. Isaías 59:2

Cuando Jesús tomó nuestro pecado sobre Sí mismo, Él tuvo que ser separado de Dios. El estar separado de Dios el Padre era el sufrimiento más terrible que el Hijo de Dios, Jesucristo, tuvo que soportar.

Justo antes de que Jesús muriera, clamó.

...Jesús...dijo: Consumado es. Y habiendo inclinado la cabeza, entregó el espíritu. Juan 19:30b

Cuando Jesús dijo: "Consumado es". No quería decir: "Yo estoy muerto, mi vida se ha acabado". Dijo, "Consumado es", porque había terminado la obra que Dios le envió a hacer. Jesucristo es el Cordero perfecto de Dios. Dios aceptó Su muerte como el pago por todos los pecados. Nunca más habrá necesidad de sacrificar más ovejas porque Jesucristo pagó el precio completo por todos los pecados del mundo de una vez.

Dios siempre termina todo lo que se propone hacer. Hace mucho tiempo en el Jardín del Edén Él dijo que enviaría un Libertador para rescatar a la gente de control de Satanás. Muchos años más tarde, Dios escogió a Abraham. Él prometió a Abraham que el Libertador vendría de su familia y que ayudaría a toda la gente del mundo. Después, Dios le dijo al rey David que el Libertador iba a nacer en su familia, y que gobernaría como rey para siempre. Los profetas escribieron muchos detalles sobre el Libertador que vendría. Por fin, nació Jesucristo el Salvador.

Jesucristo sabía que tendría que sufrir y morir para liberarnos de Satanás y de la segunda muerte. Tal como un pastor ama a sus ovejas, Jesús nos amó a nosotros. Tanto nos amó, que estuvo dispuesto a morir por nosotros para que nosotros pudiéramos tener vida eterna.

Junto a la cruz donde murió Jesús había un soldado centurión, un comandante del ejército romano. Cuando el centurión vio la manera en que Jesús murió, él creyó que Jesús era realmente el Hijo de Dios.

Y el centurión que estaba frente a él, viendo que después de clamar había expirado así, dijo: Verdaderamente este hombre era Hijo de Dios. Marcos 15:39

Preguntas

1. ¿Jesús sabía que iba a ser crucificado? *Sí, Él lo sabía. Él le dijo a Nicodemo que de la misma manera que Moisés puso la serpiente de bronce en un asta, él también sería levantado en un madero.*

2. ¿Por qué los romanos ponían un letrero sobre la cabeza de un criminal, cuando era crucificado? *Ponían un letrero para mostrar el crimen que el criminal había cometido.*

3. ¿Qué decía el letrero que estaba sobre la cabeza de Jesús? *Escrito en tres idiomas decía: EL REY DE LOS JUDIOS.*

4. ¿Qué quieren decir los nombres Mesías y Cristo? *Estos nombres referidos a Jesús significan que Él era el Escogido de Dios. Dios eligió a Jesús para ser Su profeta especial, para ser el último sumo sacerdote, y para ser rey para siempre.*

5. ¿Cómo fue Jesús el profeta de Dios? *Jesús enseñó a los judíos el significado de los escritos del Antiguo Testamento.*

6. ¿Cómo puede Jesucristo ser el rey que reinará sobre Israel (y el mundo) para siempre si los judíos lo mataron? *Nadie puede vencer a Dios. Todo lo que Dios planeó para Jesús sucedió o sucederá en el futuro. A pesar de que los judíos mataron a Jesús, Él todavía será rey algún día.*

7. ¿Cómo se burlaron los líderes religiosos de Jesús en la cruz? *Dijeron que si Jesús era Dios verdaderamente, Él debería tener el poder para descender de la cruz.*

8. ¿Por qué Jesús no descendió de la cruz? *Jesús sabía que tenía que sufrir y morir para pagar por nuestros pecados, Él sabía que tenía que sufrir estas cosas por ser el Libertador.*

9. ¿Por qué se volvió tan oscuro como la noche durante tres horas mientras Jesús estaba en la cruz? *Se volvió oscuro porque Jesús, el Hijo de Dios, fue separado de Dios el Padre. Nuestro pecado es lo que nos separa de Dios. Debido a que Jesús llevó nuestros pecados sobre Sí mismo, Él tuvo que estar separado de Dios el Padre.*

10. ¿Qué quiso decir Jesús cuando dijo: "Consumado es"? *Quería decir que había terminado la obra que Dios le había enviado a hacer, había muerto en nuestro lugar como el Cordero perfecto de Dios, Él pagó el precio completo por todo pecado.*

11. Cuando el centurión oyó a Jesús, ¿qué llegó a creer? *Llegó a creer que Jesús realmente era Dios.*

Verdades bíblicas

- Jesucristo es Dios.
- Jesús sabía todo lo que le iba a suceder.
- Dios está en control; hace todo de acuerdo con Sus planes.
- Dios es más poderoso que Satanás, Satanás no puede impedir que Dios lleve a cabo Sus planes.
- Jesús vino a liberarnos de Satanás.
- Todas las personas son pecadoras.
- Dios es un Dios de amor, no importa lo mucho que le costó a Jesucristo, Él no se arrepintió de ser nuestro Libertador.
- La paga del pecado es la muerte, es la separación de Dios.
- Jesús tomó nuestro pecado sobre sí mismo y murió en nuestro lugar.
- Dios no es egoísta.
- Dios siempre termina lo que empieza.
- Jesús pagó para siempre el precio completo por todos los pecados, nunca jamás será necesario otro sacrificio por el pecado.

Actividad: Bingo bíblico

Suministros

- Tarjetas Bingo y fichas de juego – cualquier juego de tarjetas sirve. También se puede adquirir a bajo precio en algún negocio.

Instrucciones

- Dar a cada alumno una tarjeta bingo y algunas fichas.
- Hacer una de las preguntas de repaso y pedir a uno de los alumnos que conteste. Si el alumno contesta correctamente, puede llamar a llenar la casilla que quiera del bingo. Todo el que tenga esa casilla puede también llenarla.
- Continuar haciendo las preguntas. Dar a cada niño la oportunidad de contestar al menos una pregunta y escoger una casilla del bingo.
- El juego termina cuando el primer alumno grita BINGO por haber completado una línea con fichas, horizontal, vertical, o diagonalmente.
- Jugar el juego varias veces hasta que cada uno haya contestado una pregunta o hasta que todas las preguntas de repaso hayan sido hechas y contestadas.

Referencias bíblicas

Génesis 3:15; Números 21:4-9; Proverbios 19:21, 31:6; Mateo 1:21, 1:33; Lucas, 23:26-49; Juan 1:29; Romanos 6:23; Filipenses 2: 5-11; 1 Pedro 2:21-24; Hebreos 1:1-4; 1 Pedro 1:10-12, 18-20

70
¡Vivo!
Jesús resucitado

Versículo para memorizar

No está aquí, sino que ha resucitado. Acordaos de lo que os habló, cuando aún estaba en Galilea, diciendo: Es necesario que el Hijo del Hombre sea entregado en manos de hombres pecadores, y que sea crucificado, y resucite al tercer día. Lucas 24:6-7

Lección

Después de que Jesús murió, un hombre llamado José pidió permiso a Pilato para bajar de la cruz el cuerpo de Jesús.

Después de todo esto, José de Arimatea, que era discípulo de Jesús, pero secretamente por miedo de los judíos, rogó a Pilato que le permitiese llevarse el cuerpo de Jesús; y Pilato se lo concedió. Entonces vino, y se llevó el cuerpo de Jesús. También Nicodemo, el que antes había visitado a Jesús de noche, vino trayendo un compuesto de mirra y de áloes, como cien libras. Tomaron, pues, el cuerpo de Jesús, y lo envolvieron en lienzos con especias aromáticas, según es costumbre sepultar entre los judíos. Y en el lugar donde había sido crucificado, había un huerto, y en el huerto un sepulcro nuevo, en el cual aún no había sido puesto ninguno. Allí, pues, por causa de la preparación de la pascua de los judíos, y porque aquel sepulcro estaba cerca, pusieron a Jesús. Juan 19:38-42

Jesús murió el viernes, un día antes del día de reposo. Dado que a los judíos no se les permitía trabajar en sábado, José tuvo que enterrar el cuerpo de Jesús de inmediato.

Nicodemo, el fariseo que vino a Jesús de noche, y José eran hombres ricos. Ambos creían en Jesús, pero lo mantuvieron en secreto por miedo a los líderes religiosos judíos.

Nicodemo trajo cien libras de especias para el cuerpo de Jesús.

Y tomando José el cuerpo, lo envolvió en una sábana limpia, y lo puso en su sepulcro nuevo, que había labrado en la peña; y después de hacer rodar una gran piedra a la entrada del sepulcro, se fue. Mateo 27:59-60

Después de que José y Nicodemo cubrieran el cuerpo de Jesús con especias, lo envolvieron en telas. Luego pusieron a Jesús en el sepulcro nuevo que pertenecía a José.

Una tumba era un hueco cortado en la roca. Se hacían especialmente para enterrar a los muertos.

A pesar de que Jesús murió junto a dos delincuentes, fue sepultado en la tumba de un hombre rico, como predijo el profeta Isaías.

Luego que el cuerpo de Jesús fue colocado en la tumba, una enorme piedra redonda fue rodada en frente de la abertura.

Las mujeres que habían venido a Jerusalén con Jesús, siguieron a José y Nicodemo a la tumba de Jesús.

> Y las mujeres que habían venido con él desde Galilea, siguieron también, y vieron el sepulcro, y cómo fue puesto Su cuerpo.
> Lucas 23:55

Los principales sacerdotes y los fariseos habían oído a Jesús decir que resucitaría de entre los muertos al tercer día. Esto les preocupaba, así que le pidieron a Pilato que custodiara la tumba.

> Al día siguiente, que es después de la preparación, se reunieron los principales sacerdotes y los fariseos ante Pilato, diciendo: Señor, nos acordamos que aquel engañador dijo, viviendo aún: Después de tres días resucitaré. Manda, pues, que se asegure el sepulcro hasta el tercer día, no sea que vengan sus discípulos de noche, y lo hurten, y digan al pueblo: Resucitó de entre los muertos. Y será el postrer error peor que el primero.
>
> Y Pilato les dijo: Ahí tenéis una guardia; id, aseguradlo como sabéis. Entonces ellos fueron y aseguraron el sepulcro, sellando la piedra y poniendo la guardia. Mateo 27:62-66

Pilato le dio permiso para poner soldados de guardia en la tumba. Pero ni los soldados más fuertes pudieron impedir la obra de Dios.

La Biblia dice que en la madrugada del domingo hubo un "gran terremoto" y un ángel del cielo descendió a rodar la pesada piedra del sepulcro.

Y hubo un gran terremoto; porque un ángel del Señor, descendiendo del cielo y llegando, removió la piedra, y se sentó sobre ella. Su aspecto era como un relámpago, y Su vestido blanco como la nieve. Y de miedo de él los guardas temblaron y se quedaron como muertos. Mateo 28:2-4

El día después del día de reposo dos de las mujeres que habían seguido a Jesús vinieron a la tumba. Trajeron más especias para el cuerpo de Jesús.

El primer día de la semana, muy de mañana, vinieron al sepulcro, trayendo las especias aromáticas que habían preparado, algunas... mujeres... Y hallaron removida la piedra del sepulcro; y entrando, no hallaron el cuerpo del Señor Jesús. Aconteció que estando ellas perplejas por esto, he aquí se pararon junto a ellas dos varones con vestiduras resplandecientes; y como tuvieron temor, y bajaron el rostro a tierra, les dijeron: ¿Por qué buscáis entre los muertos al que vive? No está aquí, sino que ha resucitado. Acordaos de lo que os habló, cuando aún estaba en Galilea, diciendo: Es necesario que el Hijo del Hombre sea entregado en manos de hombres pecadores, y que sea crucificado, y resucite al tercer día. Entonces ellas se acordaron de sus palabras, Lucas 24:1-8

Cuando las mujeres llegaron a la tumba de Jesús, descubrieron que la gran piedra había sido removida a un lado, y que el cuerpo de Jesús había desaparecido. Ellas se quedaron atónitas. Pero mientras ellas se preguntaban acerca de lo que pudo haber ocurrido, dos ángeles aparecieron de repente junto a ellas. Los ángeles les dijeron que Jesucristo estaba vivo, que había resucitado de entre los muertos tal y como Él lo había dicho.

Inmediatamente las mujeres corrieron a dar la maravillosa noticia a los discípulos de Jesús. Pero cuando se volvieron para irse, Jesús se les apareció.

Entonces ellas, saliendo del sepulcro con temor y gran gozo, fueron corriendo a dar las nuevas a sus discípulos. Y mientras iban a dar las nuevas a los discípulos, he aquí, Jesús les salió al encuentro, diciendo: ¡Salve! Y ellas, acercándose, abrazaron sus pies, y le adoraron. Entonces Jesús les dijo: No temáis; id, dad las nuevas a mis hermanos, para que vayan a Galilea, y allí me verán. Mateo 28:8-10

¡Imagínate! ¡Jesús estaba vivo otra vez! Él les dijo a las mujeres que avisaran a los discípulos que se encontraran con Él en Galilea.

Mientras ellas iban, he aquí unos de la guardia fueron a la ciudad, y dieron aviso a los principales sacerdotes de todas las cosas que habían acontecido. Y reunidos con los ancianos, y habido consejo, dieron mucho dinero a los soldados, diciendo: Decid vosotros: Sus discípulos vinieron de noche, y lo hurtaron, estando nosotros dormidos. Y si esto lo oyere el gobernador, nosotros le persuadiremos, y os pondremos a salvo. Y ellos, tomando el dinero, hicieron como se les había instruido. Este dicho se ha divulgado entre los judíos hasta el día de hoy. Mateo 28:11-15

Los líderes religiosos judíos habían sobornado a los soldados con una gran cantidad de dinero para que dijeran que los discípulos de Jesús habían venido durante la noche y que habían robado el cuerpo de Jesús mientras ellos dormían. Por cierto que esto era una mentira. Pero los líderes religiosos no querían que nadie supiera que Jesús realmente había resucitado de entre los muertos.

Eran María Magdalena, y Juana, y María madre de Jacobo, y las demás con ellas, quienes dijeron estas cosas a los apóstoles. Más a ellos les parecían locura las palabras de ellas, y no las creían. Pero levantándose Pedro, corrió al sepulcro; y cuando miró dentro, vio los lienzos solos, y se fue a casa maravillándose de lo que había sucedido. Lucas 24:10-12

A pesar de que Jesús les había dicho que resucitaría al tercer día, los discípulos no podían creer lo que oían. Pedro, el discípulo que había negado a Jesús, corrió a ver. Cuando llegó a la tumba encontró con que estaba vacía, tal como las mujeres habían dicho.

Después de que Jesús resucitara de entre los muertos, se le apareció a Cefas (es decir, Pedro) y luego a los otros discípulos. Contando a todos, Jesucristo fue visto por más de 500 de Sus seguidores después de Su vuelta a la vida. Estas personas fueron testigos del hecho de que Jesús verdaderamente resucitó de entre los muertos.

...Cristo...resucitó al tercer día, apareció a Cefas (Pedro), y después a los doce. Después apareció a más de quinientos hermanos a la vez... Después apareció a Jacobo; después a todos los apóstoles; 1 Corintios 15:3-7

Jesucristo estuvo en la tierra por cuarenta días antes de regresar al cielo.

A quienes también, después de haber padecido, se presentó vivo con muchas pruebas indubitables, apareciéndoseles durante cuarenta días... Hechos 1:3

¿Recuerdas cómo Dios le dijo a Abraham que el Libertador socorrería a todas las familias de la tierra? Jesús dijo a Sus seguidores que anunciaran a todo el mundo las buenas nuevas acerca de Él. Dios quiere que todas las personas en todo el mundo sepan cómo Jesucristo las ha socorrido por medio de Su muerte y resurrección.

y me seréis testigos en Jerusalén, en toda Judea, en Samaria, y hasta lo último de la tierra. Y habiendo dicho estas cosas, viéndolo ellos, fue alzado, y le recibió una nube que le ocultó de sus ojos. Y estando ellos con los ojos puestos en el cielo, entre tanto que él se iba, he aquí se pusieron junto a ellos dos varones con vestiduras blancas, los cuales también les dijeron: Varones galileos, ¿por qué estáis mirando al cielo? Este mismo Jesús, que ha sido tomado de vosotros al cielo, así vendrá como le habéis visto ir al cielo. Hechos 1:3-4, 8b-11

Algún día Jesús volverá a la tierra otra vez. Cuando lo haga, llegará a ser rey por siempre y para siempre.

...hubo grandes voces en el cielo, que decían: Los reinos del mundo han venido a ser de nuestro Señor y de Su Cristo; y él reinará por los siglos de los siglos. Apocalipsis 11:15

Preguntas

1. ¿Quién le pidió permiso a Pilato para bajar y llevarse el cuerpo de Jesús? *Fue José de Arimatea.*

2. ¿Era José rico o pobre? *Él era un hombre rico.*

3. ¿En qué tumba fue enterrado Jesús? *Jesús fue enterrado en la tumba que pertenecía a José de Arimatea.*

4. ¿Quién trajo unas cien libras de especias para ungir el cuerpo de Jesús? *Nicodemo, el hombre que vino a Jesús de noche, trajo especias.*

5. ¿Por qué los líderes religiosos judíos querían que Pilato pusiera soldados en la tumba para protegerla? *Tenían miedo que los discípulos de Jesús vinieran de noche y robaran el cuerpo de Jesús y que después dijeran que Jesús había resucitado de entre los muertos.*

6. ¿Podía alguien impedir que Jesús volviera a la vida? *No. Nadie podía impedir que Dios resucitara a Jesús y lo volviera a la vida.*

7. Cuando las mujeres fueron a la tumba de Jesús en la mañana del domingo, ¿qué encontraron? *Ellas encontraron que la piedra había sido removida y que el sepulcro estaba vacío. Dos ángeles les dijeron que Jesús había resucitado.*

8. Cuando los soldados se dieron cuenta que el cuerpo de Jesús había desaparecido, ¿qué les instruyeron los líderes religiosos que dijeran? *Les instruyeron a decir que los discípulos de Jesús habían venido durante la noche, mientras ellos dormían, y se habían llevado el cuerpo de Jesús.*

9. ¿Qué prueba nos dio Dios de que Jesús realmente volvió a la vida? *Después de que Jesús volvió a la vida se apareció a muchos creyentes, incluyendo a Sus discípulos. Estas personas son testigos del hecho de que Jesús resucitó y que vive.*

10. Antes de que Jesús regresara al cielo, ¿qué les dijo a Sus discípulos que hicieran? *Él les dijo que anunciaran a todos las Buenas Noticias de que Él murió por los pecados de todos y que fue resucitado.*

11. ¿Jesús regresara algún día? *Sí. Él va a volver como el último rey que gobernará el mundo por siempre y para siempre.*

Verdades bíblicas
- Dios lo sabe todo, sabe lo que pasará en el futuro.
- Nadie puede impedir que Dios lleve a cabo Su plan.
- Dios puede hacer cualquier cosa, y nada es demasiado difícil para Él.
- Dios tiene poder sobre la muerte.
- Los ángeles son mensajeros de Dios; hacen lo que Dios les manda hacer.
- Dios siempre hace lo que dice que hará; Él cumple Su palabra.
- Todos los seres humanos son pecadores.
- Dios es un Dios de amor, Él ama a todos.
- Jesucristo es el único Libertador.

Actividad 1: Dibujar y colorear

Suministros
- Lápices y lápices de colores
- Papel
- Celebración, pegatinas opcionales

Instrucciones

- Haga que los estudiantes dibujen y pinten imágenes de la resurrección.
- Pida a los estudiantes que decoren sus dibujos para mostrar la celebración de la resurrección de Jesús entre los muertos
- Haga que los estudiantes escriban el siguiente versículo en sus dibujos:

  ¡No está aquí, sino que ha resucitado! Lucas 24:6

Actividad 2: Memorizar versículo con pelota

Suministros

- Una o más pelotas de tamaño medio
- Copia del verso de memoria:

  "No está aquí, sino que ha resucitado. Acordaos de lo que os habló, cuando aún estaba en Galilea, diciendo: Es necesario que el Hijo del Hombre sea entregado en manos de hombres pecadores, y que sea crucificado, y resucite al tercer día". Lucas 24:6-7

Instrucciones

- Los alumnos se dividen en equipos o forman un gran círculo, depende del número de alumnos de su grupo. Practique el verso de memoria, mientras lanzan la pelota el uno al otro y la atrapan.
- Por ejemplo: El maestro dice la primera parte del versículo para memorizar. Una vez que el maestro lo dice correctamente, tira la pelota a uno de los estudiantes, quien también debe tratar de decirlo correctamente y después tirarla a otro estudiante. Dé la vuelta hasta que todos hayan tenido la oportunidad de coger el balón y decir la primera parte del versículo. Ahora se puede añadir la segunda parte del verso y hacer lo mismo. Por último, se puede decir todo el versículo y añadir también la referencia de la escritura.
- Si los estudiantes han estado trabajando en pequeños grupos, ahora puede reunir en un gran círculo y hacer que recitar delante de la clase, con o sin las pelotas.

Referencias bíblicas

Éxodo 15:18; Salmo 2:1-12, 16:10, 146:10; Miqueas 4:7; Zacarías 14:1-4, 9-11; Hechos 2:22-36, 10:40-41, 17 :30-31; Mateo 24:27-30; Marcos 14:61-62, 15:42-47, Marcos 16:1-20; Lucas 1:33, 24:1-48; Romanos 1:4; Filipenses 2: 5-11; 1 Timoteo 2:4; Hebreos 1:1-4; 1 Pedro 1:10-12, 18-20

71
Aceptado
Hechos aceptados en Cristo

Versículo para memorizar

Para alabanza de la gloria de Su gracia, con la cual nos hizo aceptos en el Amado.
Efesios 1:6

Lección

Volvamos al principio. Dios hizo a Adán y Eva perfectos en todos los sentidos. Como eran perfectos, Dios los aceptó. Adán y Eva podían estar con Dios en cualquier momento, no había nada para mantenerlos separados. Adán y Eva eran amigos de Dios.

Pero Dios quería que Adán y Eva fueran sus amigos porque querían ser, no por obligación. Entonces Él les dio a elegir. Dios puso dos árboles en medio del jardín. Uno era el árbol de la vida y el otro era el árbol del conocimiento del bien y del mal.

Si Adán y Eva comiesen del árbol de la vida iban a vivir para siempre, pero si comían del árbol del conocimiento del bien y del mal iban a morir y ser separados de Dios para siempre. Sería su elección.

Satanás vio esto como su oportunidad para destruir a Adán y Eva y su relación con Dios. Él le dijo a Eva que ellos no morirían si comían del árbol del conocimiento del bien y del mal. Él dijo que si comían de este árbol se convertirían sabios como Dios. Lamentablemente, Adán y Eva escogieron creerle a Satanás en lugar de a Dios.

Ir en contra de lo que Dios dice que debemos hacer se llama pecado. Cuando Adán y Eva le creyeron a Satanás en lugar de a Dios y comieron del árbol del conocimiento del bien y del mal, se convirtieron en pecadores. Ahora, a causa de su pecado, Dios no pudo aceptar a Adán y Eva.

Cuando Adán y Eva pecaron, pronto se dieron cuenta de que estaban desnudos. Rápidamente cosieron hojas para hacer revestimientos para sí mismos. Pero Dios no aceptó la ropa que Adán y Eva hicieron para cubrir su desnudez. Sólo Él podía hacer ropa aprobada para Adán y Eva. En Su amor, Él mató un animal, hizo ropa de la piel, y los vistió con la ropa que Él hizo.

Y Jehová Dios hizo al hombre y a su mujer túnicas de pieles, y los vistió. Génesis 3:21

Como tú naciste en la familia de Adán, naciste también un pecador.

Por tanto, como el pecado entró en el mundo por un hombre, y por el pecado la muerte, así la muerte pasó a todos los hombres, por cuanto todos pecaron. Romanos 5:12

Dios es puro y perfecto. Como tú eres pecador, él no te puede aceptar y no hay nada que puedas hacer para agradarle. De la misma manera en que Dios no aceptó la ropa que Adán y Eva hicieron por sí mismos, Dios no acepta cualquier trabajo que tú haces. Para Dios, todas tus buenas obras son como trapos de inmundicia.

Si bien todos nosotros somos como suciedad, y todas nuestras justicias como trapo de inmundicia; Isaías 64:6a

Ser amable con los demás, orar, ser bautizado, o ir a la iglesia no te dará la aprobación de Dios. Dios es el único que puede hacerte aprobado.

Por eso mandó a Jesucristo el Salvador. Al igual que Dios mató un animal con el fin de hacer prendas aceptables para Adán y Eva, Jesucristo murió en tu lugar y resucito para que Dios pudiera aceptarte.

De la misma manera que Dios cubrió a Adán y Eva con las pieles de los animales que Él mató, cuando una persona confía en Jesucristo es como si Dios los cubre con Jesucristo quien murió en su lugar.

Porque todos los que habéis sido bautizados en Cristo, de Cristo estáis revestidos. Gálatas 3:27

De la misma manera que te pones tu ropa por la mañana, la Biblia dice que todo aquel que confía en Jesús se viste de Cristo. Dios el Padre acepta a Jesucristo porque Jesucristo es puro, sin pecado, y perfecto.

Y hubo una voz de los cielos, que decía: Este es mi Hijo amado, en quien tengo complacencia. Mateo 3:17b

Si has creído en Jesucristo, él te cubre. Estas revestido de una cubierta perfecta y pura. Ahora Dios no te ve como pecador. Ahora te ve perfecto en Cristo y te acepta.

Para alabanza de la gloria de Su gracia, con la cual nos hizo aceptos en el Amado. Efesios 1:6

A pesar de que tu pecado te hizo inaceptable con Dios y te separó de él, Dios hizo un camino para que puedas acercarte a él y ser aceptado. Envió a Su Hijo perfecto a morir en tu lugar para que pudieras ser vestido de Jesucristo, la cobertura perfecta y aceptable.

Preguntas

1. ¿Fueron Adán y Eva amigos de Dios cuando Él primero los hizo? *Sí, cuando Dios hizo a Adán y Eva eran perfectos y Dios los aceptó. Fueron sus amigos.*

2. ¿Qué les pasó a Adán y Eva cuando le creyeron a Satanás en lugar de Dios y comieron del árbol del conocimiento del bien y del mal? *Cuando Adán y Eva le creyeron a Satanás en lugar de Dios e hicieron lo que Dios había dicho que no hicieran, se convirtieron en pecadores.*

3. Después de que Adán y Eva se convirtieron en pecadores, ¿tenían todavía la aprobación de Dios? *No, Dios es perfecto. Cuando Adán y Eva se convirtieron en pecadores Dios ya no los pudo aceptar.*

4. ¿Cómo hizo Dios prendas para Adán y Eva que a Él le complacían? *Dios hizo ropa aprobada para Adán y Eva al matar un animal y vestirles con ropa hecha de la piel.*

5. Cuando naciste, ¿naciste en la familia de Dios o en la familia de Adán? *Naciste en la familia de Adán. Naciste un pecador separado de Dios.*

6. ¿Puedes hacerte agradable a Dios haciendo buenas obras? *No, tú eres un pecador y Dios no acepta tus buenas obras. Dios dice que tus buenas obras son como trapos.*

7. ¿Quién es el único que complace a Dios? *Sólo Jesús complace a Dios porque Él es puro y perfecto y nunca pecó.*

8. ¿Qué hizo Jesús para ti para que Dios te pueda aceptar? *Jesús murió por tus pecados y resucitó para que Dios te pueda aceptar.*

9. Si has confiado en Jesús, ¿Cómo te ve Dios? *Si has confiado en Jesús como tú único Salvador, estas arropado de Jesucristo. Ahora que te encuentras cubierto de Cristo, eres perfecto en los ojos de Dios y él te acepta.*

Actividad: Hacer un colgante

Suministros
- Piezas de cartulina en diferentes colores
- Perforadora
- Calcomanía
- Lápices, marcadores y lápices de colores
- Hilo

Instrucciones

- Escribir el siguiente verso en la cartulina:
  ...nos hizo aceptos en el Amado... Efesios 1:6b
- Decorar la cartulina de cualquier forma
- Perforar dos agujeros en la parte superior de la cartulina
- Pasar el hilo a través de los agujeros y atarlo para poder colgar el dibujo

Referencias bíblicas

Salmo 51:5, 143:2b; Isaías 59:2, 61:10; Romanos 5:19; Gálatas 3:26-27; Efesios 1:4-5; Apocalipsis 7:9-10

72
La vida eterna
Tú puedes tener vida eterna

Versículo para memorizar

Porque así como en Adán todos mueren, también en Cristo todos serán vivificados. 1 Corintios 15:22

Lección

Cuando Adán y Eva comieron del árbol del conocimiento del bien y del mal, inmediatamente su alma y espíritu fueron separados de Dios. Esto significaba que algún día sus cuerpos iban a morir y volverían a ser polvo.

> El alma y el espíritu es el verdadero tú. Tú cuerpo no es más que la casa de tu alma y espíritu.

Y fueron todos los días que vivió Adán novecientos treinta años; y murió. Génesis 5:5

Cuando murieran los cuerpos de Adán y Eva, su alma y espíritu irían al terrible lugar de sufrimiento donde estarían separados de Dios para siempre. Estar separado de Dios para siempre se llama la segunda muerte.

Como Caín y Abel eran hijos de Adán y Eva, nacieron separados de Dios también. Caín y Abel también iban a morir la muerte segunda.

Pero Dios no quería que Caín y Abel estuvieran separados de Él para siempre, por lo que Él amablemente les mostró cómo podían venir a Él por matar un cordero y llevarlo a Él.

Lamentablemente, Caín no creía que era un pecador y que merecía morir. No creía que la única manera para acercarse a Dios estaba en matar un cordero y llevarlo a Él. Como Caín no le creyó a Dios, permaneció separado de Dios para siempre.

Abel, por su parte, creía lo que Dios dijo. Abel sabía que su pecado lo separaba de Dios, y él sabía que sólo Dios podía salvarlo de la segunda muerte que merecía. Es por eso que Abel vino a Dios en la manera que Dios había mostrado – matando un cordero y ofreciéndolo a Dios.

Por la fe Abel ofreció a Dios más excelente sacrificio que Caín, por lo cual alcanzó testimonio de que era justo... Hebreos 11:4a

Como Abel le creyó a Dios, él no murió la segunda muerte. Cuando su cuerpo murió, en lugar de estar separado de Dios para siempre, su alma fue a vivir con Dios para siempre.

Tú también naciste en la familia de Adán; también naciste un pecador separado de Dios.

> ...cuando estabais muertos en vuestros delitos y pecados, Efesios 2:1b

Pero a pesar de que tu pecado te separa de Dios, Él te ama. Dios no quiere que estés separado de Él. Por eso envió a Jesucristo. Al igual que Caín y Abel vinieron a Dios por matar un cordero, nosotros podemos acercarnos a Dios porque el Cordero de Dios murió por nosotros.

> Porque no nos ha puesto Dios para ira, sino para alcanzar salvación por medio de nuestro Señor Jesucristo, quien murió por nosotros para que...vivamos juntamente con él. 1 Tesalonicenses 5:9-10

Jesús murió en la cruz para pagar por nuestros pecados para que no tengamos que morir y pagar por nuestro propio pecado. Jesús murió la muerte que deberíamos haber muerto nosotros para que podamos vivir con Él para siempre.

Dios quería que Caín y Abel mataran un cordero para demostrar que la paga del pecado es la muerte. Caín y Abel merecían morir por su pecado, pero Dios aceptaría la muerte del cordero en su lugar.

Pero Caín no le creyó a Dios y no ofreció un cordero como sacrificio. Como Caín no tenía un sustituto para morir en su lugar, Caín tendría que morir por su propio pecado. Abel le creyó a Dios y Dios aceptó el sacrificio de Abel en su lugar para que Abel no muriera por su propio pecado.

Jesucristo se ofreció a sí mismo como el sacrificio por nuestro pecado. Él murió en tu lugar como tu sustituto. Como Dios aceptó el sacrificio de Jesucristo, todos los que creen en Jesucristo no morirán la segunda muerte.

Dios promete que los que creen en Jesucristo no estarán separados de Dios para siempre en el terrible lugar de sufrimiento. Los que confían en el sacrificio de Jesús, no morirán la segunda muerte, ¡porque vivirán con Dios para siempre!

> Porque de tal manera amó Dios al mundo, que ha dado a Su Hijo unigénito, para que todo aquel que en él cree, no se pierda, más tenga vida eterna. Juan 3:16

La Biblia dice que todo aquel que cree en Jesús Cristo se mueve de la zona de muerte al lugar de la vida.

De cierto, de cierto os digo: Él que oye mi palabra, y cree al que me envió, tiene vida eterna; y no vendrá a condenación, más ha pasado de muerte a vida. Juan 5:24

Preguntas

1. ¿Qué pasó con el alma y espíritu de Adán y Eva cuando comieron del árbol del conocimiento del bien y del mal? *Su alma y espíritu inmediatamente se separaron de Dios.*

2. ¿Qué les iba a suceder a Adán y Eva cuando sus cuerpos murieran? *Ellos iban a estar separados de Dios para siempre en el terrible lugar de sufrimiento.*

3. Cuando Caín y Abel nacieron, ¿estaban separados de Dios? *Como Caín y Abel nacieron en la familia de Adán, nacieron pecadores separados de Dios.*

4. ¿Cómo mostró Dios a Caín y Abel que podían venir a Él y ser aceptado? *Dios les mostró a Caín y Abel que para ser aceptado tenían que venir a Él por matar un cordero y llevarlo a Él.*

5. ¿En cuya familia naciste tú? *Naciste en la familia de Adán.*

6. Cuando naciste, ¿naciste separado de Dios? *Sí, naciste un pecador separado de Dios.*

7. ¿Cuál es el castigo por el pecado? *El castigo por el pecado es la muerte.*

8. ¿A quién envió Dios a morir en tu lugar para que tú no tuvieras que morir? *Dios envió a Jesucristo, el Cordero de Dios a morir en tu lugar por el pecado.*

9. ¿Qué es lo que se tiene que hacer para recibir la vida eterna? *Tienes que confiar en Jesús, el Cordero de Dios que murió como un sacrificio en tu lugar. Él que cree en Jesús no se pierde, más tiene vida eterna.*

Actividad: El juego bíblico del ahorcado

Suministros
- Pizarrón
- Tiza

Instrucciones

- El objetivo del juego ahorcado es adivinar la frase clave. Para comenzar el juego la maestra dibuja una horca simple. Debajo del dibujo la maestra hace unas rayas en lugar de cada letra de la frase clave (dejando los espacios que corresponden).
- Entonces la maestra repasa las preguntas que se encuentran al final de la lección. Los estudiantes, o grupos de estudiantes, en su turno, dan las respuestas. Si el grupo de turno da la respuesta correcta, ese grupo puede adivinar una letra que contiene la frase. Si aciertan, la maestra, o su ayudante, escribe todas las letras coincidentes. Si la letra no está, se escribe la letra arriba y se agrega una parte al cuerpo (cabeza, brazo, etc.) del colgado.
- Si un grupo piensa saber la frase clave, puede tratar de resolverla cuando llegue su turno. El juego termina cuando un grupo resuelva el secreto o cuando la maestra dibuja todas las partes del hombre de palitos.

Frase clave: Jesús murió en tu lugar para que tú puedas vivir con Dios para siempre.

— — — — — — — — — — — — — — — —

— — — — — — — — — — — — — — —

— — — — — — — — — — — — — — —

— — — — — — — — — —.

Referencias bíblicas

Ezequiel 18:4; Romanos 5:8, 12-21, 6:23; 1 Corintios 15:3; 1 Tesalonicenses 5:10; 2 Timoteo 1:10; 1 Juan 5:11-13

73
Jesús es la única puerta
Tú puedes tener plena seguridad

Versículo para memorizar

Y en ningún otro hay salvación; porque no hay otro nombre bajo el cielo, dado a los hombres, en que podamos ser salvos. Hechos 4:12

Lección

La gente en los días de Noé no se preocupaba por Dios. Diariamente en todo lo que pensaban era en lo malo que podrían hacer. Por último, las personas llegaron a ser tan malvados que Dios tuvo que destruirlas con un diluvio.

Todo el mundo excepto Noé y su familia se ahogaron en el diluvio. A pesar de que Noé era un pecador y merecía morir, Dios lo salvó porque él creyó en Dios.

Dios le dijo a Noé que construyera un barco grande para la protección de él y su familia. Dios le dijo que pusiera sólo una puerta en el barco; esta puerta era la única entrada al barco. Para ser salvos, Noé, su familia y los animales tuvieron que entrar en el barco a través de ésta puerta.

Esto nos recuerda a los rediles que los pastores construyeron en la época de Jesús. Al igual que el gran barco era un lugar seguro para la familia de Noé, los corrales eran un lugar seguro para las ovejas. Sólo había una entrada en el redil. Por la noche, el pastor dormía en esta entrada para proteger las ovejas de los animales salvajes y ladrones. Un buen pastor moriría luchando contra el peligro para que sus ovejas estuvieran a salvo.

En la Biblia, Jesús se comparó con el buen pastor que dormía en la puerta de las ovejas.

Volvió, pues, Jesús a decirles: De cierto, de cierto os digo: Yo soy la puerta de las ovejas. Todos los que antes de mí vinieron, ladrones son y salteadores.... Yo soy la puerta; el que por mí entrare, será salvo.... El ladrón no viene sino para hurtar y matar y destruir; yo he venido para que tengan vida, y para que la tengan en abundancia. Yo soy el buen pastor; el buen pastor Su vida da por las ovejas. Juan 10:7-11

Al igual que un buen pastor en tiempos de Jesús moriría con el fin de proteger a las ovejas de los animales salvajes y ladrones, Jesús murió para salvarnos del poder de Satanás y de la muerte segunda.

📖 ...para destruir por medio de la muerte al que tenía el imperio de la muerte, esto es, al diablo, Hebreos 2:14

De la misma forma que sólo había una entrada en el gran barco y en los corrales de las ovejas, Jesús es la única puerta, o la única manera de llegar, a Dios. La única manera para que puedas vivir con Dios el Padre en el cielo es creer en Jesús.

📖 Jesús le dijo: Yo soy el camino, y la verdad, y la vida; nadie viene al Padre, sino por mí. Juan 14:6

Jesucristo es el único Salvador, Él es el único que puede salvarte de Satanás y de la muerte. Un sacerdote no puede salvarte, tu religión no te puede salvar, y no te puedes salvar a ti mismo.

El ser amable y bueno, ser bautizado, ir a la iglesia, o leer la Biblia no te hacen aprobados por Dios. Jesucristo es el único que puede hacerte aprobado por Dios para que puedas vivir con Él.

Jesucristo es la única puerta para acercarte a Dios a vivir con Él para siempre. Sólo aquellos que creen en Él reciben vida eterna. ¡Así que hay que creer en Él!

📖 Y en ningún otro hay salvación; porque no hay otro nombre bajo el cielo, dado a los hombres, en que podamos ser salvos. Hechos 4:12

Preguntas

1. ¿Cuántas puertas tenía el gran barco de Noé? *Sólo había una puerta en el arca.*

2. ¿Cuántas entradas tenía el redil? *Sólo había una entrada al redil.*

3. ¿Cuántas maneras hay para ser salvo de Satanás y de la muerte? *Sólo hay una manera para ser a salvo de Satanás y de la muerte y es por creer en Jesucristo.*

4. ¿Hay algo que puedas hacer para hacerte agradable a Dios para que puedas vivir con Él para siempre? *No, no hay nada que puedas hacer para hacerte agradable a Dios.*

5. ¿En qué sentido es Jesús como el buen pastor? *Jesús es el buen pastor porque Él dio Su vida para salvarnos de Satanás y de la muerte. Jesús dio Su vida para que pudiéramos vivir para siempre con Él.*

6. ¿Qué tienes que hacer para poder ir al cielo? *Solamente tienes que entender que eres pecador y que el castigo por tu pecado es estar separado de Dios para siempre. Entonces cree en Jesucristo quien tomó tu castigo y murió en tu lugar para darte vida eterna.*

Actividad: Una sola puerta

Suministros

- Papel de construcción
- Tijeras
- Pegamento
- Lápices y / o lápices de colores
- Botones

Instrucciones

- Doblar el papel por la mitad para crear una puerta.
- En el exterior de la puerta escribir - Jesús le dijo: "Yo soy el camino".
- En el interior de la puerta escribir el siguiente verso: Yo soy la puerta; el que por mí entrare, será salvo; y entrará, y saldrá, y hallará pastos. Juan 10:9
- Decorar el exterior de la puerta con lápices de colores.
- Pegar el botón para hacer pomo de la puerta.

Referencias bíblicas

John 10:1-17, 1 Timoteo 2:5

74
Jesús nuestro sustituto
Cristo murió en nuestro lugar

Versículo para memorizar

El siguiente día vio Juan a Jesús que venía a él, y dijo: He aquí el Cordero de Dios, que quita el pecado del mundo. Juan 1:29

Lección

Dios prometió a Abraham más descendientes que podían ser contados. Dios le prometió a Abraham que uno de sus descendientes traería la bondad de Dios al mundo para ayudar a todas las familias del mundo.

A pesar de que Abraham y Sara ya eran viejos y no tenían hijos cuando Dios hizo esta promesa, Abraham le creyó a Dios. Por fin, después de muchos años, cuando Abraham tenía cien años de edad, Dios les dio a Abraham y a Sara un hijo. Abraham y Sara llamaron a su hijo Isaac.

Abraham sabía que muchos descendientes vendrían de Isaac y que uno de ellos sería el Salvador prometido. Pero un día Dios le pidió a Abraham que hiciera lo impensable. Dios le pidió a Abraham que sacrificara a su único hijo en un altar.

¿Cómo podía Dios pedirle a Abraham que matara a su único hijo? Si Abraham mataba a Isaac, ¡él no tendría descendientes! Pero Abraham tenía fe en Dios. Abraham creyó que aunque matara a Isaac, Dios cumpliría Su promesa de darle muchos descendientes. Abraham creyó que si mataba a Isaac, Dios podía resucitar a Isaac de nuevo a la vida.

Puesto que Abraham le creyó a Dios, él hizo lo que Dios le pidió que hiciera. Ató a su único hijo y lo puso sobre el altar.

Por la fe Abraham, cuando fue probado, ofreció a Isaac; y el que había recibido las promesas ofrecía su unigénito, Hebreos 11:17

En el altar, Isaac estaba en una posición indefensa. Estaba atado con cuerdas para que no pudiera bajar.

Al igual que Isaac, tú también estás condenado a muerte. De la misma manera que Isaac no pudo salvarse de la muerte a causa de las cuerdas alrededor de él, tú tampoco puedes salvarte a ti mismo a causa de tu pecado. La Biblia dice que todos los que pecan tienen que morir.

Porque la paga del pecado es muerte... Romanos 6:23a

¿Recuerda los mandamientos de Dios?

No tendrás dioses ajenos delante de mí.

No te harás imagen...No te inclinarás a ellas, ni las honrarás...

No tomarás el nombre de Jehová tu Dios en vano...

Acuérdate del día de reposo para santificarlo.

Honra a tu padre y a tu madre...

No matarás.

No cometerás adulterio.

No hurtarás.

No hablarás contra tu prójimo falso testimonio.

No codiciarás... Éxodo 20:3-17

¿Alguna vez has estado enojado con alguien? Dios dice que enojarse es como cometer un asesinato.

Todo aquel que aborrece a su hermano es homicida... 1 Juan 3:15a

¿Alguna vez has tenido problemas con tu mamá o tu papá? Si es así, probablemente fue porque no los respetaste o porque no cumpliste con lo que te dijeron. ¿Qué es la codicia? Si alguna vez has querido algo que pertenece a otra persona, has codiciado. Si alguna vez has robado algo, o dicho una mentira acerca de alguien, o querido algo más de lo que amas a Dios, has roto los mandamientos de Dios.

La pena por violar los mandamientos de Dios es la muerte. Incluso si se rompe un solo mandato eres culpable y debes morir.

Porque cualquiera que guardare toda la ley, pero ofendiere en un punto, se hace culpable de todos. Santiago 2:10

No puedes ocultar tu pecado de Dios. Dios conoce todos tus pecados, incluso el pecado en tu corazón.

📖 ...porque Jehová escudriña los corazones de todos, y entiende todo intento de los pensamientos... 1 Crónicas 28:9

De la misma manera que Isaac no podía liberarse de las cuerdas que lo sujetaban en el lugar de la muerte, tú no puedes liberarte de tu pecado. A causa de tu pecado debes morir, no hay nada que tú puedas hacer para escapar de la pena de tu pecado. Estás tan indefenso como Isaac sobre el altar.

Sólo Dios pudo salvar a Isaac. En Su amor, Dios proveyó un carnero para morir en lugar de Isaac. Abraham llamó a ese lugar "Jehová proveerá".

📖 Y llamó Abraham el nombre de aquel lugar, Jehová proveerá. Por tanto se dice hoy: En el monte de Jehová será provisto. Génesis 22:14

El carnero que Dios proveyó para morir en lugar de Isaac fue atrapado en los arbustos por los cuernos para que no se diera ningún rasguño y moretón en el cuero. Dios podría aceptar sólo un cordero perfecto como un sustituto en el lugar de Isaac. Si el cuero habría tenido algún rasguño o mancha, Dios no lo habría aceptado en el lugar de Isaac.

De la misma manera que solo Dios pudo proveer una manera para salvar a Isaac, Dios es el único que puede salvarte a ti del pecado y de la muerte. Así como Dios proveyó un carnero perfecto para morir en lugar de Isaac, Dios proveyó a Jesucristo, el Cordero perfecto de Dios, para morir en tu lugar.

📖 El siguiente día vio Juan a Jesús que venía a él, y dijo: He aquí el Cordero de Dios, que quita el pecado del mundo. Juan 1:29

La Biblia dice que Jesucristo no tenía manchas e imperfecciones.

📖 ...con la sangre preciosa de Cristo, como de un cordero sin mancha y sin contaminación, 1 Pedro 1:19

Jesús nunca pecó, él nunca rompió alguno de los mandamientos de Dios. Jesús fue perfecto en todos los sentidos.

📖 ...el cual no hizo pecado, ni se halló engaño en Su boca; 1 Pedro 2:22

Sólo alguien que no tenía ningún pecado podría tomar nuestro pecado y recibir nuestro castigo por nosotros.

Dios proveyó el cordero perfecto para tomar tu lugar. Jesucristo, el Cordero perfecto de Dios, murió la muerte que deberías haber muerto. Él era tu sustituto.

¡Confía en Él y serás salvo de la segunda muerte!

Preguntas

1. ¿Que mantuvo a Isaac sobre el altar? ¿Porque no pudo bajar? *Las cuerdas atadas alrededor de Isaac le impidieron que bajara del altar.*

2. ¿Quién era el único que podía salvar a Isaac de la muerte? *Dios era el único que podía salvar a Isaac de la muerte.*

3. ¿Qué tipo de sustituto proveyó Dios para morir en lugar de Isaac? *Dios proveyó un carnero perfecto para morir en lugar de Isaac.*

4. ¿En qué sentido es el pecado como las cuerdas que mantenían a Isaac sobre el altar? *Al igual que las cuerdas inmovilizaron a Isaac para que no escapara, a causa de tu pecado no puedes escapar la muerte eterna.*

5. ¿Te puedes liberar de tus pecados? *No, al igual que Isaac no podía liberarse de las cuerdas, tú no puedes liberarte de tu pecado.*

6. ¿Quién es el único que puede proporcionar una manera para que puedas ser salvado de la muerte? *Sólo Dios puede proporcionar una manera para que puedas ser salvado de la muerte.*

7. ¿A quién proveyó Dios para morir en tu lugar? *Dios proveyó a Jesús, el Cordero perfecto de Dios, para ser tu sustituto y morir en tu lugar.*

Actividad: Un mosaico de pez

Suministros
- La mitad de una hoja negra de papel de construcción para cada estudiante
- Plantillas de pez de papel blanco, del tamaño de la mitad de una hoja.
- Pedacitos de papel de construcción (papel lustre) de diferentes colores
- Pegamento
- Lápices, o lápices de colores
- Tijeras
- Perforadora
- Hilo

Instrucciones

- Escribir el versículo, o parte del versículo (Juan 3:16) en la plantilla
- Pegar la plantilla en la hojita negra. (Tener cuidado no usar demasiado pegamento.)
- Cortar la hoja negra alrededor de la plantilla, para formar un pez
- Pegar varias piezas de diferentes colores en el lado negro del pez para hacer un mosaico
- Perforar el pez y meter un pedazo de hilo para colgarlo
- En un lado del pez se va a ver el versículo, y en el otro lado el mosaico

Referencias bíblicas

Génesis 22:13, Jeremías 17:9-10, Mateo 5:21-23, Romanos 3:10-18, Gálatas 3:22

75
El último cordero pascual
Jesucristo es el cordero de Dios

Versículo para memorizar

Limpiaos, pues, de la vieja levadura, para que seáis nueva masa, sin levadura como sois; porque nuestra pascua, que es Cristo, ya fue sacrificada por nosotros.
1 Corintios 5:7

Lección

La última plaga que Dios envió sobre Egipto cuando Él liberó a los israelitas de la esclavitud fue la muerte de sus primogénitos, pero Dios hizo un camino para que los israelitas escaparan de esta plaga.

Esto es lo que Dios dijo a los israelitas que hicieran: Él dijo que cada familia israelita escogiera un cordero varón perfecto.

El animal será sin defecto, macho de un año... Éxodo 12:5a

Después de esperar cuatro días cada familia debía matar el cordero que había elegido.

Y lo guardaréis hasta el día catorce de este mes, y lo inmolará toda la congregación del pueblo de Israel entre las dos tardes. Éxodo 12:6

Los israelitas no debían romper ninguno de los huesos del cordero cuando lo mataron.

...ni quebraréis hueso suyo. Éxodo 12:46b

Después de que se esparcieran la sangre de los corderos en los marcos de las puertas, los israelitas tenían que permanecer adentro de sus casas. Dios prometió pasar por encima de todos los hogares en donde vio la sangre del cordero rociada en el marco de la puerta. El hijo primogénito en esa casa no iba a morir.

Y tomad un manojo de hisopo, y mojadlo en la sangre que estará en un lebrillo, y untad el dintel y los dos postes con la sangre que estará en el lebrillo; y ninguno de vosotros salga de las puertas de su casa hasta la mañana.

> Porque Jehová pasará hiriendo a los egipcios; y cuando vea la sangre en el dintel y en los dos postes, pasará Jehová aquella puerta, y no dejará entrar al heridor en vuestras casas para herir. Éxodo 12:22-23

Dios quería que los israelitas siempre recordaran la noche en Egipto cuando Él salvó a sus hijos primogénitos de la muerte. Por eso, una vez al año, los israelitas celebraron la Pascua en Jerusalén. Fue una celebración para recordar cómo sus hijos habían sido salvados por la sangre del cordero.

¿Recuerde que Jesús murió en la fiesta de la Pascua en Jerusalén? Juan el Bautista dijo que Jesús era el Cordero de Dios. La Biblia dice que Jesucristo es nuestro cordero pascual que fue sacrificado por nosotros.

> ...porque nuestra pascua, que es Cristo, ya fue sacrificada por nosotros. 1 Corintios 5:7b

De la misma manera que los hijos primogénitos de los israelitas se salvaron de la muerte por la sangre del cordero, Jesús derramó Su sangre para salvarnos de la muerte eterna.

En la primera Pascua, Dios le dijo a Moisés que los israelitas no debían romper los huesos del cordero cuando lo mataron. Esto se debía a que el cordero pascual era un cuadro de la venida del Salvador.

Los soldados romanos a menudo rompían las piernas de los que están siendo crucificados para acelerar su muerte, pero cuando Jesús, el Cordero Pascual de Dios, murió, los soldados no le quebraron las piernas.

> Más cuando llegaron a Jesús, como le vieron ya muerto, no le quebraron las piernas. Juan 19:33

Al igual que Dios aceptó sólo un cordero perfecto para morir en el lugar de los hijos primogénitos de los israelitas, la Biblia dice que Jesús no tenía manchas e imperfecciones. Jesús fue el perfecto Cordero de Dios. Jesús nunca hizo nada que desagradó a Dios.

> ...sabiendo que fuisteis rescatados de vuestra vana manera de vivir... con la sangre preciosa de Cristo, como de un cordero sin mancha y sin contaminación, 1 Pedro 1:18-19

Dios aceptó sólo un Salvador perfecto para morir en nuestro lugar.

En Egipto, Dios pasó por todos los hogares donde la sangre del cordero fue rociada en el marco de la puerta. La sangre derramada por el cordero pascual protegió al hijo primogénito en esa casa de la muerte.

De la misma manera, Jesús es nuestro Cordero pascual. Jesús murió para que tú puedas ser salvado de la segunda muerte. Al igual que la sangre en los postes mostró que un cordero había muerto, protegiendo al primogénito en esa casa, así tú también, si confías en Cristo Jesús estás protegido de la muerte eterna por Jesús, el Cordero de la Pascua que fue matado por ti.

Preguntas

1. ¿Cuál fue la última plaga que Dios envió sobre Egipto? *Fue la muerte de sus primogénitos.*

2. ¿Cómo podrían los hijos primogénitos de los israelitas salvarse de la muerte? *Ellos podrían ser salvados de la muerte si un cordero perfecto fuese asesinado y la sangre rociada sobre el marco de la puerta de las casas donde vivían.*

3. ¿Por qué le dijo Dios a los israelitas que permanecieran dentro de sus casas después de que esparcieron la sangre en los postes? *Dios dijo que no entraría en ningún hogar donde él viese la sangre del cordero rociada en el marco de la puerta. Los que se ocultaban detrás de la sangre del cordero se salvarían de la muerte.*

4. ¿Por qué los israelitas no rompieron ningún hueso del cordero que mataron? *No debían romper los huesos del cordero porque el cordero era un cuadro a futuro de Jesús el Salvador. Cuando Jesús murió en la cruz, los soldados no rompieron sus huesos.*

5. ¿Podría el cordero elegido por los israelitas tener manchas o imperfecciones? *No, Dios dijo a los israelitas que eligieran un cordero perfecto para morir en el lugar del hijo primogénito. Si el cordero no fuera perfecto, el hijo primogénito se hubiera muerto.*

6. ¿Jesús alguna vez cometió algún pecado? *No, Jesús fue perfecto en todos los sentidos.*

7. ¿Cómo llamó Juan el Bautista a Jesús? *Lo llamó el Cordero de Dios.*

8. ¿Durante qué fiesta judía murió Jesucristo? *Murió durante la fiesta de la Pascua.*

9. ¿Cómo es Jesucristo nuestro Cordero Pascual? *Jesús murió y derramó Su sangre para que pudiéramos ser salvados de la muerte segunda. Si confías en Jesús, quien murió por ti, serás salvado de la muerte de la misma manera que los israelitas confiaron en Dios al esparcir la sangre de los corderos.*

Actividad: Cristo, nuestra pascua.

Suministros

- Plantillas de corazón, uno por estudiante
- Papel de construcción blanco, una hoja para cada estudiante
- Lápices y lápices de colores rojo y negro
- Cinta adhesiva o grapas

Instrucciones

- Utilizar las plantillas de corazón para trazar dos corazones en el papel de construcción (dos corazones por hoja)
- Cortar los corazones
- En un solo corazón, escribir tu nombre y dibújate a ti mismo usando lápices y colores negros
- En el otro corazón escribir: "Cristo, nuestra Pascua" usando lápices y colores rojos demostrando la muerte y sangre derramada de Cristo.
- Con grapas o cinta adhesiva juntar los dos corazones poniendo el rojo encima del negro, mostrando que tú estás escondido detrás de la sangre del Cordero de Dios

Referencias bíblicas

Éxodo 12, 1 Pedro 1:19

531

76
Amigos, no enemigos
Tú puedes ser aceptado por Dios

Versículo para memorizar

Pero ahora en Cristo Jesús, vosotros que en otro tiempo estabais lejos, habéis sido hechos cercanos por la sangre de Cristo. Efesios 2:13

Lección

¿Recuerde cuando Dios bajó al monte Sinaí para dar sus mandamientos a los israelitas? Moisés tuvo que poner una cerca alrededor de la montaña para que nadie se acercara a ella. Si alguien siquiera tocara la montaña donde estaba Dios, ¡esa persona moriría!

Y señalarás término al pueblo en derredor, diciendo: Guardaos, no subáis al monte, ni toquéis sus límites; cualquiera que tocare el monte, de seguro morirá. Éxodo 19:12

El pecado nos aleja de Dios, nos hace ser los enemigos de Dios. No podemos acercarnos a Dios siendo sucios con el pecado.

Pero vuestras iniquidades han hecho división entre vosotros y vuestro Dios, y vuestros pecados han hecho ocultar de vosotros Su rostro para no oír. Isaías 59:2

Después de que Dios dio sus mandamientos a Israel, Él vino a vivir entre los israelitas para que si alguien rompiera un mandato podía venir a Dios para ser perdonado.

Pero el hecho de que Dios vivía entre ellos no significaba que los israelitas pudieran ir a visitarlo cada vez que querían.

No, igual que Caín y Abel debían acercarse a Dios matando un cordero y llevándolo a Él, la única manera para los israelitas pecadores para venir a Dios fue en llevar un cordero al tabernáculo donde vivía Dios y matarlo allí delante de la presencia de Dios.

La sangre de los corderos cubría los pecados de los israelitas para que pudieran acercarse a Dios y no ser destruidos por Él.

Por supuesto, los israelitas no se les permitieron entrar en el tabernáculo. Sólo los sacerdotes se les permitía en el tabernáculo para hacer su trabajo.

Pero nadie fue admitido en el Lugar Santísimo, donde estaba Dios.

Tanto en el tabernáculo, y más tarde en el templo, había una cortina pesada que escondió de la vista la presencia de Dios.

Y pondrás el velo debajo de los corchetes, y meterás allí, del velo adentro, el arca del testimonio; y aquel velo os hará separación entre el lugar santo y el santísimo. Éxodo 26:33

Había una división entre el Lugar Santo y el Lugar Santísimo. Dios vivía sobre el propiciatorio en el Lugar Santísimo, en forma de una luz brillante.

Ninguna persona pecadora podía acercarse a Dios allí. La Biblia dice que Dios...

...habita en luz inaccesible; a quien ninguno de los hombres ha visto ni puede ver, al cual sea la honra y el imperio sempiterno. Amén. 1 Timoteo 6:16

Sólo hubo una excepción. Una vez al año el sumo sacerdote debía ir a la presencia de Dios en el Lugar Santísimo con la sangre de un sacrificio especial. Este sacrificio era por sus pecados y por los pecados que los israelitas habían cometido sin saberlo ese año.

Pero si el sacerdote no entraba en el Lugar Santísimo según la manera en que Dios dijo moriría.

Y Jehová dijo a Moisés: Di a Aarón tu hermano, que no en todo tiempo entre en el santuario detrás del velo, delante del propiciatorio que está sobre el arca, para que no muera; porque yo apareceré en la nube sobre el propiciatorio. Levítico 16:2

Una y otra vez los israelitas hicieron sacrificios a Dios por sus pecados. Cada vez que un israelita pecaba, tenía que llevar un cordero al altar de bronce frente al tabernáculo, poner su mano sobre él y matarlo. Entonces el sacerdote quemaba el cuerpo del cordero en el altar.

Una vez al año el sumo sacerdote trajo la sangre del sacrificio especial.

Y ciertamente todo sacerdote está día tras día ministrando y ofreciendo muchas veces los mismos sacrificios, que nunca pueden quitar los pecados; Hebreos 10:11

Pero estos sacrificios de animales eran sólo una cubierta por los pecados de los israelitas para que no murieran. Eran una solución temporal hasta que se podría hacer un sacrificio perfecto que pagara por completo el pecado del mundo.

Finalmente, Jesucristo, el Salvador, vino al mundo. Jesucristo fue el elegido de Dios. Dios había escogido a Jesús como el último Sumo Sacerdote. Pero Jesús no tomó la sangre de un cordero en el Lugar Santísimo. No, Jesús era el Cordero. Él se sacrificó a sí mismo y derramó Su propia sangre.

> Pero estando ya presente Cristo, sumo sacerdote de los bienes venideros...no por sangre de machos cabríos ni de becerros, sino por Su propia sangre, entró una vez para siempre en el Lugar Santísimo, habiendo obtenido eterna redención. Hebreos 9:11-12

¿Sabes lo que pasó con la pesada cortina en frente del Lugar Santísimo cuando Jesús murió? La Biblia nos dice que se rasgó en dos.

> Entonces el velo del templo se rasgó en dos, de arriba abajo.
> Marcos 15:38

De repente, Dios no estuvo oculto y cualquier persona pudo entrar en la presencia de Dios. ¿Por qué? Bueno, ¿te acuerdas de lo que Juan el Bautista llamó a Jesús?

Juan llamó a Jesús el Cordero de Dios que "quita el pecado del mundo".

> He aquí el Cordero de Dios, que quita el pecado del mundo.
> Juan 1:29

Debido a que Jesucristo es Dios, y porque Él es absolutamente perfecto, ¡su sacrificio era mucho mejor que cualquier sacrificio de animal! La muerte de Jesús no se limitó a cubrir el pecado, la muerte de Jesús quitó el pecado del mundo, ya que pagó en Su totalidad por todos los pecados para siempre. La muerte de Jesús pagó por todos los pecados que se habían cometido en el pasado y todos los pecados que se cometerían en el futuro.

Hoy en día, los que confiamos en el sacrificio de Jesús por nuestros pecados, entonces podemos acercarnos a Dios libremente en cualquier momento. Nunca habrá otro sacrificio de animal, porque Dios dijo que el sacrificio de Jesús fue suficiente. ¡El sacrificio de Jesús era tan grande que pagó el castigo por todos los pecados de todos en el mundo para siempre! Es por eso que cualquier persona que confía en la muerte de Jesús puede acercarse a Dios y ser aceptado.

En el Jardín del Edén cuando Adán y Eva iban en contra de lo que Dios dijo, se convirtieron en pecadores y fueron separados de Dios. Desde ese momento, todos los hijos de Adán y Eva han nacido pecadores separados de Dios. Como tú naciste un pecador, tú eres el enemigo de Dios.

Y a vosotros también, que erais en otro tiempo extraños y enemigos en vuestra mente, haciendo malas obras, ahora os ha reconciliado en Su cuerpo de carne, por medio de la muerte, para presentaros santos y sin mancha e irreprensibles delante de él; Colosenses 1:21-22

Pero ahora, como el Hijo de Dios vino a la tierra y murió por nuestros pecados y resucitó, puedes ser reconciliado con Dios. Ser reconciliado significa ser amigo de Dios otra vez porque fuiste Su enemigo. Antes, eras el enemigo de Dios porque eras un pecador, pero porque Jesucristo pagó por todos los pecados, Él hizo posible que puedas tener amistad con Dios.

Porque también Cristo padeció una sola vez por los pecados, el justo por los injustos, para llevarnos a Dios... 1 Pedro 3:18a

Ese era el plan de Dios desde el principio. Desde el principio, Dios planeó que Su Hijo Jesucristo fuera el Salvador y nos rescatara del dominio de Satanás, así que pudiéramos estar cerca de Él.

Ahora que Jesús ha resuelto por completo el problema del pecado, no tienes que ser el enemigo de Dios por más tiempo. Todos los que confían en Jesús libremente pueden venir a Dios con valentía y confianza, al igual que Adán y Eva antes de unirse a lado de Satanás.

...conforme al propósito eterno que hizo en Cristo Jesús nuestro Señor, en quien tenemos seguridad y acceso con confianza por medio de la fe en él; Efesios 3:11-12

Todos los que creen en Jesús tienen vida eterna. Pero aquellos que no confían en lo que Jesús hizo por ellos siguen siendo los enemigos de Dios y serán separados de Él para siempre.

El que cree en el Hijo tiene vida eterna; pero el que rehúsa creer en el Hijo no verá la vida, sino que la ira de Dios está sobre él. Juan 3:36

¡Cree en Jesús! Él murió en la cruz por tus pecados y resucitó para que pudieras ser reconciliado con Dios. Confía en Él, para que puedas ser Su amigo y no Su enemigo.

Preguntas

1. ¿Por qué no pueden los pecadores vivir con Dios? *Los pecadores no pueden vivir con Dios porque Dios es perfecto y puro. Él no puede permitir que los pecadores se acerquen a Él.*

2. ¿Cuál era la única manera para los israelitas acercarse a Dios? *La única manera para los israelitas acercarse a Dios era llevar un cordero para el tabernáculo donde vivía Dios y matarlo allí en Su presencia. La muerte de los corderos cubría los pecados de los israelitas para que pudieran acercarse a Dios.*

3. ¿Con qué frecuencia los israelitas tenían que sacrificar corderos? *Cada vez que un israelita rompió uno de los mandamientos de Dios, tuvo que sacrificar otro cordero. Y una vez al año el sumo sacerdote tenía que hacer un sacrificio especial para él y por todos los pecados que los israelitas habían cometido sin saberlo.*

4. ¿A Quién escogió Dios para ser el último Sumo Sacerdote? *Jesucristo fue escogido por Dios para ser el último Sumo Sacerdote.*

5. ¿Cómo fue el sacrificio de Jesús mejor que los sacrificios de animales? *El sacrificio de un animal solamente cubría los pecados temporalmente. Pero como Jesús es Dios y completamente perfecto y puro, Su sacrificio fue tan grande que pagó por completo por todos los pecados de todos los tiempos - todos los pecados que jamás se había cometido en el pasado y todos los pecados que se cometerían en el futuro.*

6. ¿Por qué la cortina en el templo se rasgó en dos cuando Jesús murió en la cruz? *El telón se rompió debido a que Jesús pagó por todos los pecados del mundo. Cuando Jesús pagó por todos los pecados, abrió el camino para que todo aquel que cree en Jesús pueda acercarse a Dios.*

7. ¿Por qué eras el enemigo de Dios? *Naciste enemigo de Dios por haber nacido en la familia de Adán y porque eras un pecador.*

8. ¿Qué significa ser reconciliado con Dios? *Significa que se te ha hecho amigo de Dios cuando eras Su enemigo.*

9. ¿Quién lo hizo posible para nosotros los pecadores ser amigos de Dios? *Jesús lo hizo al morir en la cruz por nosotros y pagar por nuestros pecados.*

   Puesto que Jesús pagó por los pecados de todo el mundo, ¿significa que todos irán al cielo? *No, sólo aquellos que confían en Jesús son reconciliados con Dios para que puedan ser sus amigos.*

Actividad: Artesanía cortina rasgada

Suministros

- Hojas de cartulina blanca o papel
- Hojas de fieltro rojo
- Pegamento
- Tijeras
- Lápices y lápices de colores
- Plantilla de la cortina

Instrucciones

- Dibujar el lugar santísimo en la mitad inferior de la cartulina. Decorar el resto de la cartulina dibujando piedras o ladrillos para mostrar la pared exterior del templo (ver ejemplo).
- Dentro del lugar santísimo, dibujar y colorear una nube amarilla grande. Escribir la palabra "Dios" en el interior de la nube para representar la presencia de Dios dentro del lugar santísimo.
- Cortar las hojas de fieltro rojo con la plantilla de la cortina.
- Pegar dos piezas de fieltro rojo en el lugar santísimo, lo que permite ver un poco de la nube a través del centro para mostrar que la cortina se rasgó en dos, eliminando la barrera entre nosotros y Dios.

Referencias bíblicas

Éxodo 25:22; Levítico 16:2-34; 2 Samuel 6:2; Salmo 7:11; Romanos 5:10, 6:10; Efesios 2:13, 18; 1 Timoteo 6:16; Hebreos 2:17, 3:1, 4:14-15, 7:23-28, 9:6-15, 10:19

77
Redimidos
Un precio pagado para nuestra liberación

Versículo para memorizar

Sabiendo que fuisteis rescatados de vuestra vana manera de vivir, la cual recibisteis de vuestros padres, no con cosas corruptibles, como oro o plata, sino con la sangre preciosa de Cristo, como de un cordero sin mancha y sin contaminación,
1 Pedro 1:18-19

Lección

Dios formó a Adán del polvo de la tierra, y sopló vida en él. Dios hizo a Eva de la costilla de Adán y le dio vida a ella también. Adán y Eva pertenecían a Dios.

Dios amaba a la gente que Él creó. Fueron maravillosos y perfectos en todos los sentidos y amaban a Dios también. Dios los puso en un hermoso jardín donde tenían todo lo que podrían desear, pero entonces Satanás engañó a Adán y Eva, y ellos creyeron su mentira.

Cuando Adán y Eva le creyeron a Satanás en lugar de Dios, se unieron a lado de Satanás y cayeron bajo su dominio. Satanás es un líder malvado. Nunca más fue la vida pacífica y alegre. Adán y Eva hubieran llegado a ser pecadores e iban a ser separados de Dios para siempre en el terrible lugar de sufrimiento.

Pero Dios le dijo a Satanás que algún día enviaría al niño de una mujer para herir su cabeza. Una lesión en la cabeza es fatal.

> Y pondré enemistad entre ti y la mujer, y entre tu simiente y la simiente suya; ésta te herirá en la cabeza, y tú le herirás en el calcañar. Génesis 3:15

Esta fue una buena noticia para Adán y Eva y sus hijos. Esto significaba que algún día Dios enviaría a alguien para rescatar a la humanidad del dominio y del poder de Satanás. En el momento adecuado, Dios envió a alguien, tal como dijo que lo haría. Dios envió a Su propio Hijo a nacer de una mujer. Dios envió a Su Hijo para pagar el precio para conseguirnos de nuevo.

> Pero cuando vino el cumplimiento del tiempo, Dios envió a Su Hijo, nacido de mujer...a fin de que recibiésemos la adopción de hijos. Gálatas 4:4-5

Hay una historia muy antigua sobre un chico y un velero. No sé si es verdad o no, pero es una buena dibujo de lo que Dios hizo por nosotros.

El niño construyó un velero y lo tenía todo arreglado, tapado con brea y pintado. Lo llevó al lago y lo empujó con la esperanza de que navegara. Efectivamente una brizna de viento llenó el pequeño velamen y se llevó al velero sobre las olas. De repente, antes de que el niño se diera cuenta, el barquito estaba fuera de su alcance, a pesar de que se metió rápidamente al agua y trató de agarrarlo. Viendo al velero alejarse, esperaba que tal vez el viento cambiara y volviera el barquito nuevamente a él. Pero en lugar de acercarse, lo vio alejarse cada vez más hasta que lo perdió de vista. Cuando se fue a casa llorando, su madre le preguntó: ¿"Qué pasa, no funcionó"?

Y él tan solo dijo: "Funcionó muy bien".

Algún tiempo después, el niño estaba en el centro de la ciudad y pasó junto a una tienda de objetos de segunda mano. Allí, en la ventana, vio el velero. Era sin duda el suyo, así que entró y le dijo al propietario, "Esa es mi barquita". Se acercó a la ventana, la cogió y empezó a salir con ella.

El propietario de la tienda dijo: "Espera un minuto, hijito. Esa es mi barquita. Se la compré a alguien".

El muchacho dijo: "No señor. Es mi velero. Lo hice yo". Y le mostró los rasguños y las marcas que se había hecho con el martillo y la lima cuando la construyó.

El hombre dijo: "Lo siento, hijito. Si lo deseas, tienes que comprarla".

El pobre niño no tenía dinero, pero trabajó duro y guardó sus monedas. Finalmente, ahorró suficiente dinero. Entró y compró la pequeña barca. Salió de la tienda celebrando y abrazando su apreciada barquita. Se le escuchó decir: "Tú eres mi barquita. Eres doblemente mi barquita. En primer lugar, eres mía porque yo te hice y en segundo lugar, eres mi barquita porque yo te compré".

Al igual que el barco en esta historia por derecho pertenecía al chico que lo hizo, todas las personas legítimamente pertenecen a Dios, porque Dios los hizo y les dio la vida.

...pues él es quien da a todos, vida y aliento y todas las cosas.
Hechos 17:25b

Así como el barco flotó lejos del niño, Adán y Eva se separaron de Dios. Debido a que Adán y Eva fueron separados de Dios, todos sus hijos fueron separados de Dios también.

La Biblia dice que la paga del pecado es la muerte.

Porque la paga del pecado es muerte… Romanos 6:23

La palabra redimir quiere decir comprar algo de nuevo que te perteneció a ti en el principio. Esto es lo que hizo el niño. Él compró su propio barco de nuevo.

Pero a diferencia del niño de la historia, Jesús no nos recompró con el dinero. No pago con plata o el oro para redimirnos. Jesús redimió a la humanidad con Su propia sangre preciosa. Jesús pagó la paga que nosotros deberíamos haber pagado.

…sabiendo que fuisteis rescatados de vuestra vana manera de vivir…no con cosas corruptibles, como oro o plata, sino con la sangre preciosa de Cristo, como de un cordero sin mancha y sin contaminación, 1 Pedro 1:18-19

Jesucristo murió en la cruz y derramó Su sangre para pagar el castigo por nuestros pecados para que pudiéramos ser rescatados del dominio de Satanás.

Porque habéis sido comprados por precio; glorificad, pues, a Dios en vuestro cuerpo y en vuestro espíritu, los cuales son de Dios. 1 Corintios 6:20

Si haz confiado en Jesucristo para salvarte, Dios puede decir de ti: "Eres doblemente mío. En primer lugar, eres mío porque yo te hice y en segundo lugar, eres mío porque yo te compré".

Un día, hace dos mil años, Jesucristo, el Hijo de Dios, murió en una cruz. Tres días más tarde, resucitó. Este fue un verdadero acontecimiento. Salió en las noticias del día. Todo el mundo hablaba de ello.

Además os declaro, hermanos, el evangelio que os he predicado… primeramente os he enseñado lo que asimismo recibí: Que Cristo murió por nuestros pecados, conforme a las Escrituras; y que fue sepultado, y que resucitó al tercer día, conforme a las Escrituras; 1 Corintios 15:1-4

Evangelio significa buenas noticias. La buena noticia es que la muerte de Jesús en la cruz pagó por todos nuestros pecados. Dios resucitó a Jesús a la vida porque la obra de Jesús fue hecha; Él había pagado completamente por todos los pecados de todos los tiempos. Dios estaba satisfecho con el pago que Jesús hizo. Jesús había pagado el precio total para rescatarnos de Satanás, el pecado, y la muerte.

Juan, uno de los discípulos de Jesús, escribió el libro de Apocalipsis, que es el último libro de la Biblia. Dios permitió que Juan viera el futuro. Juan escribió que algún día la gente de todas partes del mundo va a estar en el cielo alabando a Jesús para redimirlos.

Y cantaban un nuevo cántico, diciendo: Digno eres de tomar el libro y de abrir sus sellos; porque tú fuiste inmolado, y con tu sangre nos has redimido para Dios, de todo linaje y lengua y pueblo y nación; Apocalipsis 5:9

Preguntas

1. ¿Por qué todas las personas legítimamente pertenecen a Dios? *Todas las personas pertenecen a Dios, porque Dios los creó y les dio la vida.*

2. ¿Cómo vinieron todas las personas en el mundo a estar bajo el dominio de Satanás? *Debido a que Adán y Eva creyeron Satanás en lugar de Dios se unieron al lado de Satanás, así que todos sus hijos (que es toda la gente en el mundo) nacen del lado de Satanás.*

3. ¿Qué le dijo Dios a Satanás en el Jardín del Edén que sucedería a la cabeza de Satanás? *Dios le dijo a Satanás que algún día enviaría al niño de una mujer que heriría la cabeza de Satanás. Esto significa que un día Dios enviaría a alguien para rescatar a la humanidad del dominio de Satanás.*

4. ¿Quién envió Dios para redimirte a ti? *Dios envió a Jesús para redimirte.*

5. ¿Cuál es el pago por el pecado? *La paga del pecado es la muerte.*

6. ¿Cuál es el pago que Jesús pagó por tu pecado? *Jesús murió y derramó Su sangre por nuestros pecados.*

7. ¿Qué significa la palabra evangelio? *Significa buenas noticias.*

8. ¿Qué es la buena noticia de Dios para todo el mundo? *Es que hace dos mil años Jesús murió en la cruz para pagar por el pecado del mundo. Dios estaba satisfecho con el pago que Jesús hizo y lo resucitó de entre los muertos.*

9. Si has confiado en Jesús como tu Salvador, ¿a quién perteneces ahora? *Perteneces a Jesús. ¡Eres el doble suyo, porque primero Él te ha creado, y en segundo lugar te compró con Su preciosa sangre!*

Actividad 1: Juego de desaparición

Suministros
- Pizarrón o pizarra
- Tiza o marcador de pizarra blanca

Instrucciones
- La maestra escribe el verso de memoria con la cita en letras grandes en el pizarrón.
- Los estudiantes leen, unánimes en voz alta, el versículo y la cita.
- La maestra elige un estudiante para escoger dos palabras del versículo. Ella borra las palabras que escogió.
- Otra vez los estudiantes dicen el versículo al unísono, incluyendo las dos palabras que han sido borradas.
- Otro estudiante escoge dos palabras más para borrar. La maestra las borra como antes.
- La clase trata de decir al unísono el versículo sin poder ver todas las palabras. Así se van memorizando el verso.
- Repite este proceso hasta que todas las palabras han sido borradas.
- Vea si el grupo puede recitar el verso al unísono sin ninguna palabra en la pizarra.
- Si lo desea, pide a unos voluntarios individuales a recitar el verso de memoria.

Actividad 2: Actuar el relato del niño con su velero

Suministros
- Los estudiantes voluntarios

Instrucciones
- Dividir a los estudiantes en grupos
- Los grupos se turnan para actuar la historia del niño y su velero
- Discutir el significado de la palabra canjear.

Referencias bíblicas

> Gálatas 3:12-14, 4:4-6; Efesios 1:7; Colosenses 1:13-14; Hebreos 9:13-15; Apocalipsis 5:9

78
Declarados justos por Dios
Dios nos justifica

Versículo para memorizar

...sabiendo que el hombre no es justificado por las obras de la ley, sino por la fe de Jesucristo, nosotros también hemos creído en Jesucristo, para ser justificados por la fe de Cristo y no por las obras de la ley, por cuanto por las obras de la ley nadie será justificado. Gálatas 2:16

Lección

¿Recuerde el hombre que llamó a Jesús "Maestro bueno"? Este hombre pensó que al mantener los mandamientos de Dios podría ser lo suficientemente bueno para ir al cielo. Pero Jesús enseñó que para ir al cielo el hombre tendría que ser perfecto. No sólo tendría que seguir los Diez Mandamientos, también tendría que amar a la gente y amar a Dios más de lo que amaba a sí mismo. El hombre se puso triste, porque sabía que ¡no podía ser tan bueno!

Entonces vino uno y le dijo: Maestro bueno, ¿qué bien haré para tener la vida eterna?

Él le dijo: ¿Por qué me llamas bueno? Ninguno hay bueno sino uno: Dios. Más si quieres entrar en la vida, guarda los mandamientos.

Le dijo: ¿Cuáles?

Y Jesús dijo: No matarás. No adulterarás. No hurtarás. No dirás falso testimonio. Honra a tu padre y a tu madre; y, Amarás a tu prójimo como a ti mismo.

El joven le dijo: Todo esto lo he guardado desde mi juventud. ¿Qué más me falta?

Jesús le dijo: Si quieres ser perfecto, anda, vende lo que tienes, y dalo a los pobres, y tendrás tesoro en el cielo; y ven y sígueme.
Mateo 19:16-21

Dios el Padre es absolutamente perfecto y puro. Jesús dijo a los judíos que debían ser tan perfectos como Dios es.

📖 Sed, pues, vosotros perfectos, como vuestro Padre que está en los cielos es perfecto. Mateo 5:48

Pero para ser lo suficientemente perfecto para entrar en el cielo, tendrías que seguir todos los mandamientos de Dios todo el tiempo. Nunca podrías romper cualquiera de las reglas de Dios, ni siquiera en su mente o corazón.

📖 Porque cualquiera que guardare toda la ley, pero ofendiere en un punto, se hace culpable de todos. Santiago 2:10

Es imposible que cualquier ser humano fuera tan bueno.

📖 No hay quien haga lo bueno, no hay ni siquiera uno. ...por cuanto todos pecaron, y están destituidos de la gloria de Dios, Romanos 3:12b, 23

Nadie es lo suficientemente bueno para vivir con Dios en el Cielo. Como naciste en la familia de Adán, naciste un pecador y no puedes agradar a Dios. Incluso las cosas buenas que haces son trapos de inmundicia a Él.

📖 Si bien todos nosotros somos como suciedad, y todas nuestras justicias como trapo de inmundicia; y caímos todos nosotros como la hoja, y nuestras maldades nos llevaron como viento... Isaías 64:6a

La única manera para conseguir la justicia que necesitas para que puedas vivir con Dios es que Dios te la dará.

📖 Y ser hallado en él, no teniendo mi propia justicia, que es por la ley, sino la que es por la fe de Cristo, la justicia que es de Dios por la fe; Filipenses 3:9

¿Recuerda lo que Dios hizo por Abraham cuando Abraham creyó en Él?

📖 Porque ¿qué dice la Escritura? Creyó Abraham a Dios, y le fue contado por justicia. Romanos 4:3

Cuando Abraham creyó en el Señor, Dios le dio el don de Su justicia perfecta. Debido a que Abraham confió en Dios para enviar el Salvador a rescatarlo del pecado y de la muerte, Dios hizo Abraham perfectamente justo ante los ojos de Él.

La Biblia dice que en la cruz Jesucristo tomó nuestro pecado sobre sí mismo para que nosotros lo pecadores podamos recibir la justicia perfecta de Cristo.

Al que no conoció pecado, por nosotros lo hizo pecado, para que nosotros fuésemos hechos justicia de Dios en él. 2 Corintios 5:21

> **Justificado = ser legalmente declarado justo por Dios.**

Dios es...

El Juez de toda la tierra... Génesis 18:25b

Dios es el Juez del mundo. Él dice que la paga del pecado es la muerte. Pero desde que Jesucristo tomo nuestro castigo e hizo el pago por nosotros, Dios puede legalmente declarar justos a todos los que confían en lo que Él hizo por ellos.

Dios sabía que nunca podríamos cumplir sus leyes. Él sabía que nunca podríamos ser justos por nuestros esfuerzos. Así que, en Su amor Él mandó a Jesucristo a hacer un intercambio con nosotros. Jesucristo cargó nuestros pecados y pagó nuestro castigo para que Dios nos pudiera dar el don de Su justicia.

Después, pasados catorce años, subí otra vez a Jerusalén con Bernabé, llevando también conmigo a Tito. Gálatas 2:1

Si has creído en Jesucristo, Dios te ha declarado legalmente justo. En sus ojos eres justo, incluso cuando todavía haces cosas que le desagradan. Dios puede aceptar a los que reciben por fe el don de la perfecta justicia de Dios para que puedan vivir con Él para siempre. Todos los que han sido legalmente declarados justo por Dios ya no son sus enemigos, sino que están en paz con Dios y vivirán con Él en el Cielo.

Justificados, pues, por la fe, tenemos paz para con Dios por medio de nuestro Señor Jesucristo; Romanos 5:1

Preguntas

1. ¿Cómo pensó el hombre que llamo a Jesucristo "maestro bueno" que podía ganar la vida eterna? *Pensó que podía ganar la vida eterna guardando los mandamientos de Dios.*

2. ¿Qué tan bueno tiene que ser una persona con el fin de vivir con Dios en el Cielo? *Tendría que ser completamente perfecto para ser aceptada por Dios de manera que pudiera vivir con Él en el Cielo. Tendría que obedecer todas las órdenes de Dios, todo el tiempo, incluso en sus pensamientos.*

3. ¿Hay alguien que pueda ser lo suficientemente bueno para vivir con Dios? *No, todas las personas son pecadores separados de Dios. Incluso las buenas obras que hacemos son como trapos de inmundicia para Dios.*

4. ¿Cuál es la única manera para conseguir la justicia que se necesita para ser capaz de vivir con Dios en el Cielo? *La única manera para conseguir la justicia que necesitamos para que Dios nos acepte y nos deje vivir con Él es si Él nos la da.*

5. Cuando Jesucristo murió en la cruz, Él hizo un intercambio con nosotros. Él tomó nuestro pecado sobre sí mismo ¿para que Él pudiera darnos qué? *Jesús tomó nuestro pecado sobre sí mismo para que Él podría darnos Su justicia.*

6. ¿Quién es el Juez de toda la tierra? *Dios es el Juez de toda la Tierra.*

7. ¿Qué dice el Juez del mundo que es el castigo por el pecado? *Dios dice que el castigo por el pecado es la muerte.*

8. ¿Qué significa la palabra justificar? *Significa estar legalmente declarados justos, o perfecto, por Dios.*

9. ¿Cómo Dios puede legalmente declarar te justo cuando eres un pecador? *Dios es el Juez del mundo puede legalmente declararte justo porque Jesucristo pagó la deuda o el castigo que tú deberías haber pagado.*

10. ¿Qué tienes que hacer tú para que Dios te declare justo? *No hay nada que tú puedas hacer para que Dios te declare justo. Solamente tienes que confiar que Jesucristo pagó el precio completo por todos tus pecados y entonces Dios te declarará legalmente justo para siempre.*

Actividad: El mazo del juez

Suministros

- Hoja de cartulina de color marrón claro o papel de construcción
- Lápices y lápices de colores
- Tijeras

Instrucciones

- Dibujar un mazo
- Escribir sobre el mazo: "Justificado = ser legalmente declarado justo por Dios", o para los niños chiquitos: "Justo".
- Cortar el mazo.

Referencias bíblicas

Mateo 19:20-22; Romanos 3:9-30; 4:1-8, 23-25; 5:1-9, 12-21; Gálatas 2:16, 3:21; Efesios 1:3-4; Colosenses 1:21-22, 2:13-15; Tito 3:7; Hebreos 9:9; 10:1-4; 11:4, 7, 39-40

79
Seguros y protegidos
Puedes estar seguro en Cristo

Versículo para memorizar

> *Y yo les doy vida eterna; y no perecerán jamás, ni nadie las arrebatará de mi mano.*
> *Juan 10:28*

Lección

Cada persona en el mundo tiene una mamá y un papá. Nada puede cambiar ese hecho. Puede que no te gusten tus padres, pero siguen siendo tus padres. Puede ser que vives solamente con uno de tus padres, pero no puedes cambiar el hecho de que los dos son tus padres.

A veces la gente no sabe quiénes son sus padres, pero es fácil de averiguar al conseguir un análisis de sangre para comprobar su ADN. Su ADN sólo será igual al ADN de su verdadera mamá y papá. Nadie puede cambiar su ADN. De esta manera, siempre estarás conectado a tus verdaderos padres.

La Biblia dice:

Más a todos los que le recibieron, a los que creen en Su nombre, les dio potestad de ser hechos hijos de Dios; los cuales no son engendrados de sangre, ni de voluntad de carne, ni de voluntad de varón, sino de Dios. Juan 1:12-13

El día en que creyeron en Él - que Él murió por tus pecados y que resucitó otra vez - naciste de nuevo en la familia de Dios. Te convertiste en hijo de Dios, y Su Espíritu Santo vino a morar dentro de ti. Sacarte este ADN espiritual es tan imposible como sacar el ADN de tus padres de tu sangre. Una vez que eres hijo de Dios, siempre serás un hijo de Dios.

...el cual también nos ha sellado, y nos ha dado las arras del Espíritu en nuestros corazones. 2 Corintios 1:22

La Biblia dice que el ADN espiritual de Dios dentro de ti es "incorruptible". Esto significa que es indestructible. Podrías pensarlo así: el ADN que has recibido de Dios es eterno, nunca puede ser destruido. Eso es lo que Dios dice en la Biblia.

...siendo renacidos, no de simiente corruptible, sino de incorruptible... 1 Pedro 1:23a

Esto es realmente una buena noticia para ti como hijo de Dios. Nada puede deshacer el hecho de que ahora perteneces a la familia de Dios. Una vez que te has convertido en hijo de Dios, siempre serás Su hijo. Dios no desechará a ninguno de sus hijos.

Todo lo que el Padre me da, vendrá a mí; y al que a mí viene, no le echo fuera. Juan 6:37

En el momento en que naciste en la familia de Dios, recibiste una clase especial de vida.

...la dádiva de Dios es vida eterna en Cristo Jesús Señor nuestro. Romanos 6:23b

Cuando tú naciste por segunda vez, Dios te dio vida eterna. Eterna significa sin fin. La vida que Dios te dio nunca va a terminar. Vas a vivir con Dios durante toda la eternidad, nunca te vas a ir al lugar de sufrimiento.

Le dijo Jesús: Yo soy la resurrección y la vida; el que cree en mí, aunque esté muerto, vivirá. Juan 11:25

Jesús dijo que todo aquel que en Él cree, vivirá para siempre, aun cuando su cuerpo muera.

La vida eterna que Dios da es un regalo totalmente gratuito.

Porque irrevocables son los dones y el llamamiento de Dios. Romanos 11:29

"Irrevocable" quiere decir irreversible, o permanente. Cuando Dios da un regalo, ¡Él nunca lo pide de regreso! Incluso si tratas de devolverlo, Dios no lo tomará. Una vez que Dios le ha dado vida eterna a una persona, eso es para siempre. No tienes que preocuparte de que un día Dios pueda cambiar de parecer.

No se tiene que pagar por un regalo. Si tuvieras que pagar por el regalo, ya no sería un regalo.

Y si por gracia, ya no es por obras; de otra manera la gracia ya no es gracia. Y si por obras, ya no es gracia; de otra manera la obra ya no es obra. Romanos 11:6

De la misma manera que no se paga para obtener un regalo, no se tiene que pagar para mantener un regalo. Si lo haces, ya no es un verdadero regalo.

Porque por gracia sois salvos por medio de la fe; y esto no de vosotros, pues es don de Dios; no por obras, para que nadie se gloríe. Efesios 2:8-9

Dios no te pidió que trabajaras por la vida eterna. No te pidió que prometieras ser bueno, o que oraras, o que fueras bautizado, o fueras a la iglesia. Dios te ha dado la vida eterna como un regalo, por Su gracia. No hiciste ningún trabajo para recibir este regalo, y no tienes que hacer ningún trabajo para mantener este regalo. No tienes que seguir siendo bueno. No tienes que seguir obedeciendo los mandamientos de Dios. Dios te mantiene como Su hijo a causa de Su bondad, y no porque haya algo bueno en ti.

Por supuesto, esto no significa que Dios quiere que Sus hijos hagan lo que le desagrada. Dios capacita a sus hijos para hacer lo que es correcto.

Porque Jehová al que ama castiga, como el padre al hijo a quien quiere. Proverbios 3:12

Dios entrena y corrige a todos sus hijos, pero nunca reniega de ellos. Él nunca los va a rechazar o desheredar.

Incluso si no eres fiel a Dios o si dejas de creer en Dios - Dios siempre te será fiel. Él nunca rompe una promesa o retira un regalo.

Si fuéremos infieles, él permanece fiel; Él no puede negarse a sí mismo. 2 Timoteo 2:13

Dios te ama por lo que Jesús hizo por ti. Jesús pagó por tu pecado, para que pudieras ser aceptable a Dios y llegar a ser Su hijo. Nada puede separarte del amor de Dios que es en Cristo Jesús.

Por lo cual estoy seguro de que ni la muerte, ni la vida, ni ángeles, ni principados, ni potestades, ni lo presente, ni lo por venir, ni lo alto, ni lo profundo, ni ninguna otra cosa creada nos podrá separar del amor de Dios, que es en Cristo Jesús Señor nuestro. Romanos 8:38-39

Nada volverá a separarte del amor de Dios: ni la muerte, ni Satanás o sus demonios, ni tú, ni ninguna otra cosa creada. Nada en el mundo puede separarte del amor de Dios por ti, ahora que eres hijo(a) de Él.

Jesús te ha dado la vida eterna. Él te sostiene en Su mano. Nadie es lo suficientemente fuerte como para robar a Jesús.

Y yo les doy vida eterna; y no perecerán jamás, ni nadie las arrebatará de mi mano. Juan 10:28

No hay lugar más seguro que la mano de Jesús. Tú no te pusiste en manos de Jesús, y tú no te mantendrás allí tampoco. Dios lo hace.

No sólo estás a salvo en las manos de Jesús, la Biblia dice que estás escondido dentro de Dios.

Cuando confiaste en el Salvador, Dios el Espíritu Santo te coloco en Jesucristo. Tu viejo yo que era parte de la familia de Adán murió, y naciste como una nueva persona en la familia de Dios. El nuevo tú y Jesús están escondidos y protegidos dentro de Dios.

Porque habéis muerto, y vuestra vida está escondida con Cristo en Dios. Colosenses 3:3

¿Cómo podría Satanás, o cualquiera, encontrarte? En primer lugar, tendría que "entrar en" Dios. Entonces tendría que encontrar donde estuvieras escondido con Jesús dentro de Dios. Después de que te encontrara, tendría que dominar a Jesús, para robarte. Ni Satanás ni nadie más pueden hacer eso. ¡Es imposible!

Simplemente no hay manera en que jamás dejes de ser hijo de Dios. Dios prometió que todo aquel que en ÉL cree, no se va a perder; el que cree en Dios no va a ir al lugar terrible de sufrimiento. No sólo eso, sino Dios también prometió que todo el que cree en ÉL, tiene vida eterna. Dios nunca miente. Puedes confiar en lo que Dios dice.

Porque de tal manera amó Dios al mundo, que ha dado a Su Hijo unigénito, para que todo aquel que en él cree, no se pierda, mas tenga vida eterna. Juan 3:16

Escucha las bellas palabras de Jesús.

...porque él dijo: No te desampararé, ni te dejaré; Hebreos 13:5

Si Jesús promete no dejarte, puedes confiar en lo que dice. La Biblia dice que Dios puso al Espíritu Santo dentro de ti como una garantía de que irás al cielo cuando mueras.

> ...y habiendo creído en él, fuisteis sellados con el Espíritu Santo de la promesa, que es las arras de nuestra herencia... Efesios 1:13-14

Dios siempre termina lo que empieza. Cuando creíste en Jesús, te convertiste en hijo de Dios. Ahora tienes vida eterna con Dios y el Espíritu Santo de Dios vive dentro de ti.

> ...estando persuadido de esto, que el que comenzó en vosotros la buena obra, la perfeccionará hasta el día de Jesucristo; Filipenses 1:6

A pesar de que Dios ya te ha declarado legalmente justo, todavía pecas. Pero Dios está obrando cada día en tu vida para hacerte más y más como ÉL. Algún día, Su obra estará completa. El día en que Dios te lleve al cielo, estarás completamente libre de pecado. Al fin serás perfecto.

> ...seremos semejantes a él, porque le veremos tal como él es. 1 Juan 3:2b

Preguntas

1. ¿Quién viene a vivir dentro de ti cuando confías en Jesús como Su Salvador? *Dios el Espíritu Santo viene a vivir dentro de ti.*

2. Una vez que has nacido en la familia de Dios, ¿puedes convertirte en "no nacido de Dios"? *No. Una vez que eres hijo de Dios y Su Espíritu Santo mora en ti, serás un hijo de Dios para siempre.*

3. ¿Dios echará fuera alguna vez a alguno de sus hijos? *No. Jesús dijo que Él no echará fuera a ninguno de sus hijos.*

4. ¿Por cuánto tiempo es la vida eterna? *La vida eterna es eterna; comienza el día que te convertiste en un hijo de Dios y dura para siempre. Nunca termina.*

5. Si Dios te da un regalo, ¿él te lo pide de regreso? *No. Dios no cambia de opinión. Si Él te da un regalo, es definitivamente tuyo. No va a tomarlo de vuelta. Incluso si tratas de devolverlo a Dios, no lo tomará.*

6. Si tienes que trabajar o pagar por algo, ¿es un regalo? *No, un regalo es siempre gratis. No se tiene que trabajar para conseguirlo ni para mantenerlo.*

7. ¿Dios rechaza a sus hijos si no guardan sus reglas? *No, Dios no va a rechazar a sus hijos, no importa lo que pase. Tal como no tuviste que hacer ningún trabajo para llegar a ser hijo de Dios, tampoco tienes que hacer ningún trabajo para continuar siendo hijo de Dios. No tienes que seguir las reglas de Dios para permanecer en Su familia.*

8. ¿Dios quiere que Sus hijos guarden sus reglas? *Sí, Dios quiere que Sus hijos guarden Sus mandamientos. Por eso Dios los entrena para que los cumplan.*

9. Como hijo de Dios, ¿dónde te esconde Dios? *Estás escondido con Jesús dentro de Dios.*

10. ¿Podría Satanás y sus demonios, o cualquier persona, robarte de Dios? *No. Antes que nada Satanás tendría que encontrarte en el interior de Dios y luego él tendría que dominar a Jesús. Eso es imposible, Satanás nunca podría hacer eso.*

11. ¿Cuáles son las dos promesas que Dios hace a todo aquel que cree en Jesús? *Dios dice que todo aquel que cree en Jesús, en primer lugar, nunca se pierde, y en segundo lugar, tendrá vida eterna.*

12. ¿Dios siempre cumple Su palabra? *Sí, Dios siempre hace lo que dice que hará.*

13. ¿Dios siempre termina lo que comienza? *Sí, Dios siempre termina lo que empieza.*

14. ¿Cuál es la obra que Dios hace en tu vida? *Ahora que eres un hijo de Dios, Dios está obrando en tu vida para hacerte más y más a Su semejanza y más como Él mismo.*

15. Como hijo de Dios, ¿dónde vas a ir cuando mueras? *Todos los hijos de Dios irán al cielo cuando mueran.*

Actividad: Escondido en Cristo

Suministros

- Papel
- Tijeras
- Dos tamaños diferentes de sobres (es decir, negocios y carta)
- Lápices o marcadores
- Opcional: lacre o el sello

Instrucciones

- Haga que los estudiantes dibujen y recorten una imagen de sí mismos.
- Que etiqueten su dibujo con su nombre y luego recortarla.
- Etiquetar el sobre pequeño "Cristo" y poner el dibujo de sí mismos en él.
- Luego, sellar el sobre pequeño.
- Marcar el sobre más grande "Dios".
- Poner el sobre pequeño dentro del más grande y sellar el sobre más grande.
- Si tienes un sello, ahora se puede sellar los sobres.
- Escribir en el exterior del sobre grande: Vuestra vida está escondida con Cristo en Dios. Colosenses 3:3
- Discutir cómo sería imposible que Satanás o cualquier persona te robaran a Dios, porque en primer lugar estás escondido en el interior de Cristo y Cristo nunca te dejaría ir. En segundo lugar, junto con Cristo, estás escondido dentro de Dios. En tercer lugar, fuiste sellado con el Espíritu Santo. Dios el Espíritu Santo viviendo dentro de ti es la garantía de Dios de que sin duda alguna vas a vivir con Dios para siempre en el cielo.

80
Una nueva identidad
Lo que Dios dice es lo que cuenta

Versículo para memorizar

De modo que si alguno está en Cristo, nueva criatura es; las cosas viejas pasaron; he aquí todas son hechas nuevas. 2 Corintios 5:17

Lección

Cuando Dios mira a las personas en el mundo, él ve sólo dos tipos de personas. No es importante para Dios tu raza, ni si eres rico o pobre, alto o bajo, hombre o mujer. Lo que le importa a Dios es a que familia perteneces. Cada persona en el mundo pertenece a una de dos familias, pertenece a la familia de Adán o a la familia de Dios.

Cuando nacimos en este mundo como bebés, todos nacimos en la familia de Adán. En la familia de Adán estuvimos muertos para Dios a causa del pecado. Estuvimos del lado de Satanás y enemigos de Dios. En la familia de Adán no pudimos agradar a Dios e íbamos a morir la segunda muerte.

Y él os dio vida a vosotros, cuando estabais **muertos** en vuestros delitos y pecados, en los cuales anduvisteis en otro tiempo, siguiendo la corriente de este mundo, conforme al príncipe de la potestad del aire, el espíritu que ahora opera en los hijos de desobediencia, entre los cuales también todos nosotros vivimos en otro tiempo en los deseos de nuestra carne, **haciendo la voluntad de la carne** y de los pensamientos, y éramos por naturaleza **hijos de ira**, lo mismo que los demás. Efesios 2:1-3

Pero cuando confiaste en Jesús como tu Salvador, tú naciste de nuevo en una nueva familia - la familia de Dios. El viejo tu que era parte de la familia de Adán murió y no existe más. Ahora eres una nueva persona en la familia de Dios.

Al igual que algunas cosas eran ciertas de ti en Adán, ahora algunas cosas son ciertas acerca de la nueva persona que eres en Cristo. En Cristo, eres bendecido. En Cristo, has sido legalmente declarado justo. En Cristo, has sido adoptado en la familia de Dios. En Cristo, no sólo le agradas a Dios, pero también eres muy amado. En Cristo, has sido redimido y tus pecados te son perdonados. En Cristo, tienes vida eterna con Dios.

Bendito sea el Dios y Padre de nuestro Señor Jesucristo, que nos **bendijo con toda bendición espiritual** en los lugares celestiales en Cristo, según nos escogió en él antes de la fundación del mundo, para que fuésemos **santos y sin mancha delante de él**, en amor habiéndonos predestinado para ser **adoptados** hijos suyos por medio de Jesucristo, según el puro afecto de Su voluntad, para alabanza de la gloria de Su gracia, con la cual nos hizo **aceptos** en el Amado, en quien tenemos **redención** por Su sangre, el **perdón** de pecados según las riquezas de Su gracia, Efesios 1:3-7

Ahora como una nueva persona en la familia de Dios tienes una nueva naturaleza. Esta naturaleza puede conocer a Dios y vivir en una manera que le agrada. Esta naturaleza no puede pecar.

De modo que si alguno está en Cristo, nueva criatura es; las cosas viejas pasaron; he aquí todas son hechas nuevas. 2 Corintios 5:17

Dios quiere que le conozcas. Puedes conocer a Dios leyendo Su carta, la Biblia. A través de las historias verdaderas de la Biblia aprendemos de Su carácter y como es el. Todo lo que Dios quiere que sepas acerca de él y acerca de ser una nueva creación en Cristo está escrito en la Biblia.

Dios te ama y quiere cuidar de ti. De la misma manera que Dios quería que Adán y Eva dependieran de él para todas sus necesidades, Dios quiere que dependas de él para todas tus necesidades.

...echando toda vuestra ansiedad sobre él, porque él tiene cuidado de vosotros. 1 Pedro 5:7

Dios quiere que hables con él acerca de todo. A eso le llamamos oración. Tú puedes hablar con Dios en cualquier lugar y a cualquier hora. Puedes hablar con él en voz alta, en voz baja, o simplemente en la mente.

Porque eres Su hijo, Dios te escucha cuando oras y te dará siempre lo que es mejor para ti. ¿No es increíble? ¡Dios te ama tanto!

Mirad cuál amor nos ha dado el Padre, para que seamos llamados hijos de Dios... 1 Juan 3:1a

Pero a pesar de que eres una nueva creación en Cristo, todavía hay una parte de ti que siempre quiere pecar. Esta parte de ti se llama la naturaleza pecaminosa. A pesar de que naciste de nuevo como una nueva persona en la familia de Dios, hasta que mueras y vayas al cielo, tendrás esta naturaleza pecaminosa que recibiste de Adán.

Debido a esta naturaleza de pecado, siempre hay que depender de Dios. Dios ha proporcionado la solución para este problema.

En primer lugar, Dios te ha dado Su Espíritu Santo para vivir dentro de ti. Esto significa que Dios, el Creador Todopoderoso, vive dentro de ti.

> Y si el Espíritu de aquel que levantó de los muertos a Jesús mora en vosotros, el que levantó de los muertos a Cristo Jesús vivificará también vuestros cuerpos mortales por Su Espíritu que mora en vosotros. Romanos 8:11

Dios el Espíritu Santo siempre está ahí para darte la fuerza para vivir en una manera que agrada a Dios.

> ...para que os dé, conforme a las riquezas de Su gloria, el ser fortalecidos con poder en el hombre interior por Su Espíritu; Efesios 3:16

Cuando confiaste en Jesús como tu Salvador, Dios el Espíritu Santo te colocó en Cristo. La Biblia dice que fuiste "bautizado en Cristo Jesús". La palabra "bautizar" significa "poner en". Debido a que fuiste puesto en Cristo, en los ojos de Dios moriste en la cruz junto a Jesús.

> ¿O no sabéis que todos los que hemos sido bautizados en Cristo Jesús, hemos sido bautizados en Su muerte? Romanos 6:3

Bautizar – sumergir o poner en.

Cuando Jesús murió en la cruz, Él no sólo pagó por tu pecado, Él también murió para destruir el poder del pecado en tu vida. Cuando estabas todavía en Adán, tu naturaleza pecaminosa te controlaba siempre. Pero cuando moriste con Jesucristo en la cruz, moriste a esta naturaleza pecaminosa. Esto significa que tu naturaleza pecaminosa perdió el poder de controlarte.

La siguiente pequeña historia puede ayudarte a entender lo que significa estar muerto a tu naturaleza pecaminosa.

Digamos que tu hermana trabaja en un restaurante, y su gerente es realmente malo. Todos los días antes de que salga del trabajo, la hace limpiar los baños y lavar los pisos. Entonces, un día cuando llega al trabajo descubre que su jefe fue despedido. Ahora tiene un nuevo gerente que la trata mucho mejor. Pero un día, su antiguo jefe entra en el restaurante y empieza a darle órdenes otra vez. ¿Tu hermana tiene que hacer lo que dice su antiguo gerente? No, no tiene que hacer lo que él dice. Desde que ella no está bajo su autoridad, no tiene que hacer lo que él dice.

Esto es semejante a lo que ha pasado contigo. A pesar de que tu naturaleza de pecado todavía trata de decirte lo que debes hacer, ya no tiene autoridad sobre ti. La Biblia dice que cuando moriste con Cristo fuiste liberado del pecado.

Así también vosotros consideraos muertos al pecado, pero vivos para Dios en Cristo Jesús, Señor nuestro. Romanos 6:11

Ahora cuando tu naturaleza pecaminosa trata de decirte lo que debes hacer, recuerda que no tiene poder sobre ti. Estas muerto al pecado y vivo para Dios. Confía en Dios y el Espíritu Santo te dará a tu nueva naturaleza el poder de hacer lo que es correcto.

Pero a pesar de que tu naturaleza pecaminosa no tiene ninguna autoridad para decirte qué hacer, a veces, vas a hacer lo que te dice de todos modos.

Cuando eso sucede, Dios quiere que simplemente te pongas de acuerdo con él que hiciste mal.

Si confesamos nuestros pecados, él es fiel y justo para perdonar nuestros pecados, y limpiarnos de toda maldad. 1 Juan 1:9

> Confesar – estar de acuerdo con Dios; admitir que lo que hiciste era mal

En el momento en que admites tu pecado a Dios, tú relación con él esta restaurada para que puedas seguir agradándole a él por medio de tu nueva naturaleza y en el poder del Espíritu Santo quien vive dentro de ti.

Cuando Dios hizo a Adán y Eva, él quería que le amaran y dependieran de él para todo. Él quería derramar Su amor y bondad en ellos. Pero entonces Satanás llegó y convenció a Adán y Eva que Dios realmente no los amaba y que estaba escondiendo algo bueno de ellos.

Cuando Adán y Eva le creyeron a Satanás en lugar de a Dios, causaron que toda la raza humana se pusiera del lado de Satanás y fuera separado de Dios.

Sin embargo, Satanás no puede ganar en contra de Dios. Dios todavía amaba a la gente que él creó. Tenía una increíble solución para el problema de la humanidad. En el plan de Dios, él mismo vino a la tierra para rescatar a la humanidad de Satanás, del pecado, y de la muerte.

¡Qué gran sacrificio! Jesucristo, el Hijo de Dios, tomó los pecados del mundo sobre sí mismo y murió la muerte que tú y yo deberíamos haber muerto para que podamos volver a tener la relación con él que Adán y Eva perdieron cuando pecaron.

Cuando Adán y Eva le creyeron a Satanás en lugar de a Dios, murieron y fueron separados de Dios, Su Creador. Pero Jesucristo, el Salvador prometido, vino a darnos vida. Por medio de lo que hizo Jesucristo podemos ser reunidos con Dios y tener una relación con Él y vivir con Él para siempre. Jesucristo vino para darnos una vida abundante.

...he venido para que tengan vida, y para que la tengan en abundancia. Juan 10:10b

Preguntas

1. ¿Qué son los dos tipos de personas que Dios ve en el mundo? *Son los que pertenecen a la familia de Adán y los que pertenecen a la familia de Dios.*

2. ¿En cuál familia naciste tú? *Naciste en la familia de Adán.*

3. ¿Cuáles verdades fueron ciertas de ti en la familia de Adán? *En la familia de Adán fuiste muerto para Dios a causa del pecado e ibas a morir la segunda muerte. Perteneciste al lado de Satanás y fuiste enemigo de Dios. No pudiste agradar a Dios.*

4. Ahora que estas en la familia de Cristo, ¿Cuáles cosas son ciertas de ti? *En Cristo eres bendito, justo delante de Dios, adoptado como hijo de Dios, eres aceptado y agradable a Dios, eres amado grandemente por Dios, has estado redimido y tus pecados te son perdonados. En Cristo, tienes la vida eterna con Dios.*

5. ¿Cómo se comunica Dios con sus hijos? *Dios se comunica con sus hijos a través de Su carta, la Biblia.*

6. Ahora que eres hijo de Dios ¿Quién vive dentro de ti para darte la fuerza que necesitas para agradar a Dios? *Dios el Espíritu Santo vive dentro de ti para darte poder.*

7. Ahora ¿el pecado tiene poder y autoridad para controlar tu vida y decirte que hacer? *No, no tiene autoridad para decirte que hacer. Cuando creíste en Cristo moriste con él al pecado. Ahora el pecado no tiene ninguna autoridad para mandarte.*

8. ¿Qué significa la palabra confesar? *La palabra confesar significa estar de acuerdo con Dios, o admitir que lo que hiciste estuvo mal.*

9. ¿Qué hizo Dios para que pudiéramos tener una relación con el como la que tenían Adán y Eva? *Él mando a Jesucristo para morir en la cruz y ser resucitado. Ahora podemos ser librados de Satanás, el pecado y la muerte.*

Actividad: ¿En Adán o en Cristo?

Suministros

- Papel de construcción
- Plantilla
- Tijeras
- Pegamento

Instrucciones

- Doblar la cartulina por la mitad longitudinalmente.
- Nombrar un lado "en Cristo" y el otro "en Adán"
- Cortar las casillas en la plantilla y pegar cada casilla debajo el propio nombre.
- La maestra puede hablar sobre el hecho de que como creyentes ahora son una nueva creación en Cristo.
  -Todo lo que puede decirse de ellos en Adán ya no es así.
  -Ahora tienen una nueva identidad.
  -Comente todo lo que es verdadero de ellos ahora, como creyentes y como esto puede afectarles en su vida diaria.

Referencias bíblicas:

Isaías 26:3; Salmo 34:8; Habacuc 2:4; Juan 1:1-32, 10:10, 15:1-14, 17:3; Romanos 1:17; Romanos 6-8:17, 28-30, 7:21-25; 1 Corintios 3:16, 12:13; Gálatas 2:20, 5:16-25; Efesios 1:18; 2:1, 4-5; 3:14-17, 20; 4:20-32; Colosenses 1:11, 26-28; 2:6-15; 3:1-3; 1 Tesalonicenses 5:23-24; 2 Timoteo 1:1, 9-10; Hebreos 2:14; 3:12, 19; 10:38; 11:6; Santiago 1:13-15; 1 Pedro 1:19-21, 2:24; 2 Pedro 1:3; 1 Juan 1:8, 3:1-9

MUERTO	**ENEMIGO**
LA SEGUNDA MUERTE	**PECADOR**
SEPARADO	**NO PUEDE AGRADAR A DIOS**
VIVO	**AMIGO**
DECLARADO JUSTO	**ADOPTADO**
ACEPTADO	**PERDONADO**